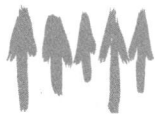

国家教育宏观政策研究院
National Institutes of
Educational Policy Research

教育发展年度报告丛书　主编　郅庭瑾

中国职业教育发展报告

The Report of Vocational Education
Development in China

2018
2019

石伟平　主编　李　鹏　副主编

华东师范大学出版社
·上海·

图书在版编目(CIP)数据

中国职业教育发展报告.2018—2019/石伟平主编.—
上海:华东师范大学出版社,2021
(教育发展年度报告丛书)
ISBN 978 - 7 - 5760 - 1134 - 0

Ⅰ.①中… Ⅱ.①石… Ⅲ.①职业教育-发展-研究
报告-中国-2018—2019 Ⅳ.①G719.2

中国版本图书馆 CIP 数据核字(2021)第 018535 号

2011 年度教育部哲学社会科学发展报告建设(培育)项目

教育发展年度报告丛书

中国职业教育发展报告(2018—2019)

主　　编　石伟平
副 主 编　李　鹏
责任编辑　彭呈军
特约审读　潘家琳
责任校对　杨　丽
装帧设计　卢晓红　樊艺琳

出版发行　华东师范大学出版社
社　　址　上海市中山北路 3663 号　邮编 200062
网　　址　www.ecnupress.com.cn
电　　话　021 - 60821666　行政传真 021 - 62572105
客服电话　021 - 62865537　门市(邮购)电话 021 - 62869887
地　　址　上海市中山北路 3663 号华东师范大学校内先锋路口
网　　店　http://hdsdcbs.tmall.com

印 刷 者　上海盛隆印务有限公司
开　　本　787×1092　16 开
印　　张　20.75
字　　数　445 千字
版　　次　2021 年 3 月第 1 版
印　　次　2021 年 3 月第 1 次
书　　号　ISBN 978 - 7 - 5760 - 1134 - 0
定　　价　88.00 元

出 版 人　王　焰

(如发现本版图书有印订质量问题,请寄回本社客服中心调换或电话 021 - 62865537 联系)

《教育发展年度报告丛书》编委会

《教育发展年度报告丛书》序言

　　教育是民族振兴、社会进步的重要基石。近年来,我国教育改革发展取得了长足进步,突出表现为教育事业快速发展,人民群众受教育机会持续增加;教育公平深入推进,人民群众的教育权利得到充分保障;教育质量稳步提升,人民群众的获得感显著增强;教育改革持续深化,教育体制机制日益健全,学校的办学活力进一步释放;教育对外开放不断扩大,中国教育的国际影响力明显提升。这些成就的取得,为我国教育走向现代化奠定了坚实的基础。

　　同时,也要看到,当前教育领域也存在一些亟待解决的突出问题,特别是教育发展的不平衡不充分,与新时代人民日益增长的美好生活需要尚有一些距离。这些都要求我们继续坚持教育优先发展战略,进一步深化教育改革、加快教育发展。为此,中共中央、国务院印发的《中国教育现代化2035》提出了推进教育现代化的总体目标,要求"到2035年,总体实现教育现代化,迈入教育强国行列,推动我国成为学习大国、人力资源强国和人才强国,为到本世纪中叶建成富强民主文明和谐美丽的社会主义现代化强国奠定坚实基础"。

　　加快推进教育现代化,不仅离不开扎实的教育政策实践,也离不开高质量的教育政策研究。作为教育部与上海市人民政府共建智库和上海市重点智库,华东师范大学国家教育宏观政策研究院(以下简称"宏观院")始终坚持以国家教育改革和发展的重大战略需求为导向,积极对接国家教育宏观决策需要,调动多学科资源,从多学科角度对教育政策和决策问题开展具有战略性、前瞻性的全方位研究,形成了鲜明特色,取得了显著成效。

　　近年来,宏观院着力建设国家教育科学决策服务系统等若干重要数据平台,秉持"关于系统的研究"和"基于系统的研究"相结合的理念,基于数据开展教育现代化监测评价,为教育科学决策提供重要依据。宏观院直接参与了若干国家和区域教育发展规划的研制,多项建议被《中国教育现代化2035》《加快推进教育现代化实施方案(2018—2022年)》等重要规划文本吸收采纳。在服务决策过程中,宏观院在教师队伍建设、教育精准扶贫、长江教育创新带建设和长三角教育一体化等领域产出了一批高水平决策咨询成果,获得了有关方面的高度认可。

　　宏观院十分重视精品科研成果的积累与传播。一方面创刊主办了内参刊物《教育宏观政策专报》《教育发展信息与观察》《国际教育政策观察》《长三角教育协作简报》,作为服务决策的"直通车",直接发挥决策影响力;同时还精心打造了《国家教育宏观政策研究院智库建设成果书系》等一批高质量的公开出版物,推动了教育领域的决策与政策研究,产生了学术影响。

为跟踪和记录我国教育现代化进程,呈现并探讨教育改革与发展的阶段性成就和问题,宏观院组织编写了《教育发展年度报告丛书》,由相关领域的权威专家学者领衔,拟每年出版一套,作为《国家教育宏观政策研究院智库建设成果书系》的组成部分。在丛书构成上,《教育发展年度报告丛书》分为三个版块:一是国家教育发展报告,从整体上梳理、回顾过去一年我国教育事业改革发展的总体状况,为读者了解我国教育现代化进展提供整体性、概览性的介绍;二是各级各类教育发展年度报告,如学前教育、基础教育、高等教育、职业教育等,具体对其年度发展和重要议题进行全面梳理和深入分析;三是专题报告,聚焦教育领域若干重大现实问题,如教师队伍建设、区域教育发展、教育信息化应用创新等,呈现并剖析该专题领域当年的教育改革热点和难点。如果说前两类报告偏重的是"面"上的研究,第三类报告则重在"点"上的研究。全套丛书通过"点面结合",试图为读者深入了解和进一步研究我国教育领域的各方面问题提供多维和全景的视角。

《教育发展年度报告丛书》的出版,得到了领导、前辈、同行和有关方面的大力支持和帮助。中国教育学会名誉会长、北京师范大学资深教授顾明远先生和华东师范大学教育学部主任袁振国教授为《国家教育发展报告(2019)》和《国家教师发展报告(2019)》欣然作序;华东师范大学教育学部石伟平教授、阎光才教授、胡耀宗教授、姜勇教授等分别领衔了职业教育、高等教育、基础教育和学前教育领域的研究和撰写工作;华东师范大学出版社彭呈军为丛书出版做了大量工作,在此一并表示衷心的感谢。

我们期待将《教育发展年度报告丛书》打造成一套精品力作,使之成为宏观院的又一学术品牌。当然,由于经验尚有不足,难免挂一漏万,诚挚希望广大热心读者批评指导,使我们的工作日臻完善。

华东师范大学国家教育宏观政策研究院执行院长、教授 郅庭瑾

2020 年 9 月

目录

第三部分　热点调查报告

第五部分　国际经验报告

前言

《中国职业教育发展报告(2018—2019)》是教育部哲学社会科学发展报告建设(培育)项目的最新成果。自 2011 年立项以来,已连续多年出版年度报告,并深受学界好评。今年立足于 2018—2019 年中国职业教育的改革与发展,《中国职业教育发展报告(2018—2019)》如期付梓。此次《中国职业教育发展报告(2018—2019)》的出版,一方面,在新中国改革开放 40 周年的重要时间节点上,系统总结了 2010 年到 2018 年的中国职业教育改革发展的新进展、新成就与新问题,具有"继往开来"的时代意义;另一方面,《中国职业教育发展报告(2018—2019)》不仅得到了教育部哲学社会科学发展报告建设(培育)项目的资助,而且纳入了教育部发展规划司、华东师范大学国家教育宏观政策研究院的年度报告研究项目,成为了华东师范大学智库建设的重要成果之一。可以说,系列报告的研究踏上了新的台阶。

秉承系列报告全景式反映中国职业教育成就、体现中国职业教育特色、指明中国职业教育发展趋势的宗旨,在国家教育宏观政策研究院系列报告"问题导向、研究取向"的风格引领下,《中国职业教育发展报告(2018—2019)》力求以 2010 到 2018 年间职业教育领域的政策举措和改革进展为重点,从总到分、层层解剖、层层推进,对 2018—2019 年间我国职业教育发展的经验、教训进行客观描述和深入剖析,不仅全面描述了中国职业教育的发展现状,也对区域和地方的职业教育发展情况进行了定性和定量的描述,以展现中国职业教育事业的蓬勃发展。

在研究内容上,本报告在充分吸取过往经验的基础上进行了大胆创新,在分析我国职业教育事业发展的评价指标体系构建上,实现了进一步的优化完善,基于对相关数据的统计分析,全面、客观地展现了每一年度职业教育宏观发展的现状。在具体的内容板块设计上依然坚持宏观与微观相结合的思路,包含了中国职业教育发展宏观现状,中国职业教育发展区域现状以及地方及部分职业院校实践探索的经验。最终,《中国职业教育发展报告(2018—2019)》分为五个板块:

第一部分　宏观发展报告——全景式反映近年来中国职业教育发展的成就、经验与问题,并提出未来发展建议;

第二部分　区域发展报告——系统比较中国各个区域内职业教育在规模、水平、服务能力等方面的现状与差异;

第三部分　热点调查报告——重点追踪 2018—2019 年中国职业教育在产教融合、精准扶贫、办学绩效、学习质量和"扩招生"学业等方面的成就、问题与政策建议;

第四部分　典型案例报告——深度呈现职业教育改革的重点及院校实践的典型案例；

第五部分　国际经验报告——从国际职业教育改革的重大趋势，分析体面就业、未来工作和技能预测三个专题的新动向、新成就与新经验，为中国职业教育改革提供借鉴。

整体来说，本报告呈现出以下几个特征：一是问题导向——聚焦 2018—2019 年职业教育发展的重大问题，深化近年来职业教育统计数据的挖掘，全景式展示中国职业教育的发展状况；二是咨询服务——基于实证研究，分析重点问题的原因和困境，并形成相应的解决措施，转化为政策专告，为国家及各级各类教育主管部门职业教育政策制定、战略规划以及日常管理政策咨询提供翔实的数据支撑；三是实证研究——除了国家宏观统计数据，还围绕所研究的专题进行抽样与案例分析，每一个部分、每一个章节，尽量按照实证研究的规范，有问题、有假设、有数据（证据）、有结论，为后续相关研究的开展提供数据积累和支持。

通过这份报告，我们还想感谢长期以来关心、支持中国职教事业的领导、朋友和同行们。他们在巨大压力之下，自己出题、自己解题，把中国职业教育从规模发展带入了内涵发展的新阶段，他们为中国职业教育事业开拓出一片更为广阔的天地。希望他们能在这本书里找到自己辛勤耕耘的足迹。

尽管我们力求完美，但由于研究尚有许多不足，错误在所难免，真诚期盼各方提出宝贵意见，不吝指正，为推进我国职业教育事业的发展共同努力！

2020 年 10 月 30 日

第一部分

宏观发展报告

I

2017 年 10 月,党的十九大顺利闭幕。十九大规划了"完善职业教育和培训体系,深化产教融合、校企合作"的新时代职业教育改革与发展的核心战略。2018—2019 年是全面深化职业教育改革的关键之年,也是改革开放 40 周年。在新的历史起点上,为了摸清中国职业教育的发展现状,更好地推动国家经济社会的事业发展,本报告综合运用文献法、政策分析法、数据统计分析法等研究方法,对 2018—2019 年中国职业教育改革发展的宏观数据、政策文件以及重大事件进行整理与分析,客观呈现 2018—2019 年中国职业教育的新成就、新经验与新问题,并基于数据趋势和问题分析对中国职业教育未来的改革做了相应的预测与对策建议。首先为了保证能够真实、客观地呈现中国职业教育发展面貌,所采用的数据主要来自于国家权威部门所发布的公开数据,根据数据结构与多年发展报告的撰写经验,修订了职业教育发展的指标体系,从职业教育办学规模、职业教育经费投入、职业教育办学条件、职业教育师资队伍、职业教育服务能力五个模块反映 2018—2019 年中国职业教育事业发展概况;然后,从 2018—2019 年职业教育改革政策与重大事件中,分析得到中国职业教育改革发展的重大举措与典型经验;最后,对 2018—2019 年中国职业教育改革发展的问题挑战及其应对进行了分析。

一、 办学规模

(一) 学校数量

学校数量(以下简称"学校数")是衡量中国职业教育办学规模的重要参数。在学校类型上,中等职业教育和高等职业教育在 2018—2019 年的发展情况各异;在时间序列上,从 2010 到 2018 年,中职、高职的学校数经历了多个阶段的发展变化;在空间分布上,2018 年各个省份中职、高职的学校数分布呈现出"参差不齐"的格局。

1. 中职学校平均数

如图 1-1 所示,中职学校从 2010—2018 年经历了顺次递减的发展历程,2018 年学校数相比 2010 年学校数减少了接近三分之一。

从 2010—2018 年,全国中职院校的数量依次为 10 864 所、10 169 所、9 762 所、9 380 所、9 060 所、8 657 所、8 367 所、8 181 所和 7 850 所。相较于 2010 年,2018 年中职学校减少了 3 014 所,每

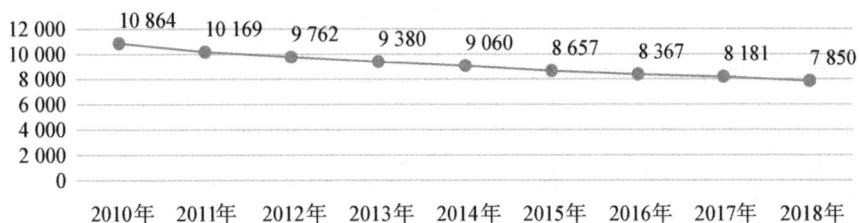

图 1-1　2010—2018 年全国 31 个省份中职学校数的变化情况

年递减的中职学校数依次为 695 所、407 所、382 所、320 所、403 所、290 所、186 所、331 所,较前一年的下降幅度依次为 6.40%、4.00%、3.91%、3.41%、4.45%、3.35%、2.22%、4.05%。可见,中职教育的办学规模不断萎缩,中职教育的基础性地位受到了严重的影响并面临着艰巨的挑战。聚焦到 2018 年的情况,全国 31 个省份,平均每个省份的中职学校数为 253 所,中职学校最少的省份为西藏,11 所;最多的为河南,606 所。

如图 1-2 所示,其他省份情况分别为:宁夏 29 所、青海 38 所、天津 71 所、海南 74 所、北京 86

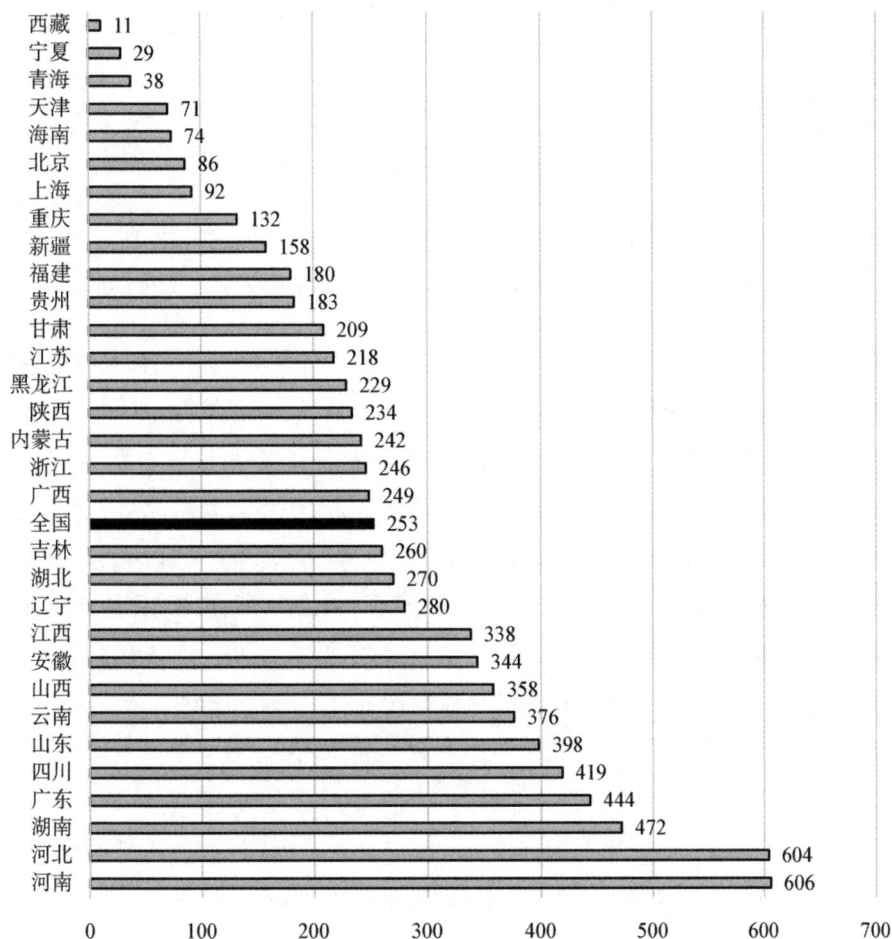

图 1-2　2018 年全国 31 个省份中等职业教育学校数(单位:所)

所、上海 92 所、重庆 132 所、新疆 158 所、福建 180 所、贵州 183 所、甘肃 209 所、江苏 218 所、黑龙江 229 所、陕西 234 所、内蒙古 242 所、浙江 246 所、广西 249 所、吉林 260 所、湖北 270 所、辽宁 280 所、江西 338 所、安徽 344 所、山西 358 所、云南 376 所、山东 398 所、四川 419 所、广东 444 所、湖南 472 所、河北 604 所。数据统计发现,西藏、宁夏、青海、天津、海南、北京、上海 7 个省份中职学校数居然没有达到 100 所。相对于普通高中的学校数量分布来看,中职学校数显然不够。江苏作为一个人口大省,中职学校也才 218 所,这样的学校规模想要实现"普职比"大体相当的难度非常之大。

2. 高职学校平均数

与中职学校数逐年递减的发展历程相反,高职学校数量则是逐渐递增。如图 1-3 所示,从 2010 年到 2018 年,高职院校数量从 1 246 所增加到了 1 418 所,2010 年到 2018 年间的高职数量依次为 1 246 所、1 280 所、1 297 所、1 321 所、1 327 所、1 341 苏、1 388 所和 1 418 所,每年的增长数量依次为 34 所、17 所、24 所、6 所、14 所、18 所、29 所、30 所,较前一年的增长幅度依次为 2.73％、1.33％、1.85％、0.45％、1.06％、1.34％、2.13％、2.16％。可以说,中国高职在国家大力支持与经济发展浪潮的助推之下,已经占据了高等教育的半壁江山。

图 1-3 2010—2018 年全国 31 个省份高职学校数的变化情况(单位:所)

虽然整体上全国高职学校数飞速发展,但是具体到各个省份,2018 年全国高等职业院校的学校数量分布依旧问题突显,如图 1-4 所示。

全国各省份平均拥有高职学校 46 所,其中最少的省份是西藏,仅仅为 3 所;最多的省份是江苏,到达了 90 所。其他省份,青海 8 所、宁夏 11 所、海南 13 所、上海 25 所、北京 25 所、吉林 25 所、天津 26 所、甘肃 27 所、新疆 32 所、内蒙古 36 所、广西 39 所、重庆 40 所、陕西 40 所、黑龙江 42 所、贵州 43 所、云南 47 所、浙江 48 所、山西 50 所、辽宁 51 所、福建 52 所、江西 59 所、湖北 60 所、河北 61 所、四川 68 所、湖南 73 所、安徽 74 所、山东 78 所、河南 84 所、广东 88 所。归纳起来,高职院校的分布有三个特征,第一,部分省份的高职院校绝对数量不够。西藏、青海、宁夏、海南等省份的高职院校均不足 20 所,这对于偌大的一个省域来说,显然高职院校学校数量是不够的。第二,西部地区高职院校的数量低于全国平均水平。除了西藏、青海、宁夏之外,甘肃、陕西、重庆、广西等省份的高职院校数量也相对不足。第三,人口数量、经济水平与高职院校数量呈正相关。江苏、广东、河南、山东四省份的人口数量、经济水平与高职数量都在全国领先位置。

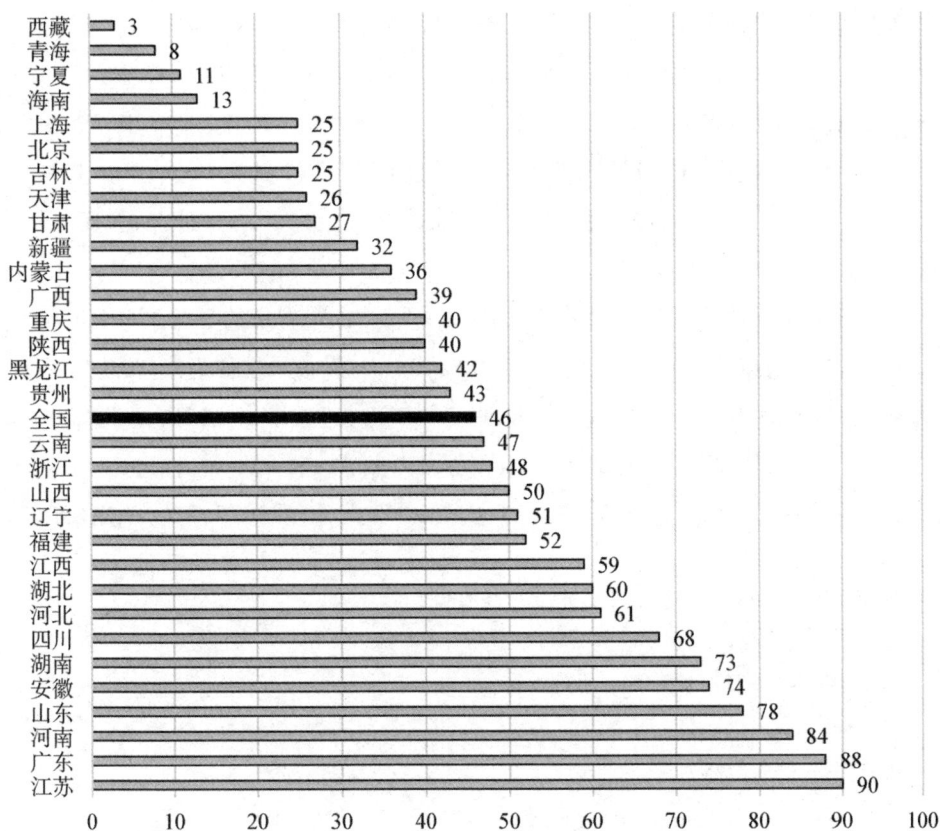

图1-4 全国31个省份2018年高等职业教育学校数(单位:所)

(二) 在校生人数

在校生人数比学校数量更加能够衡量职业教育的办学规模。招生人数、在校生人数以及毕业生人数都是学生数量的常用测量指标。但是,在校生人数相对招生人数和毕业生人数更具有"鲁棒性"。因此,本报告用在校生人数作为衡量职业教育办学规模的第二个指标。

1. 中职在校生人数

学校数在宏观上反映职业教育的办学规模,在校生人数则从绝对数量上反映出职业教育的办学规模。如图1-5所示,2010年到2018年,中职院校的在校生人数逐渐递减,从2010年的

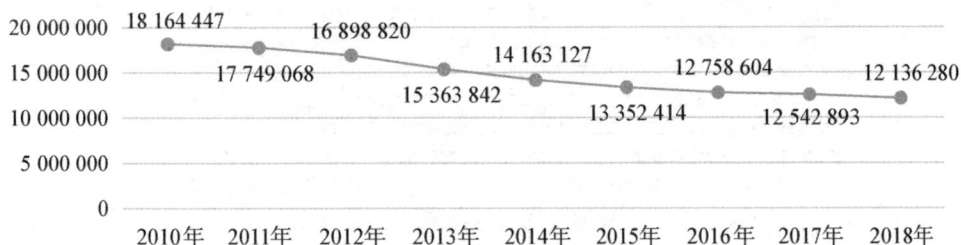

图1-5 2010—2018年全国31个省份中职在校生人数的变化情况(单位:人)

18 164 447 人减少到 2018 年的 12 136 280 人,下降幅度接近 1/6。

如图 1-5 所示,2010—2018 年,全国中职在校生人数依次为 18 164 447 人、17 749 068 人、16 898 820 人、15 363 842 人、14 163 127 人、13 352 414 人、12 758 604 人、12 542 893 人、12 136 280 人,每年递减的人数依次为 415 379 人、850 248 人、1 534 978 人、1 200 715 人、810 713 人、593 810 人、215 711 人、406 613 人,每年递减的幅度依次为 2.29%、4.79%、9.08%、7.82%、5.72%、4.45%、1.69%、3.24%。

各个省的平均分布情况如图 1-6 所示,2018 年,全国 31 个省份的平均中职学生在校生人数为 391 493 人,其中人数最少的省份为西藏,仅为 22 817 人;人数最多的为河南,达到了 1 101 602 人。其他各省,北京 62 299 人、宁夏 72 820 人、青海 76 979 人、天津 90 666 人、上海 102 575 人、海南 119 241 人、吉林 120 897 人、黑龙江 180 400 人、内蒙古 181 488 人、甘肃 189 046 人、陕西 233 336 人、新疆 253 657 人、辽宁 286 095 人、重庆 299 909 人、山西 302 107 人、福建 335 832 人、江

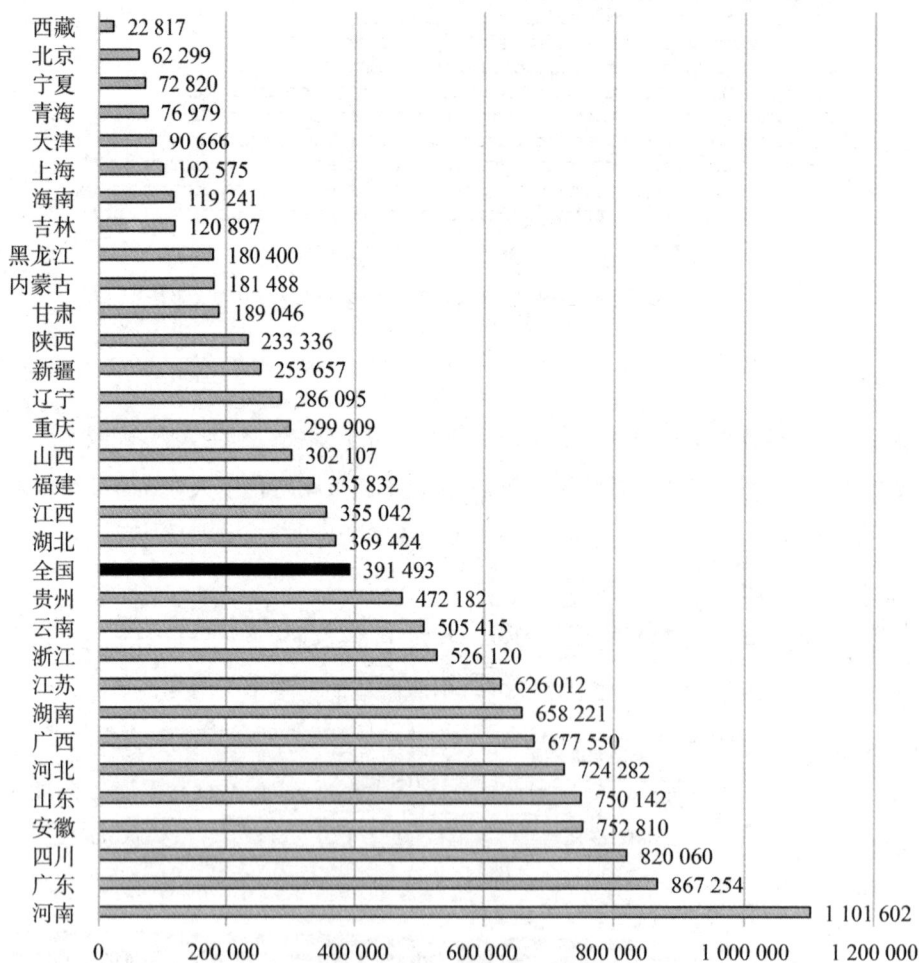

图 1-6　全国 31 个省份 2018 年中等职业教育在校生人数(单位:人)

西 355 042 人、湖北 369 424 人、贵州 472 182 人、云南 505 415 人、浙江 526 120 人、江苏 626 012 人、湖南 658 221 人、广西 677 550 人、河北 724 282 人、山东 750 142 人、安徽 752 810 人、四川 820 060 人、广东 867 254 人。

数据分析发现,平均人数在 100 000 人以下的省份有西藏、北京、宁夏、青海、天津;平均人数超过 500 000 人的省份有云南、浙江、江苏、湖南、广西、河北、山东、安徽、四川、广东、河南。可以发现,中职学校的在校生人数往往与省域的人口基础、教育发展水平以及省域内劳动力受教育年限息息相关。然而北京、上海等地,虽然人口基础不小,经济发达,但是劳动力市场对劳动者的受教育年限要求较高,因而中职在校生人数远低于全国平均水平。总体而言在大部分省份,都是人口基数、经济水平影响中职学生的在校生人数。

2. 高职在校学生数

如图 1-7 所示,2010—2018 年,高职在校生人数从 9 661 797 人增加到 11 337 005 人。2010—2018 年全国高职在校生人数依次为 9 661 797 人、9 588 501 人、9 642 267 人、9 736 373 人、10 066 346 人、10 486 120 人、10 828 898 人、11 049 549 人、11 337 005 人,除了 2011 年减少了 73 296 人之外,其他年份每年依次递增 53 766 人、94 106 人、329 973 人、419 774 人、342 778 人、220 651 人、287 456 人,增长幅度依次为 -0.76%、0.56%、0.98%、3.39%、4.17%、3.27%、2.04%、2.60%。

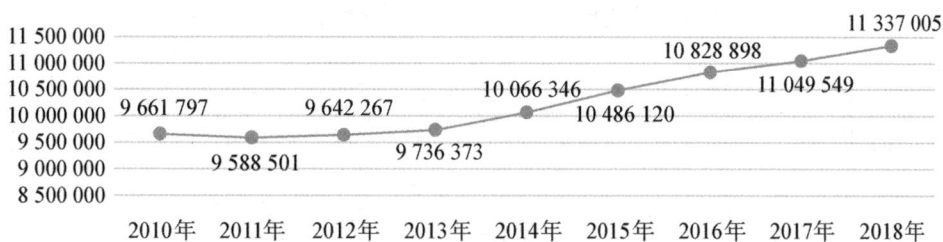

图 1-7　2010—2018 年全国 31 个省份高职在校生人数的变化情况(单位:人)

如图 1-8 所示,在各个省份的分布上,2018 年全国高职的在校生人数平均为 369 424 人,人数最少的省份为西藏,仅仅 11 026 人;人数最多的为河南,达到了 1 000 002 人。

在各省的高职学生人数分布上,除了西藏和河南之外,其他各省的情况如下:青海 30 840 人、宁夏 44 225 人、北京 74 034 人、海南 75 138 人、上海 134 337 人、吉林 171 354 人、天津 172 703 人、新疆 181 151 人、甘肃 190 558 人、内蒙古 196 503 人、黑龙江 204 096 人、山西 262 648 人、福建 266 872 人、辽宁 270 589 人、重庆 300 252 人、云南 324 656 人、贵州 344 740 人、陕西 380 714 人、浙江 394 742 人、广西 450 653 人、安徽 474 163 人、江西 509 494 人、湖北 561 471 人、河北 567 953 人、湖南 603 065 人、四川 651 495 人、江苏 685 038 人、广东 829 878 人、山东 972 615 人。可以发现,高职院校的在校生人数依旧呈现三个特征,一是在区域分布上,西部规模小,东中部相对较

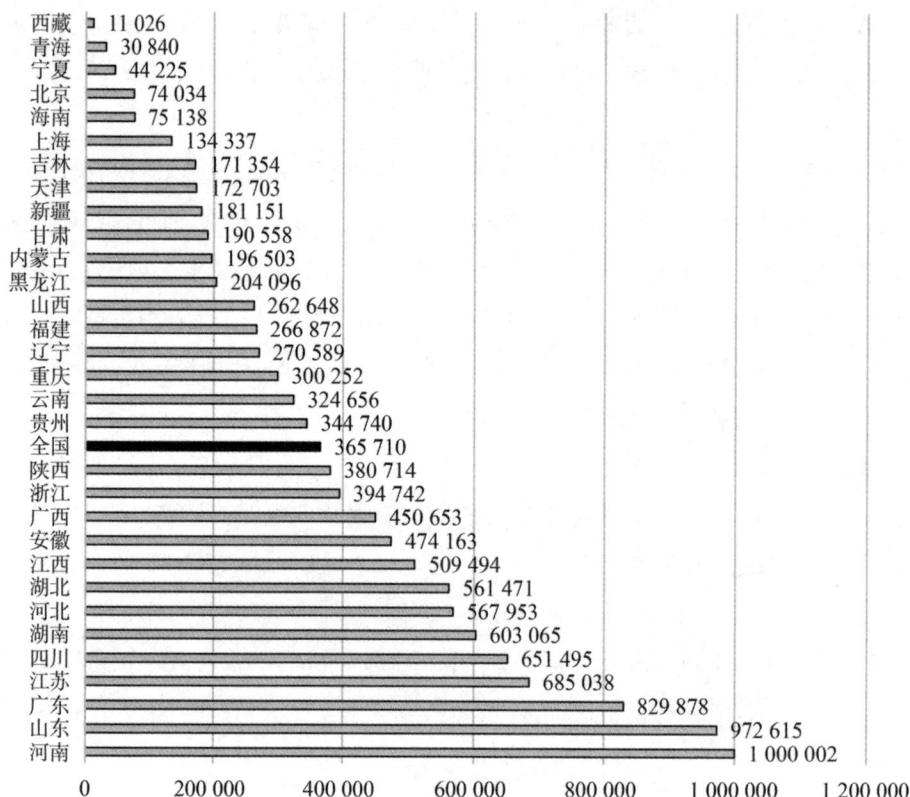

图 1‑8　全国 31 个省份 2018 年高等职业教育在校生人数(单位：人)

大;二是人口基数较大的省份,高职在校生人数相对较多;三是高职在校生人数低于全国平均人数的省份多于超过全国平均水平的省份。

(三) 中职/普高和高职/本科的在校生人数比

在校生人数是衡量职业教育办学规模的绝对指标,而中职/普高和高职/本科的在校生人数比则是衡量职业教育规模的相对指标,对于判断职业教育的规模更加有效。因此,本报告用中职/普高和高职/本科的在校生人数比作为第三个衡量职业教育办学规模的指标。

1. 中职在校生数/普高在校生数

"普职比"大体相当是国家发展职业教育一贯的方针。数据分析发现,2010—2018 年全国中职在校生数/普高在校生数(以下简称"中职普职比")呈现逐年下降的趋势。如图 1‑9 所示,2010年全国中职普职比为 74.83%,但是到了 2018 年,比例下降为 51.09%,同比下降了 23.74%。具体说来,2010—2018 年全国普职比依次为 74.83%、72.30%、68.49%、63.07%、59.00%、56.23%、53.91%、52.82%、51.09%,每年依次下降的幅度为 2.53%、3.81%、5.42%、4.07%、2.77%、2.32%、1.09%、1.73%。

各个省份的情况如图 1‑10 所示,2018 年全国中职普职比平均为 51.09%,中职普职比最低

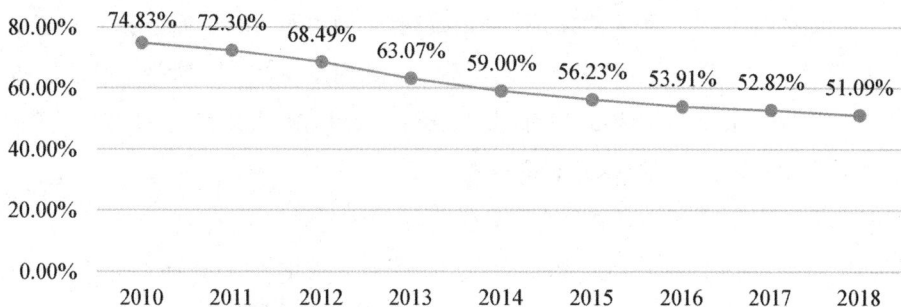

图 1-9 2010—2018 年全国 31 个省份中职普职比的变化情况

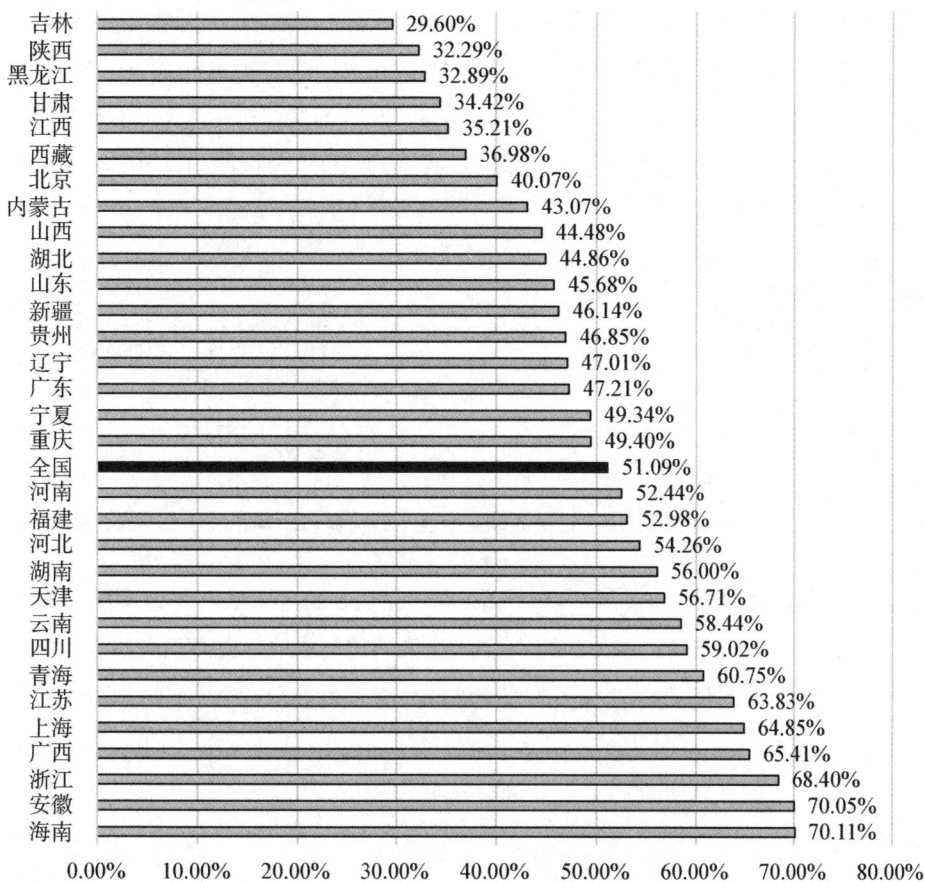

图 1-10 全国 31 个省份 2018 年中职普职比

的省份为吉林,29.60%;最高的省份为海南,70.11%。其他各省的具体情况如下:陕西 32.29%、黑龙江 32.89%、甘肃 34.42%、江西 35.21%、西藏 36.98%、北京 40.07%、内蒙古 43.07%、山西 44.48%、湖北 44.86%、山东 45.68%、新疆 46.14%、贵州 46.85%、辽宁 47.01%、广东 47.21%、宁夏 49.34%、重庆 49.40%、河南 52.44%、福建 52.98%、河北 54.26%、湖南 56.00%、天津 56.71%、云南 58.44%、四川 59.02%、青海 60.75%、江苏 63.83%、上海 64.85%、广西 65.41%、

浙江 68.40%、安徽 70.05%。从统计数据中可以发现,全国中职普职比低于 45% 的省份多达 10 省份,分别是吉林、陕西、黑龙江、甘肃、江西、西藏、北京、内蒙古、山西、湖北。但是,中职普职比高于 55% 的省份也多达 11 个,分别是湖南、天津、云南、四川、青海、江苏、上海、广西、浙江、安徽、海南。所以,普职比大体相当的要求还有待实现。

2. 高职在校生人数/普通本科在校生人数

高职院校已经占据了高等院校数量的半壁江山,高职在校生人数/普通本科在校生人数之比则受到高校扩招的影响,比例经历了大幅度的变化。如图 1-11 所示,2010 年高职在校生人数/普通本科在校生人数之比为 76.34%,2018 年这一比例降为 66.79%。过去的 8 年间,高职在校生人数/普通本科在校生人数之比依次为 76.34%、71.04%、67.57%、65.15%、65.32%、66.51%、67.14%、67.02%、66.79%,年度的增长比例依次为 5.30%、3.47%、2.42%、-0.17%、-1.19%、-0.63%、0.12%、0.23%。可以说,高职在校生人数/普通本科在校生人数在经历了从 2010 年到 2013 年的剧烈波动之后,从 2013 年开始逐渐稳定,高职在校生人数与普通本科在校生人数大体相当。

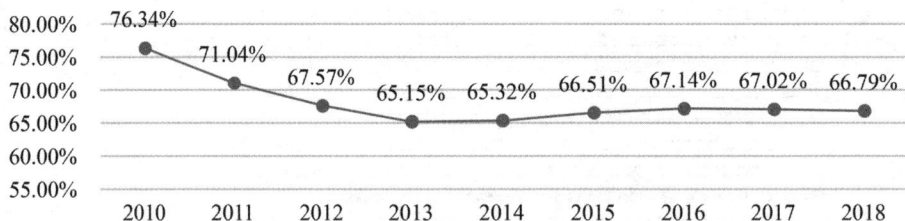

图 1-11 2010—2018 年全国 31 个省份高职在校生人数与普通本科在校生人数比的变化情况

各个省的具体情况如图 1-12 所示,2018 年,全国高职在校生人数与普通本科在校生人数比平均水平为 66.79%,比例最高的省份为海南,高达 100.57%,也就是说高职在校生人数超过了普通本科在校生人数。比例最低的省份为吉林,高职在校生人数仅仅占比普通本科在校生人数的 14.21%。

(四) 人才培养

除了学校数量、在校学生人数以及普职比、专本比之外,职业院校培养学生的成才率、流失率也是衡量职业教育办学规模的重要指数。因此,本报告从毕业生获取职业资格证书的比例以及学生流失率两个维度再次衡量职业教育办学规模。

1. 职业院校学生流失率

职业院校学生的流失率也是衡量职业教育办学规模的重要指数。如图 1-13 所示,2010—2018 年全国职业院校学生流失从 12.64% 逐渐降低到 7.41%,说明职业院校学生的流失率越来越低。具体来说,2010—2018 年全国学生流失率依次为 12.64%、12.01%、10.42%、10.82%、

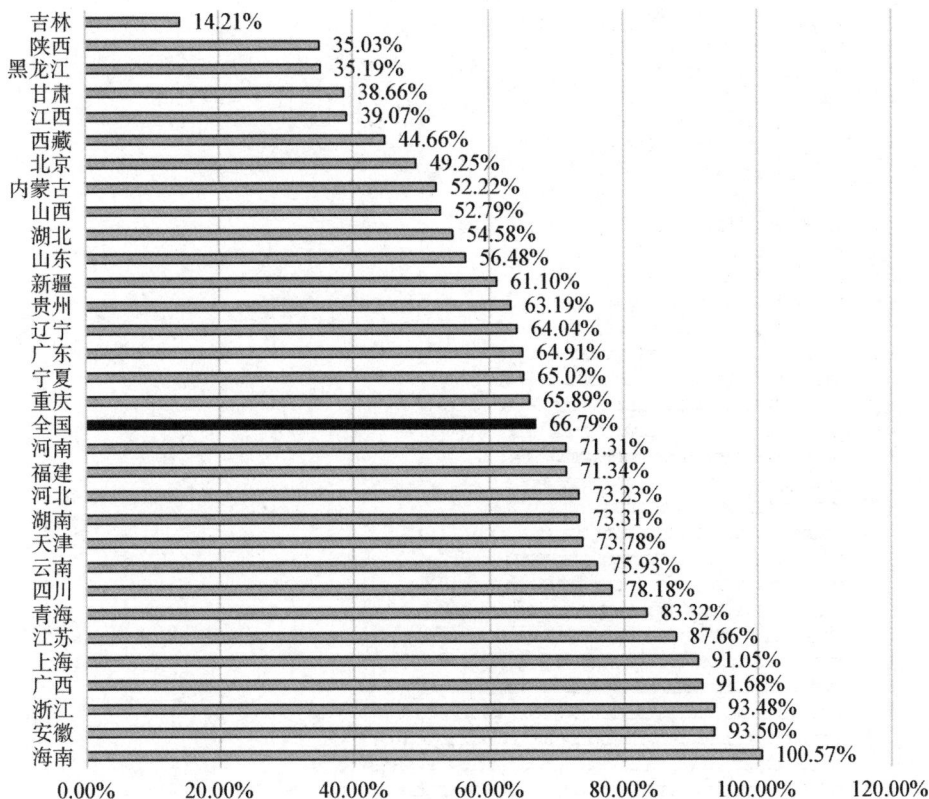

图 1-12　全国 31 个省份 2018 年高职在校生人数/普本在校生人数

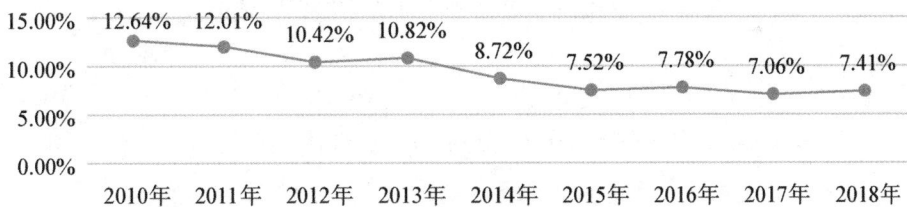

图 1-13　2010—2018 年全国 31 个省份职业院校学生流失率

8.72％、7.52％、7.78％、7.06％、7.41％,每年的降低比例分别为 0.63％、1.58％、−0.40％、2.10％、1.20％、−0.26％、0.72％、−0.35％。

2018 年各个省份的职业院校学生流失率如图 1-14 所示,全国职业院校学生流失率的平均水平为 7.41％,流失率最高的省份为青海,高达 18.22％;流失率最低的为北京,仅仅为 3.11％。

其他各省的情况如下,海南 11.06％、甘肃 10.59％、安徽 10.49％、广东 9.69％、广西 9.69％、陕西 9.56％、贵州 9.03％、云南 8.96％、宁夏 8.96％、湖南 8.49％、新疆 8.00％、天津 7.90％、内蒙古 7.52％、河南 7.39％、黑龙江 7.26％、福建 6.98％、四川 6.89％、河北 6.15％、山东 6.06％、重庆 5.94％、江苏 5.82％、湖北 5.01％、西藏 4.84％、吉林 4.60％、辽宁 4.40％、上海 4.26％、江

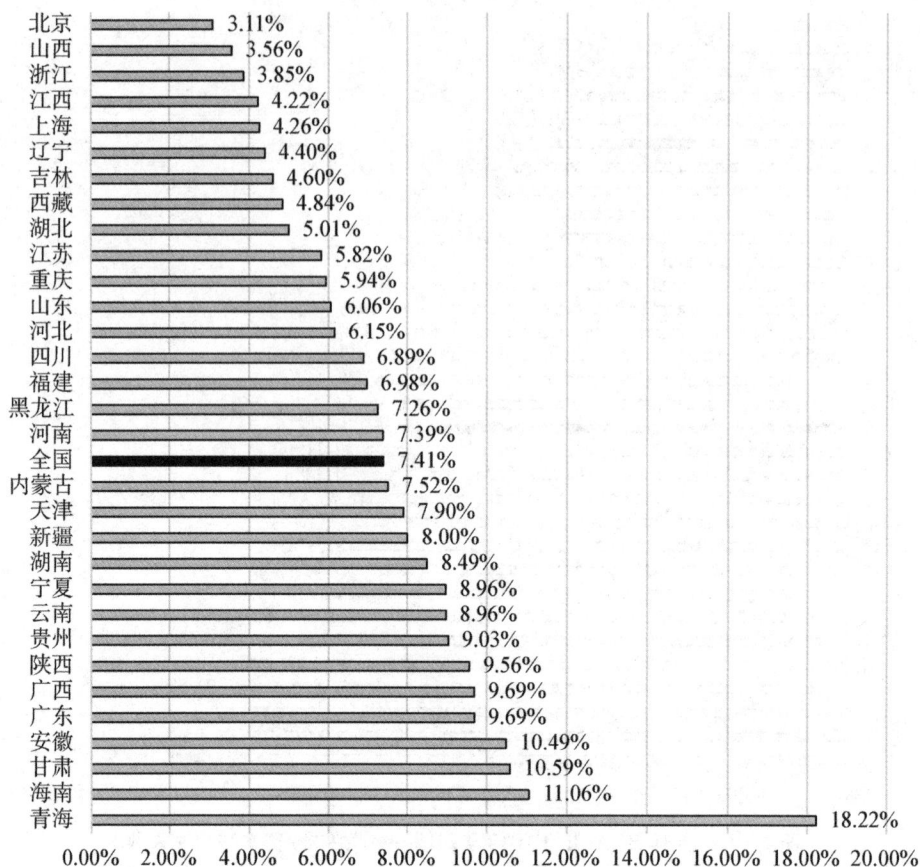

图 1-14 2018 年全国 31 个省份职业院校学生流失率

西 4.22%、浙江 3.85%、山西 3.56%。从 2018 年各省横向比较可以发现,学生流失率的问题不容忽视。流失率低于 5% 的省份仅仅有 8 个省,分别是西藏、吉林、辽宁、上海、江西、浙江、山西和北京。流失率在 10% 以上的省份多达 4 个,分别是青海、海南、甘肃、安徽。

2. 毕业生获取职业资格证书的比例

毕业生获取职业资格证书的比例是职业教育办学成果的一个体现,比例的多寡也能衡量职业教育的办学成效。如图 1-15 所示,2010—2018 年间,职业院校毕业生获取职业资格证书的比例从 62.91% 上升到 75.51%,净增长 12.60%。期间,每年中职毕业生获取职业资格证书的比例依次为 62.91%、62.54%、62.84%、77.78%、78.14%、80.58%、80.53%、79.19%、75.51%,年度增长量依次为 -0.37%、0.30%、14.94%、0.35%、2.44%、-0.05%、-1.34%、-3.68%。

各个省份的情况则如图 1-16 所示,2018 年职业院校毕业生获取职业资格证书比例的平均水平为 75.51%,最高比例为浙江,高达 95.94%;最低比例为西藏,仅仅为 10.42%。其他各省的情况如下:江西 94.34%、福建 90.18%、四川 89.35%、甘肃 86.61%、山西 86.56%、上海 84.83%、

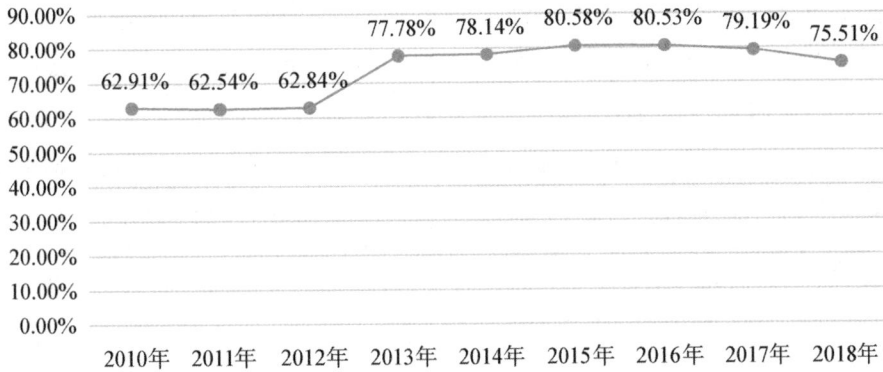

图 1‑15 2010—2018 年全国 31 个省份职业院校毕业生获取职业资格证书的比例

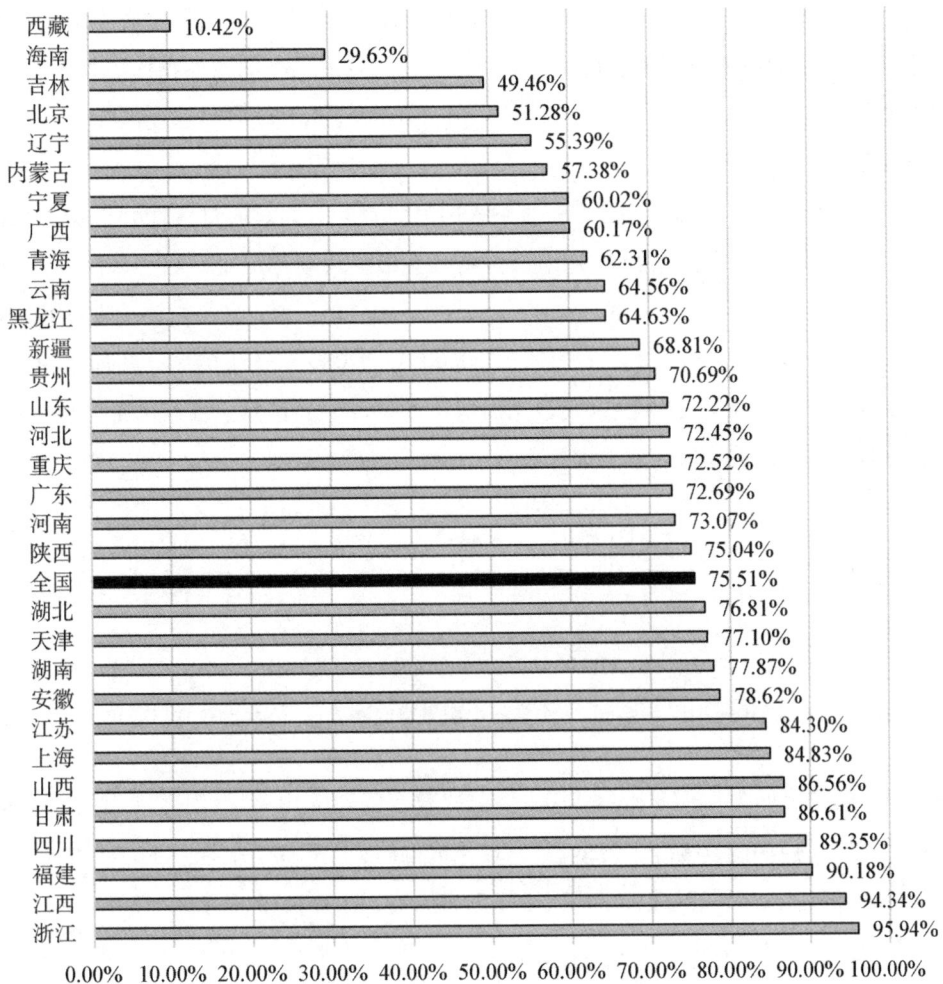

图 1‑16 2018 年全国 31 个省份职业院校毕业生获取职业资格证书的比例

江苏 84.30％、安徽 78.62％、湖南 77.87％、天津 77.10％、湖北 76.81％、陕西 75.04％、河南 73.07％、广东 72.69％、重庆 72.52％、河北 72.45％、山东 72.22％、贵州 70.69％、新疆 68.81％、黑龙江 64.63％、云南 64.56％、青海 62.31％、广西 60.17％、宁夏 60.02％、内蒙古 57.38％、辽宁 55.39％、北京 51.28％、吉林 49.46％、海南 29.63％。可见,职业院校毕业生获取职业资格证书的比例在各个省份分布不均,而且低于 70％的省份达到了 12 个,分别是新疆、黑龙江、云南、青海、广西、宁夏、内蒙古、辽宁、北京、吉林、海南、西藏。

二、经费投入

(一)教育经费占公共财政支出比重

办学经费①是职业教育改革与发展的重要基础。其中,教育经费占公共财政支出比重体现了党和国家对某一类教育的重视程度,也是衡量某一类教育发展基础的重要指标。对中职、高职教育经费占公共财政支出比重分析的结果如下:

1. 中职教育经费支出/公共财政支出

中等职业教育已经先普通高中教育一步纳入国家免费的行列。通过统计分析发现,如图 1-17 所示,2010—2017 年中职教育经费支出/公共财政支出呈现逐年递增的趋势,每年的占比依次为 0.65％、0.95％、1.00％、0.99％、0.91％、0.93％、0.97％、0.95％,相较于前一年的增加量分别为 0.30％、0.05％、−0.01％、−0.08％、0.02％、0.03％、−0.01％。整体来说,从 2010 年到 2017 年,中职教育经费支出/公共财政支出增长了 0.30％。虽然正增长的绝对幅度不大,但是对于国家教育事业发展着实至关重要。

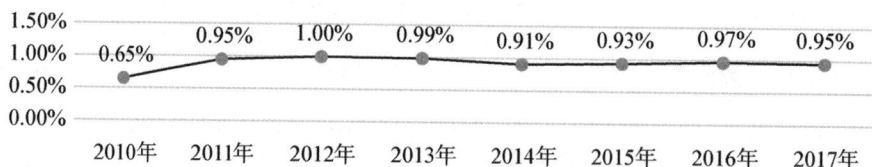

图 1-17　2010—2017 年全国 31 个省份中职教育经费支出/公共财政支出变化情况

各个省份的情况如图 1-18 所示,2017 年中职教育经费支出/公共财政支出的平均水平为 0.95％,比例最高的为山东省,占比为 1.39％;比例最低的为上海市,占比仅为 0.39％。

其他各省,浙江 1.35％、河北 1.25％、江苏 1.20％、广西 1.16％、山西 1.15％、广东 1.14％、海南 1.11％、福建 1.02％、河南 1.02％、云南 1.00％、重庆 0.92％、吉林 0.91％、湖南 0.90％、安徽 0.89％、湖北 0.87％、贵州 0.87％、四川 0.86％、甘肃 0.82％、北京 0.79％、宁夏 0.76％、辽宁

---

① 特别说明:因为教育经费年鉴出版时间要滞后一年,因此本书中的教育经费数据只是到 2017 年。

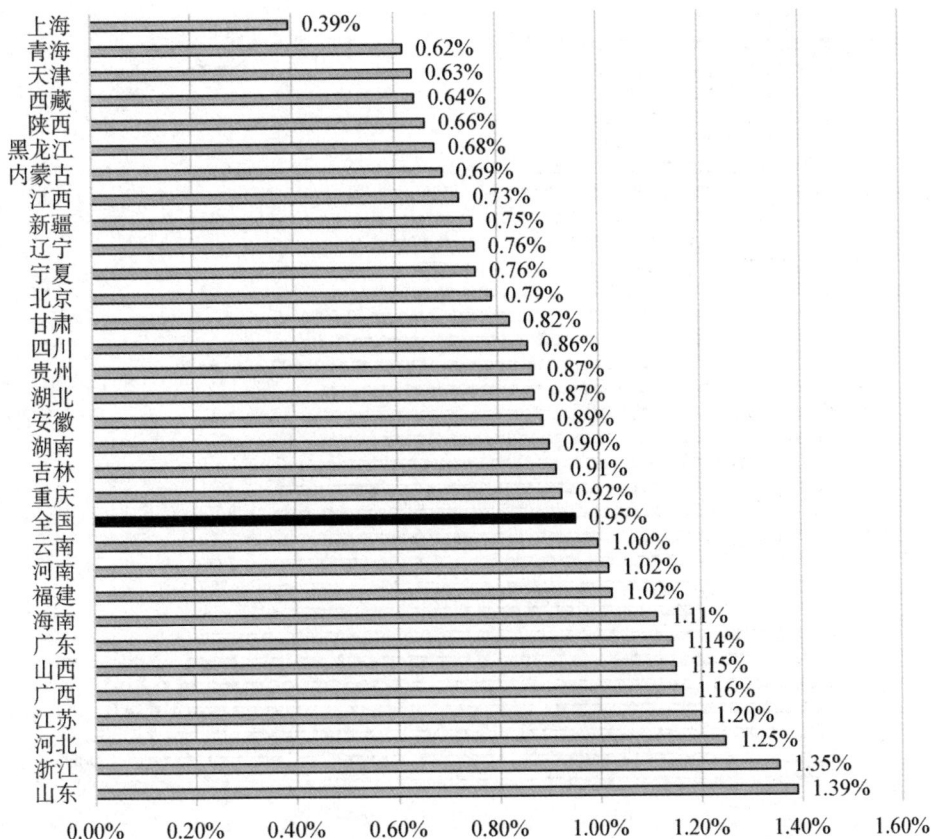

图 1-18   2017 年全国 31 个省份中职教育经费支出/公共财政支出

0.76%、新疆 0.75%、江西 0.73%、内蒙古 0.69%、黑龙江 0.68%、陕西 0.66%、西藏 0.64%、天津 0.63%、青海 0.62%。其中,不足 1%的省份有 20 个,分别是重庆、吉林、湖南、安徽、湖北、贵州、四川、甘肃、北京、宁夏、辽宁、新疆、江西、内蒙古、黑龙江、陕西、西藏、天津、青海、上海。

2. 高职教育经费支出/公共财政支出

高职教育经费支出/公共财政支出情况与中职类似,但是绝对数值相对稳定。如图 1-19 所示,2010—2017 年,高职教育经费支出/公共财政支出比例依次为 0.34%、0.55%、0.61%、0.55%、0.54%、0.58%、0.61%、0.65%,每一年增长的量依次为 0.21%、0.05%、-0.06%、-0.01%、0.04%、0.03%、0.04%。相较于 2010 年,2017 年的绝对增量为 0.31%。

图 1-19   2010—2017 年全国 31 个省份高职教育经费支出/公共财政支出变化情况

2017 年各个省的具体情况如图 1-20 所示,全国的平均水平为 0.65%,最高比例的省份为甘

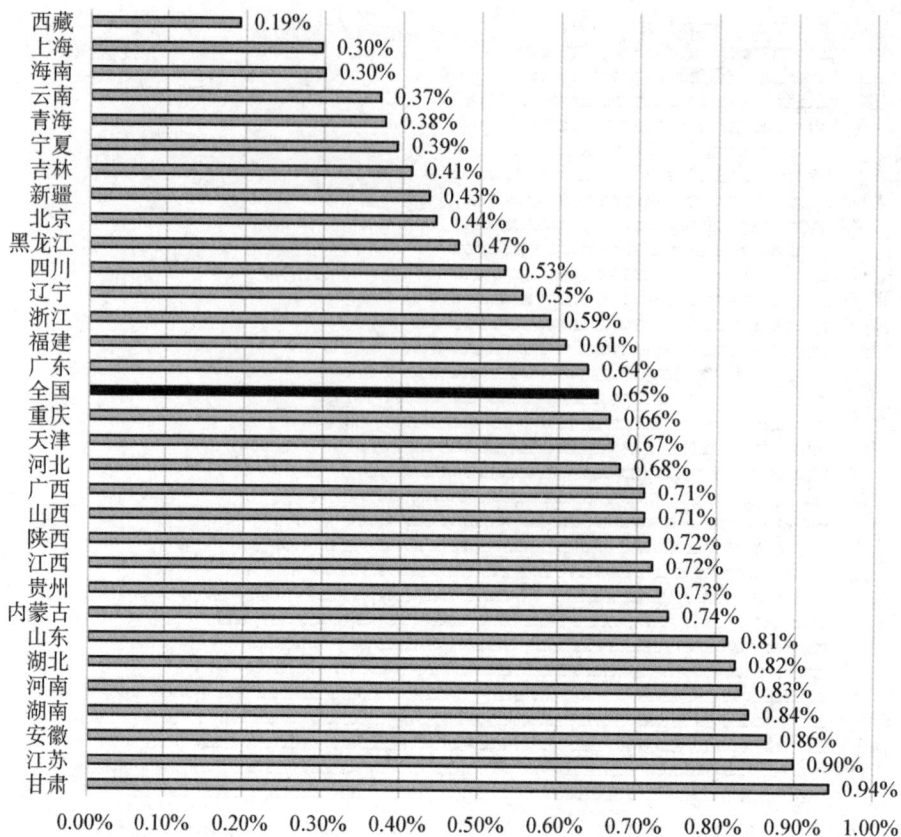

图 1-20　2017 年全国 31 个省份高职教育经费支出/公共财政支出

肃,比例为 0.94%;最低比例的省份为西藏,比例为 0.19%。

其他各省,江苏 0.90%、安徽 0.86%、湖南 0.84%、河南 0.83%、湖北 0.82%、山东 0.81%、内蒙古 0.74%、贵州 0.73%、江西 0.72%、陕西 0.72%、山西 0.71%、广西 0.71%、河北 0.68%、天津 0.67%、重庆 0.66%、全国 0.65%、广东 0.64%、福建 0.61%、浙江 0.59%、辽宁 0.55%、四川 0.53%、黑龙江 0.47%、北京 0.44%、新疆 0.43%、吉林 0.41%、宁夏 0.39%、青海 0.38%、云南 0.37%、海南 0.30%、上海 0.30%。足见,比例不足 0.5%的省份达到了 10 个,分别是黑龙江、北京、新疆、吉林、宁夏、青海、云南、海南、上海、西藏。

(二)生均教育经费支出占人均地区生产总值比重

生均教育经费支出占人均地区生产总值比重是衡量教育发展概况的一个重要尺度。运用 2010—2017 年中职和高职生均教育经费与地区人均地区生产总值的比重来测算新时代中国职业教育改革与发展的进展与问题。得到结果如下:

1. 中职生均教育经费支出/人均地区生产总值

中职教育已经进入免费时代,2010—2017 年中职生均教育经费支出/人均地区生产总值稳中有升。如图 1-21 所示,2010—2017 年中职生均教育经费支出/人均地区生产总值的比例依次为 29.02%、29.54%、32.15%、33.20%、29.99%、31.42%、31.44%和30.78%,相对于前一年的降低量为−0.51%、−2.61%、−1.05%、3.21%、−1.43%、−0.02%和0.66%。2017 年相较于 2010 年的绝对增长量为 1.76%。

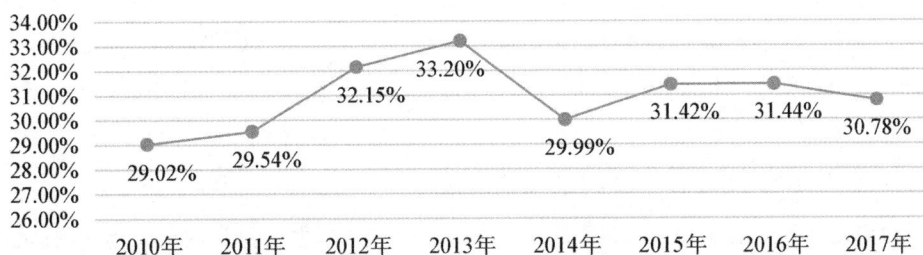

图 1-21　2010—2017 年全国 31 个省份中职生均教育经费支出/人均地区生产总值的变化情况

各个省的具体情况如图 1-22 所示,2017 年全国中职生均教育经费支出/人均地区生产总值

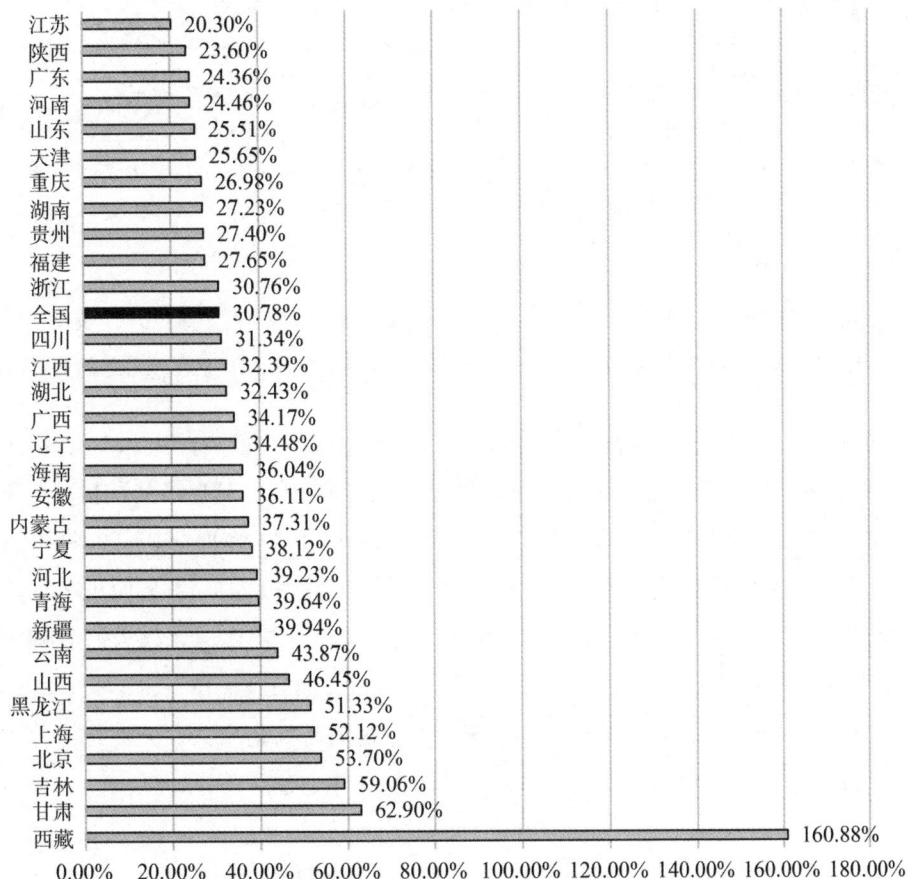

图 1-22　2017 年全国 31 个省份中职生均教育经费支出/人均地区生产总值

的平均比例为 30.78%,最高比例的省份为西藏,比例高达 160.88%;最低比例的省份为江苏,仅仅占比 20.30%。其他省份情况如下:甘肃 62.90%、吉林 59.06%、北京 53.70%、上海 52.12%、黑龙江 51.33%、山西 46.45%、云南 43.87%、新疆 39.94%、青海 39.64%、河北 39.23%、宁夏 38.12%、内蒙古 37.31%、安徽 36.11%、海南 36.04%、辽宁 34.48%、广西 34.17%、湖北 32.43%、江西 32.39%、四川 31.34%、浙江 30.76%、福建 27.65%、贵州 27.40%、湖南 27.23%、重庆 26.98%、天津 25.65%、山东 25.51%、河南 24.46%、广东 24.36%、陕西 23.60%。其中,低于 30% 的省份多达 10 个,分别为福建、贵州、湖南、重庆、天津、山东、河南、广东、陕西、江苏。

2. 高职生均教育经费支出/人均地区生产总值

高职教育已经进入黄金发展的新时代,2010—2017 年高职生均教育经费支出/人均地区生产总值略有下降。如图 1-23 所示,2010—2017 年高职生均教育经费支出/人均地区生产总值的比例依次为 44.88%、42.84%、43.89%、40.17%、37.39%、40.18%、37.82%、37.27%,相较于上一年的增长量依次为 -2.03%、1.04%、-3.72%、-2.78%、2.79%、-2.36%、-0.55%。其中,2017 年相对于 2010 年的绝对增量为 -7.60%。

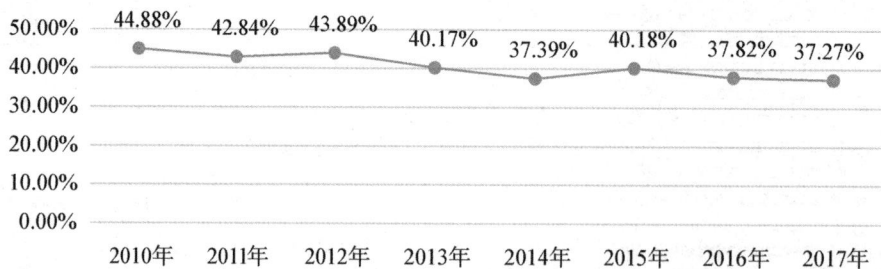

图 1-23　2010—2017 年全国 31 个省份高职生均教育经费支出/人均地区生产总值的变化情况

具体到各省,2017 年高职生均教育经费支出/人均地区生产总值如图 1-24 所示,比例最高的为甘肃省,占比 120.23%;比例最低的为天津市,占比 20.99%。其他各省的情况如下:青海 69.52%、西藏 69.32%、海南 64.00%、北京 58.41%、云南 58.14%、广西 56.57%、贵州 53.81%、新疆 53.30%、宁夏 48.28%、内蒙古 47.19%、黑龙江 47.03%、安徽 46.43%、四川 44.03%、山西 43.13%、河北 42.51%、湖南 40.39%、吉林 38.78%、上海 38.68%、辽宁 38.59%、河南 37.68%、江西 36.58%、重庆 35.33%、湖北 34.92%、陕西 34.44%、浙江 32.18%、广东 31.65%、福建 30.10%、江苏 24.20%、山东 23.55%。其中,低于 40% 的省份高达 14 个,分别是吉林、上海、辽宁、河南、江西、重庆、湖北、陕西、浙江、广东、福建、江苏、山东、天津。

(三) 中职与普高和高职与本科生均公共财政预算教育事业费支出比

中职与普高是两种不同类型的教育,两类教育的更高层次分别对应着高职与普通本科。因

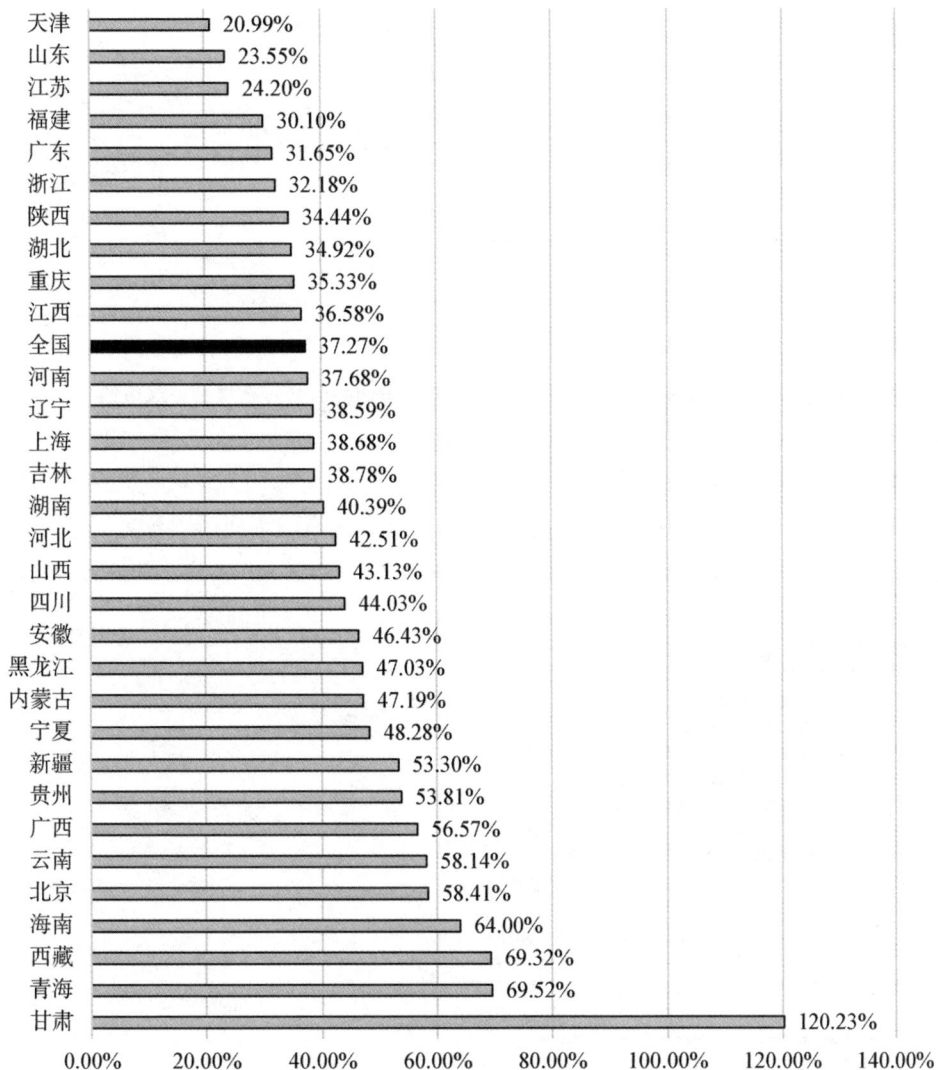

图 1-24　2017 年全国 31 个省份高职生均教育经费支出/人均地区生产总值

此,有必要分析中职与普高和高职与本科生均公共财政预算教育事业费的支出比。

1. 中职/普高生均公共财政预算教育事业费支出

中职/普高生均公共财政预算教育事业费支出比反映了国家或地方政府对中等职业教育的支持。2010—2017 年中职/普高生均公共财政预算教育事业费支出比如图 1-25 所示,2010—2017 年中职/普高生均公共财政预算教育事业费支出比例依次为 107.48%、102.63%、97.39%、104.20%、101.27%、101.40%、99.34%、96.54%,相较于上一年的变化量为 −4.85%、−5.24%、6.81%、−2.93%、0.13%、−2.06%、−2.80%。可见,中职/普高生均公共财政预算教育事业费支出比基本上在逐年递减。2017 年对比 2010 年的绝对减少额度为 10.94%。

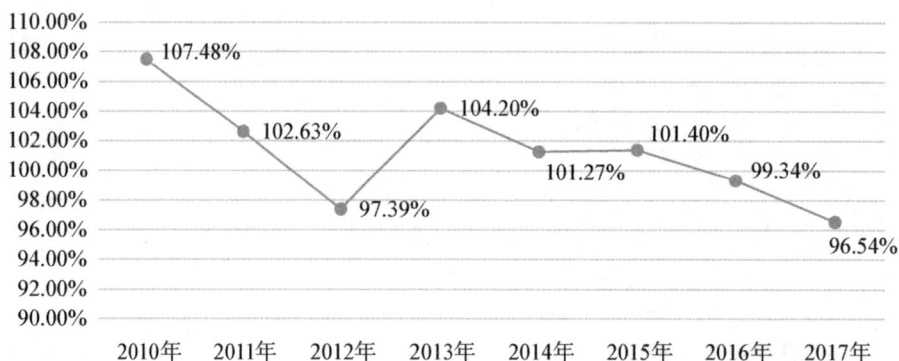

图1-25　2010—2017年全国31个省份中职/普高生均公共财政预算教育事业费支出比

在各省的具体情况上,2017年中职/普高生均公共财政预算教育事业费支出比如图1-26所示。2017年,全国中职/普高生均公共财政预算教育事业费支出的平均比例为96.54%,最高比例的省份为吉林,比例为214.82%;最低比例的省份为贵州,比例为60.65%。其他各省情况如下:

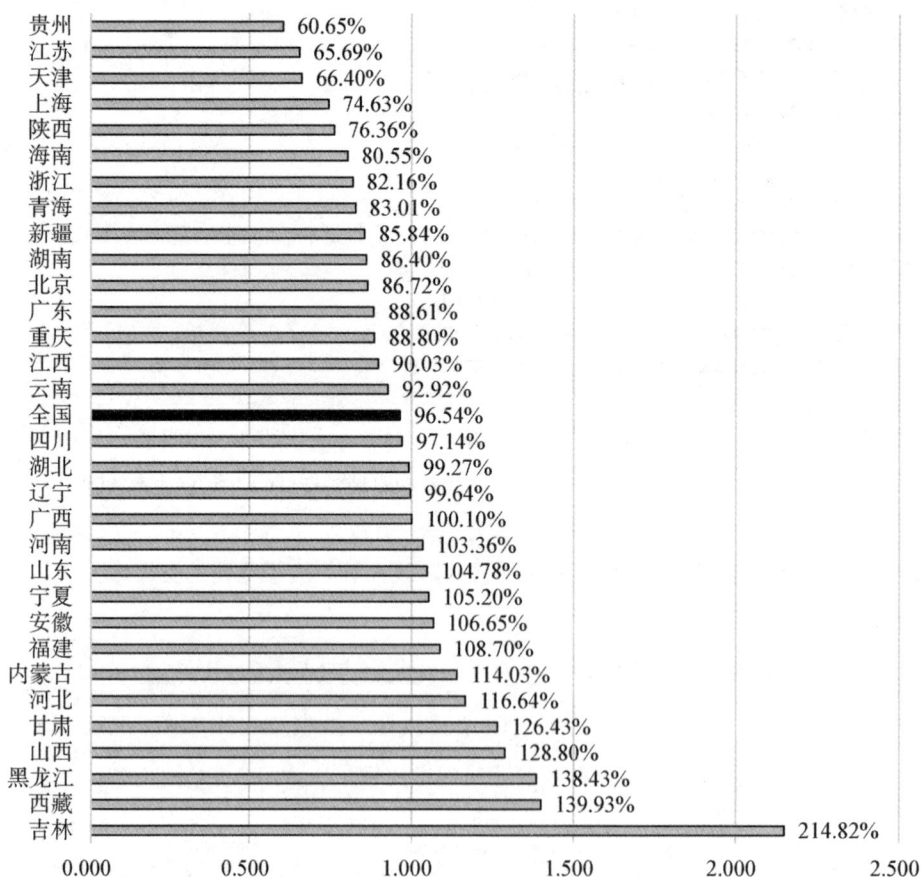

图1-26　2017年全国31个省份中职/普高生均公共财政预算教育事业费支出比

西藏139.93％、黑龙江138.43％、山西128.80％、甘肃126.43％、河北116.64％、内蒙古114.03％、福建108.70％、安徽106.65％、宁夏105.20％、山东104.78％、河南103.36％、广西100.10％、辽宁99.64％、湖北99.27％、四川97.14％、云南92.92％、江西90.03％、重庆88.80％、广东88.61％、北京86.72％、湖南86.40％、新疆85.84％、青海83.01％、浙江82.16％、海南80.55％、陕西76.36％、上海74.63％、天津66.40％、江苏65.69％。可见，没有达到普职相当的省份有18个，分别为辽宁、湖北、四川、云南、江西、重庆、广东、北京、湖南、新疆、青海、浙江、海南、陕西、上海、天津、江苏、贵州。

2. 高职/普通本科生均公共财政预算教育事业费支出

高职方面，2010—2017年高职/普通本科生均公共财政预算教育事业费支出比如图1-27所示。2010—2017年高职/普通本科生均公共财政预算教育事业费支出比例依次为62.55％、54.90％、54.77％、59.73％、60.45％、72.34％、61.55％、76.18％，相比起上一年的增加变化量为－7.65％、－0.14％、4.97％、0.72％、11.89％、－10.79％、14.64％。可见，高职/普通本科生均公共财政预算教育事业费支出比例稳中有升。相较于2010年，2017年的绝对增长量为13.63％。

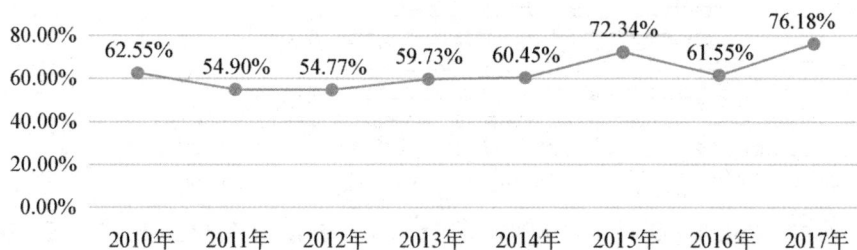

图1-27 2010—2017年全国31个省份高职/普通本科生均公共财政预算教育事业费支出比变化情况

具体到各个省，2017年高职/普通本科生均公共财政预算教育事业费支出比如图1-28所示。2017年高职/普通本科生均公共财政预算教育事业费支出的平均比例为76.18％，比例最高的省份为甘肃省，比例为138.36％；比例最低的为宁夏，比例为55.38％。其他省份情况如下：内蒙古108.46％、海南94.48％、四川93.68％、北京92.71％、云南92.54％、青海90.02％、安徽88.11％、湖南87.02％、新疆86.72％、西藏85.61％、上海85.55％、山西84.30％、河南84.26％、福建82.70％、重庆81.95％、广西81.59％、辽宁81.52％、黑龙江80.91％、吉林80.80％、湖北80.33％、山东79.25％、江苏77.79％、江西74.37％、河北73.85％、贵州72.20％、陕西69.73％、浙江60.97％、天津59.24％、广东56.30％。

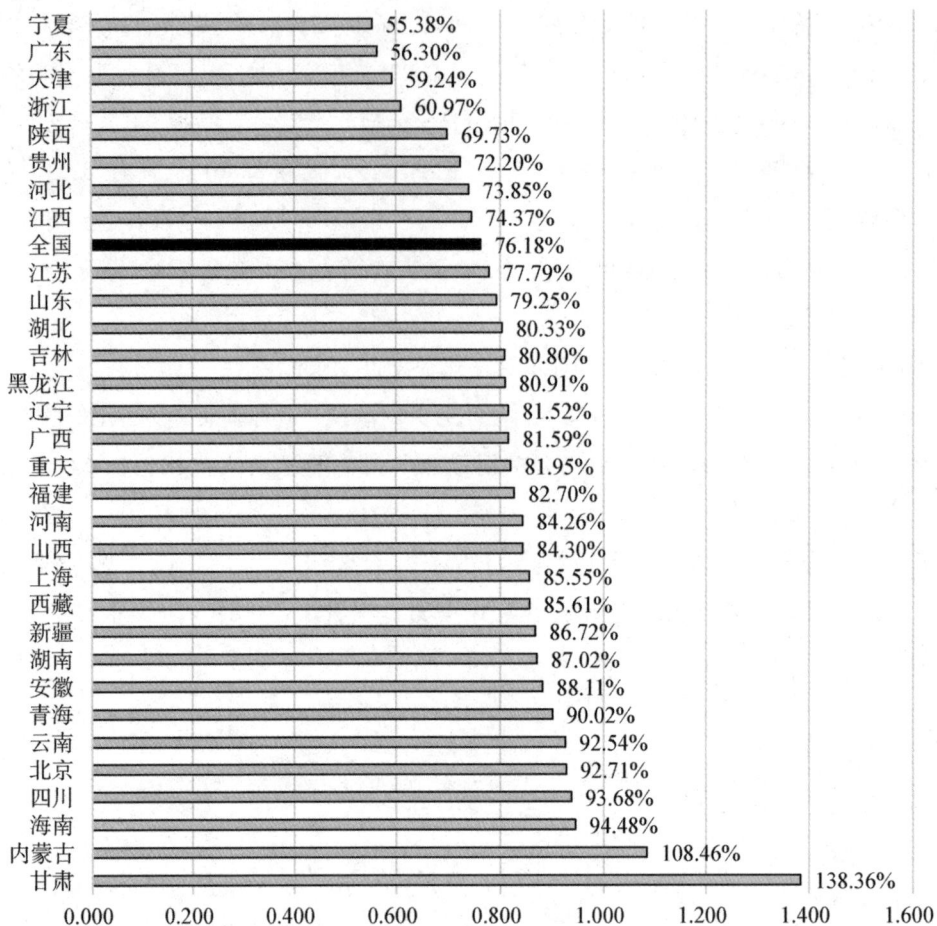

图1-28 2017年全国31个省份高职/普通本科生均公共财政预算教育事业费支出比例

三、办学条件

(一) 生均校舍面积

生均校舍面积是职业教育办学条件的基础性指标。职业院校的所有办学都是以建筑面积为基础。数据分析发现,2010—2018年中国职业院校的生均校舍面积情况如下:

1. 中职生均校舍建筑面积

2010—2018年中等职业教育生均校舍建筑面积逐年上升。数据分析结果如图1-29所示,2010—2018年中等职业教育生均校舍建筑面积依次为10.82平方米、11.53平方米、12.55平方米、13.93平方米、15.22平方米、15.96平方米、16.66平方米、16.91平方米、17.37平方米,每年的增长量为0.71平方米、1.03平方米、1.38平方米、1.29平方米、0.75平方米、0.69平方米、0.25平方米、0.46平方米。相较于2010年,2018年净增生均面积为6.55平方米。

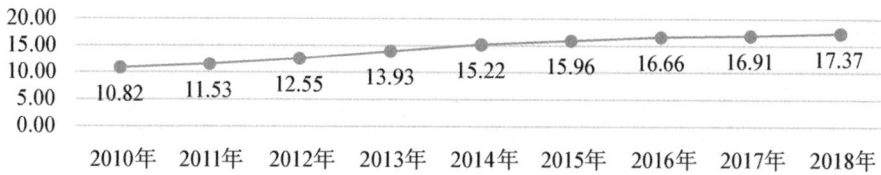

10.82	11.53	12.55	13.93	15.22	15.96	16.66	16.91	17.37
2010年	2011年	2012年	2013年	2014年	2015年	2016年	2017年	2018年

图1-29　2010—2018年全国31个省份中等职业教育生均校舍建筑面积变化情况(单位:平方米)

各个省的具体情况如图1-30所示,2018年中等职业教育生均校舍建筑面积的平均水平为17.37平米,最高的省份为北京,面积为38.12平方米;最低的省份为云南,仅为12.39平方米。

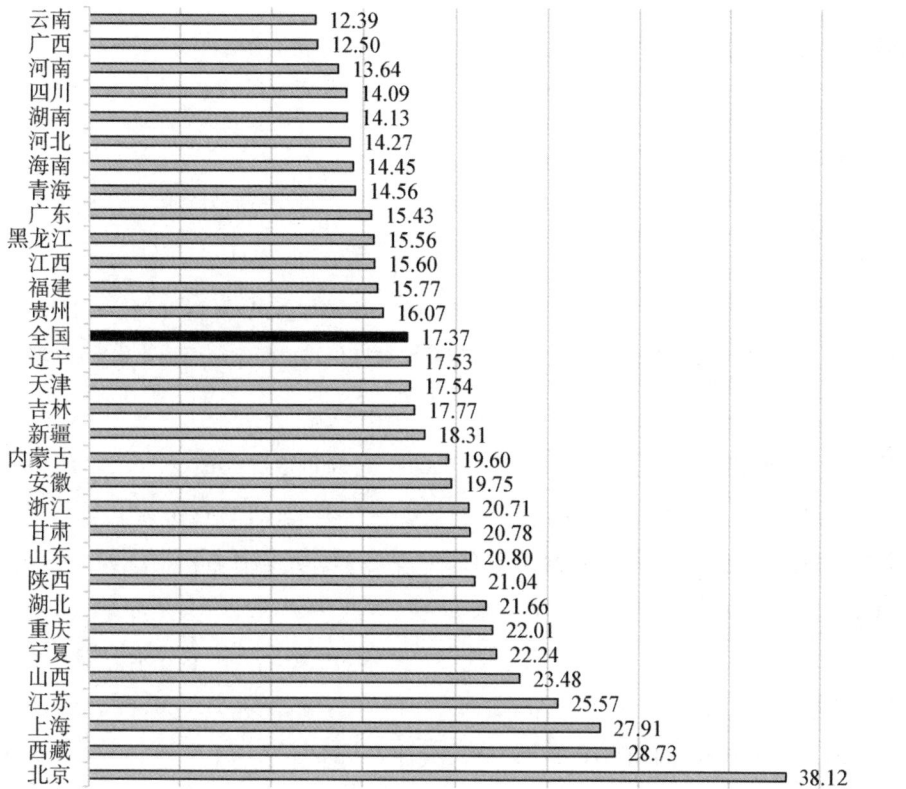

图1-30　全国31个省份2018年中等职业教育生均校舍建筑面积(单位:平方米)

其他各省,西藏28.73平方米、上海27.91平方米、江苏25.57平方米、山西23.48平方米、宁夏22.24平方米、重庆22.01平方米、湖北21.66平方米、陕西21.04平方米、山东20.80平方米、甘肃20.78平方米、浙江20.71平方米、安徽19.75平方米、内蒙古19.60平方米、新疆18.31平方米、吉林17.77平方米、天津17.54平方米、辽宁17.53平方米、贵州16.07平方米、福建15.77平方米、江西15.60平方米、黑龙江15.56平方米、广东15.43平方米、青海14.56平方米、海南14.45平方米、河北14.27平方米、湖南14.13平方米、四川14.09平方米、河南13.64平方米、广西12.50平方米。其中,未达到15平方米的省份有8个,分别是青海、海南、河北、湖南、四川、河南、广西、云南。

2. 高职生均校舍建筑面积

高职方面,因为受到学生数与学校数变化的影响,2010—2018 年高等职业教育生均校舍建筑面积呈现了先增后减的变化趋势。如图 1-31 所示,2010—2018 年高等职业教育生均校舍建筑面积依次为 28.00 平方米、28.41 平方米、28.64 平方米、28.74 平方米、27.74 平方米、27.37 平方米、27.20 平方米、27.44 平方米、27.20 平方米。相较于前一年的增长变化量依次为 0.41 平方米、0.23 平方米、0.10 平方米、-1.00 平方米、0.3 平方米、-0.17 平方米、0.24 平方米、-0.24 平方米。相较于 2010 年,2018 年的绝对增长值为-0.80 平方米。

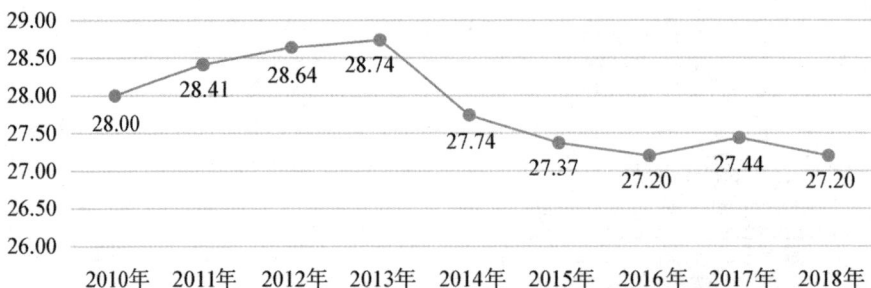

图 1-31　2010—2018 年全国 31 个省份高等职业教育生均校舍建筑面积变化情况(单位:平方米)

在各省份,2018 年高等职业教育生均校舍建筑面积的分布情况如图 1-32 所示。2018 年高等职业教育生均校舍建筑面积的平均水平为 27.20 平方米,最高的省份为北京,平均面积为 54.05 平方米;最低的省份为云南,平均面积为 17.47 平方米。其他各省份情况如下:海南 35.63 平方米、江苏 33.81 平方米、青海 32.15 平方米、内蒙古 30.19 平方米、黑龙江 30.17 平方米、浙江 29.95 平方米、陕西 29.91 平方米、贵州 29.82 平方米、西藏 29.82 平方米、福建 29.29 平方米、湖北 29.15 平方米、甘肃 29.02 平方米、山西 28.19 平方米、河南 27.80 平方米、江西 27.67 平方米、辽宁 27.44 平方米、四川 27.02 平方米、天津 26.78 平方米、上海 26.71 平方米、安徽 26.66 平方米、重庆 26.60 平方米、宁夏 26.34 平方米、山东 25.75 平方米、新疆 24.92 平方米、吉林 24.81 平方米、河北 24.67 平方米、广西 24.60 平方米、广东 23.59 平方米、湖南 22.27 平方米。

(二) 生均图书册数

生均图书册数是职业教育办学与发展水平的重要体现。运用 2010—2018 年的数据分析中职和高职的生均图书册数。结果如下:

1. 中职生均图书册数

2010—2018 年中等职业生均图书册数呈现逐年上升的趋势,如图 1-33 所示,2010—2018 年

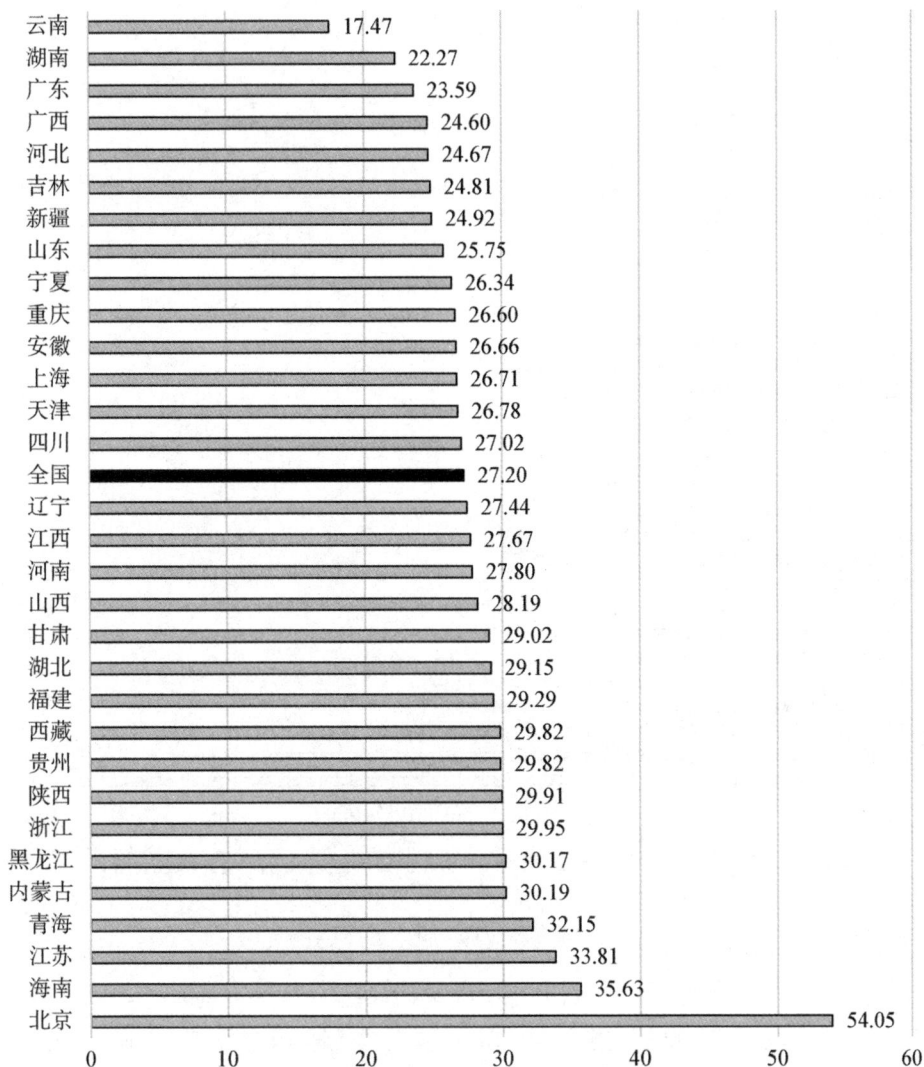

图 1-32　2018 年全国 31 个省份高等职业教育生均校舍建筑面积(单位：平方米)

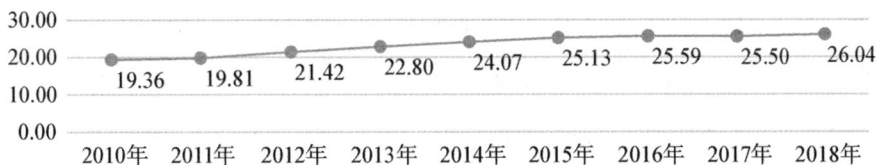

图 1-33　2010—2018 年全国 31 个省份中等职业生均图书册数变化情况(单位：册)

中等职业生均图书册数依次为 19.36 册、19.81 册、21.42 册、22.80 册、24.07 册、25.13 册、25.59 册、25.50 册、26.04 册,相较于上一年,每年的变化量依次为 0.45 册、1.61 册、1.38 册、1.27 册、1.06 册、0.46 册、-0.09 册、0.54 册。相较于 2010 年,2018 年的绝对增长数为 6.68 册。

在各省的具体情况上,如图 1-34 所示,2018 年中等职业生均图书册数的平均水平为 26.04

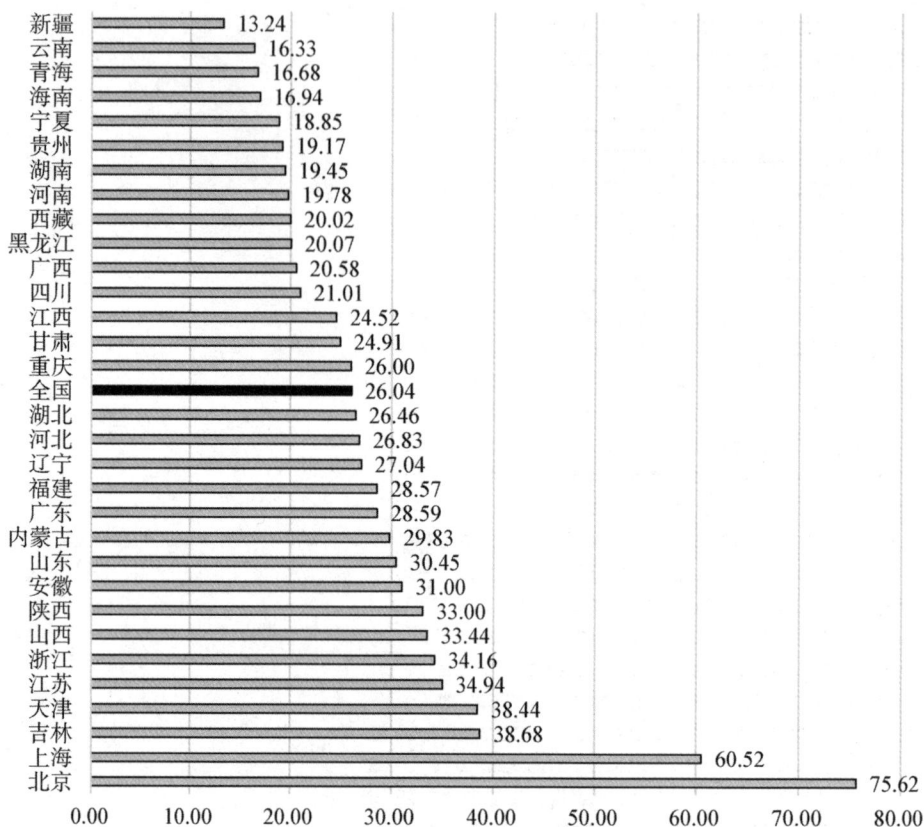

图 1-34　全国 31 个省份 2018 年中等职业教育生均图书册数（单位：册）

册，最高水平为北京，达到了 75.62 册；最少的省份为新疆，仅为 13.24 册。

其他各省情况为，上海 60.52 册、吉林 38.68 册、天津 38.44 册、江苏 34.94 册、浙江 34.16 册、山西 33.44 册、陕西 33.00 册、安徽 31.00 册、山东 30.45 册、内蒙古 29.83 册、广东 28.59 册、福建 28.57 册、辽宁 27.04 册、河北 26.83 册、湖北 26.46 册、重庆 26.00 册、甘肃 24.91 册、江西 24.52 册、四川 21.01 册、广西 20.58 册、黑龙江 20.07 册、西藏 20.02 册、河南 19.78 册、湖南 19.45 册、贵州 19.17 册、宁夏 18.85 册、海南 16.94 册、青海 16.68 册、云南 16.33 册。其中，生均图书册数不足 20 册的省份有 8 个，分别为河南、湖南、贵州、宁夏、海南、青海、云南、新疆。

2. 高职生均图书册数

高职生均图书册数的变化与中职生均图书册数类似，在总体趋势上呈逐渐上涨。如图 1-35 所示，全国 2010—2018 年高等职业生均图书册数依次为 63.10 册、65.33 册、66.92 册、68.87 册、66.87 册、66.58 册、67.07 册、67.78 册、68.15 册，相较于前一年的变化量依次为 2.23 册、1.59 册、1.95 册、-2.00 册、-0.29 册、0.49 册、0.71 册、0.37 册。相较于 2010 年，2018 年的绝对增长额度为 5.05 册。

各个省的具体情况如图 1-36 所示，2018 年高等职业生均图书册数的平均水平为 68.15 册，

図 1-35 2010—2018 年全国 31 个省份高等职业生均图书册数变化情况(单位:册)

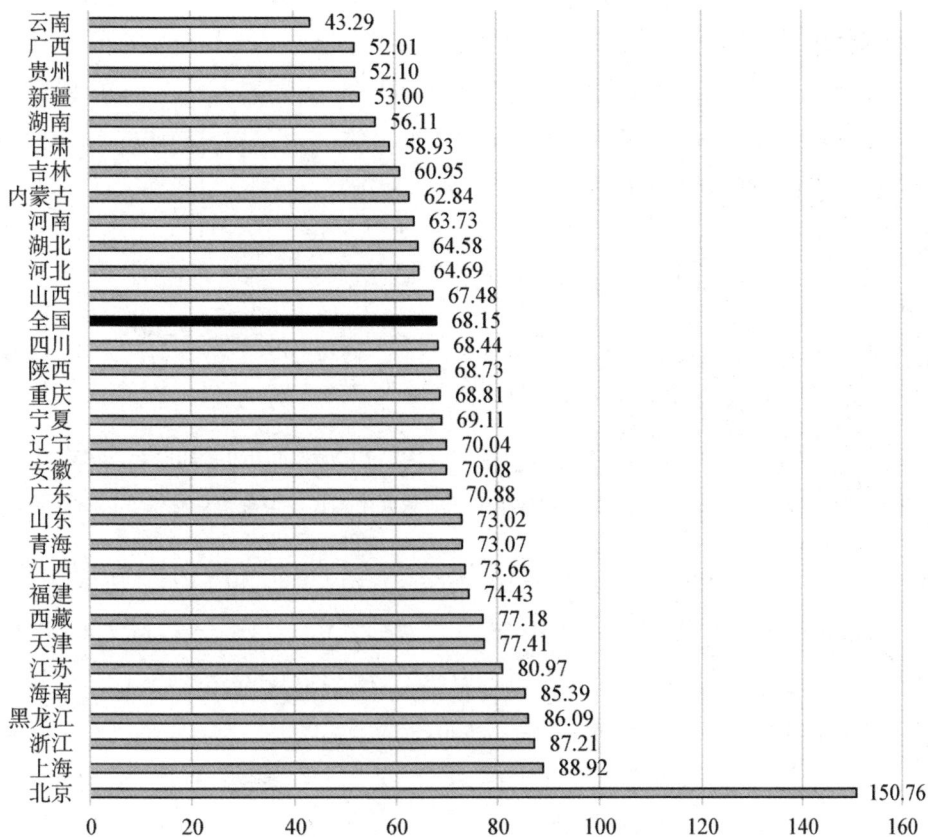

图 1-36 2018 年全国 31 个省份高等职业教育生均图书册数(单位:册)

最高的为北京,高达 150.76 册;最低的为云南,仅为 43.29 册。

其他各省,上海 88.92 册、浙江 87.21 册、黑龙江 86.09 册、海南 85.39 册、江苏 80.97 册、天津 77.41 册、西藏 77.18 册、福建 74.43 册、江西 73.66 册、青海 73.07 册、山东 73.02 册、广东 70.88 册、安徽 70.08 册、辽宁 70.04 册、宁夏 69.11 册、重庆 68.81 册、陕西 68.73 册、四川 68.44 册、山西 67.48 册、河北 64.69 册、湖北 64.58 册、河南 63.73 册、内蒙古 62.84 册、吉林 60.95 册、甘肃 58.93 册、湖南 56.11 册、新疆 53.00 册、贵州 52.10 册、广西 52.01 册。其中,低于 60 册的省份有 6 个,分别是甘肃、湖南、新疆、贵州、广西、云南。

(三) 生均仪器设备值

职业教育是实践的教育,产教融合、校企合作是职业教育人才培养的基本模式。因此生均仪器设备值是衡量职业教育发展水平的重要指数。运用2010—2018年职业教育生均仪器设备值分析结果如下。

1. 中职生均仪器设备值

中职生均仪器设备值在2010—2018年呈现出逐年递增的趋势,如图1-37所示,2010—2018年中等职业教育生均仪器设备值依次为2 244.16元、2 490.04元、2 920.24元、3 618.09元、4 288.99元、4 889.35元、5 560.48元、6 216.61元、6 957.28元,相较于前一年,每年的增长变化量依次为245.88元、430.20元、697.86元、670.90元、600.36元、671.13元、656.12元、740.68元。相较于2010年,2018年的绝对增长数额为4 713.13元。

图1-37 2010—2018年全国31个省份中等职业教育生均仪器设备值变化情况(单位:元)

在各个省的具体情况上,2018年中等职业教育生均仪器设备值如图1-38所示,全国中等职业教育生均仪器设备值的平均水平为6 957.28元,最高的为北京,高达51 203.31元,最低省份为河南,仅为3 395.59元。其他各省,上海42 178.07元、天津12 521.66元、吉林10 801.05元、江苏10 660.24元、浙江10 236.15元、西藏10 067.40元、内蒙古9 191.60元、广东9 048.32元、海南8 720.77元、辽宁8 469.07元、福建8 451.85元、宁夏8 432.90元、青海8 339.17元、山东7 835.87元、黑龙江7 298.67元、山西7 126.43元、重庆6 833.71元、甘肃6 464.97元、湖北6 282.12元、陕西5 915.40元、广西5 874.16元、新疆5 689.29元、江西4 926.50元、四川4 747.75元、安徽4 724.23元、贵州4 702.21元、河北4 442.88元、湖南4 386.98元、云南4 170.77元。其中,没达到5 000元的省份有8个,分别是江西、四川、安徽、贵州、河北、湖南、云南、河南。

2. 高职生均仪器设备值

高职生均仪器设备值与中职类似,2010—2018年逐渐递增,如图1-39所示。2010—2018年高等职业教育生均仪器设备值依次为6 115.00元、6 634.00元、7 025.00元、7 673.00元、7 897.00元、8 163.00元、8 570.00元、9 237.00元、9 875.00元,相较于上一年,2010—2018年高等职业教育生均仪器设备值的变化量依次为519.00元、391.00元、648.00元、224.00元、266.00元、407.00元、667.00元、638.00元。相较于2010年,2018年高等职业教育生均仪器设备值的绝对

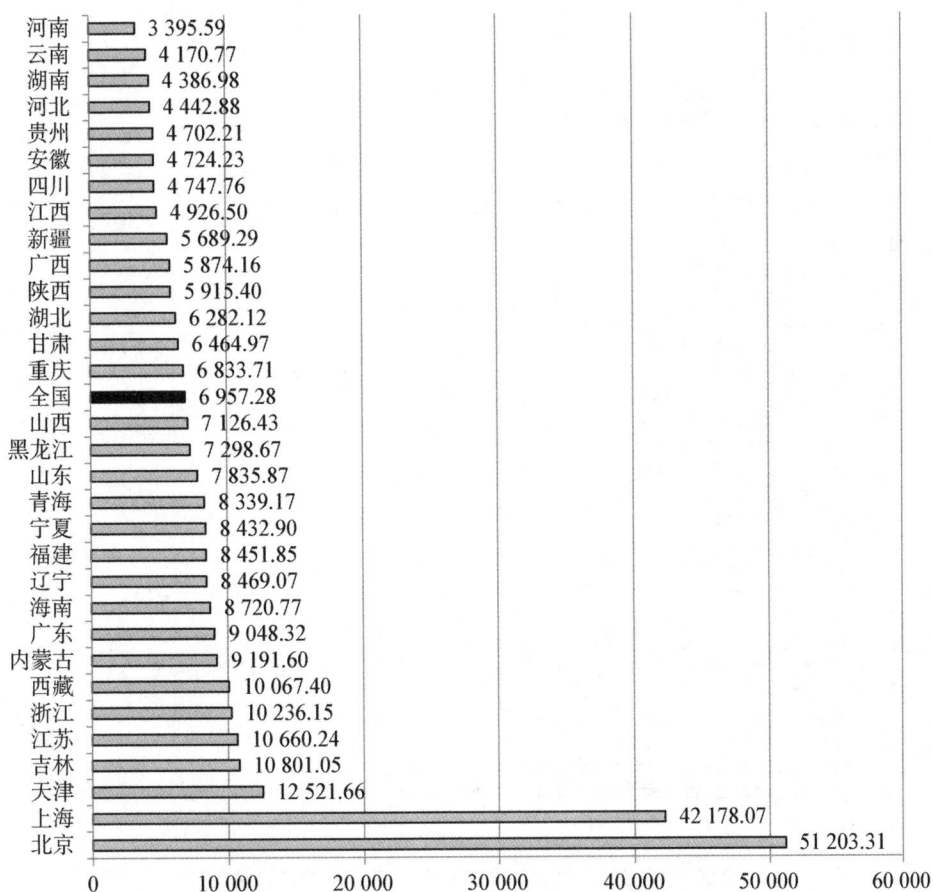

图 1-38　2018 年全国 31 个省份中等职业教育生均仪器设备值(单位：元)

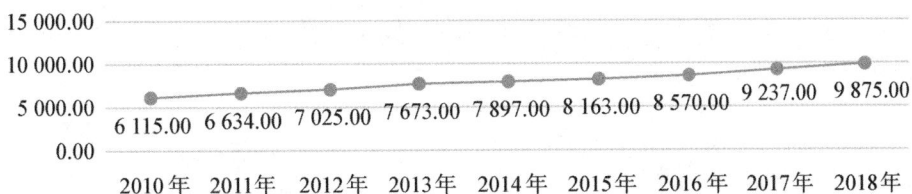

图 1-39　2010—2018 年全国 31 个省份高等职业教育生均仪器设备值变化情况(单位：元)

增长数额为 3 760.00 元。

在各个省的具体情况上,2018 年高等职业教育生均仪器设备值的情况如图 1-40 所示。全国高等职业教育生均仪器设备值的平均值为 9 875 元,最高为北京,达到了 52 410 元;最低为云南,仅为 5 272 元。其他省份,上海 19 942 元、青海 17 160 元、宁夏 15 049 元、内蒙古 14 936 元、天津 14 718 元、浙江 14 354 元、江苏 13 734 元、海南 12 721 元、吉林 12 687 元、黑龙江 11 738 元、辽宁 11 320 元、福建 10 813 元、甘肃 10 800 元、西藏 10 520 元、陕西 10 201 元、广东 10 145 元、广西 10 124 元、山西 9 143 元、山东 8 795 元、新疆 8 563 元、四川 8 550 元、重庆 8 235 元、湖北 8 107 元、

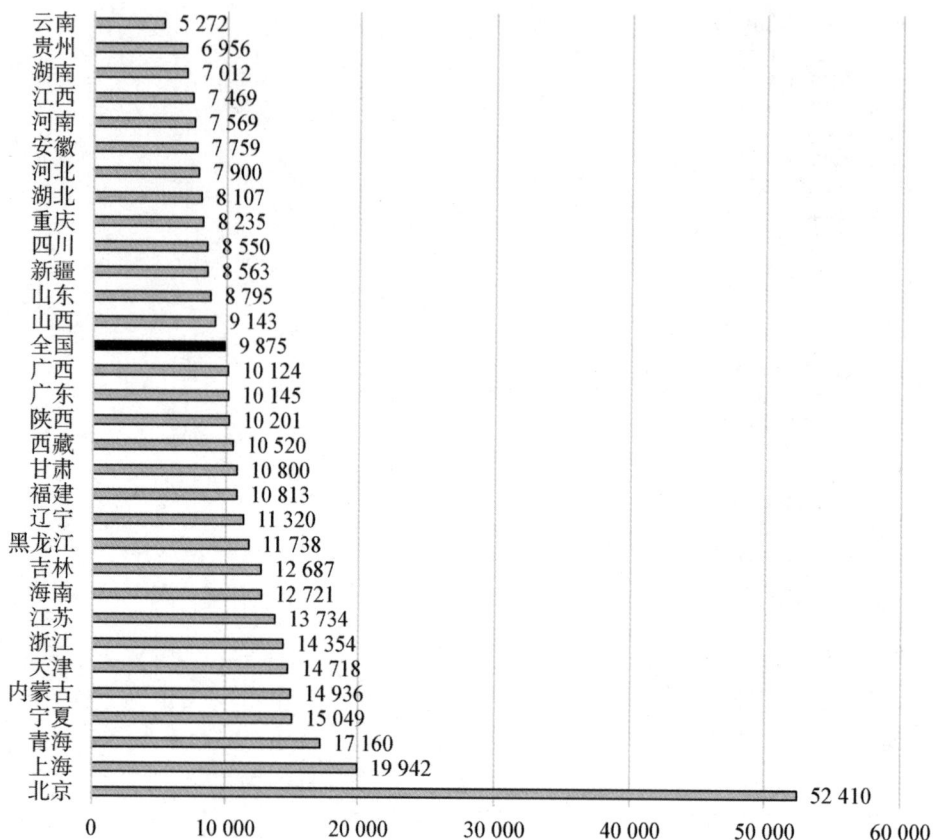

图 1-40 全国31个省份2018年高等职业教育生均仪器设备值(单位:元)

河北7 900元、安徽7 759元、河南7 569元、江西7 469元、湖南7 012元、贵州6 956元。其中,不足10 000元的省份有13个,分别为山西、山东、新疆、四川、重庆、湖北、河北、安徽、河南、江西、湖南、贵州、云南。

四、 师资队伍

(一)生师比

1. 中等职业教育生师比

2010—2018年中等职业教育生师比逐年递减,如图1-41所示。2010—2018年中等职业教

图 1-41　2010—2018年全国31个省份中等职业教育生师比变化情况

育生师比依次为 26.68、25.75、24.70、22.97、21.34、20.47、19.84、19.59、19.10,相较于前一年,每年的降低量依次为 0.93、1.05、1.73、1.63、0.87、0.63、0.25、0.49,2018 年相对于 2010 年的绝对降值为 7.58。

在各个省的具体情况上,2018 年中等职业教育生师比如图 1-42 所示。2018 年,全国中等职业教育生师比的平均水平为 19.10,最高的省份为广西,达到了 33.36;最低的省份为吉林,仅为 9.01。

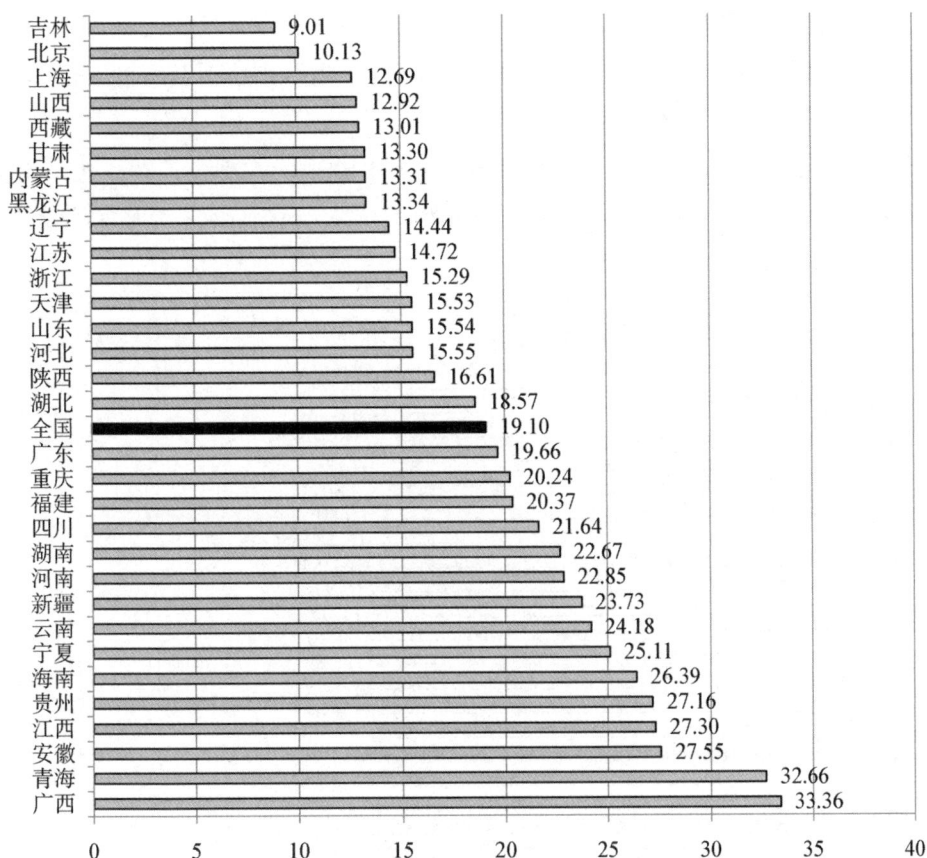

图 1-42 2018 年全国 31 个省份中等职业教育生师比

其他各省,青海 32.66、安徽 27.55、江西 27.30、贵州 27.16、海南 26.39、宁夏 25.11、云南 24.18、新疆 23.73、河南 22.85、湖南 22.67、四川 21.64、福建 20.37、重庆 20.24、广东 19.66、湖北 18.57、陕西 16.61、河北 15.55、山东 15.54、天津 15.53、浙江 15.29、江苏 14.72、辽宁 14.44、黑龙江 13.34、内蒙古 13.31、甘肃 13.30、西藏 13.01、山西 12.92、上海 12.69、北京 10.13。其中,高于 20 的省份有 14 个,分别为广西、青海、安徽、江西、贵州、海南、宁夏、云南、新疆、河南、湖南、四川、福建、重庆。

2. 高等职业教育生师比

与中职生师比情况不同,2010—2018 年高等职业教育生师比的变化如图 1-43 所示。

图1-43 2010—2018年全国31个省份高等职业教育生师比变化情况

2010—2018年高等职业教育生师比依次为17.21、17.28、17.23、17.11、17.57、17.77、17.73、17.74、17.89,相较于前一年,每年的增加量依次为0.07、-0.05、-0.12、0.46、0.20、-0.04、0.01、0.15。相较于2010年,2018年的绝对增值为0.68。

在各个省的具体情况上,2018年高等职业教育生师比如图1-44所示。2018年,全国高等职业教育生师比平均水平为17.89,最高水平为云南,达到了25.16;最低水平为北京,仅为13.13。

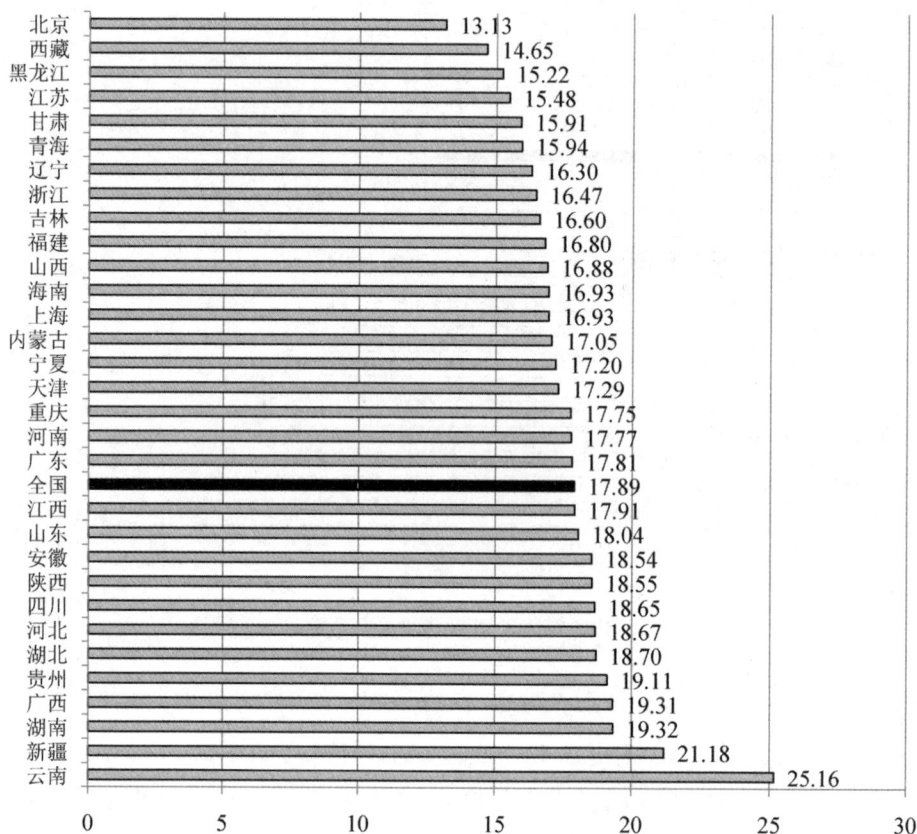

图1-44 2018年全国31个省份高等职业教育生师比

其他省份,新疆21.18、湖南19.32、广西19.31、贵州19.11、湖北18.70、河北18.67、四川18.65、陕西18.55、安徽18.54、山东18.04、江西17.91、广东17.81、河南17.77、重庆17.75、天津17.29、宁夏17.20、内蒙古17.05、上海16.93、海南16.93、山西16.88、福建16.80、吉林16.60、浙

江 16.47、辽宁 16.30、青海 15.94、甘肃 15.91、江苏 15.48、黑龙江 15.22、西藏 14.65。其中,超过 17 的省份有 18 个,分别是云南、新疆、湖南、广西、贵州、湖北、河北、四川、陕西、安徽、山东、江西、广东、河南、重庆、天津、宁夏、内蒙古。

(二)专任教师中"双师型"教师比例

"双师型"教师是职业院校教师的特殊类型,在职业教育的发展中具有重要的作用。运用 2010—2018 年中等、高等职业教育"双师型"教师数据分析结果如下。

1. 中职"双师型"教师比例

中职院校"双师型"教师比例从 2010 年到 2018 年逐年递增,如图 1-45 所示。2010—2018 年中等职业教育专任教师中"双师型"教师比例依次为 21.35%、23.71%、25.19%、26.31%、27.64%、28.71%、29.47%、29.99%、30.65%,同比上一年的增量依次为 2.36%、1.48%、1.12%、1.33%、1.07%、0.76%、0.52%、0.66%。相较于 2010 年,2018 年的绝对增长值为 9.30%。

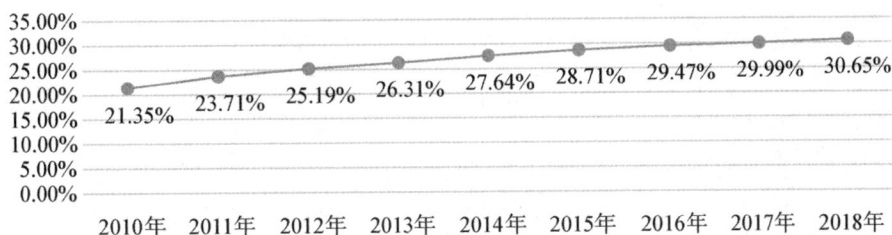

图 1-45　2010—2018 年全国 31 个省份中等职业教育专任教师中"双师型"教师比例变化情况

在各个省的情况方面,2018 年中等职业教育专任教师中"双师型"教师比例如图 1-46 所示。2018 年,全国中等职业教育专任教师中"双师型"教师比例的平均水平为 30.65%,最高水平为浙江省,比例为 45.31%;最低的省份为江西,仅仅为 19.10%。其他省份,安徽 42.42%、广东 42.07%、天津 38.45%、海南 38.34%、江苏 36.81%、青海 36.63%、山东 35.98%、福建 34.24%、北京 31.61%、辽宁 31.47%、宁夏 31.38%、上海 31.08%、重庆 31.03%、贵州 30.89%、四川 30.86%、广西 28.71%、湖北 28.16%、云南 26.94%、吉林 25.61%、黑龙江 25.03%、新疆 24.73%、甘肃 24.53%、湖南 24.02%、河南 23.23%、西藏 23.20%、山西 22.34%、内蒙古 22.12%、陕西 22.03%、河北 20.99%。其中,低于 30% 的省份有 15 个,分别是广西、湖北、云南、吉林、黑龙江、新疆、甘肃、湖南、河南、西藏、山西、内蒙古、陕西、河北、江西。

2. 高职"双师型"教师比例

高职"双师型"教师比例也处于逐年递增的状态,如图 1-47 所示。2010—2018 年高等职业教育专任教师中"双师型"教师比例依次为 33.33%、35.35%、36.13%、36.61%、38.27%、

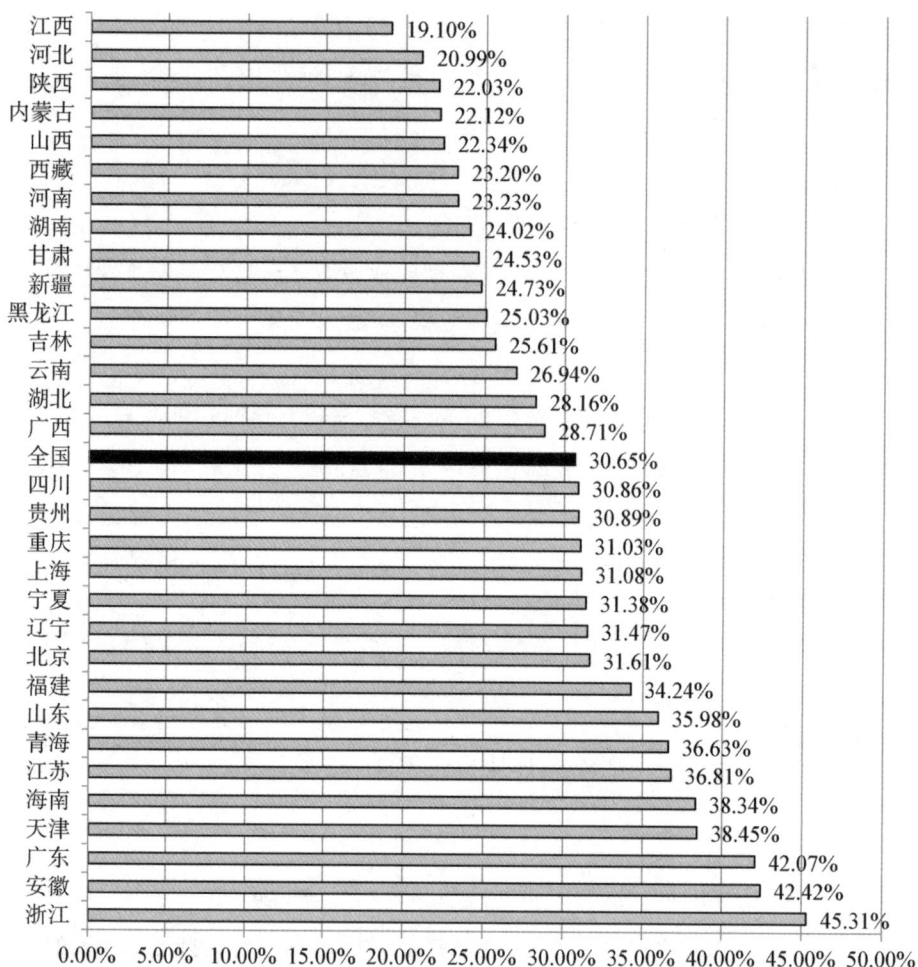

图1‑46   2018年全国31个省份中等职业教育专任教师中"双师型"教师的比例

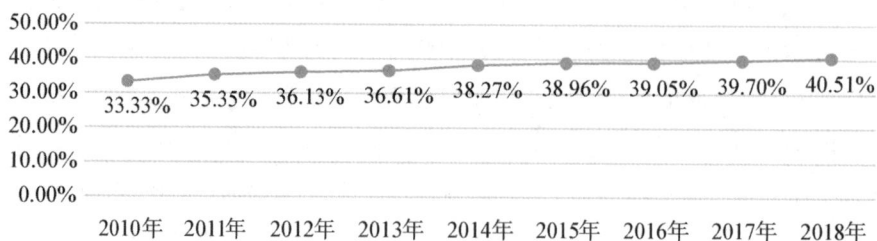

图1‑47   2010—2018年全国31个省份高等职业教育专任教师中"双师型"教师比例变化情况

38.96%、39.05%、39.70%、40.51%,每年的增量依次为2.02%、0.78%、0.48%、1.66%、0.69%、0.09%、0.65%、0.81%。相较于2010年,2018年的绝对增值为7.18%。

各个省的情况如图1‑48所示,2018年高等职业教育专任教师中"双师型"教师比例的平均水平为40.51%,最高水平的省份为浙江,高达55.04%;最低水平为西藏,仅为3.61%。其他各

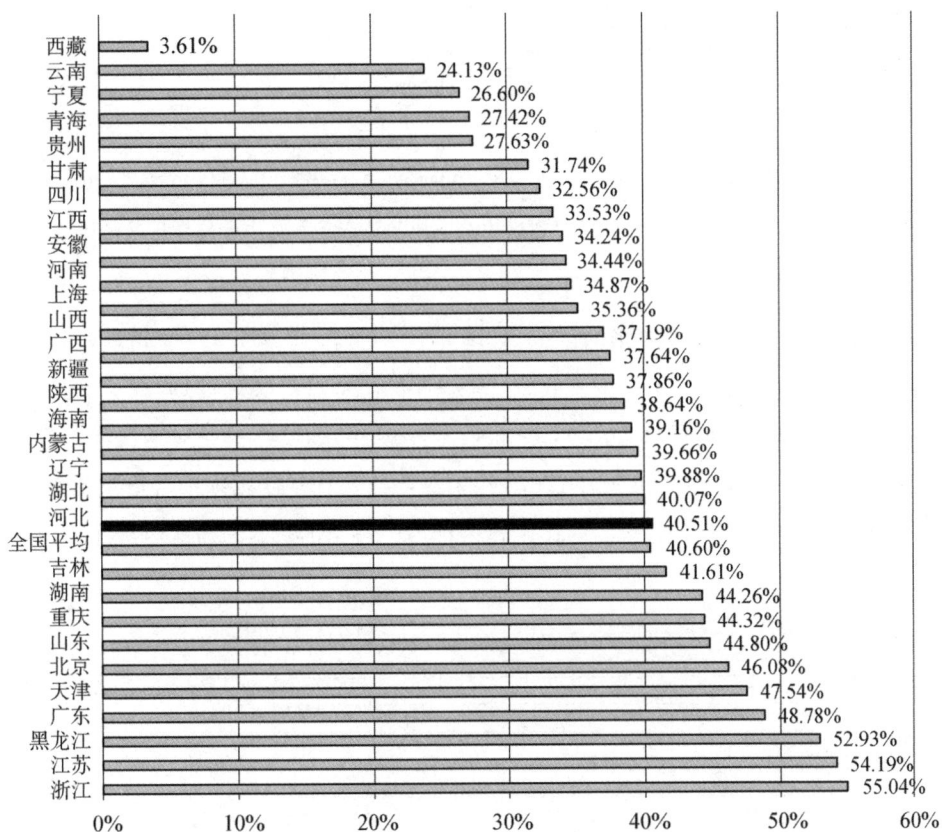

图 1-48　2018 年全国 31 个省份高等职业教育专任教师中"双师型"教师的比例

省情况,浙江 55.04%、江苏 54.19%、黑龙江 52.93%、广东 48.78%、天津 47.54%、北京 46.08%、山东 44.80%、重庆 44.32%、福建 44.26%、湖南 41.61%、吉林 40.60%、河北 40.07%、湖北 39.88%、辽宁 39.66%、内蒙古 39.16%、海南 38.64%、陕西 37.86%、新疆 37.64%、广西 37.19%、山西 35.36%、上海 34.87%、河南 34.44%、安徽 34.24%、江西 33.53%、四川 32.56%、甘肃 31.74%、贵州 27.63%、青海 27.42%、宁夏 26.60%、云南 24.13%。其中,低于 38% 的省份有 15 个,分别是陕西、新疆、广西、山西、上海、河南、安徽、江西、四川、甘肃、贵州、青海、宁夏、云南、西藏。

(三) 专任教师中合格学历教师比例

教师的数量和类型是职业教育发展水平的重要指标,教师质量更是职业教育发展的水平尺度。运用 2010—2018 年中等职业教育专任教师中合格学历教师比例和高职教师的研究生比例测算职业教育教师质量,结果如下。

1. 中职专任教师中合格学历教师比例

中等职业教育专任教师中合格学历教师比例的变化如图 1-49 所示,2010—2018 年中等职

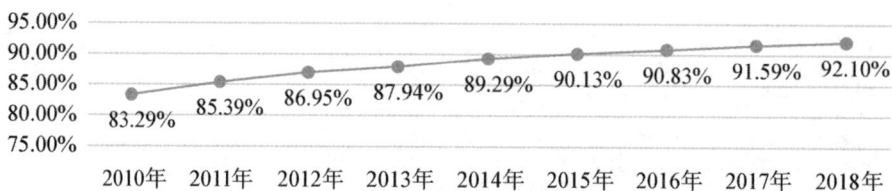

图 1-49　2010—2018 年全国 31 个省份中等职业教育专任教师中合格学历教师比例变化情况

业教育专任教师中合格学历教师比例依次为 83.29%、85.39%、86.95%、87.94%、89.29%、90.13%、90.83%、91.59%、92.10%。相较于上一年的增加量依次为 2.10%、1.56%、0.99%、1.35%、0.84%、0.70%、0.76%、0.51%。相较于 2010 年,2018 年的绝对增长量为 8.81%。

各个省的具体情况如图 1-50 所示,2018 年中等职业教育专任教师中合格学历教师比例的平均水平为 92.10%。最高水平为江苏,比例高达 97.79%;比例最低的为江西,仅仅为 80.76%。

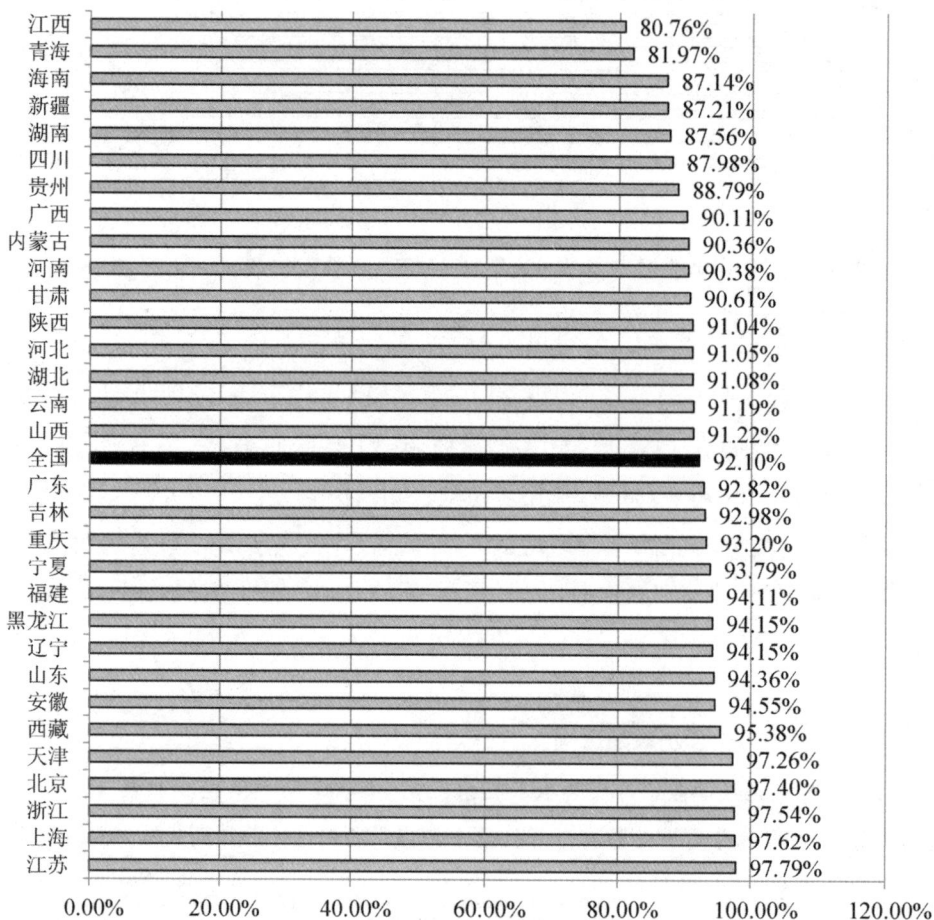

图 1-50　2018 年全国 31 个省份中职专任教师合格学历教师比例

其他各省，上海 97.62%、浙江 97.54%、北京 97.40%、天津 97.26%、西藏 95.38%、安徽 94.55%、山东 94.36%、辽宁 94.15%、黑龙江 94.15%、福建 94.11%、宁夏 93.79%、重庆 93.20%、吉林 92.98%、广东 92.82%、山西 91.22%、云南 91.19%、湖北 91.08%、河北 91.05%、陕西 91.04%、甘肃 90.61%、河南 90.38%、内蒙古 90.36%、广西 90.11%、贵州 88.79%、四川 87.98%、湖南 87.56%、新疆 87.21%、海南 87.14%、青海 81.97%。其中，合格率低于 90% 的省份有 7 个，分别为贵州、四川、湖南、新疆、海南、青海、江西。

2. 高职教师的研究生学位教师比例

高职院校教师的研究生学位教师比例是衡量职业教育发展质量的重要指标。如图 1－51 所示，2010—2018 年高等职业教育研究生学位教师比例依次为 32.33%、35.39%、38.03%、40.02%、42.32%、44.52%、45.93%、48.14%、49.97%。相较于前一年，每年的增加量依次为 3.06%、2.64%、1.99%、2.30%、2.20%、1.41%、2.21%、1.83%。相较于 2010 年，2018 年的绝对增长量为 17.64%。

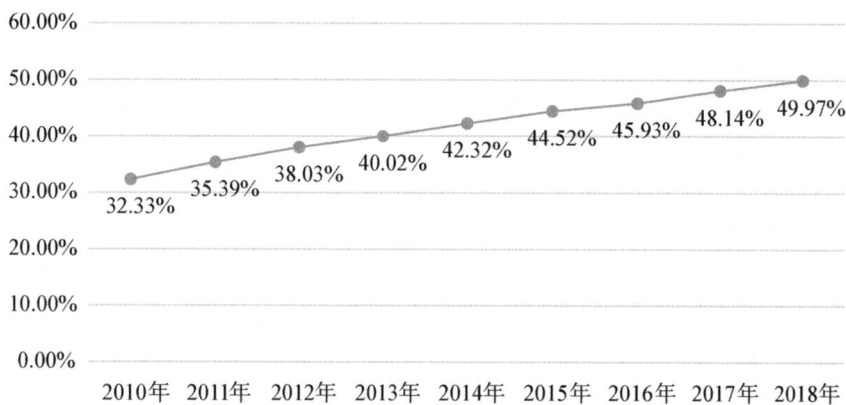

图 1－51　2010—2018 年全国 31 个省份高等职业教育研究生学位教师比例变化情况

在各个省，2018 年高等职业教育研究生学位教师比例情况如图 1－52 所示。2018 年全国高等职业教育研究生学位教师平均比例为 49.97%，最高的省份为浙江 71.51%；最低的为甘肃 28.74%。其他各省，北京 66.67%、江苏 63.88%、上海 62.88%、广东 57.94%、山东 57.06%、西藏 56.36%、重庆 54.82%、河北 54.08%、福建 53.43%、天津 53.31%、安徽 52.62%、山西 48.96%、辽宁 48.41%、陕西 47.72%、海南 47.17%、湖南 46.90%、河南 46.85%、宁夏 46.02%、黑龙江 45.79%、湖北 45.65%、四川 42.82%、吉林 42.50%、内蒙古 42.50%、江西 42.08%、云南 38.77%、广西 36.25%、新疆 35.97%、青海 30.59%、贵州 30.31%。其中，低于 50% 的省份多达 19 个，分别为山西、辽宁、陕西、海南、湖南、河南、宁夏、黑龙江、湖北、四川、吉林、内蒙古、江西、云南、广西、新疆、青海、贵州、甘肃。

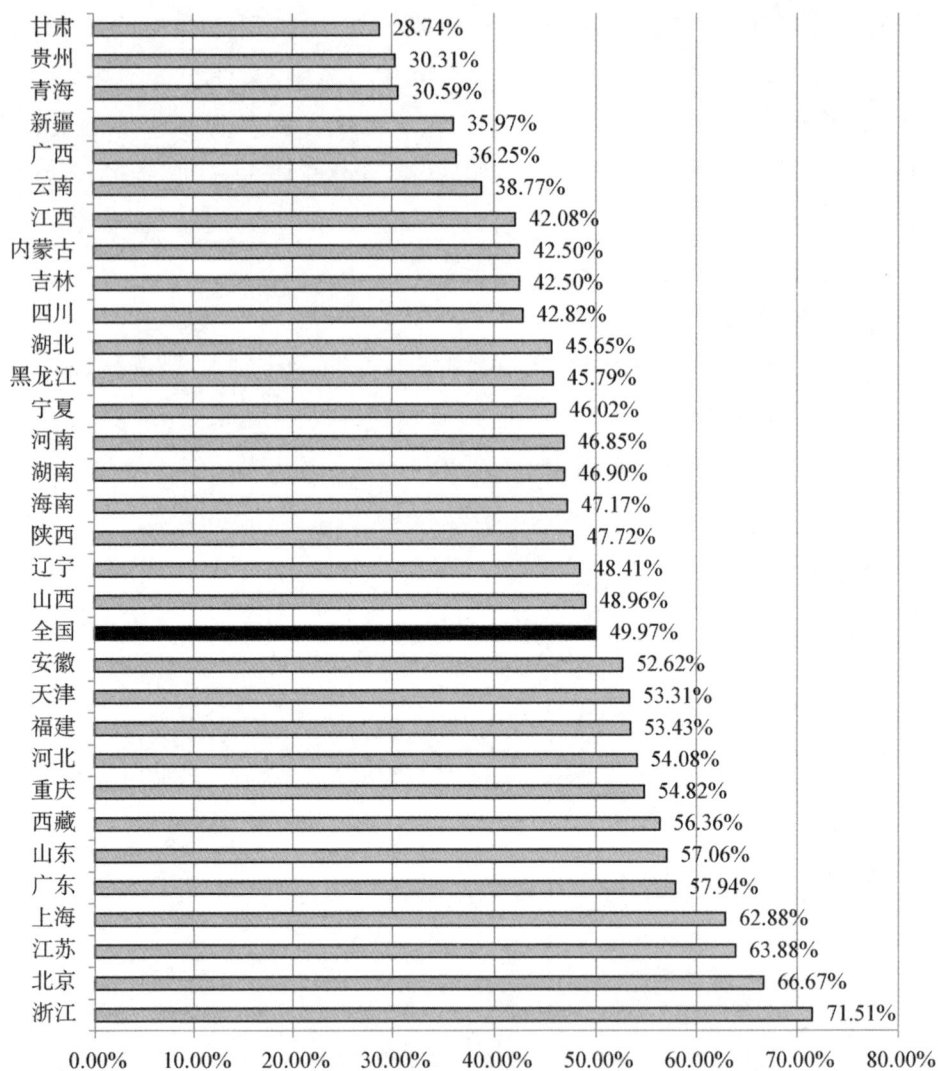

图 1-52　2018 年全国 31 个省份高等职业教育研究生学位教师比例

五、 服务能力

（一）每万平方公里职业院校数

服务国家产业发展与科技创新是职业教育的重要使命。运用每万平方公里职业院校数衡量职业院校的社会服务能力,分析得到结果如下。

1. 每万平方公里中职院校数

2010—2018 年全国每万平方公里中等职业院校数递减转递增,如图 1-53 所示。2010—2018 年全国每万平方公里中等职业院校数依次为 720.54 所、711.66 所、712.11 所、715.53 所、

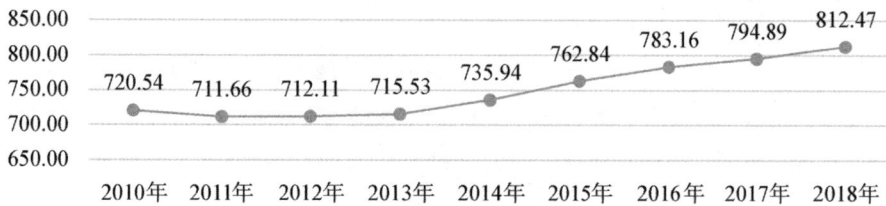

图 1-53 2010—2018 年全国 31 个省份每万平方公里中等职业院校数(单位:所)

735.94 所、762.84 所、783.16 所、794.89 所、812.47 所。相较于前一年的增加变化值依次为
-8.88 所、0.45 所、3.42 所、20.41 所、26.90 所、20.33 所、11.72 所、17.58 所。相较于 2010 年,
2018 年绝对增加量为 91.93 所。

各个省份的具体情况如图 1-54 所示,2018 年全国每万平方公里中等职业院校数的平均数
量为 8.18 所,最低省份为西藏,仅为 0.09 所;最高的为上海,达到了 146.03 所。

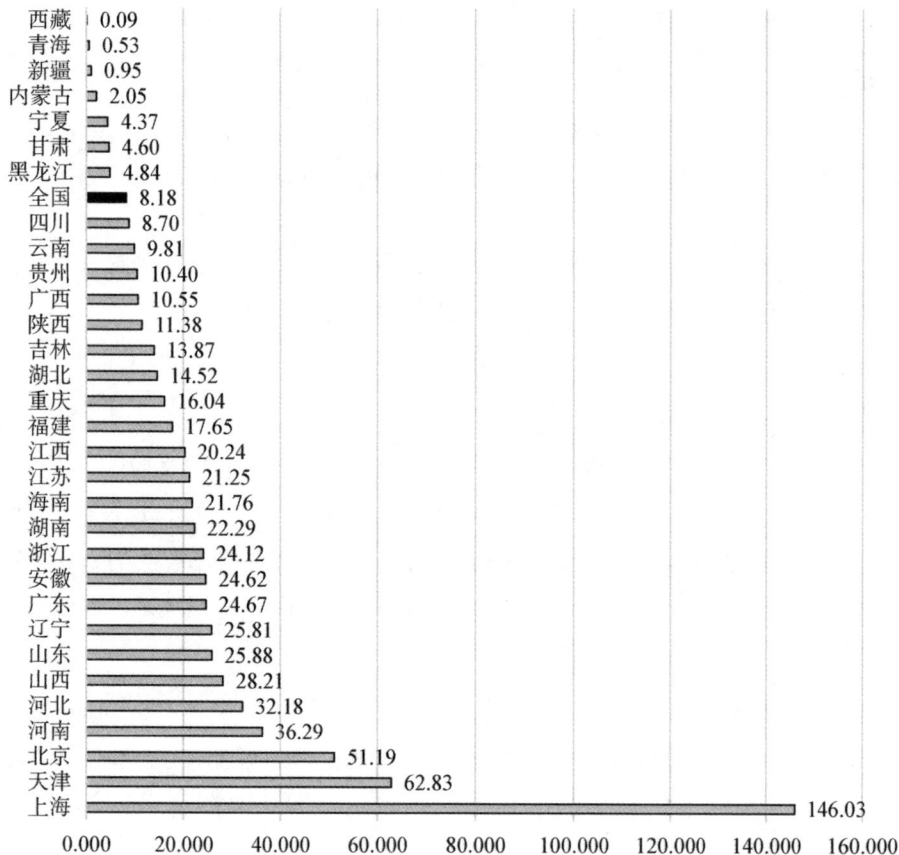

图 1-54 2018 年全国 31 个省份每万平方公里中等职业院校数(单位:所)

其他各个省的情况,天津 62.83 所、北京 51.19 所、河南 36.29 所、河北 32.18 所、山西 28.21
所、山东 25.88 所、辽宁 25.81 所、广东 24.67 所、安徽 24.62 所、浙江 24.12 所、湖南 22.29 所、海

南 21.77 所、江苏 21.25 所、江西 20.24 所、福建 17.65 所、重庆 16.04 所、湖北 14.52 所、吉林 13.87 所、陕西 11.38 所、广西 10.55 所、贵州 10.40 所、云南 9.81 所、四川 8.70 所、黑龙江 4.84 所、甘肃 4.60 所、宁夏 4.37 所、内蒙古 2.05 所、新疆 0.95 所、青海 0.53 所。其中,没达到 5 所的省份有 7 个,分别是黑龙江、甘肃、宁夏、内蒙古、新疆、青海、西藏。

2. 每万平方公里高职学校数

高职方面,2010—2018 年全国每万平方公里高等职业院校数如图 1-55 所示。数据分析发现,2010—2018 年全国每万平方公里高等职业院校数依次为 1.30 所、1.33 所、1.35 所、1.38 所、1.38 所、1.40 所、1.42 所、1.45 所、1.48 所。相较于前一年,每年的增加情况依次为 0.04 所、0.02 所、0.02 所、0.01 所、0.01 所、0.02 所、0.03 所、0.03 所。相较于 2010 年,2018 年的绝对增长量为 0.18 所。

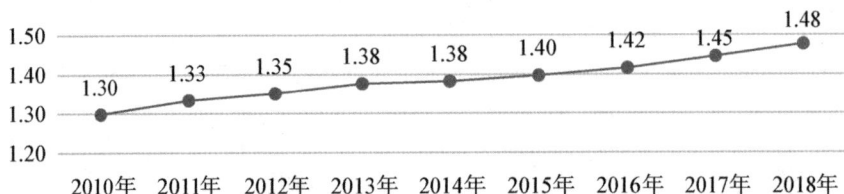

图 1-55　2010—2018 年全国 31 个省份每万平方公里高等职业院校数变化情况(单位:所)

各个省的具体情况如图 1-56 所示,2018 年全国每万平方公里高等职业院校数的平均水平为 1.48 所,最高的为上海,达到了 39.68 所;最低为西藏自治区,仅仅 0.02 所。

其他省份,天津 23.01 所、北京 14.88 所、江苏 8.77 所、安徽 5.30 所、福建 5.10 所、山东 5.07 所、河南 5.03 所、广东 4.89 所、重庆 4.86 所、浙江 4.71 所、海南 3.82 所、江西 3.53 所、辽宁 3.50 所、湖南 3.45 所、河北 3.25 所、湖北 3.23 所、山西 3.20 所、贵州 2.44 所、陕西 1.95 所、宁夏 1.66 所、广西 1.65 所、四川 1.41 所、吉林 1.33 所、云南 1.23 所、黑龙江 0.90 所、甘肃 0.59 所、内蒙古 0.30 所、新疆 0.19 所、青海 0.11 所。其中,每万平方公里高等职业院校数低于 3 所的省份有 13 个,分别是贵州、陕西、宁夏、广西、四川、吉林、云南、黑龙江、甘肃、内蒙古、新疆、青海、西藏。

(二) 每十万人职业院校学生数

职业教育服务区域经济主要还是通过学生人数来实现的。运用 2010—2018 年全国每十万人中中等、高职职业院校学生数分析结果如下。

1. 每十万人中中职在校生数

2010—2018 年全国每十万人中中等职业院校学生数如图 1-57 所示,2010—2018 年全国每十万人中中等职业院校学生数依次为 1 354.64 人、1 317.33 人、1 248.03 人、1 129.10 人、1 035.45 人、971.35 人、922.72 人、902.31 人、869.75 人。相较于前一年,每年的增减变化数量依

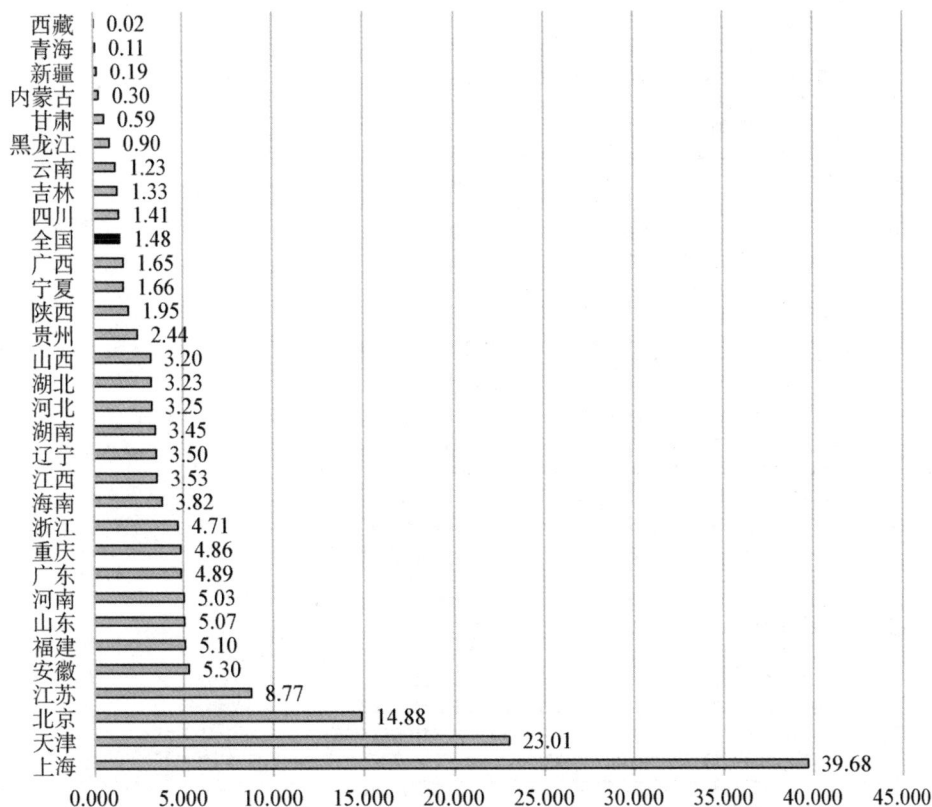

图 1-56　2018 年全国 31 个省份每万平方公里高等职业院校数(单位:所)

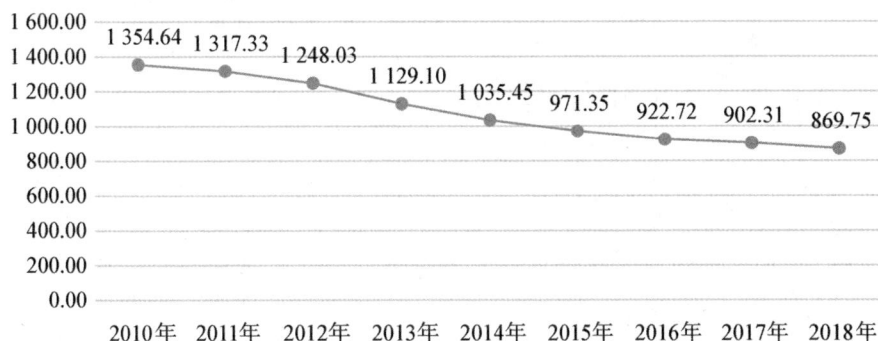

图 1-57　2010—2018 年全国 31 个省份每十万人中中等职业院校学生数(单位:人)

次为－37.30 人、－69.30 人、－118.93 人、－93.64 人、－64.10 人、－48.63 人、—20.41 人、－32.57 人。

各省的具体情况如图 1-58 所示,2018 年全国每十万人中中等职业院校学生数平均为869.75 人,最高为广西,达到了 1 375.46 人;最低为北京,仅仅为 289.22 人。其他各省,贵州1 311.62 人、海南 1 276.67 人、青海 1 276.60 人、安徽 1 190.40 人、河南 1 146.90 人、宁夏1 058.43 人、云南 1 046.41 人、新疆 1 019.93 人、四川 983.17 人、重庆 966.82 人、河北 958.55 人、

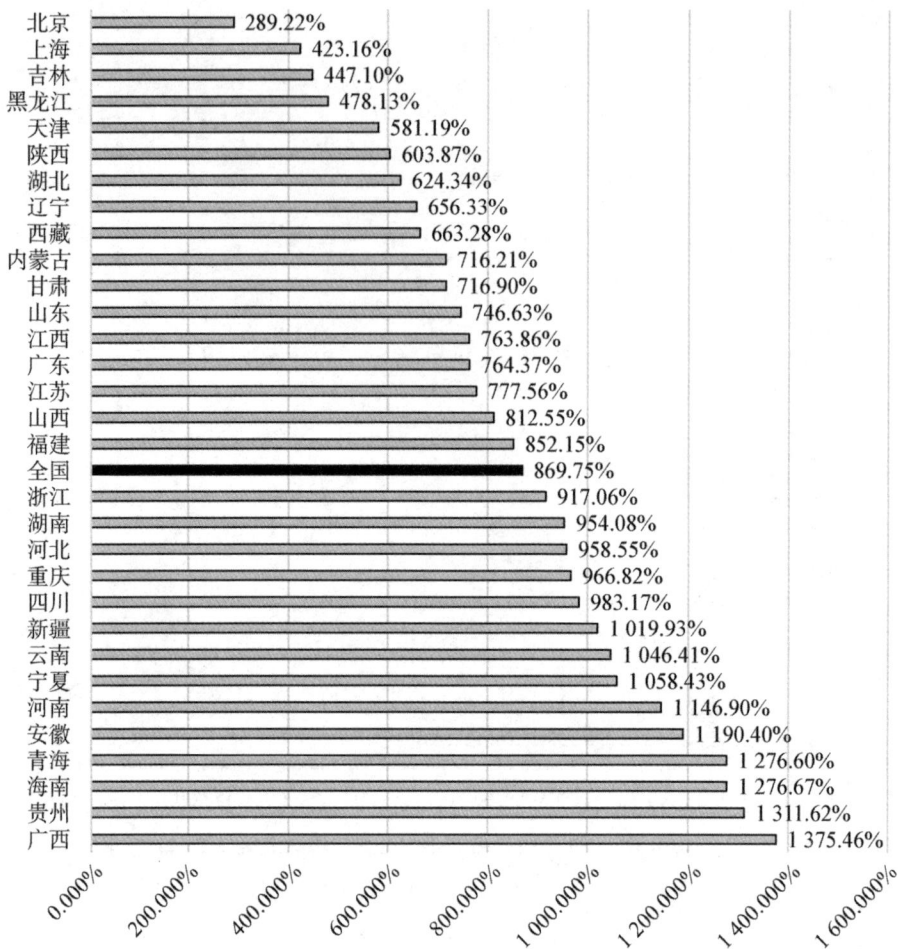

图 1-58　全国 31 个省份 2018 年每十万人中中等职业院校学生数（单位：人）

湖南 954.08 人、浙江 917.06 人、福建 852.15 人、山西 812.55 人、江苏 777.56 人、广东 764.37 人、江西 763.86 人、山东 746.63 人、甘肃 716.90 人、内蒙古 716.21 人、西藏 663.28 人、辽宁 656.33 人、湖北 624.34 人、陕西 603.87 人、天津 581.19 人、黑龙江 478.13 人、吉林 447.10 人、上海 423.16 人。

2. 每十万人中高职在校生数

高职方面，2010—2018 年全国每十万人中高等职业院校学生数情况如图 1-59 所示。

图 1-59　2010—2018 年全国 31 个省份每十万人中高等职业院校学生数（单位：人）

2010—2018 年全国每十万人中高等职业院校学生数依次为 720.54 人、711.66 人、712.11 人、715.53 人、735.94 人、762.84 人、783.16 人、794.89 人、812.47 人。相较于上一年,增减变化量依次为 -8.88 人、0.45 人、3.42 人、20.41 人、26.90 人、20.33 人、11.72 人、17.58 人。相较于 2010 年,2018 年的绝对增量情况为 91.93 人。

　　具体到各个省份,2018 年全国每十万人中高等职业院校学生数如图 1-60 所示。2018 年全国每十万人中高等职业院校学生数平均为 812.47 人,最高为天津市,达到了 1 107.07 人;最低为西藏自治区,仅仅为 320.52 人。其他各省,江西 1 096.16 人、河南 1 041.13 人、陕西 985.28 人、山东 968.07 人、重庆 967.93 人、贵州 957.61 人、湖北 948.91 人、广西 914.85 人、湖南 874.13 人、江苏 850.87 人、海南 804.48 人、四川 781.08 人、内蒙古 775.47 人、河北 751.66 人、安徽 749.78 人、广东 731.43 人、新疆 728.39 人、甘肃 722.63 人、山西 706.42 人、浙江 688.06 人、福建 677.17 人、云南

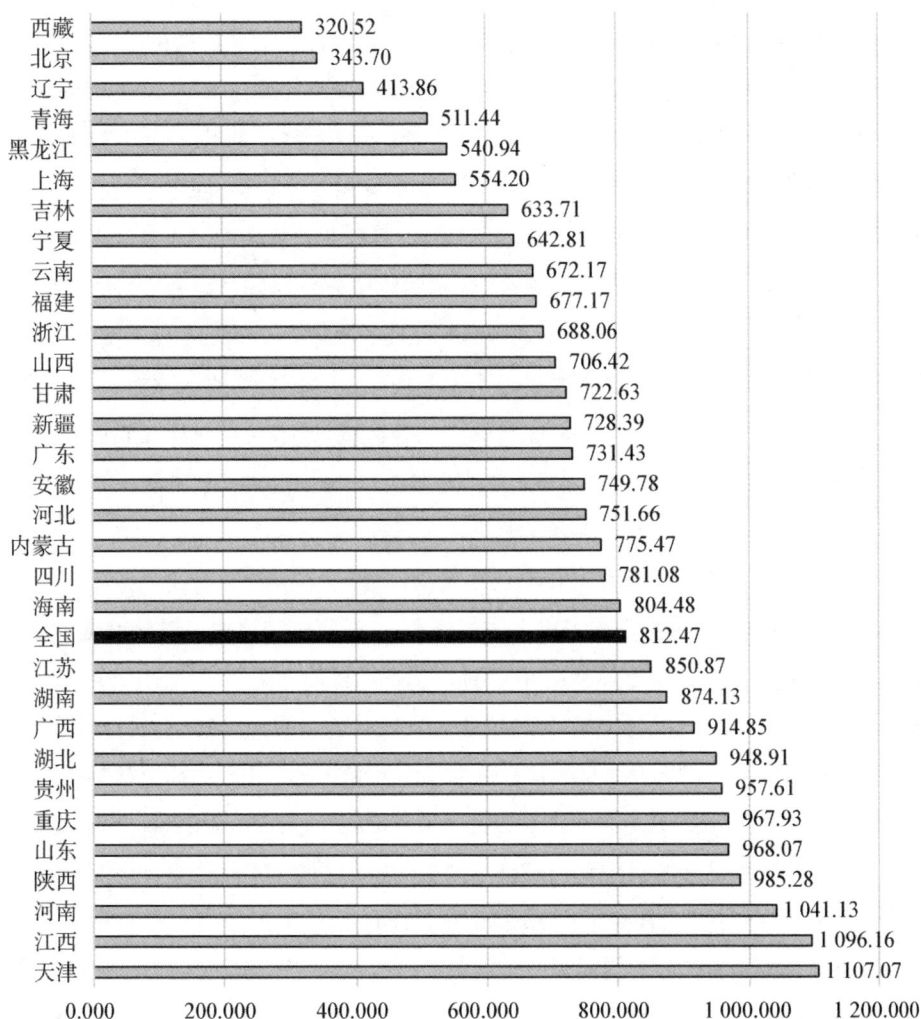

图 1-60　2018 年全国 31 个省份每十万人中高等职业院校学生数(单位:人)

672.17 人、宁夏 642.81 人、吉林 633.71 人、上海 554.20 人、黑龙江 540.94 人、青海 511.44 人、辽宁 413.86 人、北京 343.70 人。其中,低于 800 人的省份高达 19 个,分别四川、内蒙古、河北、安徽、广东、新疆、甘肃、山西、浙江、福建、云南、宁夏、吉林、上海、黑龙江、青海、辽宁、北京、西藏。

六、 问题与展望

(一)面临问题与挑战

1. 中等职业教育基础地位受到挑战,区域间职业教育发展水平差异显著

数据分析发现,2010—2018 年期间中职学校以及在校生人数顺次递减。相比于 2010 年,2018 年中职学校规模已缩减近三分之一,在校生人数下降幅度近六分之一;全国普职比逐年下降,2018 年全国平均水平为 51.09%,中职/普高生均公共财政预算教育事业费支出也基本呈现出逐年递减的势态。由此可见中职教育的办学规模不断萎缩,中等职业教育的基础性地位受到严重的影响,面临着艰巨的挑战,在办学规模上要实现“普职比”大体相当的难度非常之大。中职生师比偏高,无法达到国家标准,15 个省份中职双师型教师不足三分之一,中职教育质量无法得到保障,在质量上也无法实现与普通高中教育“等值”发展。同时中等职业学校在专业建设、课程开发、师资培育、人才培养、企业实习实训等方面的能力和创造力双重不足,中等职业教育的内涵发展和质量提升方面遭遇瓶颈。区域间职业教育发展不平衡。一方面,区域间职业教育发展规模差距较大,以高职为例,全国各省份平均拥有高职 46 所,其中,西部地区高职院校的数量分布低于全国平均水平,最少的是西藏,仅仅 3 所。另一方面,区域间经济发展的不平衡在职业教育发展的保障能力上有明显反映,地区间对职业教育的经费投入水平差异较大。具体到各区域,城市与乡村地区职业教育的发展差距仍然很大,部分县域职业教育的办学基本条件持续薄弱,农村职业学校教师队伍建设亟待加快。

2. 职业教育师资不充足,教师培养培训机制不完善

2010—2018 年期间中等职业教育生师比逐年递减,2018 年全国平均水平为 19.1,与国家标准仍然存在差距,专任教师中双师型教师占比不足三分之一;高职生师比由递减转递增,2018 年全国平均水平为 17.89,也未能达到国家标准,专任教师中双师型教师占比不足二分之一。由此可见,职业教育师资不充足的问题突出,双师型教师队伍急需发展壮大。而我国的职业教师师资培训机制尚不完善、不充分,不能满足对职业教育教师日益增长的需求。我国现有的职业教师培养模式主要有二:一种是职前培养,主要由技术师范院校和综合类本科院校承担培养责任;一种是职后培训,主要由各用人单位自主培训培养。但随着许多技术师范院校的转型,师范学院弱化了专门为职业学校培养师资的功能,教师的职前培养质量得不到保证。而各用人单位主持的职后培训呈现多处“混乱”的状态,一方面,将不同基础、不同教育背景的教师混合培训,“一刀切”的方法缺乏分类和针对性,不能帮助受培训的教师扬长补短。另一方面,尚未建立起职前培养和职后培训之间的衔接制度,常常造成重复学习、重复培训的混乱。并且各职业院校之间没有统一规范的培训机制。

3. 职业教育类型化改革配套政策面临挑战,多样化办学模式有待发展

职业教育发展必须坚定"职业教育与普通教育是两种不同的教育类型,具有同等重要地位"的观念,建立独立的、完善的、具有中国特色的职业教育体系,参照普通教育办学模式向校企合作、社会参与、职业特色鲜明的类型教育转变。但长期以来高职、中职院校在很大程度上仍参照普通本科、普通高中的办学模式,无论是学科建设还是教学管理和评价方式往往都参照普通教育系统的做法,注重学科学术培养,忽略行业、企业参与,缺乏职业教育的特色。一方面,学生的实践实训学习得不到保障,技能训练不足、场所不足、双师型师资不足、生产经验不足等现象比较普遍,职业院校培养的人才不能得到企业认可;另一方面,企业的用工需求持续增加,学习者对多样化教育的需要日益增加,人民对职业教育的要求不断提升,增强职业教育适应经济社会发展的能力,实行职业教育改革,建立完善的、具有中国特色的职业教育体系等任务迫在眉睫。例如,现有的校企合作办学、引企入校、厂中校、集团化办学、校办企业、企业办学等多样化办学模式已经在摸索阶段,但由于没有配套政策的服务,企业利益得不到保证,产权认证缺乏方法,使得许多企业持观望状态。因此,迫切需要完善职业教育改革的配套政策,树立大改革大发展的价值观,鼓励多样化的办学模式,建立产业与教育之间深层、长效的合作机制,将职业院校的专业设置与产业、行业、企业的需求对接,课程内容与职业标准对接,教学过程与生产过程对接,凸显职业教育作为一种类型教育的特殊性和特色,并不断主动适应、尝试引领区域社会经济的发展,展现职业教育在服务区域发展、促进引导就业等方面的不可替代性。

4. 职业教育保障体系不健全,职业教育质量受到质疑

职业教育规模发展欠佳,甚至出现了一些质疑的声音,这与职业教育质量不高,毕业生职业能力和职业素养不能很好地满足企业用人需求,进而导致学生不愿意选择职业教育,职业院校生源受到影响等问题有深刻联系。一方面,我国职业教育质量保障体系不健全,缺乏严格的职业教育质量监管手段和投入保障措施;另一方面,职业院校缺乏整体性的质量管理机制,教师缺少质量意识,忽略人才培养的质量。现阶段,应拒绝"头痛医头,脚痛医脚"的被动治理,而是从宏观上建立和完善质量保障制度、中观上职业院校积极创新人才培养和专业建设等方面的质量保障机制和办法、微观上依靠一线教师的教学整改,内外共同发力促进职业教育质量的优化升级,办人民满意的职业教育。

(二) 发展对策与展望

1. 强化中等职业教育的基础地位,坚持发展重点不动摇

《中华人民共和国职业教育法》[①]规定"职业教育是国家教育事业的重要组成部分,是促进经

---

① 中华人民共和国职业教育法[EB/OL]. (1996-05-15)[2020-06-26]. http://www.gov.cn/banshi/2005-05/25/content_928.htm.

济、社会发展和劳动就业的重要途径",中等职业教育的基础地位是由我国经济社会发展的现状和需要所决定的,我国产业结构和产业水平尚未完全达到工业 4.0 水平,人才结构还未完善,仍需依靠中等职业教育培养中、初级技术技能人才,以加工制造、物流运输等行业为例,依然需要大量中职人才。强化中等职业教育的基础地位,不仅能够优化我国劳动力年龄结构,保证适龄劳动力供给,平衡劳动力层级结构,保证中级劳动力数量;同时能够促进教育公平,提供多样化教育以更好地匹配学习者的能力类型特征。然而,中等职业教育的基础地位却在现实中受到挑战,因此要以学习贯彻落实党的十九大精神和全国教育大会精神为契机,进一步强化中等职业教育的基础性地位,将中等职业教育作为普及高中阶段教育的重点和提升我国高中阶段毛入学率的重要途径,坚持把发展中等职业教育作为工作重点不动摇。在制度上,强调职业教育是一种类型教育,实现中等职业教育与普通高中教育的等值发展,将中央"总体保持中等职业学校和普通高中招生规模大体相当"的明确要求作为政府履责督导的重要内容。强化加固中等职业教育的基础性地位,必须要开发升级版的中等职业教育,这个升级应包括质量的升级、内涵的升级和观念的升级,以及在人才培养模式、专业课程教学以及质量保障评价诸多方面的升级,[①]以更好的应对中国经济转型时期对人才的新要求,更优地服务区域产业升级发展和学习者的多元化需求。政府应积极转变角色,由主导功能向服务、管理功能过渡,建立起对接产业、行业以及企业与人才培养单位的联动机制,协同培养人才,形成职业教育人才培养的共同体。同时,合理的扩展中等职业教育的内涵,将其作为终身教育体系的重要一环,而非中等职业学校的教育,更好地开发其服务功能、生涯导向功能、就业功能等,不断强化中等职业教育的基础地位。

2. 统筹布局教育经费投入,扶持薄弱地区和学校发展

职业教育经费投入是职业教育事业发展的物质基础和前提。2017 年,全国各地高职高专学校生均公共财政预算教育经费支出的平均水平为 15 455.13 元,比上年增长 16%。各地生均公共财政预算教育经费支出均已超过 12 000 元,已落实"2017 年各地高职院校年生均财政拨款水平应当不低于 12 000 元"的生均拨款要求,各地财政为保障职业教育经费投入做出了积极努力。但2010—2017 年中职/普高生均公共财政预算教育事业费支出基本上在逐年递减,2017 年高职/普通本科生均公共财政预算教育事业费支出的全国平均比例仅为 76.18%,与普通本科存在一定差距。此外,还存在地区投入水平不均,东西部地区差异大,发达地区与欠发达地区差异大,经费投入效率欠佳的情况。根据教育经费与效益关系的原理,教育经费投入不足或投入形式欠妥,必然会导致教育效益不佳,并最终影响整个教育体系的良性发展。[②] 因此,合理布局职业教育经费投入,在经费投入方面追赶教育公平,提高农村地区、民族地区、贫困地区职业教育投入标准,中央和地方财政通过转移支付、专项支持等方式重点帮助中等职业教育的薄弱学校加快改善基本办

---

① 姜大源. 关于加固中等职业教育基础性地位的思考[J]. 中国职业技术教育,2017(12):5—30.
② 马宽斌. 我国高等职业教育经费投入优化策略研究[J]. 职业技术教育. 2013(04):55—59.

学条件,逐步缩小区域间、城乡间中等职业教育的发展差距,实现有意愿者都能就近上学、上起学、上好学、学得好的目标。此外,各级政府应合理有效地宏观调控职业教育的教育投入,提高教育经费利用率。目前,我国东、中、西部三大区域,东部教育投入最高,但规模效益呈现报酬递减的态势,而中、西部两大区域教育投入相对较低,但规模效益呈报酬递增的趋势。[①] 因此,应根据各区域实际情况,立足于科学的调研基础进行合理的经费统筹,对于具有规模增长潜力的地区应加大投入力度,促进职业教育的规模发展;对于规模已趋于饱和的地区,应将投入重点放在引进职业教育先进技术、革新职业院校技术水平、提高技术转化效率、提升职业教育教学质量等方面,更好的为区域经济技术发展服务。在经费投入的主体方面,应向投入主体多元化、投入方式多样化发展,采用"谁受益,谁投入"的原则,通过多样的合作形式,让利企业或提供优惠政策的合作方式积极调动产业、行业、企业参与经费投入的积极性,充分利用企业资源。除此之外,还应积极发挥各社会团体的力量,如基金会、协会、个人投资、集资等社会投入,积极向薄弱地区和学校引资,促进薄弱地区的职业教育快速成长和壮大。

3. 落实类型化改革政策,创新职业教育办学模式

加快落实国家出台的《关于深化教育体制机制改革的意见》《关于深化产教融合的若干意见》《职业学校校企合作促进办法》等政策要求,促进改革配套政策的逐步完善,解决股份制办学、混合所有制办学等重大政策突破最后一公里的问题。探索具有中国特色的职业教育办学模式,需要打破政府"统办统包"的局面,向政府统筹管理、社会多元办学的格局转变。首先,在职业教育的投资主体方面,要积极吸引企业、行业以及第三方组织进入职业教育领域,打破政府主导办学的一元格局。企业资本、行业资本或其他社会资本进入职业教育办学,不仅可以丰富职业教育办学资源、不断改善职业教育办学条件、实现职业教育办学"标准化",还可以实现职业教育组织机构产权的混合性变革,通过允许企业获利或者提供优惠政策的方式调动多元主体的积极性,提升办学效益。其次,职业教育的管理主体方面,政府要逐渐分权放权,转变部分管理职能为服务职能,使企业、行业与职业教育组织的自主权得到落实。政府从"办"职业教育转向"管理与服务"职业教育,在监控方向上着力,管好两端与质量。这样,职业教育才能充分行使自身的权力,做好整体规划、找到优势路径与特色方向。职业院校和组织机构的管理者要落实国家教育方针,管好职业院校和培训组织机构的人、财、物、事,实现办学的类型化改革。最后,办学的形态方面,要巩固现有的职业院校规模,全力建设"职业院校+培训机构+行业组织+职教集团+现代学徒制"等多样化办学组织机构;同时,深化集团化办学、混合所有制办学、学徒制办学、跨区域办学、中外联合办学等具体形式。总而言之,职业教育办学模式改革强调办学权力应该是分散的、有边界的,

---

① 何芸,张良桥.基于三阶段 DEA 模型的综合类国家示范高职院校科技投入产出效率[J].科技管理研究,2019,39(12):58—63.

办学主体是多元的,但却是有主导的。①

4. 坚持立德树人的根本任务,拓展学生多样化成才路径

2013 年 9 月,在联合国"教育第一"全球倡议行动一周年纪念活动上,习近平总书记发表贺词时明确提出:"努力发展全民教育、终身教育,建设学习型社会,努力让每个孩子享有受教育的机会,努力让 13 亿人民享有更好更公平的教育,获得发展自身、奉献社会、造福人民的能力"。② 为实现这个美好理想,职业教育应落实好立德树人的根本任务,健全"德技并修、工学结合"的育人机制,落实"以服务发展为宗旨、以促进就业为导向"的总体目标,培养社会主义建设者和接班人,把培养职业技能和职业精神融合起来,实现"让每个孩子都成才"的理想目标。一方面,要坚持中等职业教育的发展重点不动摇,不断强化中等职业教育的基础地位,使每一位学习者都能根据自身智力类型适配到合适的教育类型,为每一位学习者提供多样而非单一的教育形式,实现教育类型层面上的教育公平。另一方面,建设高质量的高等职业教育,落实"双高计划",满足中等职业教育学生继续升学深造的需求。同时,建立"职教高考"制度,完善"文化素质+职业技能"的考试招生办法,采取多种方式对中等职业教育资格进行认定和考核,创新考核制度,实行个性化处理。面对非传统生源群体(退役军人、下岗失业人员、新型农民等)根据求学者的不同教育背景、生活背景采取先前学习认可机制;符合免试条件的技能拔尖人才、取得相关职业技能等级证书的考生,给予免试录取或部分免试。③ 此外,积极引导符合条件的高职院校向职业本科转型,打通中职和普高、高职和本科之间的通道,建立融通立交桥,多渠道拓展,为学生接受更高层次的职业教育提供多种机会,实现职业学校学生多样化成才,巩固和提升职业学校"就业有优势、升学有通道"的办学优势和活力,力求使每个学生都能出彩。

5. 完善内、外部质量保障体系,推进教育教学质量升级优化

新时期我国职业教育得到了空前发展,但是很多深层次问题始终没有得到有效解决,其中最突出的就是教育质量不高的问题,④症结在于职业教育培养的学生不能满足社会经济转型发展的需求。《国家中长期教育改革和发展规划纲要(2010—2020 年)》⑤便提出:"把提高质量作为教育改革发展的核心任务。树立科学的质量观,把促进人的全面发展、适应社会需要作为衡量教育质量的根本标准。树立以提高质量为核心的教育发展观,注重教育内涵发展,鼓励学校办出特色、办出水平、出名师、育英才。建立以提高教育质量为导向的管理制度和工作机制,把教育资源配

---

① 石伟平,郝天聪. 从校企合作到产教融合——我国职业教育办学模式改革的思维转向[J]. 教育发展研究,2019,39(01):1—9.

② 习近平谈治国理政[M].北京:外文出版社,2014:50、191.

③ 付雪凌. 变革与创新:扩招背景下高等职业教育的应对[J]. 华东师范大学学报(教育科学版),2020,38(01):23—32.

④ 赵志群. 现代职业教育质量保障体系研究:现状与展望[J]. 西南大学学报(社会科学版),2014,40(04):64—70.

⑤ 国务院.《国家中长期教育改革和发展规划纲要(2010—2020 年)》[EB/OL]. (2010 - 07 - 29)[2020 - 06 - 10]. http://www. moe. gov. cn/jyb_xwfb/s6052/moe_838/201008/t20100802_93704. html.

置和学校工作重点集中到强化教学环节、提高教育质量上来。制定教育质量国家标准,建立健全教育质量保障体系。加强教师队伍建设,提高教师整体素质。"的目标。提高职业教育的教育质量,推进教育教学质量升级优化,离不开教育系统内、外部的双向发力,在宏观质量保障制度建立、职业院校质量管理机制和教师教学工作诊断三个层面上层层递进。首先,在宏观质量保障制度层面上,应树立正确的质量观念,加快职业教育质量保障制度的不断细化、完善、落地。以构建职业教育国家标准为例,一是教育教学系列基础性国家标准体系建设;二是职业教育人才招考标准改革;三是深化人才培养过程质量标准改革,试点"1+X"证书制度;四是制定国家资历框架,完善职业教育学习结果认证标准。从职业院校设置标准、职校教师/校长专业标准、专业目录、专业教学标准、课程标准、顶岗实习标准、实训条件建设标准、人才招录标准、人才质量标准等进行了细致的规定,提供了从过程建设到结果考核的质量监督依据和基础。其次,在职业院校层面上建立起职业院校内部科学合理的教学评估机制,兼顾区域发展战略、企业需求和学生发展需要,根据不同地区、不同层次的职业院校自身发展情况设计有针对性的评估方案,并能够邀请评估专家、行业代表、专业带头人等组成的评估小组进行有效评估,评估内容不仅限于教师教学,而且涵盖院校专业建设、课程设置、管理机制等多方面。构建科学完善的评估机制,加大社会对职业院校内部评估的参与度,有利于职业院校在适应性质量、产品性质量的把控;同时学习先进经验,不断引进新的评估理念、机制和方法有助于职业院校对发展性质量以及形成多元化和特色的质量追赶。最后,在教师教学层面上,需强化教学工作诊断,加强内部教育质量保障体系的建设。教师教学工作诊断和改进是针对学生的发展水平,以问题为导向的内部诊断和改进,在根本理念、行为逻辑和对象上区别于质量评估。依靠一线工作的教师在教学实践中发现真实存在的问题后,分析问题、解决问题、优化教学行动并进一步预防问题的动态发展过程。教师教学工作诊断与改进的目的还在于建立一套改进教学质量的长效机制,发现教学工作中存在的真问题,并在此基础上持续改进,最终实现人才培养过程的优化。[1]

---

① 石伟平,郝天聪. 新时代我国中等职业教育发展若干核心问题的再思考[J]. 教育发展研究,2018,38(19):16—20.

第二部分

区域发展报告

按照 2012 年中共十八大的目标引领以及中央政府的有关决定和决议,教育部积极推进职业教育促进经济发展和就业稳定,在各个方面都有前所未有的改革举措。至 2018 年,全国共有职业学校 9 268 所,其中中等职业学校 7 850 所,高等职业院校 1 418 所,当年招生人数 797.34 万人,在校生 2 347.3 万人。中等职业学校在校生 1 213.6 万人,招生人数 428.50 万人,分别占中等教育学校在校生总数的 33.82% 和招生总数的 39.47%;高职院校招生人数 368.83 万人,在校生 1 133.7 万人,分别占高等教育招生总数的 46.63% 和在校生的 40.05%。本章是基于全国范围的数据来比较分析我国不同区域职业教育的发展情况,以便为各区域职业教育补缺补差、特色发展确定方向。此外,本部分乃至本书也是课题组通过一个与以往相比更为细致的区域比较视角来观察和审视我国职业教育改革成效的一次尝试,希望通过此种方式,为我国职业教育深化改革、类型化发展提供现实依据和基本观点。

一、 方案设计

(一) 研究背景

职业教育已承担着我国培育和培训大规模技术人员和熟练工人的重要职能,成为国家经济和社会发展必不可少的人力资本支撑杠杆。中等职业学校毕业生就业率连续 10 年保持在 95% 以上,高职院校毕业生毕业半年就业率近年来已超过 90%。2018 年,近 70% 的职业院校毕业生在学校附近的县市就业。进入现代制造业和新兴产业的劳动力中,70% 以上的学生毕业于职业院校。职业教育毕业生已成为推动中小企业发展以及区域产业向价值链高端跃升的新力量。在过去的三年里,由于职业教育的快速发展,850 万个家庭在他们的家族史上第一次实现了送孩子上大学的梦想。同时,东西部区域合作计划的实施为农民、农民工、下岗职工、失业人员和残疾人员提供职业培训,近年来在扶贫方面成效显著,每年平均帮助超过 1 000 万人摆脱贫困[①]。但与此同时,"与普通教育相比,职业教育被认为是一个相对缺乏吸引力的教育选择"的传统认识一直存在。择校或者说择教,一个事关我国社会主要矛盾和教育公平的问题,给人民生活和政府决策带

---

① MOE. Statistical report on China's vocational education in 2018[EB/OL]. (2019 - 06 - 05)[2020 - 03 - 25]. http://en. moe. gov. cn/documents/reports/201906/t20190605_384566. html.

来了越来越大的压力。当前,我国发展仍处于并将长期处于重要战略机遇期,国家和各区域的多项重大发展战略叠加实施,为职业教育发展提供了难得的机遇。2018年是我国职业教育改革与发展即将迈入新阶段的奠基之年,深入推进我国职业教育类型化发展与办学模式改革,需要对我国职业教育的发展现状作出系统把握。本章遵循宏观、中观、微观相结合的原则,灵活运用全国和各区域数据,对自2010年以来我国职业教育的发展概况、区域发展情况进行深入分析,以便一窥我国职业教育发展之全貌及趋势。

(二)研究思路

分析我国职业教育发展区域差异主要依据两条原则:一是以2011—2018年全国职业教育发展情况为分析对象,重点分析这一阶段我国职业教育发展的经费投入、办学条件、师资队伍等方面的落实情况,基于数据探讨我国职业教育发展的进程与问题;二是在数据分析的基础上综合运用文献研究的各种方法,为未来中国职业教育发展建言献策。

(三)评价指标与说明

1. 评价指标的建立

基于以上研究思路和方法,本报告试图从办学规模、经费投入、办学条件、师资队伍、人才培养、服务能力这六个基本维度,对2011—2018年我国的职业教育发展概况进行细致地梳理和全景式地呈现(见表2-1)。

表2-1 区域职业教育发展情况评价指标体系

一级指标	二级指标	指标测算说明
A 办学规模	A-1 学校数	/
	A-2 在校生人数	/
	A-3 招生人数	/
	A-4 中职与普高和高职与本科的在校生人数比	中职/普高在校生人数 高职/普通本科在校生人数
B 经费收入	B-1 教育经费占公共财政支出比重	中职或高职教育经费支出/公共财政支出(单位计算时统一为千元)
	B-2 生均教育经费支出占人均GDP比重	中职或高职生均教育经费支出/人均地区生产总值
	B-3 生均公共财政预算教育事业费支出	/
	B-4 中职与普高和高职与本科生均公共财政预算教育事业费支出比	中职/普高生均公共财政预算教育事业费支出 高职/普通本科生均公共财政预算教育事业费支出

一级指标	二级指标	指标测算说明
C　办学条件	C-1　生均校舍建筑面积	中职总校舍建筑面积/中职在校生人数
	C-2　生均图书册数	中职总图书册数/中职在校生人数
	C-3　每百名学生拥有教学用计算机数	中职总计算机数/中职在校生人数＊100
	C-4　生均教学仪器设备值	中职总教学仪器设备值/中职在校生人数
D　师资队伍	D-1　生师比	/
	D-2　专任教师中"双师型"教师比例	/
	D-3　中职兼职教师占专任教师人数比和高职高级职称教师比例	/
	D-4　专任教师中合格学历教师比例和高职研究生学位教师比例	/
E　人才培养	E-1　毕业生获取职业资格证书的比例	获得职业资格证书人数/毕业生数
	E-2　学生流失率	中职生流失率＝(退学＋开除＋死亡＋转出＋其他)/上学年在校生人数＊100% 注：休学生没算入流失人数中
F　服务能力	F-1　每万平方公里职业院校数	中职：省(自治区、直辖市)面积/中职学校数 高职：省(自治区、直辖市)面积/高职学校数
	F-2　每十万人中职业院校学生数	中职：省(自治区、直辖市)总人口数/中职在校生数 高职：省(自治区、直辖市)总人口数/高职在校生数

注：本报告中的中职数据均不含技工学校的相关数据。

2. 数据来源与分析技术

为获得具备较高信效度的科研数据,本研究采用政府公布的数据报告为主要依据。数据来源主要包括《中国统计年鉴》(2010—2019 年),《中国教育统计年鉴》(2010—2018 年),《中国教育经费统计年鉴》(2011—2018 年)[1],《全国教育事业发展简明统计分析》(2010 年、2012 年、2014 年、2016 年、2018 年),以及教育部官方网站。

3. 区域划分

一方面,由于我国幅员辽阔,职业教育发展区域差异较大,且每个区域职业教育发展水平和程度不尽相同。另一方面,每个区域都有自身独特的文化历史和教育改革实践,这意味着进行全

---

① 教育经费统计年鉴每年都是统计上一年的数据,因此本书职业教育经费投入统计周期为 2010—2017 年。

国范围的职业教育区域发展情况比较分析应首先对区域有一个较为统一明确的划分。建国以来,我国经济区域划分先后经过近20次演变,其中影响最大的是《国民经济和社会发展第七个五年计划》对东、中、西部3个经济地带的划分。然而,有研究认为,传统的东中西三区分法,已经不再适用于当代中国的区域分析。本研究在综合已有文献和相关区域发展比较报告的基础上,采用"十一五"规划的区域划分,从国土空间角度出发将我国大陆区域划分为四个层级、八大综合区,即东北综合经济区、北部沿海综合经济区、东部沿海综合经济区、南部沿海综合经济区、黄河中游综合经济区、长江中游综合经济区、大西南综合经济区和大西北综合经济区①(见表2-2)。

表2-2 区域划分

区域	省、自治区、直辖市
东北综合经济区	辽宁省、吉林省、黑龙江省
北部沿海综合经济区	北京市、天津市、河北省、山东省
东部沿海综合经济区	上海市、江苏省、浙江省
南部沿海综合经济区	广东省、福建省、海南省
黄河中游综合经济区	陕西省、山西省、河南省、内蒙古自治区
长江中游综合经济区	湖北省、湖南省、安徽省、江西省
大西南综合经济区	云南省、贵州省、四川省、重庆市、广西壮族自治区
大西北综合经济区	甘肃省、青海省、宁夏回族自治区、西藏自治区、新疆维吾尔自治区

二、 区域比较

职业教育是我国教育体系的重要组成部分,其在满足个人成长成才需求、推动经济社会发展等方面有着重要意义。本研究旨在比较和探究不同区域职业教育的发展水平,并通过这种方式寻求其内在的联系和规则,即对区域职业教育的不同点与共同点进行分析,最终找寻到我国职业教育发展与变革的可行之道,并不遗余力寻求发展契机,走中国特色的职业教育发展道路。

(一)职业教育办学规模

1. 中等职业教育办学规模

(1)中等职业教育学校数

2010—2018 年期间,全国中职学校数总体呈下降趋势,从 10 864 所降至 7 850 所,降幅为

---

① 李鹏,朱德全. 义务教育学校标准化建设:进程、问题与反思——基于 2010 年—2014 年全国义务教育办学条件数据的测度分析[J].清华大学教育研究,2016,37(01):110—117.

27.74%。各区域的中职学校数变化情况如表 2-3 所示，2010—2018 年中职学校数下降最快的是东部沿海综合经济区，下降 36.67%；下降最慢的是大西北综合经济区，下降 17.29%。截至 2018 年，中职学校数量最多的是黄河中游综合经济区 1 440 所，最少的是大西北综合经济区 445 所。长江中游综合经济区、大西南综合经济区、黄河中游综合经济区中职学校数量不相上下。非参数检验显示，八大综合经济区中职学校数量差异显著（Kendall's $W=1$，$\chi^2=63.000$，$P=0.000<0.005$）。

表 2-3　2010—2018 年全国八大综合经济区中职学校数　（单位：所）

区域	2010年	2011年	2012年	2013年	2014年	2015年	2016年	2017年	2018年	绝对排名	降幅排名
东北综合经济区	1 067	1 047	1 004	986	956	821	801	799	769	5	4
北部沿海综合经济区	1 597	1 478	1 407	1 341	1 265	1 235	1 205	1 172	1 159	4	5
东部沿海综合经济区	878	808	755	717	668	632	593	573	556	7	1
南部沿海综合经济区	951	885	856	819	809	778	754	722	698	6	6
黄河中游综合经济区	2 059	1 883	1 809	1 741	1 711	1 673	1 610	1 582	1 440	1	2
长江中游综合经济区	2 035	1 873	1 790	1 696	1 640	1 572	1 517	1 481	1 424	2	3
大西南综合经济区	1 739	1 658	1 614	1 561	1 511	1 466	1 422	1 405	1 359	3	7
大西北综合经济区	538	537	527	519	500	480	465	447	445	8	8
全国	10 864	10 169	9 762	9 380	9 060	8 657	8 367	8 181	7 850	/	/

（2）中等职业教育在校生人数

2010—2018 年期间，全国中职学校在校生人数总体呈下降趋势，从 18 164 447 人降至 12 136 280 人，降幅为 33.19%。各区域的中职学校在校生人数变化情况如表 2-4 所示，2010—2018 年中职学校在校生人数下降最快的是东北综合经济区，下降 45.62%；下降最慢的是大西南综合经济区，下降 18.12%。截至 2018 年，中职学校在校生人数最多的是大西南综合经济区 2 775 116 人，最少的是东北综合经济区 587 392 人，长江中游综合经济区、大西南综合经济区、大西北综合经济区中职学校在校生人数降幅低于全国平均降幅。非参数检验显示，八大综合经济区中职学校在校生人数差异显著（Kendall's $W=0.980$，$\chi^2=61.741$，$P=0.000<0.005$）。

表 2-4　2010—2018 年全国八大综合经济区中职在校生人数　（单位：人）

区域	2010年	2011年	2012年	2013年	2014年	2015年	2016年	2017年	2018年	绝对排名	降幅排名
东北综合经济区	1 080 155	996 748	902 454	816 604	726 454	688 955	664 470	649 987	587 392	8	1

区域	2010年	2011年	2012年	2013年	2014年	2015年	2016年	2017年	2018年	绝对排名	降幅排名
北部沿海综合经济区	2 530 051	2 520 200	2 376 529	2 046 205	1 823 393	1 664 114	1 654 744	1 672 450	1 627 389	4	4
东部沿海综合经济区	1 826 497	1 732 993	1 659 636	1 525 537	1 388 395	1 323 472	1 285 207	1 289 484	1 254 707	6	6
南部沿海综合经济区	2 220 737	2 242 350	2 220 612	2 074 170	1 849 312	1 685 903	1 561 366	1 458 169	1 322 327	5	3
黄河中游综合经济区	3 174 195	2 987 990	2 742 044	2 329 770	2 112 021	1 944 168	1 834 217	1 849 278	1 818 533	3	2
长江中游综合经济区	3 159 428	3 034 966	2 786 240	2 513 738	2 369 315	2 281 913	2 180 025	2 162 688	2 135 497	2	5
大西南综合经济区	3 389 093	3 445 897	3 448 304	3 349 768	3 236 033	3 138 559	2 961 800	2 859 195	2 775 116	1	8
大西北综合经济区	784 291	787 924	763 001	708 050	658 204	625 330	616 775	601 642	615 319	7	7
全国	18 164 447	17 749 068	16 898 820	15 363 842	14 163 127	13 352 414	12 758 604	12 542 893	12 136 280	/	/

（3）中等职业教育招生人数

2010—2018 年期间，全国中职学校招生人数总体呈下降趋势，从 7 113 957 人降至 4 285 024 人，降幅为 39.77％。各区域的中职学校招生数变化情况如表 2-5 所示，2010—2018 年中职学校招生人数下降最快的是东北综合经济区，下降 54.52％；下降最慢的是大西北综合经济区，下降 24.56％。截至 2018 年，中职学校招生人数数量最多的是大西南综合经济区 1 035 048 人，最少的是东北综合经济区 167 165 人，东北综合经济区、南部沿海综合经济区、黄河中游综合经济区中职学校招生人数降幅高于全国平均降幅。非参数检验显示，八大综合经济区中职学校招生人数差异显著（Kendall's $W=0.975$，$\chi^2=61.444$，$P=0.000<0.005$）。

表 2-5　2010—2018 年全国八大综合经济区中职学校招生人数　　　（单位：人）

区域	2010年	2011年	2012年	2013年	2014年	2015年	2016年	2017年	2018年	绝对排名	降幅排名
东北综合经济区	367 596	335 520	293 667	262 303	230 157	232 959	230 011	212 923	167 165	8	1

区域	2010年	2011年	2012年	2013年	2014年	2015年	2016年	2017年	2018年	绝对排名	降幅排名
北部沿海综合经济区	925 793	898 109	803 107	673 656	603 752	602 297	623 216	598 056	563 011	4	4
东部沿海综合经济区	653 005	593 705	527 985	494 935	454 399	454 598	444 737	444 854	410 210	6	5
南部沿海综合经济区	997 534	859 966	787 605	681 723	603 363	579 277	533 134	484 157	464 306	5	2
黄河中游综合经济区	1 238 155	1 088 010	987 145	812 988	742 922	679 693	651 034	696 392	632 452	3	3
长江中游综合经济区	1 155 519	1 109 642	1 008 308	895 882	837 249	834 223	824 994	777 321	773 843	2	6
大西南综合经济区	1 459 546	1 319 980	1 284 446	1 342 544	1 242 811	1 180 371	1 122 442	1 082 258	1 035 048	1	7
大西北综合经济区	316 809	294 694	278 522	248 593	238 900	234 756	231 860	219 274	238 989	7	8
全国	7 113 957	6 499 626	5 970 785	5 412 624	4 953 553	4 798 174	4 661 428	4 515 235	4 285 024	/	/

（4）中职与普高在校生人数比

2010—2018 年期间，全国中职与普高在校生人数比总体呈下降趋势。各区域的中职与普高在校生人数比变化如表 2－6 所示，2010—2018 年中职与普高在校生人数比下降最快的是北部沿海综合经济区，下降 49.58%；下降最慢的是大西南综合经济区，下降 21.63%；此外，大西北综合经济区是唯一一个中职与普高在校生人数比呈上升趋势的区域，增长了 10.44%。截至 2018 年，中职与普高在校生人数比最高的是大西南综合经济区 0.65，最低的是东北综合经济区 0.38。大部分区域都基本实现了中职与普高在校生人数大体相当的标准。非参数检验显示，八大综合经济区中职与普高在校生人数比差异显著（Kendall's W＝0.802，χ^2＝50.523，P＝0.000＜0.005）。

表 2－6　2010—2018 年全国八大综合经济区中职与普高在校生人数比

区域	2010 年	2011 年	2012 年	2013 年	2014 年	2015 年	2016 年	2017 年	2018 年	绝对排名
东北综合经济区	0.60	0.55	0.51	0.47	0.44	0.43	0.42	0.41	0.38	8
北部沿海综合经济区	0.79	0.79	0.74	0.65	0.58	0.52	0.52	0.51	0.40	7

区域	2010 年	2011 年	2012 年	2013 年	2014 年	2015 年	2016 年	2017 年	2018 年	绝对排名
东部沿海综合经济区	0.76	0.74	0.74	0.72	0.70	0.69	0.69	0.69	0.57	3
南部沿海综合经济区	0.75	0.73	0.71	0.68	0.63	0.59	0.56	0.54	0.54	4
黄河中游综合经济区	0.76	0.71	0.65	0.56	0.52	0.49	0.46	0.47	0.46	6
长江中游综合经济区	0.74	0.72	0.66	0.60	0.58	0.57	0.54	0.54	0.49	5
大西南综合经济区	0.83	0.80	0.77	0.73	0.69	0.66	0.62	0.59	0.65	1
大西北综合经济区	0.58	0.57	0.54	0.49	0.45	0.43	0.42	0.41	0.64	2
全国	0.75	0.72	0.68	0.63	0.59	0.56	0.54	053	0.51	/

2. 高等职业教育办学规模

(1) 高等职业教育学校数

2010—2018 年期间,全国高职学校数总体呈上升趋势,从 1 246 所增长至 1 418 所,增幅为 13.80%。各区域的高职学校数变化情况如表 2－7 所示,2010—2018 年高职学校数增长最快的是大西北综合经济区,增长 39.66%;增长最慢的是东部沿海综合经济区,增长 4.49%。截至 2018 年,高职学校数量最多的是长江中游综合经济区 266 所,最少的是大西北综合经济区 81 所。非参数检验显示,八大综合经济区高职学校数量差异显著(Kendall's W＝0.972,χ^2＝61.257,P＝0.000＜0.005)。

表 2－7　2010—2018 年全国八大综合经济区高职学校数　　　　　　　(单位:所)

区域	2010 年	2011 年	2012 年	2013 年	2014 年	2015 年	2016 年	2017 年	2018 年	绝对排名	增幅排名
东北综合经济区	112	111	112	116	114	115	117	118	118	7	6
北部沿海综合经济区	181	185	185	189	187	187	186	190	190	4	7
东部沿海综合经济区	156	158	161	160	161	162	163	164	163	5	8
南部沿海综合经济区	140	142	145	146	145	145	147	151	153	6	4

区域	2010年	2011年	2012年	2013年	2014年	2015年	2016年	2017年	2018年	绝对排名	增幅排名
黄河中游综合经济区	178	188	191	198	197	198	195	200	210	3	3
长江中游综合经济区	244	250	256	256	256	262	262	265	266	1	5
大西南综合经济区	177	185	188	196	198	202	213	222	237	2	2
大西北综合经济区	58	61	59	60	69	70	76	78	81	8	1
全国	1 246	1 280	1 297	1 321	1 327	1 341	1 359	1 388	1 418	/	/

（2）高等职业教育在校生人数

2010—2018 年期间，全国高职学校在校生人数总体呈增长趋势，从 9 661 797 人增长至 11 337 005 人，增幅为 17.34%。各区域的高职学校在校生人数变化情况如表 2-8 所示，2010—2018 年高职学校在校生人数增长最快的是大西南综合经济区，增长 63.74%；其次是大西北综合经济区，增长 46.63%。截至 2018 年，高职学校在校生人数数量最多的是长江中游综合经济区 2 775 116 人，最少的是大西北综合经济区 457 800 人。区域间差异较大，东北综合经济区和东部沿海综合经济区高职在校生人数呈现负增长趋势，分别下降了 2.51% 和 1.19%。非参数检验显示，八大综合经济区高职学校在校生人数差异显著（Kendall's $W=0.959$，$\chi^2=60.444$，$P=0.000<0.005$）。

表 2-8　2010—2018 年全国八大综合经济区高职学校在校生人数　　（单位：人）

区域	2010 年	2011 年	2012 年	2013 年	2014 年	2015 年	2016 年	2017 年	2018 年	绝对排名	降幅排名
东北综合经济区	662 645	636 393	628 620	645 346	663 214	677 351	676 646	659 664	646 039	7	8
北部沿海综合经济区	1 651 546	1 605 058	1 574 194	1 565 931	1 616 103	1 697 997	1 757 897	1 762 075	1 787 305	4	6
东部沿海综合经济区	1 228 756	1 206 574	1 197 289	1 197 883	1 206 196	1 210 404	1 205 750	1 195 728	1 214 117	5	7
南部沿海综合经济区	1 000 797	1 032 366	1 063 128	1 102 715	1 142 590	1 159 233	1 150 550	1 148 718	1 171 888	6	3
黄河中游综合经济区	1 595 662	1 556 305	1 549 724	1 553 746	1 581 238	1 642 350	1 711 770	1 796 851	1 839 867	3	4

区域	2010 年	2011 年	2012 年	2013 年	2014 年	2015 年	2016 年	2017 年	2018 年	绝对排名	降幅排名
长江中游综合经济区	1 944 908	1 916 728	1 880 165	1 862 598	1 920 099	2 034 067	2 104 459	2 123 027	2 148 193	1	5
大西南综合经济区	1 265 273	1 309 174	1 400 906	1 451 535	1 567 926	1 688 819	1 827 617	1 940 140	2 071 796	2	1
大西北综合经济区	312 210	325 903	348 241	356 619	368 980	375 899	394 209	423 346	457 800	8	2
全国	9 661 797	9 588 501	9 642 267	9 736 373	10 066 346	10 486 120	10 828 898	11 049 549	11 337 005	/	/

（3）高等职业教育招生人数

2010—2018 年期间，全国高职学校招生人数总体呈增长趋势，从 3 104 988 人增长至 3 688 341 人，增幅为 18.79%。各区域的高职学校招生人数变化情况如表 2-9 所示，2010—2018 年高职学校招生人数增长最快的是大西南综合经济区，增长 62.74%；增长最慢的是东部沿海综合经济区，增长 0.09%。截至 2018 年，高职学校招生人数数量最多的是大西南综合经济区 711 409 人，最少的是大西北综合经济区 152 588 人，而大西南综合经济区和大西北综合经济区高职招生人数的增长幅度远远超过全国平均增长幅度。非参数检验显示，八大综合经济区高职学校招生人数差异显著（Kendall's W=0.927，χ^2=58.407，P=0.000<0.005）。

表 2-9　2010—2018 年全国八大综合经济区高职学校招生人数　　　　（单位：人）

区域	2010 年	2011 年	2012 年	2013 年	2014 年	2015 年	2016 年	2017 年	2018 年	绝对排名	增幅排名
东北综合经济区	204 419	215 134	212 387	218 768	220 103	224 672	215 896	201 597	207 038	7	7
北部沿海综合经济区	524 896	543 314	492 347	510 465	543 329	549 578	545 718	536 725	556 809	4	6
东部沿海综合经济区	363 676	371 198	362 028	363 390	363 221	356 627	340 715	339 204	364 020	6	8
南部沿海综合经济区	337 660	358 872	374 964	380 750	390 321	391 517	369 629	386 907	412 227	5	3
黄河中游综合经济区	510 459	519 256	504 004	507 749	508 275	557 265	559 595	573 294	596 703	3	4
长江中游综合经济区	619 639	651 990	589 470	605 624	664 970	678 094	661 970	660 985	687 547	2	5

区域	2010年	2011年	2012年	2013年	2014年	2015年	2016年	2017年	2018年	绝对排名	增幅排名
大西南综合经济区	437 144	471 394	490 899	481 512	564 326	600 139	608 273	665 497	711 409	1	1
大西北综合经济区	107 095	117 440	121 663	115 741	125 290	126 419	130 307	143 150	152 588	8	2
全国	3 104 988	3 248 598	3 147 762	3 183 999	3 379 835	3 484 311	3 432 103	3 507 359	3 688 341	/	/

(4) 高职高专与本科在校生人数比

2010—2018 年期间,全国高职高专与本科在校生人数比总体呈下降趋势。各区域的高职高专与本科在校生人数比变化如表 2 - 10 所示,2010—2018 年高职高专与本科在校生人数比下降最快的是黄河中游综合经济区,下降 22.89%;下降最慢的是东部沿海综合经济区,下降 14.93%;此外,大西北综合经济区和大西南综合经济区则是呈现正向增长的趋势,增长幅度分别为 10.64% 和 3.40%。截至 2018 年,高职高专与本科在校生人数比最高的是大西南综合经济区 0.78,最低的是东北综合经济区 0.38。非参数检验显示,八大综合经济区高职高专与本科在校生人数比差异显著(Kendall's W=0.844,χ^2=53.144,P=0.001<0.005)。

表 2 - 10　2010—2018 年全国八大综合经济区高职高专与本科在校生人数比

区域	2010年	2011年	2012年	2013年	2014年	2015年	2016年	2017年	2018年	绝对排名
东北综合经济区	0.45	0.41	0.40	0.39	0.39	0.40	0.40	0.39	0.38	8
北部沿海综合经济区	0.79	0.72	0.68	0.65	0.66	0.68	0.68	0.67	0.66	6
东部沿海综合经济区	0.67	0.64	0.63	0.61	0.61	0.60	0.59	0.57	0.57	7
南部沿海综合经济区	0.82	0.78	0.75	0.73	0.72	0.71	0.68	0.67	0.67	5
黄河中游综合经济区	0.93	0.82	0.75	0.70	0.68	0.69	0.70	0.72	0.71	4
长江中游综合经济区	0.90	0.83	0.76	0.72	0.73	0.76	0.78	0.77	0.76	2
大西南综合经济区	0.76	0.72	0.71	0.69	0.72	0.74	0.76	0.77	0.78	1
大西北综合经济区	0.65	0.65	0.66	0.64	0.65	0.64	0.66	0.69	0.72	3
全国	0.76	0.71	0.68	0.65	0.65	0.67	0.67	0.67	0.67	/

(二) 职业教育经费投入

1. 中职职业教育经费投入情况

(1) 中职教育经费占公共财政支出比重

2010—2017 年期间,全国中职教育经费占公共财政支出比重呈波动上升趋势,从 2010 年 0.65% 上升至 2017 年 0.95%。各区域的中职教育经费占公共财政支出比重变化如图 2-1 所示,各区域中职教育经费占公共财政支出比重峰值均出现在 2012 年左右。2010—2017 年间,北部沿海综合经济区、东部沿海综合经济区、南部沿海综合经济区中职教育经费占公共财政支出比重普遍高于全国中职教育经费占公共财政支出比重。

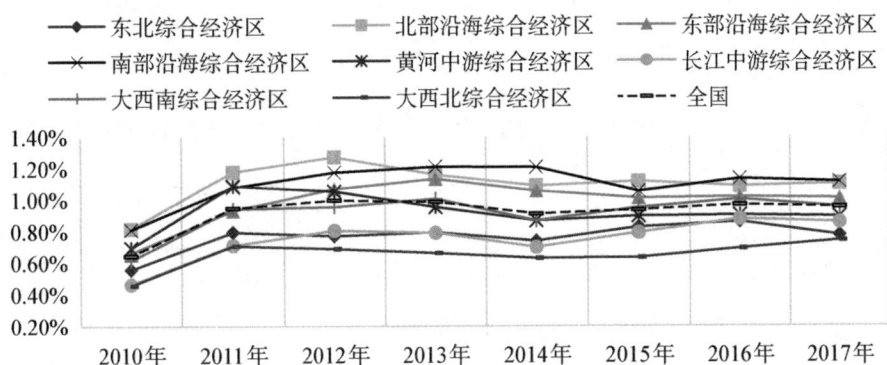

图 2-1 2010—2017 年全国八大综合经济区中职教育经费占公共财政支出比重

(2) 中职生均教育经费占人均 GDP 比重

2010—2017 年期间,全国中职生均教育经费占人均 GDP 比重总体呈上升趋势,从 29.01% 上升至 30.78%,增长幅度为 6.04%。各区域的中职生均教育经费占人均 GDP 比重变化如图 2-2 所示,2010—2017 年中职生均教育经费占人均 GDP 比重增长最快的是东北综合经济区,增长幅度达到 65.95%;增长最慢的是南部沿海综合经济区,增长幅度为 7.52%;而西南综合经济区是唯

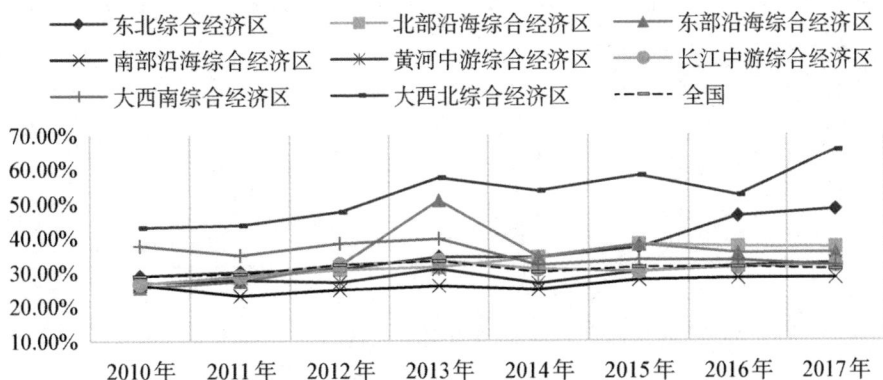

图 2-2 2010—2017 年全国八大综合经济区中职生均教育经费占人均 GDP 比重

——个中职生均教育经费占人均GDP比重负增长区域。截至2017年,中职生均教育经费占人均GDP比重最高的为大西北综合经济区,达到65.47%,最低的为南部沿海综合经济区,仅有28.31%。

（3）中职生均公共财政预算教育事业费支出

2010—2017年期间,全国中职生均公共财政预算教育事业费支出总体呈上升趋势,从2010年的4 840.41元增加至13 269.26元,增长幅度达到174.14%。各区域的中职生均公共财政预算教育事业费支出情况如表2-11所示,2010—2017年中职生均公共财政预算教育事业费支出增长最快的是长江中游综合经济区,增长272.41%;增长最慢的是大西南综合经济区,增长129.77%。截至2017年,中职生均公共财政预算教育事业费支出最高的为北部沿海综合经济区,达到104 423.3元,最低的为南部沿海综合经济区,仅有43 553.11元。

表2-11　2010—2017年全国八大综合经济区中职生均公共财政预算教育事业费支出

（单位：元）

区域	2010年	2011年	2012年	2013年	2014年	2015年	2016年	2017年	绝对排名	降幅排名
东北综合经济区	19 831.92	24 216.71	28 541.64	34 281.49	37 572.07	42 970.63	51 356.31	53 563.32	4	6
北部沿海综合经济区	35 538.42	43 730.78	54 311.61	60 314.11	69 962.62	85 330.48	93 730.68	104 423.3	1	4
东部沿海综合经济区	23 567.19	28 562.17	35 957.67	43 152.12	44 051.76	54 083.8	61 051.3	64 469.9	3	5
南部沿海综合经济区	14 152.56	16 756.71	20 706.02	25 344.72	26 575.91	34 231.25	40 422.44	43 553.11	8	3
黄河中游综合经济区	20 726.81	28 621.62	32 771.21	34 653.69	35 458.43	42 748.48	47 705.23	50 432.67	5	7
长江中游综合经济区	12 855.51	18 216.69	24 847.97	29 886.72	30 802.09	36 922.58	44 643.21	47 875.37	7	1
大西南综合经济区	21 440.67	26 772.6	32 137.36	39 400.54	36 700.23	43 478.51	49 908.11	49 264.53	6	8
大西北综合经济区	30 886.39	40 094.7	45 882.08	52 144.66	63 964.17	77 240.74	85 544.89	97 480.08	2	2
全国	4 840.41	6 143.64	7 548.5	8 776.58	9 126	10 958.01	12 216.26	13 269.26	/	/

（4）中职与普高生均公共财政预算教育事业费支出比

2011—2017年期间,中职与普高生均公共财政预算教育事业费支出比重总体呈逐年下降趋势,从2011年1.075下降至2017年0.965,下降了10.18%。各区域的中职与普高生均公共财政

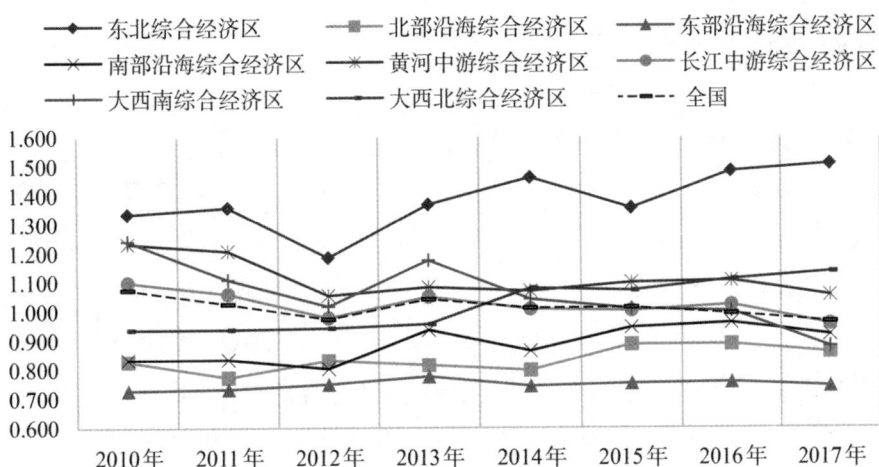

图2-3 2010—2017年全国八大综合经济区中职与普高生均公共财政预算教育事业费支出比

预算教育事业费支出比变化如图2-3所示,2010—2017年中职与普高生均公共财政预算教育事业费支出比重有增有减。东北综合经济区、北部沿海综合经济区、东部沿海综合经济区和南部沿海综合经济区是呈波动上升趋势,增长最快的是东北综合经济区,增长幅度为12.81%。而黄河中游综合经济区、长江综合经济区、大西南综合经济区和大西北综合经济区呈波动下降趋势,下降最快的是大西南综合经济区,下降了29.21%。截至2017年,中职与普高生均公共财政预算教育事业费支出比重最高的为东北综合经济区,达到1.51,最低的为东部沿海综合经济区,仅有0.74。

2. 高等职业教育经费投入情况

(1) 高职教育经费占公共财政支出比重

2010—2017年期间,全国高职教育经费占公共财政支出比重呈波动上升趋势,从2010年的0.34%上升至2017年的0.65%。各区域的高职教育经费占公共财政支出比重变化如图2-4所示,各区域高职教育经费占公共财政支出比重峰值均出现在2011年左右。2010—2017年期间,

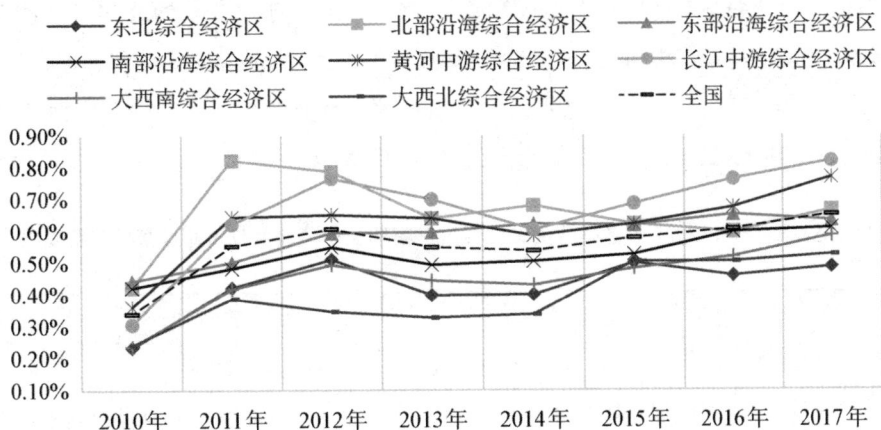

图2-4 2010—2017年全国八大综合经济区高职教育经费占公共财政支出比重

长江中游综合经济区、东部沿海经济区、黄河中游综合经济区高职教育经费占公共财政支出比重普遍高于全国高职教育经费占公共财政支出比重。

（2）高职生均教育经费占人均 GDP 比重

2010—2017 年期间,全国高职生均教育经费占人均 GDP 比重总体呈平稳波动趋势。各区域的高职生均教育经费占人均 GDP 比重如图 2-5 所示,2010—2017 年高职生均教育经费占人均 GDP 比重变化差异较大,大西北综合经济区和大西南综合经济区远远高于全国和其他区域高职生均教育经费占人均 GDP 比重,然而大西南综合经济区高职生均教育经费占人均 GDP 比重自 2010 年以来总体呈逐年下降趋势。截至 2017 年,高职生均教育经费占人均 GDP 比重最高的为大西北综合经济区,达到 67.74%,最低的为东部沿海综合经济区,仅有 32.08%。

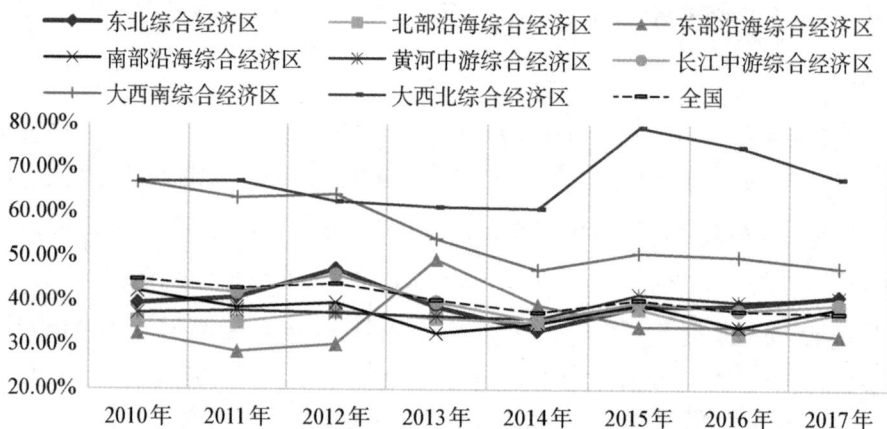

图 2-5　2010—2017 年全国八大综合经济区高职生均教育经费占人均 GDP 比重

（3）高职生均公共财政预算教育事业费支出

2010—2017 年期间,全国高职生均公共财政预算教育事业费支出总体呈上升趋势,从 2010 年的 5 838.87 元增加至 2017 年的 14 693.13 元,增长幅度达到 151.64%。各区域的高职生均公共财政预算教育事业费支出情况如表 2-12 所示,2010—2017 年高职生均公共财政预算教育事业费支出增长最快的是长江中游综合经济区,增长 278.52%;增长最慢的是东北综合经济区,增长 113.86%。截至 2017 年,高职生均公共财政预算教育事业费支出最高的为大西北综合经济区,达到 111 436.11 元,最低的为东北综合经济区,仅有 39 509.47 元。

表 2-12　2010—2017 年全国八大综合经济区高职生均公共财政预算教育事业费支出

（单位：元）

区域	2010年	2011年	2012年	2013年	2014年	2015年	2016年	2017年	绝对排名	降幅排名
东北综合经济区	18 474.71	27 982.29	40 534.74	30 300.45	28 744.06	37 689.54	35 312.09	39 509.47	8	8

区域	2010年	2011年	2012年	2013年	2014年	2015年	2016年	2017年	绝对排名	降幅排名
北部沿海综合经济区	44 783.6	58 742.75	68 019.3	68 571.15	78 708.75	95 565.66	83 509.97	101 493.77	2	7
东部沿海综合经济区	23 316.61	25 235.2	32 192.44	36 900.96	45 267.04	54 069.5	55 673.85	60 988.57	4	4
南部沿海综合经济区	18 418.02	20 361.85	24 319.6	25 732.07	29 041.1	39 414.69	39 548.57	50 319.31	7	3
黄河中游综合经济区	23 072.06	30 273.2	37 512.1	38 847.06	39 503.65	47 084.07	49 715.46	56 490.03	5	6
长江中游综合经济区	13 978.68	22 623.8	32 616.64	33 358.13	31 506.37	42 860.82	46 967.64	52 912.39	6	1
大西南综合经济区	25 512.25	37 083.99	51 491.7	45 475.85	44 719.11	57 786.8	60 038.37	69 772.79	3	2
大西北综合经济区	43 910.78	58 777.28	60 404.75	58 578.27	65 619.98	104 551.46	108 661.41	111 436.11	1	5
全国	5 838.87	7 594.46	9 585.22	9 516.98	9 831.01	12 554.93	12 923.31	14 693.13	/	/

（4）高职与本科生均公共财政预算教育事业费支出比

2011—2017 年期间,高职与本科生均公共财政预算教育事业费支出比重总体呈逐年上升的趋势,从 2011 年的 0.626 上升至 2017 年的 0.762,增长了 21.79%。各区域的高职与本科生均公共财政预算教育事业费支出比如图 2-6 所示,2010—2017 年高职与本科生均公共财政预算教育事业费支出比重均呈上升趋势,其中增长最快的是长江中游综合经济区,增长 62.06%;增长最慢

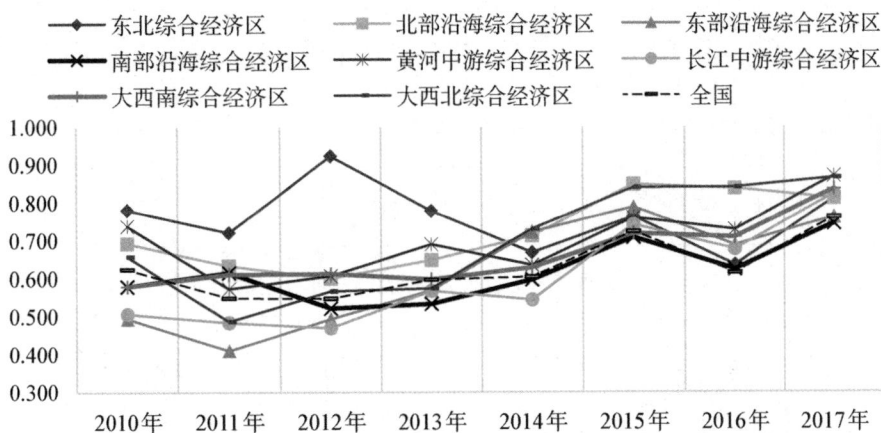

图 2-6　2010—2017 年全国八大综合经济区高职与本科生均公共财政预算教育事业费
支出比

的是东北综合经济区,增长 3.72%。截至 2017 年,高职与本科生均公共财政预算教育事业费支出比重最高的为黄河中游综合经济区,达到 0.87,最低的为南部沿海综合经济区,仅有 0.74。

(三) 职业教育办学条件

1. 中等职业教育办学条件

(1) 中职生均校舍建筑面积

2010—2018 年间,全国中职生均校舍建筑面积从 10.82 m² 增加到 17.37 m²,增幅为 60.54%。各区域的中职生均校舍建筑面积变化如表 2-13 所示,2010—2018 年中职生均校舍建筑面积增长最快的是大西北综合经济区,增长 70.77%;增长最慢的是北部沿海综合经济区,增长 45.12%。2018 年,中职生均校舍建筑面积最大的为东部沿海综合经济区,达到 23.72 m²,最小的为大西南综合经济区,仅有 14.59 m²;东北综合经济区、黄河中游综合经济区、南部沿海综合经济区和大西南综合经济区四个区域的中职生均校舍建筑面积低于全国水平。非参数检验显示,八大综合经济区中职生均校舍建筑面积差异显著(Kendall's W=0.941,χ^2=59.296,P=0.000<0.005)。

表 2-13　2010—2018 年全国八大综合经济区中职教育生均校舍建筑面积　　(单位:m²)

区域	2010 年	2011 年	2012 年	2013 年	2014 年	2015 年	2016 年	2017 年	2018 年	绝对排名	增幅排名
东北综合经济区	10.51	11.37	13.07	13.96	15.01	15.40	16.33	16.43	16.97	5	5
北部沿海综合经济区	12.66	12.39	13.27	15.12	16.53	18.27	18.43	18.40	18.37	3	8
东部沿海综合经济区	14.91	16.01	17.34	19.44	21.29	22.40	22.85	23.23	23.72	1	7
南部沿海综合经济区	9.23	9.53	10.21	10.77	12.12	12.80	13.51	14.33	15.43	7	3
黄河中游综合经济区	9.88	10.77	12.15	14.01	15.96	16.81	17.34	16.80	16.82	6	2
长江中游综合经济区	11.08	12.69	14.31	16.51	16.92	17.14	17.92	17.38	17.66	4	6
大西南综合经济区	8.87	9.43	9.83	10.41	11.58	11.99	13.10	13.93	14.59	8	4
大西北综合经济区	11.39	12.37	13.54	15.06	17.00	18.32	17.91	18.75	19.45	2	1
全国	10.82	11.53	12.55	13.93	15.22	15.96	16.66	16.91	17.37	/	/

（2）中职生均图书册数

2010—2018 年间，全国中职生均图书册数从 19.36 册增加到 26.04 册，增幅为 34.49%。各区域的中职生均图书册数变化如表 2-14 所示，2010—2018 年中职生均图书册数增长最快的是南部沿海综合经济区，增长 62.00%；增长最慢的是大西北综合经济区，增长 1.41%。2018 年，中职生均图书册数最多的为东部沿海综合经济区，有 36.70 册，最少的为大西北综合经济区，有 18.17 册；长江中游综合经济区、黄河中游综合经济区、大西南综合经济区和大西北综合经济区四个区域中职生均图书册数低于全国水平。非参数检验显示，八大综合经济区中职生均图书册数差异显著（Kendall's $W=0.909$，$\chi^2=57.296$，$P=0.000<0.005$）。

表 2-14　2010—2018 年全国八大综合经济区中职教育生均图书册数　（单位：册）

区域	2010 年	2011 年	2012 年	2013 年	2014 年	2015 年	2016 年	2017 年	2018 年	绝对排名	增幅排名
东北综合经济区	20.76	21.27	22.63	24.52	27.43	27.12	26.73	26.25	27.29	4	5
北部沿海综合经济区	22.41	22.71	24.12	25.46	28.26	31.04	30.92	30.78	31.01	2	3
东部沿海综合经济区	25.22	27.62	30.52	31.49	33.80	35.08	35.56	35.52	36.70	1	2
南部沿海综合经济区	17.00	16.88	18.34	19.70	21.55	24.07	24.98	26.04	27.53	3	1
黄河中游综合经济区	18.68	19.27	20.64	22.87	24.39	26.12	25.66	24.56	24.75	6	4
长江中游综合经济区	19.89	20.47	24.18	26.59	26.14	26.15	26.66	25.31	25.58	5	7
大西南综合经济区	15.51	15.66	16.07	16.52	17.16	17.49	18.72	19.70	20.28	7	6
大西北综合经济区	17.92	17.51	17.75	19.52	20.79	20.52	19.81	18.30	18.17	8	8
全国	19.36	19.81	21.42	22.80	24.07	25.13	25.59	25.50	26.04	/	/

（3）中职每百名学生拥有教学用计算机数

2010—2018 年间，全国中职每百名学生拥有教学用计算机数从 12.79 台增加到 28.18 台，增幅为 120.38%。各区域的中职每百名学生拥有教学用计算机数变化如表 2-15 所示，2010—2018 年中职每百名学生拥有教学用计算机数增长最快的是黄河中游综合经济区，增长 169.52%；增长最慢的是大西南综合经济区，增长 79.9%。2018 年，中职每百名学生拥有教学用计算机数最多的为东部沿海综合经济区,有 43.78 台,最少的为大西南综合经济区,有 20.41 台;黄河中游综合经济区、长江中游综合经济区、大西北综合经济区和大西南综合经济区四个区域的中职每百名学生拥有教学用计算机数低于全国水平。非参数检验显示,八大综合经济区中职每百名学生拥有教学用计算机数差异显著(Kendall's $W=0.898$,$\chi^2=56.593$,$P=0.000<0.005$)。

表 2 - 15　2010—2018 年全国八大综合经济区中职教育每百名学生拥有教学用计算机数

(单位:台)

区域	2010 年	2011 年	2012 年	2013 年	2014 年	2015 年	2016 年	2017 年	2018 年	绝对排名	增幅排名
东北综合经济区	13.61	18.60	20.94	23.31	26.67	27.46	29.14	30.69	33.69	3	3
北部沿海综合经济区	14.10	16.43	18.06	21.31	25.16	28.09	29.01	29.77	31.54	4	5
东部沿海综合经济区	18.31	24.16	27.10	31.54	35.81	38.41	40.24	41.65	43.78	1	4
南部沿海综合经济区	13.49	16.38	17.24	19.32	22.71	25.78	28.37	31.68	35.05	2	2
黄河中游综合经济区	10.14	12.95	14.57	16.89	18.97	20.61	22.06	22.11	27.34	5	1
长江中游综合经济区	12.48	15.47	17.45	18.76	19.77	20.63	21.57	22.02	23.07	6	7
大西南综合经济区	11.35	13.40	13.61	14.86	16.45	17.00	18.55	19.48	20.41	8	8
大西北综合经济区	10.75	13.73	14.97	16.92	19.33	20.66	20.48	21.31	22.74	7	6
全国	12.79	15.84	17.28	19.47	21.88	23.47	24.96	26.04	28.18	/	/

(4) 中职生均教学仪器设备值

2010—2018 年间,全国中职生均教学仪器设备值从 2 244 元增加到 6 957 元,增幅为 210.02%。各区域的中职生均教学仪器设备值变化如表 2 - 16 所示,2010—2018 年中职生均教学仪器设备值增长最快的是东北综合经济区,增长 244.77%;增长最慢的是长江中游综合经济区,增长 168.77%。2018 年,中职生均教学仪器设备值最高的为东部沿海综合经济区,达 13 059 元,最低的为黄河中游综合经济区,仅有 4 917 元;大西北综合经济区、大西南综合经济区、长江中游综合经济区和黄河中游综合经济区四个区域的中职生均教学仪器设备值低于全国水平。非参数检验显示,八大综合经济区中职生均教学仪器设备值差异显著(Kendall's $W=0.917$,$\chi^2=57.741$,$P=0.000<0.005$)。

表 2-16 2010—2018 年全国八大综合经济区中职教育生均教学仪器设备值 （单位：元）

区域	2010 年	2011 年	2012 年	2013 年	2014 年	2015 年	2016 年	2017 年	2018 年	绝对排名	增幅排名
东北综合经济区	2 491	2 805	3 321	3 847	4 708	5 385	6 186	7 158	8 590	3	1
北部沿海综合经济区	2 566	2 845	3 201	4 187	5 056	6 149	6 845	7 468	8 247	4	5
东部沿海综合经济区	4 159	4 687	5 455	6 811	8 085	9 375	10 555	11 812	13 059	1	6
南部沿海综合经济区	2 687	2 602	2 830	3 633	4 674	5 369	6 351	7 412	8 867	2	3
黄河中游综合经济区	1 491	1 722	2 275	2 787	3 338	3 779	4 125	4 552	4 917	8	4
长江中游综合经济区	1 832	2 296	2 755	3 385	3 548	3 837	4 176	4 436	4 923	7	8
大西南综合经济区	1 751	1 853	2 124	2 534	3 061	3 397	4 065	4 599	5 135	6	7
大西北综合经济区	1 992	2 249	2 843	3 477	4 368	4 987	5 379	6 035	6 746	5	2
全国	2 244	2 490	2 920	3 618	4 289	4 889	5 560	6 217	6 957	/	/

2. 高等职业教育办学条件

(1) 高职生均校舍建筑面积

2010—2018 年间，全国高职生均校舍建筑面积从 28.00 m^2 减少到 27.20 m^2，变化不大。各区域的高职生均校舍建筑面积变化如表 2-17 所示，2010—2018 年各区域高职生均校舍建筑面积略有起伏，但是幅度不大。2018 年，高职生均校舍建筑面积最大为北部沿海综合经济区，达 32.81 m^2，最小的为大西南综合经济区，仅有 25.10 m^2；大西南综合经济区和长江中游综合经济区的高职生均校舍建筑面积低于全国水平。非参数检验显示，八大综合经济区高职生均校舍建筑面积差异显著（Kendall's W＝0.657，χ^2＝41.407，P＝0.000＜0.005）。

表 2-17 2010—2018 年全国八大综合经济区高职教育生均校舍建筑面积 （单位：m^2）

区域	2010 年	2011 年	2012 年	2013 年	2014 年	2015 年	2016 年	2017 年	2018 年	绝对排名
东北综合经济区	25.88	28.66	28.15	28.03	26.71	26.45	26.72	27.17	27.47	6
北部沿海综合经济区	29.65	30.98	31.75	31.88	31.08	31.63	31.85	33.07	32.81	1

区域	2010 年	2011 年	2012 年	2013 年	2014 年	2015 年	2016 年	2017 年	2018 年	绝对排名
东部沿海综合经济区	28.54	29.81	30.11	30.14	29.19	29.02	29.29	30.06	30.16	2
南部沿海综合经济区	27.95	27.76	27.46	28.10	26.60	26.17	27.69	29.51	29.50	3
黄河中游综合经济区	28.80	28.13	28.96	29.96	29.42	28.70	28.27	28.24	29.02	4
长江中游综合经济区	28.70	29.45	30.22	29.49	28.13	27.29	26.71	26.50	26.44	7
大西南综合经济区	27.14	27.01	26.31	27.09	27.05	25.94	25.83	25.73	25.10	8
大西北综合经济区	25.33	23.31	22.37	23.22	25.37	27.57	29.66	30.49	28.45	5
全国	28.00	28.41	28.64	28.74	27.74	27.37	27.20	27.44	27.20	/

（2）高职生均图书册数

2010—2018 年间,全国高职生均图书册数从 63.10 册增加到 68.15 册,增幅为 8.00%。各区域的高职生均图书册数变化如表 2-18 所示,2010—2018 年高职生均图书册数增长最快的是东部沿海综合经济区,增长 27.44%;增长最慢的是大西南综合经济区,增长 4.30%。2018 年,高职生均图书册数最多的为北部沿海综合经济区,达到 91.47 册,最少的为大西南综合经济区,仅有 56.93 册;大西北综合经济区、长江中游综合经济区、黄河中游综合经济区和大西南综合经济区四个区域的高职生均图书册数低于全国水平。非参数检验显示,八大综合经济区高职生均图书册数差异较为显著(Kendall's W=0.887,χ^2=55.889,P=0.000<0.005)。

表 2-18 2010—2018 年全国八大综合经济区高职教育生均图书册数 （单位：册）

区域	2010 年	2011 年	2012 年	2013 年	2014 年	2015 年	2016 年	2017 年	2018 年	绝对排名	增幅排名
东北综合经济区	60.51	67.55	68.27	66.45	64.13	64.86	66.84	69.94	72.36	4	4
北部沿海综合经济区	72.65	76.72	80.73	84.35	84.99	86.35	89.22	90.63	91.47	1	2
东部沿海综合经济区	67.25	72.44	76.29	78.70	76.01	78.06	81.87	83.32	85.70	2	1
南部沿海综合经济区	63.36	65.74	66.61	70.10	67.76	69.98	73.30	76.31	76.90	3	3

区域	2010 年	2011 年	2012 年	2013 年	2014 年	2015 年	2016 年	2017 年	2018 年	绝对排名	增幅排名
黄河中游综合经济区	62.99	61.91	63.82	66.15	64.04	63.82	63.46	63.50	65.70	7	7
长江中游综合经济区	60.95	64.51	66.64	68.02	64.95	64.55	63.84	65.12	66.11	6	5
大西南综合经济区	58.52	59.54	58.10	61.61	61.13	58.00	59.04	57.61	56.93	8	8
大西北综合经济区	62.86	58.27	58.22	56.54	62.65	61.72	65.10	64.22	66.26	5	6
全国	63.10	65.33	66.92	68.87	66.87	66.58	67.07	67.78	68.15	/	/

(3) 高职生均教学仪器设备值

2010—2018 年间,全国高职生均教学仪器设备值从 6 115 元增加到 9 875 元,增幅为 61.49%。各区域的高职生均教学仪器设备值变化如表 2-19 所示,2010—2018 年高职生均教学仪器设备值增长最快的是北部沿海综合经济区,增长 124.53%;增长最慢的是长江中游综合经济区,增长 47.14%。2018 年,高职生均教学仪器设备值最高的为北部沿海综合经济区,达到 20 956 元,最低的为长江中游综合经济区,仅有 7 587 元;长江中游综合经济区和大西南综合经济区两个区域的高职生均教学仪器设备值低于全国水平。非参数检验显示,八大综合经济区高职生均教学仪器设备值差异显著(Kendall's W=0.909,χ^2=57.259,P=0.000<0.005)。

表 2-19 2010—2018 年全国八大综合经济区高职教育生均教学仪器设备值 （单位:元）

区域	2010 年	2011 年	2012 年	2013 年	2014 年	2015 年	2016 年	2017 年	2018 年	绝对排名	增幅排名
东北综合经济区	6 265	7 414	7 632	7 968	8 240	8 648	9 599	10 777	11 915	4	5
北部沿海综合经济区	9 333	10 921	12 185	13 525	14 797	16 071	17 860	19 497	20 956	1	1
东部沿海综合经济区	7 912	9 121	10 276	11 643	11 620	12 248	13 270	14 555	16 010	2	3
南部沿海综合经济区	5 920	6 763	6 823	7 566	7 624	8 197	9 269	10 570	11 226	5	6
黄河中游综合经济区	5 479	5 753	6 273	7 122	7 306	7 807	8 751	9 482	10 462	6	4

区域	2010 年	2011 年	2012 年	2013 年	2014 年	2015 年	2016 年	2017 年	2018 年	绝对排名	增幅排名
长江中游综合经济区	5 156	5 462	5 761	6 182	6 586	6 437	6 566	7 116	7 587	8	8
大西南综合经济区	5 211	5 441	5 413	6 558	7 204	7 134	6 887	7 427	7 827	7	7
大西北综合经济区	5 615	5 879	5 617	6 276	7 194	7 954	9 431	10 875	12 418	3	2
全国	6 115	6 634	7 025	7 673	7 897	8 163	8 570	9 237	9 875	/	/

（四）职业教育师资队伍

1. 中等职业教育师资队伍

（1）中职生师比

2010—2018 年间,全国中职生师比从 26.67 下降到 19.10,降幅为 28.4%。各区域的中职生师比值变化如表 2-20 所示,2010—2018 年中职生师比下降最快的是南部沿海综合经济区,下降 40.23%;下降最慢的是长江中游综合经济区,下降 23.58%。2018 年,中职生师比最低的为东北综合经济区,为 12.56,最高的为大西北综合经济区,为 24.93;大西北综合经济区、南部沿海综合经济区、长江中游综合经济区和大西南综合经济区四个区域的中职生师比高于全国水平。非参数检验显示,八大综合经济区中职生师比差异显著（Kendall's W＝0.954,χ^2＝60.111,P＝0.000＜0.005）。

表 2-20　2010—2018 年全国八大综合经济区中职教育生师比

区域	2010 年	2011 年	2012 年	2013 年	2014 年	2015 年	2016 年	2017 年	2018 年	绝对排名	降幅排名
东北综合经济区	18.14	17.10	15.54	14.58	13.19	13.55	13.51	13.50	12.56	8	4
北部沿海综合经济区	20.94	21.52	21.08	18.85	16.97	15.64	15.57	15.60	15.23	6	5
东部沿海综合经济区	22.09	20.86	19.76	17.88	16.35	15.73	15.41	15.28	14.76	7	2
南部沿海综合经济区	33.98	32.95	32.43	30.80	27.55	25.29	23.67	22.06	20.31	3	1
黄河中游综合经济区	26.61	25.21	23.38	20.97	19.35	18.18	17.47	18.02	18.32	5	3

区域	2010 年	2011 年	2012 年	2013 年	2014 年	2015 年	2016 年	2017 年	2018 年	绝对排名	降幅排名
长江中游综合经济区	31.31	28.82	27.09	25.78	25.07	24.86	24.66	24.71	23.93	2	8
大西南综合经济区	33.24	32.18	31.68	30.16	28.40	27.50	26.10	25.06	24.93	1	7
大西北综合经济区	25.78	24.71	24.00	22.22	20.85	19.81	19.59	19.84	19.28	4	6
全国	26.67	25.75	24.70	22.97	21.34	20.47	19.84	19.59	19.10	/	/

（2）中职专任教师中"双师型"教师比例

2010—2018 年间,全国中职专任教师中"双师型"教师比例从 21.35％增加到 30.65％,增幅为 43.56％。各区域的中职专任教师中"双师型"教师比例变化如表 2-21 所示,2010—2018 年中职专任教师中"双师型"教师比例增加最快的是南部沿海综合经济区,增加 78.27％;增加最慢的是大西北综合经济区,增加 22.57％。2018 年,中职专任教师中"双师型"教师比例最高的为南部沿海综合经济区,达 39.83％,最低的为黄河中游综合经济区,仅有 22.70％;黄河中游综合经济区、大西北综合经济区、东北综合经济区、北部沿海综合经济区、大西南综合经济区和长江中游综合经济区六个区域的中职专任教师中"双师型"教师比例低于全国水平。非参数检验显示,八大综合经济区中职专任教师中"双师型"教师比例差异显著（Kendall's W＝0.951, χ^2＝59.926, P＝0.000＜0.005）。

表 2-21　2010—2018 年全国八大综合经济区中职教育专任教师中"双师型"教师比例

（单位：％）

区域	2010 年	2011 年	2012 年	2013 年	2014 年	2015 年	2016 年	2017 年	2018 年	绝对排名	增幅排名
东北综合经济区	18.15	19.47	20.37	20.64	22.30	24.55	27.07	27.82	27.93	6	2
北部沿海综合经济区	21.10	23.86	24.67	24.81	26.68	27.85	28.75	28.51	29.33	5	4
东部沿海综合经济区	28.93	30.65	32.22	34.86	36.61	37.54	39.41	39.60	39.71	2	5
南部沿海综合经济区	22.34	27.66	30.57	32.29	35.07	38.70	39.34	39.11	39.83	1	1
黄河中游综合经济区	15.31	16.73	17.81	18.64	19.05	19.46	19.01	19.71	22.70	8	3

区域	2010 年	2011 年	2012 年	2013 年	2014 年	2015 年	2016 年	2017 年	2018 年	绝对排名	增幅排名
长江中游综合经济区	21.85	25.73	28.01	30.16	30.47	29.92	31.02	31.16	29.86	3	6
大西南综合经济区	23.33	24.80	26.05	25.96	27.21	28.05	28.04	29.72	29.76	4	7
大西北综合经济区	21.24	19.91	20.72	22.05	23.03	23.94	24.33	24.45	26.04	7	8
全国	21.35	23.71	25.19	26.31	27.64	28.71	29.47	29.99	30.65	/	/

(3) 中职兼职教师人数占专任教师人数比

2010—2018 年间,全国中职兼职教师人数占专任教师人数比总体来说略有下降,期间虽有起伏,但基本保持在 0.13~0.16 之间。各区域的中职兼职教师人数占专任教师人数比变化如表 2-22 所示,各区域在 2010—2018 年间中职教育兼职教师人数占专任教师人数比变化均较为起伏。2018 年,中职教育兼职教师人数占专任教师人数比最低的为北部沿海综合经济区,为 0.075,最高的为大西南综合经济区,为 0.179;东北综合经济区、南部沿海综合经济区和北部沿海综合经济区三个区域的中职兼职教师人数占专任教师人数比低于全国水平。非参数检验显示,八大综合经济区中职兼职教师人数占专任教师人数比差异较为显著(Kendall's W=0.828,χ^2=52.166,P=0.000<0.005)。

表 2-22　2010—2018 年全国八大综合经济区中职教育兼职教师人数占专任教师人数比

区域	2010 年	2011 年	2012 年	2013 年	2014 年	2015 年	2016 年	2017 年	2018 年	绝对排名
东北综合经济区	0.111	0.115	0.118	0.107	0.101	0.123	0.135	0.151	0.126	6
北部沿海综合经济区	0.088	0.089	0.087	0.084	0.110	0.082	0.083	0.081	0.075	8
东部沿海综合经济区	0.139	0.160	0.167	0.143	0.133	0.142	0.131	0.130	0.135	5
南部沿海综合经济区	0.172	0.172	0.165	0.137	0.136	0.174	0.135	0.118	0.094	7
黄河中游综合经济区	0.153	0.148	0.152	0.152	0.163	0.155	0.158	0.151	0.150	3
长江中游综合经济区	0.159	0.146	0.178	0.151	0.149	0.158	0.144	0.138	0.147	4

区域	2010 年	2011 年	2012 年	2013 年	2014 年	2015 年	2016 年	2017 年	2018 年	绝对排名
大西南综合经济区	0.213	0.197	0.199	0.195	0.206	0.203	0.215	0.201	0.179	1
大西北综合经济区	0.192	0.198	0.215	0.211	0.208	0.210	0.201	0.224	0.155	2
全国	0.149	0.148	0.156	0.144	0.150	0.152	0.148	0.144	0.133	/

（4）中职专任教师中合格学历教师比例

中职教育中合格学历教师主要指学历为本科及本科以上的教师。2010—2018 年间,全国中职专任教师中合格学历教师比例从 83.29％增加到 92.10％,增幅为 10.58％。各区域的中职专任教师中合格学历教师比例变化如表 2－23 所示,2010—2018 年中职专任教师中合格学历教师比例增加最快的是大西南综合经济区,增加 13.64％;增加最慢的是东部沿海综合经济区,增加 8.55％。2018 年,中职专任教师中合格学历教师比例最高的为东部沿海综合经济区,达到 97.67％,最低的为大西北综合经济区,为 89.38％;黄河中游综合经济区、大西南综合经济区、长江中游综合经济区和大西北综合经济区四个区域的中职专任教师中合格学历教师比例低于全国水平。非参数检验显示,八大综合经济区中职专任教师中合格学历教师比例差异显著（Kendall's $W=0.936$, $\chi^2=58.963$, $P=0.000<0.005$）。

表 2－23　2010—2018 年全国八大综合经济区中职教育专任教师中合格学历教师比例

（单位：％）

区域	2010 年	2011 年	2012 年	2013 年	2014 年	2015 年	2016 年	2017 年	2018 年	绝对排名	增幅排名
东北综合经济区	84.77	86.34	87.74	89.11	90.28	91.64	92.29	93.14	93.81	2	5
北部沿海综合经济区	85.90	87.93	89.28	90.17	91.33	91.87	92.49	92.88	93.25	3	7
东部沿海综合经济区	92.16	93.67	94.58	95.27	96.16	96.55	96.87	97.34	97.67	1	8
南部沿海综合经济区	85.15	86.59	88.00	89.28	90.81	91.52	92.34	92.86	92.75	4	6
黄河中游综合经济区	80.47	83.10	84.82	85.81	86.87	88.22	89.03	89.89	90.67	5	2
长江中游综合经济区	79.53	82.47	85.06	85.86	87.34	88.17	88.25	89.38	89.49	7	3
大西南综合经济区	79.01	81.22	82.64	83.60	85.68	86.40	87.67	88.62	89.79	6	1

区域	2010 年	2011 年	2012 年	2013 年	2014 年	2015 年	2016 年	2017 年	2018 年	绝对排名	增幅排名
大西北综合经济区	79.79	82.33	83.59	84.67	86.30	87.52	88.44	89.01	89.38	8	4
全国	83.29	85.39	86.95	87.94	89.29	90.13	90.83	91.59	92.10	/	/

2. 高等职业教育师资队伍

(1) 高职生师比

2010—2018 年间,全国高职生师比从 17.21 增加到 17.90,增幅为 4.01%。各区域的高职生师比变化如表 2 - 24 所示,2010—2018 年各区域高职生师比均变化不大,有的区域略增、有的区域略减,只有大西南综合经济区增长较为明显,从 17.63 增加到 19.57,增幅为 11%。2018年,高职生师比最低的为东部沿海综合经济区,为 15.95,最高的为大西南综合经济区,为19.57;长江中游综合经济区和大西北综合经济区两个区域的高职生师比高于全国水平。非参数检验显示,八大综合经济区中职生师比差异显著(Kendall's W $= 0.713$, $\chi^2 = 44.939$, $P = 0.000 < 0.005$)。

表 2 - 24 2010—2018 年全国八大综合经济区高职教育生师比

区域	2010 年	2011 年	2012 年	2013 年	2014 年	2015 年	2016 年	2017 年	2018 年	绝对排名
东北综合经济区	16.17	15.33	15.78	15.78	16.37	16.52	16.53	16.20	16.01	7
北部沿海综合经济区	17.15	17.25	17.02	17.08	17.57	17.88	18.31	17.90	17.84	3
东部沿海综合经济区	16.10	15.74	15.40	15.29	16.26	16.00	15.97	15.76	15.95	8
南部沿海综合经济区	18.05	18.40	17.95	18.09	18.13	18.09	17.87	17.51	17.57	6
黄河中游综合经济区	17.04	17.63	17.45	16.93	17.57	18.05	18.06	17.65	17.75	5
长江中游综合经济区	17.90	17.69	17.73	17.78	18.20	18.46	18.91	18.64	18.65	2
大西南综合经济区	17.63	17.76	18.18	17.75	17.74	18.02	18.80	18.90	19.57	1
大西北综合经济区	17.66	17.99	18.28	18.14	17.73	17.43	17.55	16.96	17.76	4
全国	17.21	17.28	17.23	17.11	17.57	17.70	18.00	17.70	17.90	/

（2）高职专任教师中"双师型"教师比例

2010—2018 年间，全国高职专任教师中"双师型"教师比例从 33.33％增加到 40.51％，增幅为 21.54％。各区域的高职专任教师中"双师型"教师比例变化如表 2-25 所示，2010—2018 年高职专任教师中"双师型"教师比例增加最快的是南部沿海综合经济区，增加 39.34％；减少的是大西北综合经济区，减少 4.76％。2018 年，高职专任教师中"双师型"教师比例最高的为东部沿海综合经济区，达 48.03％，最低为大西北综合经济区，仅有 25.40％；大西北综合经济区、大西南综合经济区、黄河中游综合经济区和长江中游综合经济区四个区域的高职专任教师中"双师型"教师比例低于全国水平。非参数检验显示，八大综合经济区高职专任教师中"双师型"教师比例差异显著（Kendall's $W=0.941$，$\chi^2=59.259$，$P=0.000<0.005$）。

表 2-25　2010—2018 年全国八大综合经济区高职教育专任教师中"双师型"教师比例

（单位：％）

区域	2010 年	2011 年	2012 年	2013 年	2014 年	2015 年	2016 年	2017 年	2018 年	绝对排名	增幅排名
东北综合经济区	35.07	37.84	38.46	38.75	40.30	40.31	41.69	43.29	44.40	3	5
北部沿海综合经济区	35.24	36.90	38.59	39.37	41.43	41.54	42.40	43.58	44.62	2	4
东部沿海综合经济区	36.29	38.64	41.47	42.82	46.04	47.19	47.33	47.12	48.03	1	3
南部沿海综合经济区	31.50	33.59	35.06	37.94	40.56	41.81	41.91	43.01	43.89	4	1
黄河中游综合经济区	27.11	29.58	29.39	29.26	30.99	33.07	34.69	35.43	36.71	6	2
长江中游综合经济区	33.87	35.95	36.61	37.71	38.39	37.61	35.56	36.21	37.32	5	7
大西南综合经济区	29.93	32.02	31.75	31.35	33.41	33.31	33.66	33.57	33.17	7	6
大西北综合经济区	26.67	28.74	30.58	26.28	24.08	27.38	29.67	28.22	25.40	8	8
全国	33.33	35.35	36.13	36.61	38.27	38.96	39.05	39.70	40.51	/	/

（3）高职高级职称教师比例

2010—2018 年间，全国高职高级职称教师比例从 28.65％增加到 30.28％，增幅为 5.69％。各区域的高职高级职称教师比例变化如表 2-26 所示，2010—2018 年高职高级职称教师比例增幅最大的是南部沿海综合经济区，增加 24.96％；跌幅最大的是大西北综合经济区，下跌 2.80％。

2018 年,高职高级职称教师比例最高的为东北综合经济区,达 38.17%,最低的为大西南综合经济区,为 26.53%;南部沿海综合经济区、黄河中游综合经济区、长江中游综合经济区、大西北综合经济区和大西南综合经济区五个区域的高职高级职称教师比例均低于全国水平。非参数检验显示,八大综合经济区高职高级职称教师比例差异较为显著(Kendall's W=0.851,χ^2=53.593,P=0.000<0.005)。

表 2-26   2010—2018 年全国八大综合经济区高职教育高级职称教师比例   (单位:%)

区域	2010 年	2011 年	2012 年	2013 年	2014 年	2015 年	2016 年	2017 年	2018 年	绝对排名	增幅排名
东北综合经济区	37.06	37.84	37.61	37.49	37.51	37.86	37.49	37.71	38.17	1	6
北部沿海综合经济区	31.98	31.95	32.20	32.40	33.03	33.38	33.47	34.33	34.78	2	3
东部沿海综合经济区	27.05	28.49	29.10	29.69	30.19	31.03	31.59	31.97	32.30	3	2
南部沿海综合经济区	23.93	23.54	23.74	24.74	24.94	26.18	27.27	29.51	29.91	4	1
黄河中游综合经济区	27.86	28.23	27.98	28.04	28.18	28.87	28.57	28.65	29.14	5	4
长江中游综合经济区	27.96	28.07	28.64	28.79	28.70	28.44	27.75	28.67	28.97	6	5
大西南综合经济区	26.83	26.99	26.97	27.04	26.95	26.52	26.32	26.60	26.53	8	7
大西北综合经济区	29.40	30.13	30.41	31.17	29.90	29.77	29.81	29.47	28.58	7	8
全国	28.65	28.87	29.06	29.28	29.36	29.57	29.48	30.07	30.28	/	/

(4)高职研究生学位教师比例

2010—2018 年间,全国高职研究生学位教师比例从 32.33% 增加到 49.97%,增幅为 54.56%。各区域的高职研究生学位教师比例变化如表 2-27 所示,2010—2018 年高职研究生学位教师比例增幅最大的是大西北综合经济区,增加 83.02%;增幅最小的是大西南综合经济区,增加 44.05%。2018 年,高职研究生学位教师比例最高的为东部沿海综合经济区,达 66.09%,最低的为大西北综合经济区,仅有 39.54%;长江中游综合经济区、黄河中游综合经济区、东北综合经济区、大西南综合经济区和大西北综合经济区五个区域的高职研究生学位教师比例均低于全国水平。非参数检验显示,八大综合经济区高职研究生学位教师比例差异显著(Kendall's W=0.941,χ^2=59.259,P=0.000<0.005)。

表 2-27　2010—2018 年全国八大综合经济区高职研究生学位教师比例　　　　（单位：%）

区域	2010 年	2011 年	2012 年	2013 年	2014 年	2015 年	2016 年	2017 年	2018 年	绝对排名	增幅排名
东北综合经济区	27.46	32.18	33.45	35.36	37.16	40.49	42.40	44.22	45.57	6	3
北部沿海综合经济区	36.06	39.09	42.66	45.32	48.77	51.59	54.00	56.08	57.78	2	5
东部沿海综合经济区	38.96	43.11	46.45	50.12	54.69	57.66	60.92	63.50	66.09	1	2
南部沿海综合经济区	34.36	36.82	39.14	40.92	44.94	47.86	49.32	50.83	52.85	3	7
黄河中游综合经济区	29.35	32.14	35.15	35.83	37.14	40.17	41.55	44.29	46.51	5	6
长江中游综合经济区	29.04	31.50	33.50	36.67	38.46	40.30	41.12	44.33	46.81	4	4
大西南综合经济区	28.18	30.77	32.70	33.28	35.97	36.13	37.25	39.59	40.59	7	8
大西北综合经济区	21.60	25.17	26.44	29.05	30.33	32.56	37.47	38.18	39.54	8	1
全国	32.33	35.39	38.03	40.02	42.32	44.52	45.93	48.14	49.97	/	/

（五）职业教育人才培养

1. 中职人才培养成效

（1）中职毕业生获取职业资格证书比例

2010—2018 年期间，全国中职毕业生获取职业资格证书比例呈波动上升趋势，从 2010 年的 62.91% 上升到 2018 年的 75.51%，增长了 12.6 个百分点。各区域的中职毕业生获取职业资格证书比例如图 2-7 所示，2010 年至 2018 年不同区域中职毕业生获取职业资格证书比例有增有减。其中，东部沿海综合经济区中职毕业生获取职业资格证书比例明显高于其他区域以及全国平均水平。2018 年，中职毕业生获取职业资格证书比例最高的是东部沿海综合经济区，达 89.09%，最低的是东北综合经济区，仅有 57.26%。

（2）中职生流失率

2010—2018 年期间，全国中职生流失率总体呈下降趋势，从 2010 年的 12.64% 下降至 7.41%，下降了 5.23 百分点。各区域中职生流失率如图 2-8 所示，2010 年至 2018 年中职生流失率均大体呈下降趋势。其中，东北中职生各年流失率均远低于全国平均水平。下降幅度最大的

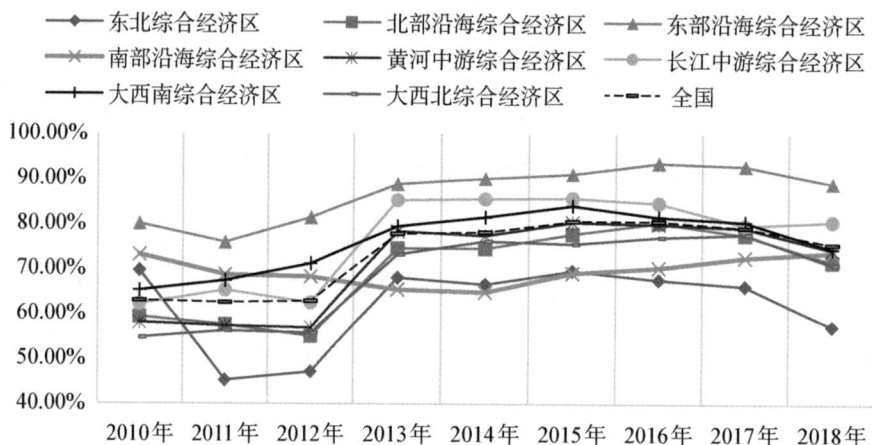

图 2–7 2010—2018 年全国八大综合经济区中职毕业生获取职业资格证书比例(单位:%)

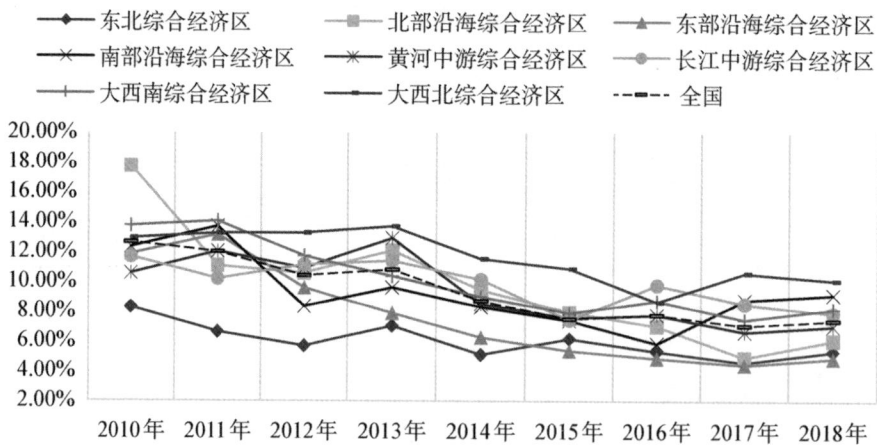

图 2–8 2010—2018 年全国八大综合经济区中职生流失率(单位:%)

为北部沿海综合经济区,从 17.75% 下降至 6.07%,下降了 11.67%。截至 2018 年,中职生流失率最低的为东部沿海综合经济区 4.88%,最高的为大西北综合经济区 10.13%。

(六) 职业教育服务能力

1. 中等职业教育服务能力

(1) 每万平方公里中等职业学校数

2010—2018 年间,全国每万平方公里中等职业学校数从 11.32 所下降到 8.18 所,降幅为 27.74%。各区域的每万平方公里中等职业学校数变化如表 2–28 所示,2010—2018 年每万平方公里中等职业学校数下降最快的是东部沿海综合经济区,下降 36.67%;下降最慢的是大西北综合经济区,下降 17.29%。2018 年,每万平方公里中等职业学校数最多的为北部沿海综合经济区,为 31.36 所,最少的为大西北综合经济区,仅有 1.08 所,且只有大西北综合经济区每万平方公里中等职业学校数低于全国水平。非参数检验显示,八大综合经济区每万平方公里中等职业学校数差异显著(Kendall's W=0.988,χ^2=62.259,P=0.000<0.005)。

表 2-28　2010—2018 年全国八大综合经济区每万平方公里中等职业学校数　(单位:所)

区域	2010 年	2011 年	2012 年	2013 年	2014 年	2015 年	2016 年	2017 年	2018 年	绝对排名	降幅排名
东北综合经济区	13.37	13.12	12.58	12.35	11.98	10.29	10.04	10.01	9.64	6	4
北部沿海综合经济区	43.21	39.99	38.07	36.28	34.23	33.41	32.60	31.71	31.36	1	5
东部沿海综合经济区	41.63	38.31	35.80	34.00	31.67	29.97	28.12	27.17	26.36	2	1
南部沿海综合经济区	30.09	28.01	27.09	25.92	25.60	24.62	23.86	22.85	22.09	3	6
黄河中游综合经济区	12.03	11.00	10.57	10.17	9.99	9.77	9.40	9.24	8.41	7	2
长江中游综合经济区	28.89	26.59	25.41	24.08	23.28	22.32	21.54	21.02	20.22	4	3
大西南综合经济区	12.80	12.20	11.88	11.49	11.12	10.79	10.46	10.34	10.00	5	7
大西北综合经济区	1.30	1.30	1.28	1.26	1.21	1.16	1.13	1.08	1.08	8	8
全国	11.32	10.59	10.17	9.77	9.44	9.02	8.72	8.52	8.18	/	/

(2) 每十万人中等职业学校学生数

2010—2018 年间,全国每十万人中等职业学校学生数从 1 355 人下降到 870 人,降幅为 35.79%。各区域的每十万人中等职业学校学生数变化如表 2-29 所示,2010—2018 年每十万人中等职业学校学生数下降最快的是东北沿海综合经济区,下降 45.02%;下降最慢的是大西南综合经济区,下降 22.01%。2018 年,每十万人中等职业学校学生数最多的为大西南综合经济区,达 1 119 人,最少的为大西北综合经济区,仅有 542 人;南部沿海综合经济区、东部沿海综合经济区、北部沿海综合经济区和东北综合经济区这四个区域的每十万人中等职业学校学生数均低于全国水平。非参数检验显示,八大综合经济区每十万人中等职业学校学生数差异较为显著(Kendall's W=0.895,χ^2=56.407,P=0.000<0.005)。

表 2 - 29　2010—2018 年全国八大综合经济区每十万人中等职业学校学生数　（单位：人）

区域	2010 年	2011 年	2012 年	2013 年	2014 年	2015 年	2016 年	2017 年	2018 年	绝对排名	降幅排名
东北综合经济区	986	909	822	744	662	629	609	598	542	8	1
北部沿海综合经济区	1 262	1 244	1 162	991	875	793	782	787	763	7	4
东部沿海综合经济区	1 169	1 103	1 052	962	874	831	803	801	774	6	6
南部沿海综合经济区	1 480	1 485	1 458	1 355	1 198	1 081	989	911	815	5	2
黄河中游综合经济区	1 654	1 556	1 424	1 207	1 091	1 000	938	942	922	2	3
长江中游综合经济区	1 391	1 331	1 216	1 091	1 022	977	928	915	898	4	5
大西南综合经济区	1 435	1 453	1 446	1 397	1 342	1 292	1 210	1 160	1 119	1	8
大西北综合经济区	1 257	1 254	1 204	1 108	1 020	956	934	900	910	3	7
全国	1 355	1 317	1 248	1 129	1 035	971	923	902	870	/	/

2. 高等职业教育服务能力

（1）每万平方公里高等职业学校数

2010—2018 年间，全国每万平方公里高等职业学校数从 1.30 所增加到 1.48 所。各区域的每万平方公里高等职业学校数变化如表 2 - 30 所示，2010—2018 年期间各区域每万平方公里高等职业学校数变化不大。2018 年，每万平方公里高等职业学校数最多的为东部沿海综合经济区，达 7.73 所，最少的为大西北综合经济区，仅有 0.2；黄河中游综合经济区和大西北综合经济区两个区域的每万平方公里高等职业学校数均低于全国水平。非参数检验显示，八大综合经济区每万平方公里高等职业学校数差异显著（Kendall's $W=0.988$，$\chi^2=62.259$，$P=0.000<0.005$）。

表 2 - 30　2010—2018 年全国八大综合经济区每万平方公里高等职业学校数　（单位：所）

区域	2010 年	2011 年	2012 年	2013 年	2014 年	2015 年	2016 年	2017 年	2018 年	绝对排名
东北综合经济区	1.40	1.39	1.40	1.45	1.43	1.44	1.47	1.48	1.48	6
北部沿海综合经济区	4.90	5.01	5.01	5.11	5.06	5.06	5.03	5.14	5.14	2

区域	2010 年	2011 年	2012 年	2013 年	2014 年	2015 年	2016 年	2017 年	2018 年	绝对排名
东部沿海综合经济区	7.40	7.49	7.63	7.59	7.63	7.68	7.73	7.78	7.73	1
南部沿海综合经济区	4.43	4.49	4.59	4.62	4.59	4.59	4.65	4.78	4.84	3
黄河中游综合经济区	1.04	1.10	1.12	1.16	1.15	1.16	1.14	1.17	1.23	7
长江中游综合经济区	3.46	3.55	3.63	3.63	3.63	3.72	3.72	3.76	3.78	4
大西南综合经济区	1.30	1.36	1.38	1.44	1.46	1.49	1.57	1.63	1.74	5
大西北综合经济区	0.14	0.15	0.14	0.15	0.17	0.17	0.18	0.19	0.20	8
全国	1.30	1.33	1.35	1.38	1.38	1.40	1.42	1.45	1.48	/

（2）每十万人高等职业学校学生数

2010—2018 年间，全国每十万人高等职业学校学生数从 721 人增加到 812 人，增幅为 12.76%。各区域的每十万人高等职业学校学生数变化如表 2-31 所示，2010—2018 年每十万人高等职业学校学生数增加最快的是大西南综合经济区，增加 55.96%；下降最快的是东部沿海综合经济区，下降 4.81%。2018 年，每十万人高等职业学校学生数最多的为黄河中游综合经济区，达 933 人，最少的为东北综合经济区，仅有 596 人；东部沿海综合经济区、南部沿海综合经济区、大西北综合经济区和东北综合经济区这四个区域的每十万人高等职业学校学生数均低于全国水平。非参数检验显示，八大综合经济区每十万人高等职业学校学生数差异显著（Kendall's W＝0.941，χ^2＝59.296，P＝0.000＜0.005）。

表 2-31　2010—2018 年全国八大综合经济区每十万人高等职业学校学生数　（单位：人）

区域	2010 年	2011 年	2012 年	2013 年	2014 年	2015 年	2016 年	2017 年	2018 年	绝对排名	增幅排名
东北综合经济区	605	580	573	588	604	619	620	607	596	8	7
北部沿海综合经济区	824	793	770	758	775	809	831	829	838	3	6
东部沿海综合经济区	787	768	759	756	759	760	753	743	749	5	8
南部沿海综合经济区	667	684	698	720	740	743	729	718	722	6	4

区域	2010 年	2011 年	2012 年	2013 年	2014 年	2015 年	2016 年	2017 年	2018 年	绝对排名	增幅排名
黄河中游综合经济区	832	810	805	805	817	844	876	916	933	1	3
长江中游综合经济区	856	840	821	808	828	871	896	898	903	2	5
大西南综合经济区	536	552	587	605	650	695	747	787	835	4	1
大西北综合经济区	500	519	549	558	572	575	597	633	677	7	2
全国	721	712	712	716	736	763	783	795	812	/	/

三、　研究发现

通过前文的分析可以发现,各综合经济区职业教育发展存在一定的差异,而正是因为不同经济发展程度、文化历史传统以及地方性政策下所表现出来的差异使其成为既有中国特色共性又具有区域发展特性的职业教育形态。

(一)中高职办学规模变化趋势逐渐分化,部分区域普职比难以均衡

从规模情况来看,各综合经济区中职学校数、在校生人数、招生人数呈下降趋势,中职总体规模逐步缩小;从结构情况来看,2010—2018 年期间高中阶段教育普职比基本保持大体相当,但是东部沿海几个综合经济区普职比呈逐年下降趋势,在维持"大体相当"这一基准线上徘徊甚至难以为继。各综合经济区在优化中等职业学校布局结构、科学配置资源,并做大做强职业教育方面作出了重要举措。在《国家职业教育改革实施方案》的指导下,未来中职应积极招收往届初高中毕业未升学学生、退役军人、退役运动员、下岗职工、返乡农民工等接受中等职业教育。高职学校数、在校生人数、招生人数呈逐步上升趋势,一方面表明越来越多新增劳动力接受高等教育,高等职业教育作为培养大国工匠的重要方式发挥了重要作用,另一方面也逐渐显示出近些年我国职业教育改革中一些创新试点如中高贯通、高本贯通等成效,这些举措的实施也扩大了我国高等职业教育的规模。各大综合经济区在生均拨款制度、奖助学金制度、学费减免等资助政策方面也逐渐落实,加大了对高等职业教育扩招的支持力度。

(二)职业教育经费保障力度不断加大,项目引领推进基础能力提升

总体来说,在职业教育经费投入方面,东部沿海各个综合经济区普遍高于其他地区。东部沿海经济发达地区中职与普高生均公共财政预算教育事业费支出比重呈现出下降趋势,而高职与本科生均公共财政预算教育事业费支出比重却逐年上升,这也从侧面反映了党和国家政府在加大职业教育经费投入和政策供给。

从高等职业教育来看,各综合经济区根据自身情况使教育经费向职业教育倾斜,在完善高职生均拨款制度、逐步提高生均拨款水平的基础上,对优质高职院校给予重点支持。同时,近两年中央财政通过现代职业教育质量提升计划专项资金对"双高计划"建设给予奖补支持,并动员各方力量支持项目建设,对接区域经济社会发展需求,构建了以"双高计划"学校为引领,区域内高职学校协调发展的格局。

从中等职业教育来看,截至2017年底,全国37个省、自治区、直辖市、计划单列市都建立了中职学校生均拨款制度。中等职业教育形成了以免学费、国家助学金为主,学校和社会资助及顶岗实习为补充的资助政策体系。同时各综合经济区在职业教育经费投入方面发挥了地区优势,并积极推动项目引领促进中等职业教育基础能力建设。在中央财政增加财政性教育经费投入的同时,地方政府通过实施一系列重大项目,推进中等职业教育基础能力的提升,改善基本办学条件,优化资源配置,有质量地扩大了高素质技术技能人才的培养规模。

(三)职业教育办学条件整体大幅改善,部分区域建设力度稍显不足

2010—2018年近十年间,在国家各项政策的引导之下,职业教育办学条件取得了较大改善。中等职业教育的生均校舍建筑面积、生均图书册数、每百名学生拥有教学用计算机数、生均教学仪器设备值均得到大幅度的提升,尤其是每百名学生拥有教学用计算机数和生均教学仪器设备值实现了成倍增长。高等职业教育生均校舍建筑面积整体变化不大,生均图书册数小幅增长,生均教学仪器设备值大幅增长。相较而言,高等职业教育办学条件改善力度不如中等职业教育。全国八大综合经济区职业教育办学条件差异显著,东部沿海综合经济区中等职业教育办学条件各项指标均领先全国,而长江中游综合经济区、黄河中游综合经济区、大西南综合经济区和大西北综合经济区在中等职业教育上至少有三项办学条件相关指标落后于全国其他区域;东部沿海综合经济区和北部沿海综合经济区高等职业教育办学条件各项指标领先全国,长江中游综合经济区和大西南综合经济区在高等职业教育上大部分办学条件相关指标相较全国其他区域较为落后。

(四)职业教育师资队伍建设成效不够明显,师资结构仍需持续优化

2010—2018年近十年间,职业教育师资队伍尽管在数量上有所增长,但结构上仍需不断优化。各个区域中职教育的生师比均呈现不断下降的趋势,而高职教育的生师比变化不大。职业教育师资队伍虽在学历结构上实现了快速改善,但"双师型"教师比例的增长速度仍较为缓慢。此外,中职教育在专、兼职教师的合理聘任上、高职教育在教师职称结构的优化上收效甚微。全国八大综合经济区职业教育师资队伍建设成效差异显著,在中职教育师资队伍建设上,东部沿海

综合经济区和南部沿海综合经济区等经济发达的区域在师资队伍数量、结构上均领先全国,而大西南综合经济区、大西北综合经济区、黄河中游综合经济区、长江中游综合经济区等我国中西部地区师资数量匮乏,存在大量的兼职教师且师资队伍的学历结构、素质结构有待进一步优化;在高职教育师资队伍建设上,东部沿海综合经济区和东北综合经济区生师比领先全国,大西南综合经济区和大西北综合经济区高职的师资数量不足,同时"双师型"教师以及高级职称教师十分紧缺。

(五)中职区域服务能力不断减弱,高职区域服务能力提升不明显

2010—2018年近十年间,职业教育区域服务水平整体格局有所变化,具体表现为:中职教育区域服务能力不断减弱,全国各个区域每万平方公里中等职业学校数以及每十万人中等职业学校学生数在不断减少,经济发达的地区缩减速度明显快于经济欠发达的地区;高职教育区域服务能力有所提升,全国各个区域每万平方公里高等职业学校数以及每十万人高等职业学校学生数有所增加但增幅不大,经济发达的地区扩增速度明显快于经济欠发达的地区。全国八大综合经济区相比而言,北部沿海综合经济区、东部沿海综合经济区以及南部沿海综合经济区的中等职业学校分布较为密集,但是就读职业学校学生的比例较低,而大西北综合经济区、黄河中游综合经济区的中等职业学校分布较为稀疏,但是就读职业学校学生的比例较大;北部沿海综合经济区、东部沿海综合经济区的高等职业学校分布较为密集,选择就读高职院校的学生比例较大,大西北综合经济区高等职业学校分布较为稀疏,选择就读高职院校的学生比例较小。

(六)中职人才支撑作用不可替代,劳动力受教育年限延长

2010—2018年期间,中职毕业生流失率的逐年下降以及资格证书获得率的逐年上升表明中等职业教育有效保障了新生劳动力供给,人才培养成效不断凸显。同时,中等职业教育功能随着区域经济社会的发展逐渐转变:东部沿海经济发达地区中等职业教育就业导向功能逐步弱化,一方面,家长和学生对高学历和高技术技能水平的需求逐年增长,使得中职升学人数不断增加;另一方面,东部沿海几大综合经济区主要业态和朝阳产业逐步开始向高科技产业和高端制造业转变,对劳动力受教育年限延长和学历水平的提升需求增大。东部沿海几大综合经济区中职升学功能的强化表明中等职业教育作为普及高中阶段教育和建设中国特色职业教育体系的重要基础,在确保高等职业教育生源、保证学生多途径生涯发展和保障社会公平方面发挥了重要作用。而中西部几大综合经济区中等职业教育在继续发挥着精准服务区域发展需求方面的作用,包括积极招收初高中毕业未升学学生、退役军人、退役运动员、下岗职工、返乡农民工等接受中等职业教育;服务乡村振兴战略,为广大农村培养以新型职业农民为主体的农村实用人才;帮助部分学业困难学生按规定在职业学校完成义务教育,并接受部分职业技能学习。由此可以看出,中等职业教育在改善劳动力素质结构、提高劳动力人口学历层次、提高国民整体素质、增强国家综合竞争力等方面发挥了重要作用。

第三部分

热点调查报告

专题 1： 中国职业教育产教融合进展报告
——以《关于深化产教融合的若干意见》的政策实施为中心

一、 问题提出

产教融合、校企合作是职业教育研究领域的重点课题之一，更是国家职业教育改革发展的基本战略。在党的十九大提出"完善职业教育和培训体系，深化产教融合、校企合作"之后，国家出台了《关于深化产教融合的若干意见》。2019 年初，《国家职业教育改革实施方案》从国家战略高度规划职业教育的全面深化改革，重点提出了"促进产教融合，校企'双元'育人"的要求，"产教融合性企业""高水平专业化产教融合实训基地"等新型产教融合抓手应时而生。2019 年 10 月，《国家产教融合建设试点实施方案》勾画了职业教育产教融合的"新蓝图"与"施工图"，文件要求"试点布局建设 50 个左右产教融合型城市，在试点城市及其所在省域内打造一批区域特色鲜明的产教融合型行业，在全国建设培育 1 万家以上的产教融合型企业，建立产教融合型企业制度和组合式激励政策体系"。可以说，中国职业教育的产教融合站在了新的历史起点。然而，我国职业教育与产业仍是"两张皮"，"壁炉现象"十分突出，[①]严重限制了职业教育的内涵发展。新时代，随着经济社会转型，技术结构不断升级，产业结构持续变化，就业结构和职业教育供给结构也不断变革。因此，为全面了解中国职业教育产教融合的实施情况，课题组在全国范围内开展了实证调研，力求反映中国职业教育产教融合的新进展、新经验与新困难，提出"十四五"时期中国职业教育产教融合改革对策。

二、 文献回顾

自 1946 年美国职业协会发表《合作教育宣言》提出产教融合这一概念以来，产教融合的内涵经历了从一种人才培养模式，到一种合作关系，再到一种教育与生产交叉的制度三个阶段的演变。[②] 在官方的政策文本中，"产教结合"的概念在 1996 年的《中华人民共和国职业教育法》中以法规的形式呈现，其中第二十三条明确指出"要求职业教育实施产教结合，与企业密切联系，培养

---

① 王为民，俞启定.校企合作"壁炉现象"探究：马克思主义企业理论的视角[J].教育研究，2014，35(07)：54—62.
② 袁靖宇.职业教育：产教融合的历史观照与战略抉择[J].中国高教研究，2018(04)：55—57.

实用人才。"①在学术实践中,出现了两种常见的争鸣,一种观点认为产教融合就是校企合作;②另一种观点认为产教融合包括宏观层面的产业与教育的互动融合和微观层面的生产活动与教育教学活动的对接融合。③

在一些发达国家,职业教育产教融合实践取得了成功。德国的"双元制",④学校和企业两个教育主体都对学生负有教育任务,学校和工厂两者都是双元制教育的学习场所,学生根据学习内容在两个学习场所转换学习。⑤德国的各级政府部门、行会、商会、雇主、雇员都参与到了产教融合运行体系中。⑥美国的合作教育主要是以学校为主,学校负责招生,学院和企业共同制定合作教育计划,责权明晰。美国的技术准备教育(Tech-prep Education)、青年学徒制(Youth Apprenticeship)、校企契约(Business Education Compact,BEC)、赛扶(Students in Free Enterprise,SIFE)、先进性技术教育(Advanced Technological Education,ATE)都是重要的产教融合模式。⑦澳大利亚职业教育产教融合的成果主要依赖于行业企业的高度参与,澳大利亚的行业协会在确立国家职业教育和培训政策,制定不同行业培训包,以及在不同地区与继续教育学院和其他注册培训机构合作开设职业教育与培训课程等诸方面发挥着领导作用。⑧日本高等专门院校更加重视学生的职业技术教育,各学校之间组成"产学官"联合项目,合力解决其问题。⑨通过"学校职业教育、企业内职业培训、社会公共职业训练",构成日本国民职业教育体系。⑩可以说,国外的职业教育产教融合实践模式可以为中国改革提供经验借鉴。

我国职业教育在产教融合的实践探索中,逐渐形成了产教融合、引企入校、厂中校、集团办学、校办企业、企业办学六种模式,⑪传统的职业教育产教融合模式有订单式人才培养模式、工学

---

① 方绪军. 政策语境下职业教育产教融合的逻辑及启示[J]. 中国职业技术教育,2018(12):13—18.

② 孔宝根. 企业科技指导员制度:深化职业教育产教融合的新路径[J]. 教育发展研究,2015(03):59—64.

③ 周劲松,温宇. 区域职业教育产教结合的政策需求与机制创新[J]. 职业技术教育,2010,31(10):45—48.

④ Göhringer A. University of Cooperative Education — Karlsruhe:The Dual System of Higher Education in Germany [J]. Asia-Pacific Journal of Cooperative Education,2002,3(02):53-58.

⑤ Levesque K,Lauen D,Teitelbaum P,Alt M,Librera S,Associate M. Vocational Education in the United States:Toward the Year 2000 [J]. U. S. Department of Education Office of Educational Research and Improvement NCES 2000-029. 2000:2.

⑥ 李俊. 我国企业参与职业教育的困境及其突破——基于公共选择理论与劳动经济学的分析[J]. 教育发展研究,2015,35(03):52—58.

⑦ Bunzel,J. HChallenge to American School — The Case for Standards and Values [M]. New York & Oxford:Oxford University Press,1985:90.

⑧ 吉连·夏得威克. 行业在澳大利亚职业教育与培训体系中发挥的作用[J]. 职业技术教育,2003(36):31—32.

⑨ 寺田盛纪,闫智勇,陈素菊,朱丽佳. 日本职业教育面临的挑战——亚洲区域内国际比较视野中的研究[J]. 职业技术教育,2012,33(07):81—87.

⑩ Motohashi K,Muramatsu S. Examining the university industry collaboration policy in Japan:Patent analysis [J]. Technology in Society,2012,34(02):149-162.

⑪ 贺耀敏,丁建石. 职业教育十大热点问题[M]. 北京:中国人民大学出版社,2015:60—63.

交替人才培养模式、就业导向人才培养模式等。具体到学校,如浙江工贸职业技术学院搭建"学园城一体化"实践平台;甘肃林业职业技术学院"产教融合、校场合作"的专业建设模式;广西水利电力职业技术学院"双主体"合作办学;江西应用技术职业学院"校中厂"与"厂中校"机制;湖南化工职业技术学院"校中厂"产教融合平台。然而,职业教育产教融合受到学术研究、技术转移等多种因素影响,因而职业教育产教融合的运行也问题重重,任重而道远。具体表征为:一是缺乏法律法规的保障与规范。我国职业教育产教融合法律法规存在教育管理部门政策多、企业管理部门法规少、法律规则要素不完整、法规缺乏可操作性等问题;① 《职业教育法》不具有跨界性质,因此也就很难作出具有跨界性质的条款规定,会出现对产教融合内容涵盖不全面、对企业权利及义务规定不清楚、对企业不履行义务的法律后果规定不明确等问题;② 对于企业责、权的规定不明,对学生权益保障的规定不明,而且缺少规范的产教融合协议体例、缺少惩罚条款等。③ 二是我国职业教育产教融合管理体制框架不完善。④ 政府是职业教育制度顶层设计和发展环境优化的责任者和主导者,⑤ 但是不应只由政府部门说了算,而是应由政府、行业(部门)、工会、社会组织、职业院校或培训机构、企业等共同治理。我国尚未建立专门的协调机构负责设计、监督、考核和推行产教融合,产教融合更多是靠"关系和信誉"建立起来的;⑥ 各级政府没有建立专门的产教融合组织协调机构,造成对产教融合政策的分散管理、分散执行,导致产教融合政策落实不到位和执行乏力;⑦ 缺少统一管理机构对产教融合项目的运行过程进行监管,职业教育校企双方的合作仍处于民间活动状态。⑧ 三是我国职业教育产教融合监督和评估机制还不健全,甚至是缺失的,这严重影响了产教融合人才培养的质量。缺乏评估的法制约束,导致校企双方参与评估的动力和积极性不足,缺少行业部门参与考核的机制以及缺少第三方评价机构对产教融合过程进行监管。⑨

产教融合的成效取决于教育与产业在结合点合作的广度、深度和力度。促进产教融合,要走出产教融合的认识误区,健全产教融合的体制机制,创新合作模式,深化合作内容,借鉴国外经验。具体而言:一是依法推进,确保产教融合机制的权威性。通过确立规范合作导向,促进产教

① 米靖,田蕾.职业教育校企合作立法研究综述[J].职教通讯,2011(15):23—29.
② 和震.推动产教融合制度创新 建立现代职业教育治理体系[J].中国职业技术教育,2014(21):138—142.
③ 尚帅利.职业教育校企合作立法研究[D].咸阳:西北农林科技大学,2012:14—20.
④ 周劲松,温宇.区域职业教育产教结合的政策需求与机制创新[J].职业技术教育,2010,31(10):45—48.
⑤ 和震.职业教育校企合作中的问题与促进政策分析[J].中国高教研究,2013(04):90—93.
⑥ 张翠玲,孔巧丽.职业教育校企合作政策的国际比较及理性检讨[J].中国职业技术教育,2012(24):92—94.
⑦ 程琳.基于企业视域的校企合作政策环境研究[J].职教论坛,2013(32):57—59.
⑧ 徐涵,周乐瑞,孙珊珊.改革开放以来我国职教校企合作政策的回顾与思考[J].职教论坛,2013(31):11—16.
⑨ 张翠玲,孔巧丽.职业教育校企合作政策的国际比较及理性检讨[J].中国职业技术教育,2012(24):92—94.

融合有序发展;清晰界定合作边界,为一线实践提供政策依据。① 二是转变政府扶持方式,发挥政府的引导协调作用。国家应从教育、经济、劳动三个领域修改现有法律和新增相关的法律,为完善国家职业教育产教融合制度提供宏观性法律框架。三是激发行业、企业参与积极性。建立各行业的专门指导委员会,对社会岗位进行预测,并参与学校的专业设置与教学模式等重大问题的决策。② 四是系统设计,多方联动确保产教融合机制的有效性。促进"学校——产业——政府"③、"职业院校——职业教育——产业"之间的融合④。形成国家、省、市三级支持产教融合的政策体系,在每一级产教融合政策中必须明确各方职责和操作程序;⑤建立实习企业标准,制定学校实习计划、各专业实习标准、各专业教学标准、产教融合合同。五是强化绩效评估,以评价促进产教融合的有效性。建立职业院校产教融合教学运行机制和评估机制,⑥实行准入和退出机制,建立责任分担机制、激励机制和监督评价机制,实行考核与奖补并举。⑦ 六是建立信息资源平台,提高资源共享深化合作,⑧灵活运用用户思维、社会化思维、平台思维、跨界思维。⑨ 收集行业发展需求信息,为国家制定产教融合政策提供决策依据。七是加大产教融合后院校的经费投入,加大对产教融合的资助,尤其是对学校学术研究的资助⑩。

　　"历史从来都不是孤立的、独立的、不相联的或静止的,它总是辩证地与现在联系在一起。"因此,对既往研究的回顾能够让当下研究"站在前人的肩上"。文献研究和分析发现:第一,文献研究的基本共识。既往研究至少达成了三个方面的共识:一是当前及未来很长时间内,产教融合都将是职业教育研究关注的热点。产教融合反映了职业教育的本质要求,可以预见,随着"职教二十条"的实施,当前及未来很长时间内,与产教融合相关的领域或话题都将是我国职业教育研究的重点。二是产业、行业及其发展将成为职业院校改革与发展的核心领域。从国外经验来看,行业组织在职业资格标准制订、技能等级标准制订,产教融合的评估、考核、认证等各环节具有实际

① Edward Akomaning, Joke M. Voogt, Jules M, Pieters. Internship in vocational education and training: stakeholders' perceptions of its organisation [J]. Journal of Vocational Education & Training, 2011,63(04): 575 - 592.

② Tsukamto K. The Interconnection between Australian International Education Industry and Its Skilled Migration Programs [J]. Education Across Borders, 2009: 49 - 60.

③ Foster P. The Vocational School Fallacy Revisited: Education, Aspiration and Work in Ghana 1959 - 2000 [J]. International Journal of Educational Development, 2002,22(01): 27 - 28.

④ Shegelman I, Shchukin P, Vasilev A. Integration of Universities and Industrial Enterprises as a Factor of Higher Vocational Education Development [J]. Procedia — Social and Behavioral Sciences, 2015(214): 112 - 118.

⑤ 程琳. 基于企业视域的校企合作政策环境研究[J]. 职教论坛,2013(32): 57—59.

⑥ 陈钢,郑致裕. 职业教育校企合作办学可持续发展的政策和制度保障研究[J]. 教育与职业,2011(36): 9—11.

⑦ 李梦卿,张碧竹. 我国校企合作办学制度的回顾与思考[J]. 职业技术教育,2011(25): 11—15.

⑧ Edward Akomaning, Joke M. Voogt, Jules M, Pieters. Internship in vocational education and training: stakeholders' perceptions of its organisation [J]. Journal of Vocational Education & Training, 2011,63(04): 575 - 592.

⑨ 孔原. 基于互联网思维的产教融合模式创新与实践[J]. 职教论坛,2015(08): 62—65.

⑩ Lundberg J, Tomson G, Lundkvist I, et al. Collaboration uncovered: Exploring the adequacy of measuring university-industry collaboration through co-authorship and funding [J]. Scientometrics, 2006,69(03): 575 - 589.

的权威。三是我国职业教育产教融合的实践问题突出,产教融合的模式亟需转型和深化改革。尽管中国职业教育产教融合已取得了一定的成就,但是问题更为突出。因此,职业教育产教融合需要做好新的"方向定位"、"问题摸底"与"深化改革"。

第二,既往研究的几点不足。既往的研究取得了巨大的成功,但是也存在着以下几个方面的不足:一是职业教育校企合作研究多,产教融合研究相对较少;二是在相关职业教育院校产教融合的研究当中,没有系统、深入的实证研究;三是研究方法局限,缺乏量化和质化相结合的研究方式;四是许多研究认为职业教育院校的发展应遵循产业发展的方向,很少考虑职业教育院校的发展应对经济产业具有引领作用;五是既往的研究以中东部发达地区的案例为主,欠发达地区的极少,不能因地制宜解决欠发达地区的问题。

第三,未来研究的改进空间。从文献研究的共识、问题出发,结合新时代经济社会发展,技术结构不断升级,产业结构不断变化,社会就业结构和职业教育的供给结构之间的矛盾,未来职业教育产教融合必须解决以下三个问题:一是新时代职业教育产教融合的新要求、新方向是什么?二是在技术升级、产业转型、就业结构和教育供给结构之间失衡的背景下,职业教育产教融合的新问题、新趋势是什么?三是新时代职业教育产教融合的新思路、新战略是什么?面对职业教育产教融合的新要求、新问题探索,如何推进新时代职业教育产教融合深化改革。

三、 调研设计

(一)调研目标与主要任务

产教关系是人类教育史上常议常新的问题之一。从马克思"教育与生产相结合"开始,经过早期的产教结合,如今产教融合已成为新时代的新课题,更是国家职业教育改革发展的基本战略。尽管职业教育产教融合已经有了数十年的理论研究与实践探索,但职业教育产教融合的改革任务依旧任重而道远。因此,此次调研拟掌握《国家中长期教育改革和发展规划纲要(2010—2020年)》实施以来,职业教育产教融合改革的新进展。

具体的目标任务有五个:一是从国家宏观数据和大样本抽样反映职业教育产教融合在发展格局规划、企业主体作用、产教协同育人、产教供需对接、政策支持体系方面的政策重视程度、实施进展与改革成效;二是基于实地考察和网络文献资料,收集中国职业教育产教融合改革实践的典型案例、先进经验;三是通过深度访谈、电话访谈等方式,从"点"的层面深入了解职业教育产教融合改革实践的实际进展、重要成效、现实困难与改革诉求;四是基于多元数据、案例分析解剖职业教育产教融合改革的问题与困难;五是着眼于职业教育产教融合的未来改革和现实问题,提出从国家到院校的相应改革对策。

(二) 调研内容与指标框架

此次调研采用量化调研与质性分析相结合的调研技术路线。首先,课题组充分借鉴华东师范大学《行业高职院校校企合作现状调查》①、哈尔滨工业大学《产学研合作培养创新人才的培养效果影响研究调查》②、武汉理工大学《产学研合作调查问卷》③、中国地质大学《湖北省产学研合作运行机制及合作绩效调研问卷》④等成熟的职业教育产教融合调研指标设计体系,初步建立了中国职业教育产教融合调研的内容框架。其次,为保证调研的可操作性,切实坚持"独立、客观、公正、问题导向"的原则,课题组充分研究职业教育产教融合的政策文本,删去不易获得真实数据和难以把握的调研指标,重点量化调研《纲要》实施以来,《关于深化产教融合的若干意见》《国家职业教育改革实施方案》和《国家产教融合建设试点实施方案》中关于职业教育产教融合的政策机制、经费投入、办学条件、师资队伍等方面的落实情况。调研内容体系框架如表 3 - 1 - 1 所示:

表 3 - 1 - 1　职业教育产教融合调研内容框架

序号	工作任务	主 要 内 容
1	构建教育和产业统筹融合发展格局	同步规划产教融合与经济社会发展。
2		统筹职业教育与区域发展布局。
3		促进高等教育融入国家创新体系和新型城镇化建设。
4		推动学科专业建设与产业转型升级相适应。建立紧密对接产业链、创新链的学科专业体系。加快推进新工科建设。
5	强化企业重要主体作用	健全需求导向的人才培养结构调整机制。严格实行专业预警和退出机制。
6		鼓励企业以独资、合资、合作等方式依法参与举办职业教育、高等教育。坚持准入条件透明化、审批范围最小化,细化标准、简化流程、优化服务,改进办学准入条件和审批环节。
7		鼓励有条件的地区探索推进职业学校股份制、混合所有制改革,允许企业以资本、技术、管理等要素依法参与办学并享有相应权利。
8		深化"引企入教"改革,促进企业需求融入人才培养环节。
9		健全学生到企业实习实训制度,推进实习实训规范化。

---

① 兰小云.行业高职院校校企合作机制研究[D].上海:华东师范大学,2013:201—203.
② 初国刚.产学研合作创新型人才培养模式和机制研究[D].哈尔滨:哈尔滨工程大学,2018:154—155.
③ 李梅芳.产学研合作成效研究[D].武汉:武汉理工大学,2011:200.
④ 付俊超.产学研合作运行机制与绩效评价研究[D].武汉:中国地质大学,2013:113—115.

序号	工作任务	主 要 内 容
10		引导高校将企业生产一线实际需求作为工程技术研究选题的重要来源。高校、科研机构牵头申请的应用型、工程技术研究项目原则上应有行业企业参与并制订成果转化方案。完善高校科研后评价体系,将成果转化作为项目和人才评价的重要内容。
11		继续加强企业技术中心和高校技术创新平台建设,鼓励企业和高校共建产业技术实验室、中试和工程化基地。利用产业投资基金支持高校创新成果和核心技术产业化。
12		强化企业职工在岗教育培训。
13		鼓励区域、行业骨干企业联合职业学校、高等学校共同组建产教融合集团(联盟),带动中小企业参与,推进实体化运作。
14		注重发挥国有企业特别是中央企业示范带头作用,支持各类企业依法参与校企合作。
15		结合推进国有企业改革,支持有条件的国有企业继续办好做强职业学校。
16	推进产教融合人才培养改革	将工匠精神培育融入基础教育。深化全日制职业学校办学体制改革,在技术性、实践性较强的专业,全面推行现代学徒制和企业新型学徒制。
17		健全高等教育学术人才和应用人才分类培养体系,提高应用型人才培养比重。
18		加强产教融合师资队伍建设。支持企业技术和管理人才到学校任教,鼓励有条件的地方探索产业教师(导师)特设岗位计划。
19		适度提高高等学校招收职业教育毕业生比例,建立复合型、创新型技术技能人才系统培养制度。逐步提高高等学校招收有工作实践经历人员的比例。
20		加快学校治理结构改革。创新教育培训服务供给。
21	促进产教供需双向对接	强化行业协调指导。规范发展市场服务组织。打造信息服务平台。健全社会第三方评价。
22		实施产教融合发展工程。
23	完善政策支持体系	落实财税用地等政策。
24		强化金融支持。
25		开展产教融合建设试点。
26		加强国际交流合作。

(三)调研方法与数据来源

为了全面、深刻而有效地掌握中国职业教育产教融合改革的实施进展,本研究在实证研究的规范之下,采用量化研究与质性研究相结合的技术路线,综合运用文献法、问卷调查法、访谈法、案例研究法等方式收集研究数据,同时结合政策分析法、文本分析法和相关的数据统计分析方法,分析中国职业教育产教融合的新进展、新经验与新困难。

在数据来源上,宏观调研数据来源主要包括《中国教育统计年鉴》(2010—2019 年)、《全国教育事业发展统计公报》(2010—2019 年)、《中国教育经费统计年鉴》(2010—2017 年)等文献。微观数据则来自 2020 年的实地调研。首先,课题组以调研目标与调研内容体系为基础,编制了职业教育产教融合的调研问卷与访谈提纲。在此基础上,课题组综合运用德尔菲法、探索性因素分析、验证性因素分析等方法,修正了调研问卷,获得了信度 $\alpha > 0.7$,效度良好的调研工具。随后,采用随机抽样的办法,在全国 31 个省份实施问卷调查,按照每个区县至少 3 所职业技术学校(其中,中职至少 1 所,高职至少 1 所),校内分层抽样的法则(每所学校领导管理者 1—3 人,专职教师 3—5名)进行取样。取样的结果如表 3-1-2 所示。

表 3-1-2 抽样结果

抽样维度	维度分类		抽样人数(人)	人数比例(%)
学校类型	中职		3 822	74.4
	高职		1 312	25.6
学校级别	中职	国家示范/重点	1 774	34.6
		省重点	1 128	22.0
		市重点	266	5.2
		其他	654	12.7
	高职	"双高计划"学校	270	5.3
		"双高计划"专业群	408	7.9
		省级双高校	106	2.1
		尚未进入省级双高	528	10.3
办学形式	国家公办		4 611	89.8
	行业办学		126	2.5
	民办		219	4.3
	混合所有制		178	3.5
所在省份	安徽		30	0.6
	北京		34	0.7
	重庆		159	3.1
	福建		41	0.8
	甘肃		257	5.0
	广东		373	7.3
	广西		166	3.2

抽样维度	维度分类	抽样人数（人）	人数比例（%）
	贵州	598	11.6
	海南	781	15.2
	河北	117	2.3
	河南	239	4.7
	黑龙江	48	0.9
	湖北	24	0.5
	湖南	22	0.4
	吉林	38	0.7
	江苏	203	4.0
	江西	33	0.6
	辽宁	10	0.2
	内蒙古	20	0.4
	宁夏	82	1.6
	青海	327	6.4
	山东	133	2.6
	山西	80	1.6
	陕西	13	0.3
	上海	19	0.4
	四川	367	7.1
	天津	15	0.3
	西藏	258	5.0
	新疆	332	6.5
	云南	79	1.5
	浙江	236	4.6

　　访谈调研的对象为部分省份教育行政部门管理人员3人、中职高职校长10人,中职高职教师18人,校企合作企业代表6人。典型案例主要来自于全国31个省(市、自治区)在职业教育产教融合改革方面的主要措施和典型经验。在每个省(市、自治区)抽取最典型、最成功的区县2—3个,综合调研比较与详细推介相结合,调研并推广成功经验。

四、结果与讨论

（一）新进展

数据分析发现，中国职业教育产教融合在过去几年取得了突飞猛进的成效，特别是在发展格局规划、企业主体作用、产教协同育人、校企供需对接和政策支持体系方面成就显著。

1."构建教育和产业统筹融合发展格局"成效显著

过去几年，国家和地方采取多种措施，推进职业教育和产业统筹融合发展，取得了不错的成效。**一是从中央到地方，各级政府全面规划产教融合的新格局。**国家教育部联合相关部委确定了天津、上海、深圳等21个首批产教融合的城市，[①]遴选了国家电网冀北电力有限公司、上海医药(集团)有限公司等24家先期重点建设培育的产教融合型企业。各省份也在孵化区域内的产教融合型企业。吉林初选了25家企业，浙江初选了107家企业。**二是职业教育产教融合的平台与基础不断强化。**"十三五"期间，全国部分地区也相继启动实施职业教育产教融合工程规划项目。国家投入50亿元支持100所左右高职院校深化产教融合、校企合作，全面增强职业教育服务经济社会发展能力。[②] **三是学校与产业之间互动密切，集团化办学持续深入。**全国成立各类职教集团约1 406个，[③]其中，企业参与数量为24 369个，约占成员单位的67.80%；行业协会1 745个，约占成员单位的4.86%；中职院校5 491个，约占成员单位的12.77%；高职院校1 236个，约占成员单位的3.44%；本科院校531个，约占成员单位的1.48%；政府部门1 698个，约占成员单位的4.72%；科研机构670个，约占成员单位的1.86%。**四是对外开放形式更加多样化，服务面不断扩大。**职业教育产教融合在"一带一路"周边国家的职业教育合作中，以各种形式服务"走出去"的企业。目前，我国已经与30多个国家、10多个国际组织开展了交流合作。[④] 由天津渤海职业技术学院在泰国大城技术学院建立的"鲁班工坊"已经接待了泰国、马来西亚、印度等国近500名教师、学生学习实训。哈尔滨铁道职业技术学院以中铁及旗下46家集团海外工程项目为平台，为中铁培训海外工程项目提供管理及技术人才500余人。

全国31个省份的抽样数据显示，中国职业教育产教融合在"构建教育和产业统筹融合发展局"方面成效显著。首先，各级政府、相关院校对"构建教育和产业统筹融合发展格局"非常重视。

---

① 首批产教融合型城市的名单是：天津市、河北省、辽宁省、上海市、江苏省、浙江省、安徽省、福建省、江西省、山东省、河南省、湖北省、湖南省、广东省、广西壮族自治区、四川省、陕西省、新疆维吾尔自治区、宁波市、青岛市、深圳市。

② 周晶,岳金凤.十八大以来中国特色现代职业教育深化产教融合校企合作报告[J].职业技术教育,2017,38(24)：45—52.

③ 王扬南,刘宝民.中国中等职业教育质量年度报告2018[M].北京：高等教育出版社,2018：59—60.

④ 其中,与德国、英国、荷兰、澳大利亚等国签署了职业教育协议(备忘录),与联合国教科文、联合国儿基会、亚洲开发银行、世界银行等国际组织开展了密切合作。

数据分析发现,在"同步规划产教融合与经济发展"、"统筹职业教育与区域发展"、"促进专业与产业链"和"实施人才培养专业预警"方面政策的重视程度上,达到"非常好"的比例分别为40.4%、39.8%、40.6%和40.1%;在"一般重视"水平之上的比例分别为81.8%、81.8%、81.7%和81.7%。具体情况如图3-1-1所示。

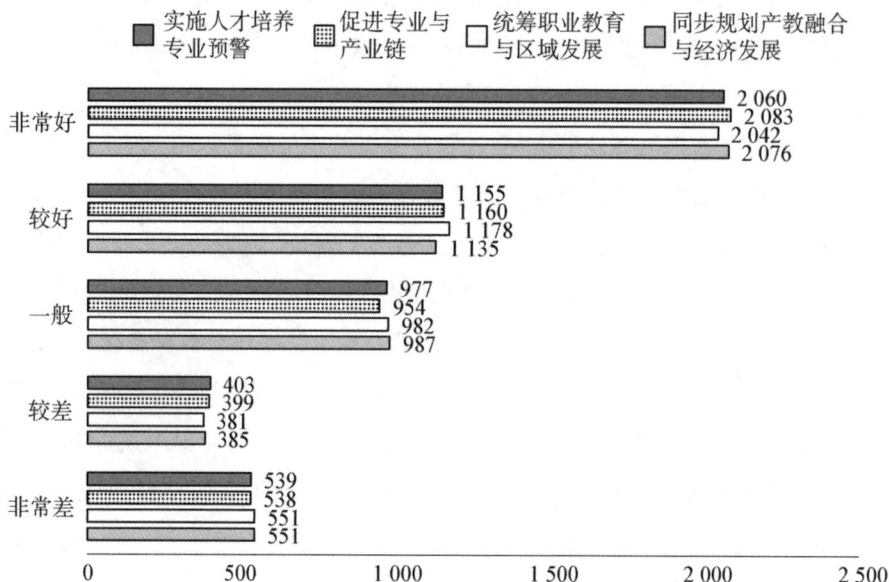

图 3-1-1 "构建教育和产业统筹融合发展格局"的重视程度

在实施进展方面,"同步规划产教融合与经济发展"、"统筹职业教育与区域发展"、"促进专业与产业链"和"实施人才培养专业预警"的落实情况上,落实得"非常好"的比例分别为30.4%、30.3%、29.9%和30.6%;在"一般好"及其以上水平的比例,分别为80.6%、80.2%、80.2%和80.7%。具体的五级量表抽样结果如图3-1-2所示。

在改革成效方面,"同步规划产教融合与经济发展"、"统筹职业教育与区域发展"、"促进专业与产业链"和"实施人才培养专业预警"上,改革"非常好"的比例分别为29.9%、30.0%、29.6%和30.2%;在"一般好"及其以上水平的比例,分别为79.6%、79.8%、79.6%和80.1%。具体的五级量表抽样结果如图3-1-3所示。

2."强化企业主体作用"效果明显,企业参与更加深入

企业是职业教育产教融合的重要主体,企业如何参与职业教育的改革与发展决定了产教融合的成败。过去几年,中国职业教育产教融合得力于企业的积极参与,校企合作深度增加,"强化企业主体作用"效果明显。**一是校企合作的规模持续增长。**抽样数据显示,参与产教融合工作的企业总量至少达到了1 155家,平均每个省(市、自治区)有将近40个企业参与了职业教育产教融合工作,其中超过30家企业的有10个省,最多的是江苏省,达到413家;而最少的是海南和西藏,

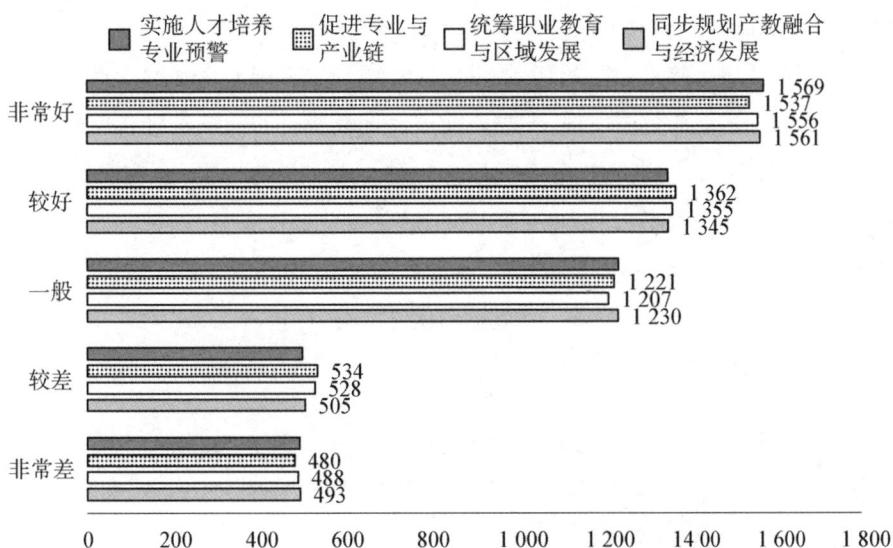

图例：■ 实施人才培养专业预警　　▦ 促进专业与产业链　　□ 统筹职业教育与区域发展　　▨ 同步规划产教融合与经济发展

非常好：1 569 / 1 537 / 1 556 / 1 561
较好：1 362 / 1 355 / 1 345
一般：1 221 / 1 207 / 1 230
较差：534 / 528 / 505
非常差：480 / 488 / 493

图3-1-2 "构建教育和产业统筹融合发展格局"的落实进展

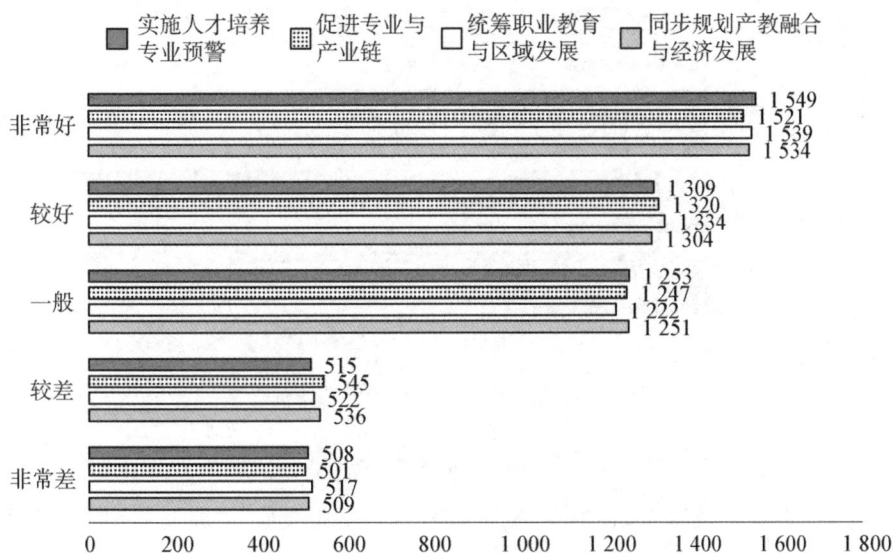

图例：■ 实施人才培养专业预警　　▦ 促进专业与产业链　　□ 统筹职业教育与区域发展　　▨ 同步规划产教融合与经济发展

非常好：1 549 / 1 521 / 1 539 / 1 534
较好：1 309 / 1 320 / 1 334 / 1 304
一般：1 253 / 1 247 / 1 222 / 1 251
较差：515 / 545 / 522 / 536
非常差：508 / 501 / 517 / 509

图3-1-3 "构建教育和产业统筹融合发展格局"的改革成效

均只有 1 家。**二是企业参与职业教育的意愿不断增强。**调研发现，选择"非常愿意"和"比较愿意"参与校企合作的企业占 97.96%，"不太愿意"的企业占 1.86%，只有 0.18% 的企业选择"非常不愿意"参与校企合作。[①] 企业对高职院校的投入达到平均每所学校约 300 万元，其中，有 27 所院校得到企业提供的校内实践教学设备超过了 2 000 万元。**三是参与校企合作的企业质量显著提**

---

① 李克. 企业对产教融合的认知、需求、满意度及政策建议研究——基于吉林省 538 份企业调查问卷的分析[J]. 现代教育管理，2019(03)：96—100.

高。世界财富500强的西门子公司、京东集团、奔驰公司等,还有其他一些有实力的企业也积极参与职业教育、执行产教融合政策,其中上市公司或全球/全国500强的企业约占22%。

从全国31个省份的抽样数据发现,中国职业教育产教融合的政策实施在"强化企业主体作用"效果明显。在重视程度上,各地在落实"职业教育办学模式改革"、"职业院校学生企业实习制度"、"校企共建产教融合实践平台"、"企业职工培训"、"校企合作联盟"以及"发挥国有企业带头作用"改革政策的重视程度上,做到"非常好"的比例分别为34.0%、45.1%、37.8%、40.0%、38.7%和36.2%。在"一般重视"及其水平以上的比例依次为76.3%、74.4%、82.8%、79.1%、81.2%和78.8%。具体情况如图3-1-4所示。

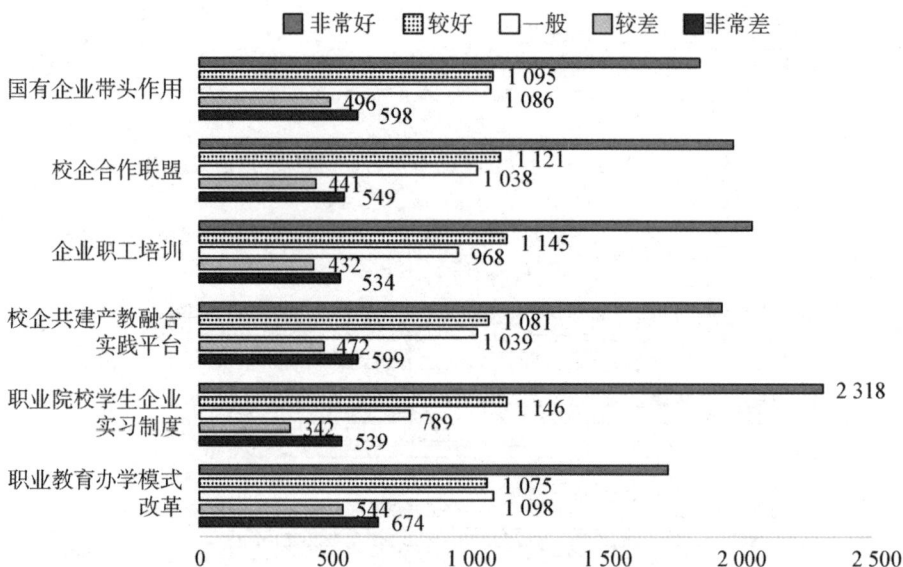

图3-1-4 "强化企业主体作用"的重视程度

从全国31个省份的抽样数据发现,中国职业教育产教融合的政策实施在"强化企业主体作用"上效果明显。在落实进度上,各地在"职业教育办学模式改革"、"职业院校学生企业实习制度"、"校企共建产教融合实践平台"、"企业职工培训"、"校企合作联盟"以及"发挥国有企业带头作用"改革政策的落实进度上,做到"非常好"的比例分别为26.8%、35.3%、28.0%、30.8%、29.1%和27.9%。在"一般好"及其水平以上的比例依次为74.4%、82.2%、77.4%、79.8%、78.5%和76.5%。具体情况如图3-1-5所示。

从全国31个省份的抽样数据发现,中国职业教育产教融合的政策实施在"强化企业主体作用"效果明显。在改革成效上,各地在落实"职业教育办学模式改革"、"职业院校学生企业实习制度"、"校企共建产教融合实践平台"、"企业职工培训"、"校企合作联盟"以及"发挥国有企业带头作用"改革政策的改革成效上,做到"非常好"的比例分别为26.6%、34.6%、28.4%、30.7%、28.9%和27.9%。在"一般好"及其水平以上的比例依次为73.5%、81.6%、76.5%、78.7%、

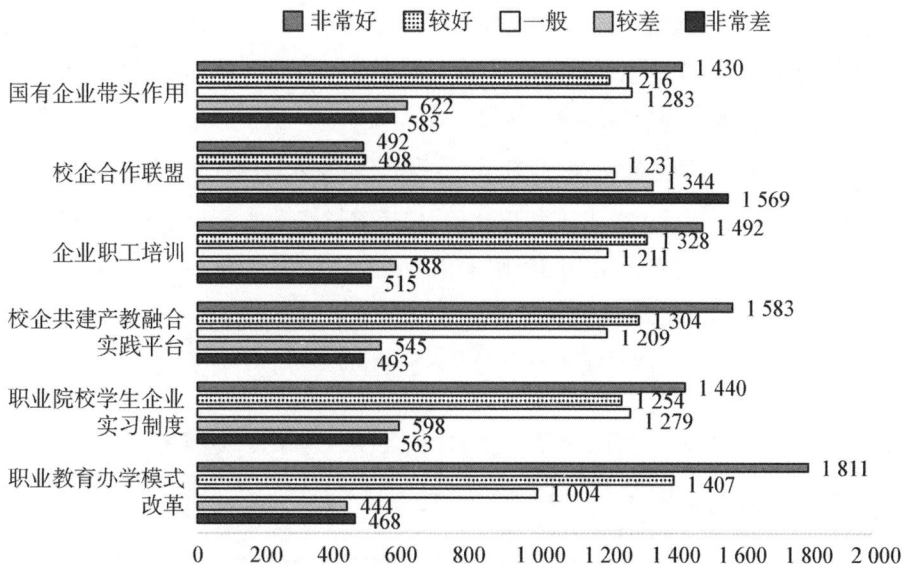

図3-1-5 "强化企业主体作用"的落实进展

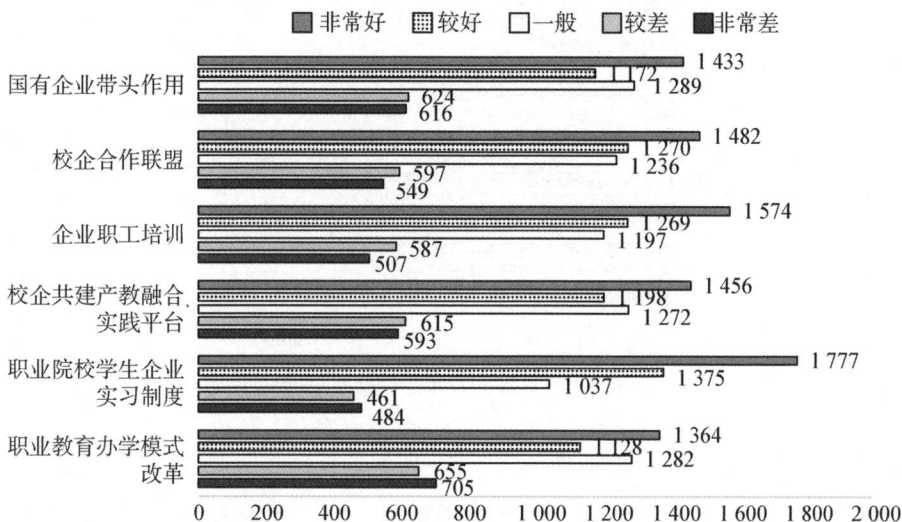

图3-1-6 "强化企业主体作用"的改革成效

77.7%和75.8%。具体情况如图3-1-6所示。

3."产教融合人才培养改革",协同育人模式不断创新

产教协同育人是职业教育产教融合的目标与归宿,也是校企合作的核心任务之一。过去几年,职业教育在"产教融合人才培养改革"方面取得了显著的成效,协同育人模式不断创新。**一是现代学徒制试点逐渐扩大。**从2015年首批现代学徒制试点单位确立以来,2017年和2018年又遴选了第二、第三批试点单位,如今共有20个地市区、17个企业、410所高职、94所中职和8个行业协会作为现代学徒制的试点单位。**二是校企合作育人成效显著。**其中联合学校开办订单班、

开展现代学徒制、成立企业冠名学院、成立混合所有制学院的企业占所有企业的比例大约有70％,其中企业参与的现代学徒制已经进入了644所学校[①],参与学校专业建设、课程建设、教材建设或者师资队伍建设的企业比例将近70％。

从抽样数据分析发现,职业教育在"产教融合人才培养改革"方面改革力度颇大。在"现代学徒制"、"产教融合教师团队"、"企业人才到校任教"、"技术技能人才培养体系"、"高校招生倾斜"和"治理结构改革"方面的重视程度上,达到"非常好"的比例分别为41.6％、41.7％、39.0％、38.7％、38.4％和39.6％。在"一般好"及其水平以上的比例依次为81.9％、82.4％、80.7％、81.3％、80.8％和81.1％。具体情况如图3-1-7所示。

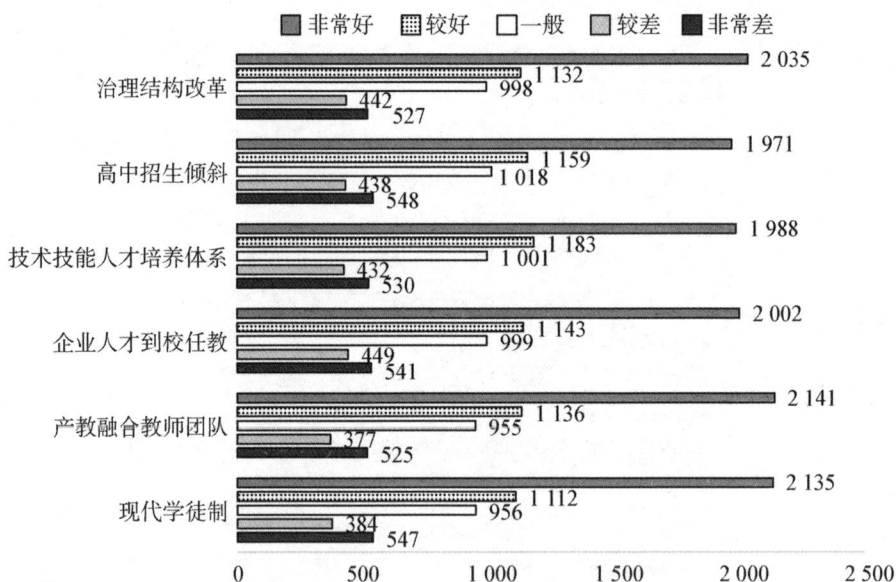

图3-1-7 "产教融合人才培养改革"的重视程度

在"现代学徒制"、"产教融合教师团队"、"企业人才到校任教"、"技术技能人才培养体系"、"高校招生倾斜"和"治理结构改革"方面的落实进展,达到"非常好"的比例分别为31.3％、30.7％、28.5％、28.7％、28.7％和29.4％。在"一般好"及其水平以上的比例依次为79.9％、80.6％、78.0％、78.6％、78.6％和79.1％。具体情况如图3-1-8所示。

在"现代学徒制"、"产教融合教师团队"、"企业人才到校任教"、"技术技能人才培养体系"、"高校招生倾斜"和"治理结构改革"方面的改革成效,达到"非常好"的比例分别为31.0％、30.7％、28.5％、28.7％、28.1％和29.1％。在"一般好"及其水平以上的比例依次为79.1％、79.8％、77.0％、77.9％、77.6％和78.5％。具体情况如图3-1-9所示。

---

① 曹珍,罗汝珍.职业教育产教融合政策的执行成效研究——基于2019年企业参与职业教育的质量年报分析[J].成人教育,2020(03):54—60.

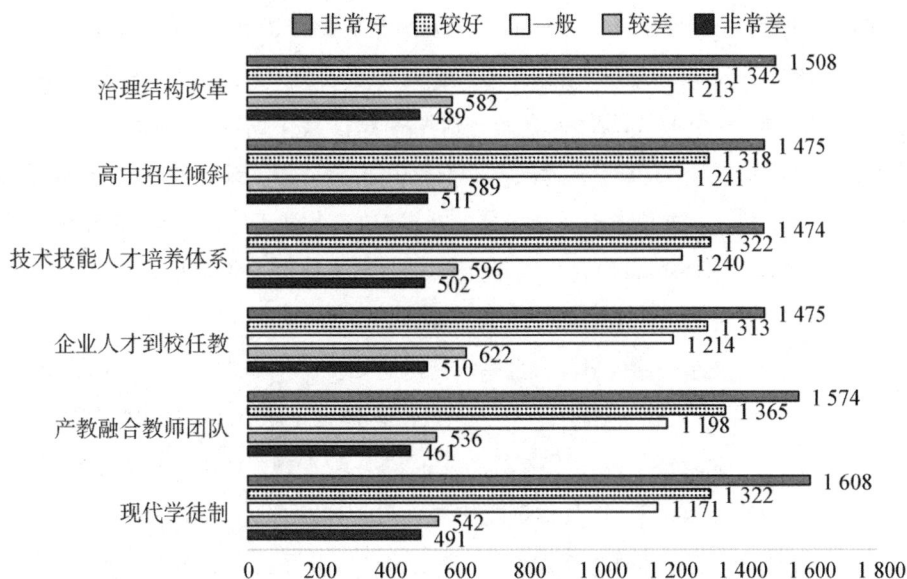

图 3-1-8 "产教融合人才培养改革"的落实进展

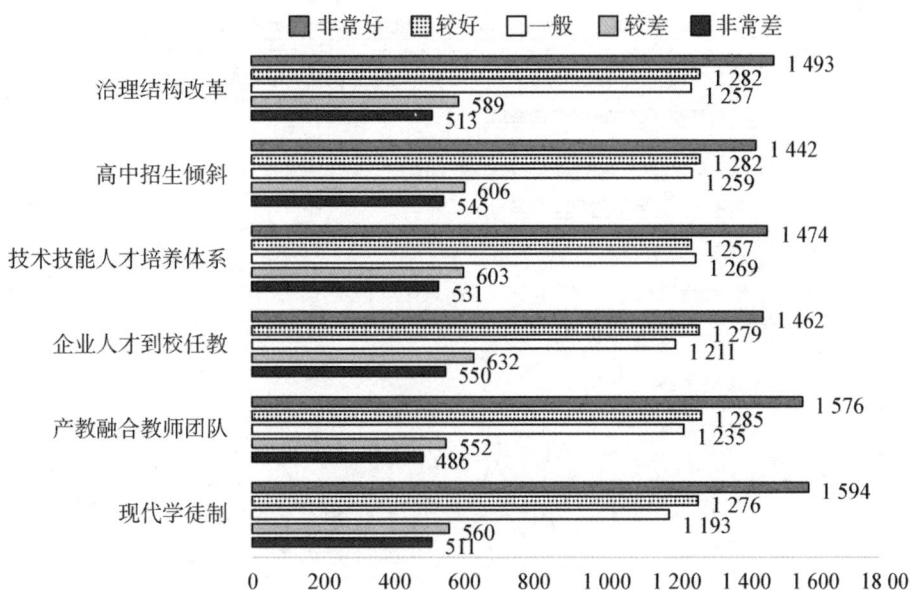

图 3-1-9 "产教融合人才培养改革"的改革成效

4."促进产教供需双向对接",产教融合渠道不断优化

职业教育产教融合是产业系统和教育系统之间的合作,双方同为需求侧和供给侧。因此"促进产教供需双向对接"是职业教育产教融合的关键任务。过去几年,经过多项政策改革,职业教育产教融合渠道不断优化,"促进产教供需双向对接"的成效十分显著。**一是行业参与越来越深入**。行业的参与程度愈发深入,56个行业职业教育教学指导委员会汇聚了3 000余名专家,覆盖

了 95％的中职专业,60 个行业发布了人才需求报告与专业设置指导报告①。**二是职业院校的社会服务能力越来越强。**高职院校横向技术服务经济效益超过 1 000 万元的高职院校多达 150 所,社会服务 50 强的高职在横向技术服务、纵向科研服务和社会培训 3 项指标的中位数分别增长 110％、26％和 22％②。中职方面,100 所国家示范校中有 82％的学校开展了应用技术研究,67％的学校申请获得了专利;有 79 所学校成立了技术开发中心、名师工作室、技术研究所等技术服务机构,开展了 286 个应用技术项目研究,163 项企业联合开展技术攻关项目③。另外,全国职教系统还成立了职业院校民族文化传承与创新示范专业点 162 个④⑤。

全国 31 省份的抽样数据显示,职业教育系统与产业系统的供需之间,在"行业协调指导"、"规范市场范围组织"、"优化信息服务平台"和"第三方评价"方面的改革颇受重视,其中"非常重视"的比例分别为 38.1％、36.8％、41.1％和 38.9％;在"一般重视"及其水平以上的比例依次为 80.9％、80.5％、82.0％和 80.8％。具体情况如图 3-1-10 所示。

在"行业协调指导"、"规范市场范围组织"、"优化信息服务平台"和"第三方评价"方面的改革

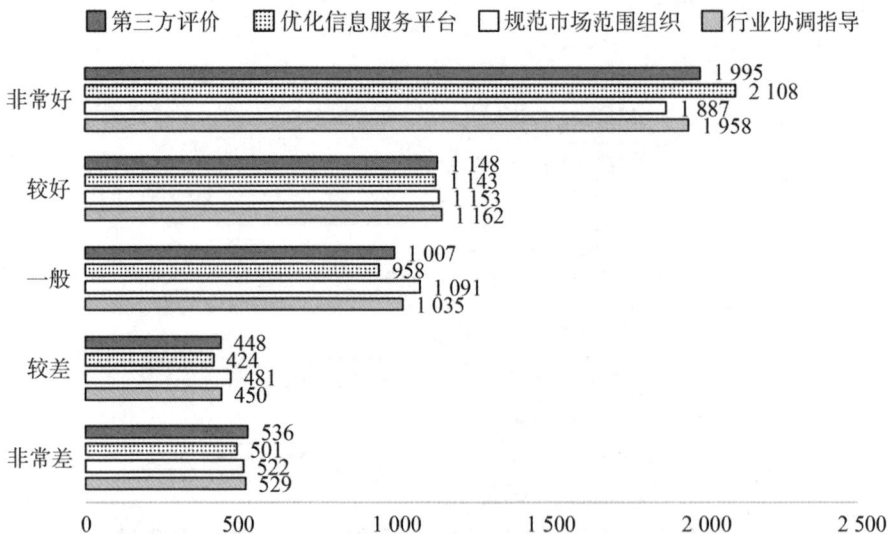

图 3-1-10 "促进产教供需双向对接"的重视程度

① 王扬南,刘宝民.中国中等职业教育质量年度报告 2018[M].北京:高等教育出版社,2018:59—60.
② 上海市教育科学研究院,麦可思研究院.2016 中国高等职业教育质量年度报告[M].北京:高等教育出版社,2019:3.
③ 王扬南,刘宝民.中国中等职业教育质量年度报告 2018[M].北京:高等教育出版社,2018:84.
④ 中华人民共和国中央人民政府.首批全国职业院校民族文化传承与创新示范专业点确定[EB/OL].(2013-05-07)[2020-04-25].http://www.gov.cn/jrzg/2013-05/07/content_2397614.htm.
⑤ 教育部.教育部办公厅 文化部办公厅国家民委办公厅关于公布第二批全国职业院校民族文化传承与创新示范专业点名单的通知[EB/OL].(2016-07-08)[2020-04-25].http://www.moe.gov.cn/srcsite/A07/s7055/201607/t20160715_271935.html.

进展突出,其中"非常好"的比例分别为 29.0%、28.1%、31.0%和 19.3%;在"一般好"及其水平以上的比例依次为 76.8%、77.9%、80.5%和 79.0%。具体情况如图 3-1-11 所示。

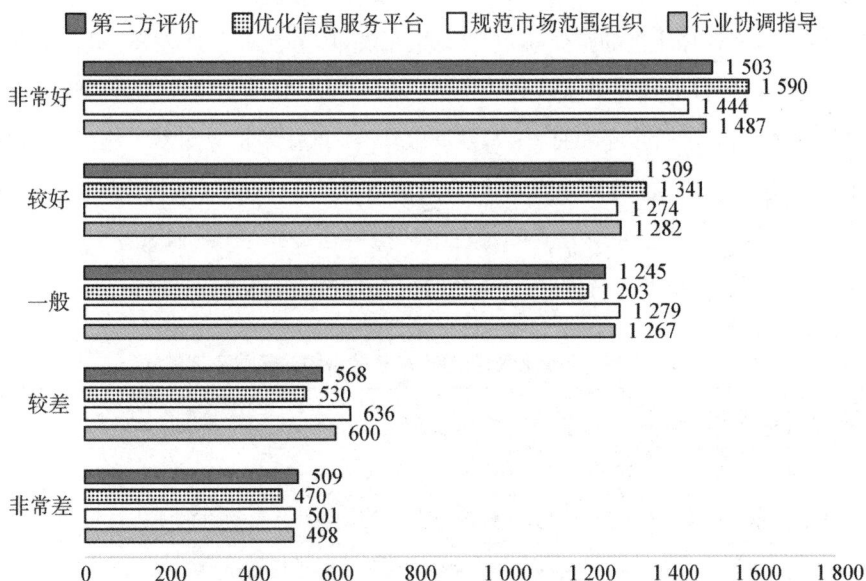

图 3-1-11 "促进产教供需双向对接"的落实进展

在"行业协调指导"、"规范市场范围组织"、"优化信息服务平台"和"第三方评价"方面的改革成效显著,其中"非常好"的比例分别为 28.8%、28.1%、30.4%和 29.0%;在"一般好"及其水平以上的比例依次为 78.3%、77.3%、79.9%和 78.5%。具体情况如图 3-1-12 所示。

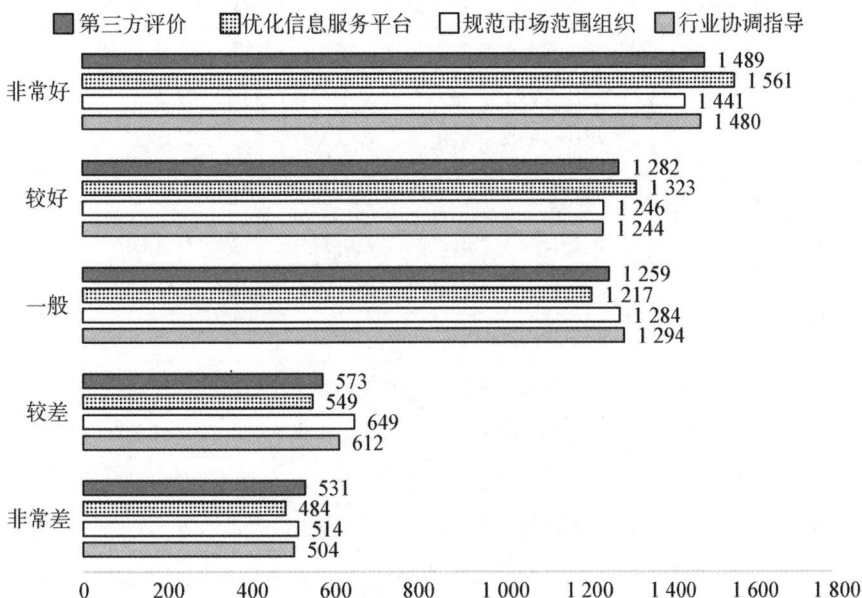

图 3-1-12 "促进产教供需双向对接"的改革成效

5. "政策支持体系"不断完善,产教协同机制更加有序

产教融合最早出现在国家文件中是 2014 年的《国务院关于加快发展现代职业教育的决定》。随后,产教融合相继被写入"双一流"建设、应用型高校转型等系列政策文件,成为国家优化高等教育供给侧结构、提高教育质量的重要机制。2017 年底,国务院办公厅发布《关于深化产教融合的若干意见》,将产教融合上升为国家教育和人力资源开发的整体制度安排。为进一步激发行业企业参与产教融合的积极性,今年 4 月,国家发展改革委、教育部联合印发了《建设产教融合型企业实施办法(试行)》。同时,各地方也在中央政府的带领下积极探索区域内产教融合的制度变革,先后有 24 个省份出台了符合地方实际情况的产教融合政策制度,如表 3-1-3 所示。可以说,新时代中国产教融合"政策支持体系"不断完善,产教协同机制更加有序。

表 3-1-3 各省份职业教育产教融合的政策体系建设

序号	省份	颁布日期	相 关 政 策
1	安徽	2018/02/22	安徽省人民政府办公厅关于深化产教融合的实施意见
2	河北	2018/04/14	河北省人民政府办公厅关于深化产教融合的实施意见
3	山西	2018/04/20	山西省人民政府办公厅关于促进产教融合实施方案
4	江苏	2018/06/25	江苏省人民政府办公厅关于深化产教融合的实施意见
5	辽宁	2018/07/27	辽宁省人民政府办公厅关于深化产教融合的实施意见
6	甘肃	2018/07/31	甘肃省人民政府办公厅关于深化产教融合的实施意见
7	云南	2018/08/04	云南省人民政府办公厅关于深化产教融合的实施意见
8	河南	2018/08/13	河南省人民政府办公厅关于深化产教融合的实施意见
9	广东	2018/08/23	广东省人民政府办公厅关于深化产教融合的实施意见
10	天津	2018/09/30	天津市人民政府办公厅关于深化产教融合实施方案
11	四川	2018/10/25	四川省人民政府办公厅关于深化产教融合的实施意见
12	青海	2018/11/04	青海省人民政府办公厅关于深化产教融合的实施意见
13	内蒙古	2018/11/12	内蒙古自治区人民政府办公厅关于深化产教融合的实施意见
14	重庆	2018/11/13	重庆市人民政府办公厅关于深化产教融合的实施意见
15	浙江	2018/11/14	浙江省人民政府办公厅关于深化产教融合的实施意见
16	福建	2018/12/11	福建省人民政府办公厅关于深化产教融合十五条措施
17	吉林	2018/12/12	吉林省人民政府办公厅关于深化产教融合的实施意见
18	海南	2018/12/13	海南省发展和改革委员会海南省教育厅关于深化产教融合的实施意见
19	广西	2018/12/14	广西壮族自治区人民政府办公厅关于深化产教融合的实施意见
20	湖南	2018/12/31	湖南省人民政府办公厅关于深化产教融合的实施意见
21	山东	2019/01/14	山东省人民政府办公厅深化产教融合推动新旧动能转换的实施意见

序号	省份	颁布日期	相 关 政 策
22	江西	2019/02/15	江西省人民政府办公厅深化产教融合实施方案
23	陕西	2019/07/07	陕西省人民政府办公厅关于深化产教融合的实施意见
24	黑龙江	2019/10/11	黑龙江省人民政府办公厅关于深化产教融合的实施意见

全国31个省份的抽样数据分析发现,职业教育产教融合的"政策支持体系"不断完善,产教协同机制更加有序。其中"产教融合发展工程"、"财税用地政策"、"金融支持"和"产教融合城市、企业的试点建设"得到重视,"非常重视"的比例依次为 40.0%、37.9%、36.8%和38.3%;"一般重视"及其以上水平的比例依次为 81.7%、80.8%、80.2%和 81.0%。具体情况如图 3-1-13 所示。

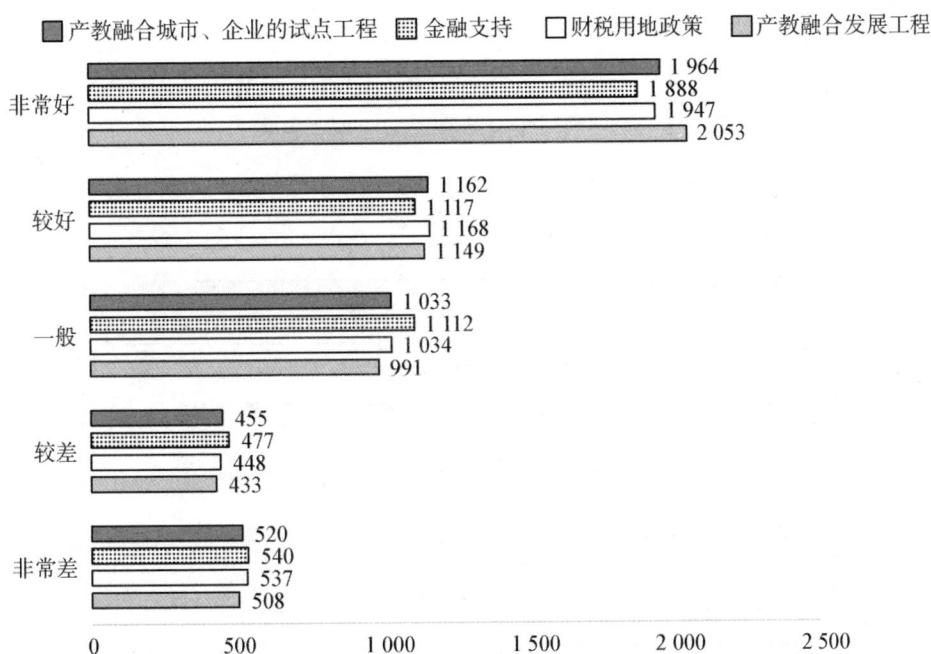

图 3-1-13 "政策支持体系"的重视程度

"产教融合发展工程"、"财税用地政策"、"金融支持"和"产教融合城市、企业的试点建设"的落实进展较好,其中"非常好"的比例依次为 29.9%、29.5%、28.2%和28.9%;"一般好"及其以上水平的比例依次为 80.0%、78.9%、77.8%和78.5%。具体情况如图 3-1-14 所示。

"产教融合发展工程"、"财税用地政策"、"金融支持"和"产教融合城市、企业的试点建设"改革成效显著,其中"非常好"的比例依次为 29.3%、29.4%、28.0%和28.5%;"一般好"及其以上水平的比例依次为 79.4%、78.2%、77.3%和78.1%。具体情况如 3-1-15 所示。

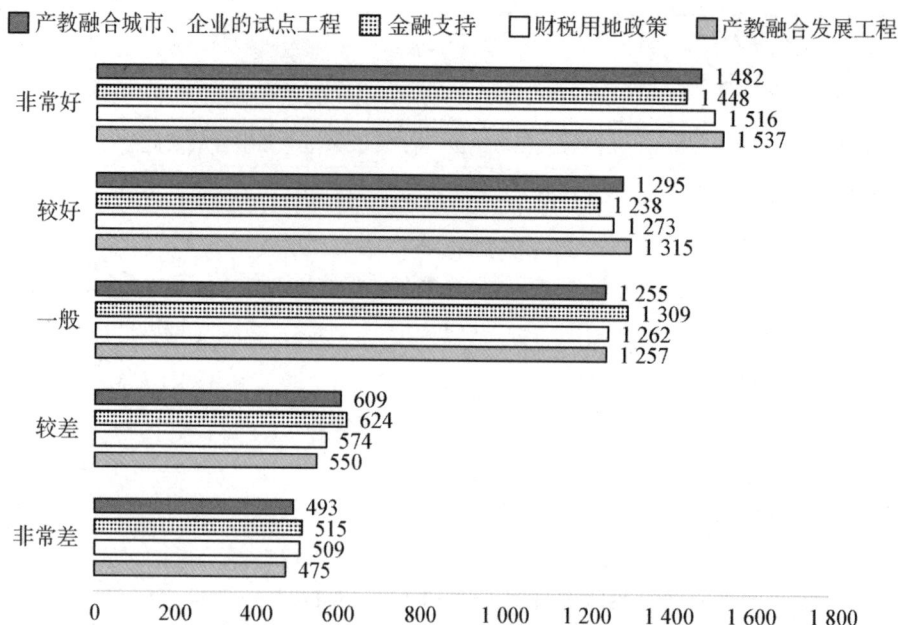

图 3-1-14 "政策支持体系"的落实进展

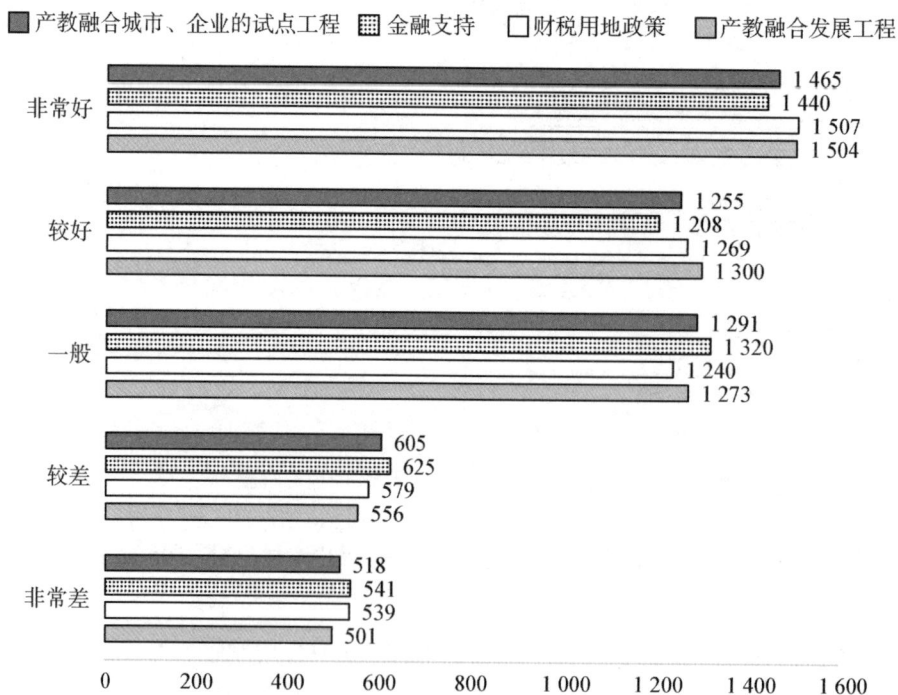

图 3-1-15 "政策支持体系"的改革成效

（二）新经验

近年来,各地政府、企业与职业院校"联合共振"积极开展不同形式、层次的产教融合,同时也树立了一批产教融合的典型。为此,本文将对这些典型案例进行梳理并总结相关经验,助力职业教育产教融合发展。

1．理念先行,创新产教融合合作机制

（1）成立企业学院。泉州轻工职业学院、广东轻工职业技术学院、常州工程职业技术学院、南京工业职业技术学院、武汉职业技术学院、江西现代职业技术学院、苏州工业职业技术学院、黄海汽车工程学院、黑龙江工程学院等均为与合作企业建立"混合制"的企业学院,并就建设理念、合作机制、育人模式等形成方案,促进了技术技能人才培养的立体化、多样化和个性化。如新余学院与企业共建"中兴通讯信息学院",企业为学校学院运行提供组织保障、经费保障,形成长效机制。同时,采用资格考核准入机制,聘任企业项目经理为副院长,组建混编管理团队、教学团队、科研团队,共担学生管理、课程教学、科研项目、服务地方等工作,实现校企共建共管的格局。

（2）重构专业布局。一是对接区域产业链。如无锡科技职业学院、广州科技师范学院、保定学院以及兰州城市学院均立足当地实际产业发展,构建形成跨类别的专业群,促进"专业链"与"产业链"有机对接、双向互动。二是对接企业产业链。福建农林大学安溪茶学院基于茶产业链需求,形成以茶学为基础,以会计、管理等专业为拓展的茶产业链"专业群",为茶产业的发展提供专业支撑。浙江工贸职业技术学院根据电子商务产业链需要,创建"温州名购网",并依据"名购网"所需要的职业岗位,构建跨财经、艺术设计传媒、轻纺食品、电子信息四个专业大类的专业群。三是动态调整专业。如武汉职业技术学院、黄淮学院等不断根据区域发展规划以及产业升级需要,通过"撤、并、增"等举措,形成社会有需求、办学有基础、专业对产业的特色专业群,提升了人才供给的吻合度。

（3）开展产学研项目。山东商业职业技术学院依托山东省商业集团总公司组建的食品冷链工程技术中心实验室,与多所知名高校和企业结成了紧密的外部产学研联合体,实施基地对接、平台对接和成果对接三大对接工程,形成了长期合作的科研攻关和成果转化平台,同时通过中心的科研力量和科技成果吸引了众多企业加盟,校企双方在深度合作的过程中,增进了了解,实现了双赢。在重庆工业职业技术学院汽车工程系的实训基地建成的力帆集团的"力帆汽车售后技术培训中心"以及东风渝安汽车销售公司的"东风小康技术培训中心"、山西工程职业技术学院的"援外技术培训基地"等都属于典型的产学研合作项目。

（4）成立发展委员会。一是成立协调领导小组。主要运用在"政-行-校-企"多方主体参与的合作中,旨在通过招生就业、行业协会、校企校际校政合作交流等多种途径推动产教融合,如陕西杨凌职业技术学院、新疆农业职业技术学院的"政校企"联盟协调小组。二是成立合作理事会。主要建立在学校和企业合作之间,如金华职业技术学院、河南城建学院、大庆师范学院、江苏经贸职业技术学院等均与合作企业共同成立"产教融合理事会"并制定系列制度,共同指导学科专业建设、教学改革、招生与就业、教学资源的共投共建等各项工作开展。**三是成立专业发展委员会。**主要涉及政府和学院牵头两种形式，如镇江丹阳市成立专业建设委员会就区域职业教育专业建设做出规划指导，而安徽国防科技职业学院城市建设学院、宁夏工商职业技术学院与福建农林大学安溪茶学院成立专业顾问委员会，以联席会议、现场指导、考察学习、科学研究等多种形式加强专业建设，促进院校专业与企业职业相融合。

2. 联合共振，建设产教融合发展平台

（1）**建设生产实训基地。一是"厂中校"实训基地。** 这种主要把学校的教学地点设在校外的工程或者车间，即"走出去"的模式。如天津现代职业技术学院联合企、站、所集中优势资源，共同投资建成食品生物生产性实训基地。广州城建职业学院引进企业在校内成立"现代建筑产教园"，具备建筑设计、施工、预决算、咨询服务等一条龙的生产服务能力。**二是"校中厂"实训基地。** 这种主要是吸引企业在学校内部建立"校中厂、校中部"来实现合作办学，如江苏农牧科技职业学院、浙江工贸职业技术学院、唐山工业职业技术学院、北京工业职业技术学院均根据合作企业职业岗位的需要，在校内建立多个实训中心与基地。**三是综合性实训基地。** 京东集团在江苏宿迁联合当地企业自筹资金开始建设"京东集团（宿迁）产教融合实训基地"，并针对物流作业实训、电商运营实训等建成区域性、行业性公共开放的实训基地。

（2）**搭建产学研用平台。一是协同创新中心。** 如福建农林大学安溪茶学院、无锡科技职业学院均建立协同创新中心，为产学研用提供平台。特别是黄淮学院先后与企业合作共建了"数字化设计与3D打印创新中心"等11个产教融合平台，以及23个省份级协同创新中心；与教育部学校规划建设发展中心、驻马店市政府等部门合作成立了驻马店产业创新发展研究院、企业家学院和乡村振兴学院，为培养高质量应用型人才提供了强有力的支撑。**二是创新创业孵化园。** 如中辽创业孵化器（广州）有限公司与营口北海经济开发区共同开发建设广州跨境电商创新创业孵化园，有效盘活北海经济开发区闲置资产和综合体。**三是智能制造工厂。** 浙江机电职业技术学院与德国FESTO、SAP等公司共建"浙江智造"省级实训基地，并建设了1个智能工厂、5个技术促进中心，进一步突出专业核心能力和新技术应用与培养，为智能制造培养合格人才。上海第二工业大学面向国家制造业转型升级开办智能制造工厂，以发展共性关键技术、增强技术辐射能力，推动产学研用相结合。

（3）**构筑智能云端平台。一是智能实训平台。** 如天水师范学院、新余学院依据ICT行业发展特色，建设"教育部-中兴通讯ICT产教融合创新基地"，涵盖4G、云计算、智慧系列、智能光网络等实训场景，融体验、操作、创新为一体。**二是智能管理平台。** 如安徽工商业职业学院坚持"互联网＋"发展理念，建设人力资源管理系统、实习实训管理系统、全媒体发布系统等，为校企合作搭建"极易和极简"信息化管理平台和网络移动学习平台，打通"信息孤岛"，构建校本人才培养工作状态数据管理与决策支持系统，建立常态化的诊断与改进工作机制，为深化产教融合、校企合作提供客观数据支撑。**三是智能服务平台。** 如中山沙溪理工学校以现有网络为基础，与国安泰共建校园信息化管理平台,进行主题式智慧校园管理体系建设,包括统一管理平台、易管理体系建设、智慧校园 APP、信息标准/管理/保障体系,解决信息孤岛问题,以服务于全校师生教学、科研、生活。

3. 双元育人,构建特色人才培养模式

(1) **教师队伍建设**。一是"**双向任职,定期交流**"。如青岛港湾职业技术学院、无锡科技职业学院等在安排专业教师到企业挂职的同时也派业务骨干到学院任职,并邀请工匠入校园,通过专题报告、专业实践、指导团队等实现校企互通。二是"**企业培训,获取证书**"。天水师范学院通过学校教师获取企业培训师资格证书的方式,构建"双师"队伍建设新模式。三是"**依托项目,整体优化**"。石家庄职业技术学院采取承担校企合作项目或行业委托项目等形式加强对专职教师培训。四是构建混编师资团队。如石家庄学院、西安交通工程学院以及山东英才学院均构建校企混编科研团队、双技能型教研团,通过联合培训、联合教研活动等共同开展落实"双师型"队伍建设,强化精品课程教学和科研课题能力。

(2) **课程体系调整**。一是深化专业技能课程。如盐城工业职业技术学院在企业视角下建立高职"技能菜单"专业课程体系;四川建筑职业技术学校以基础课程为主,构建了"理论课+模块课+实践课"的专业课程体系;徽商职业学院则以"宽基础、深专业、重素质"为核心,围绕"工作岗位核心技能、职业资格证书改革、职业技能大赛"构建了较为科学合理的专业课程体系。二是拓展企业培训课程。如湖南石油化工职业技术学院委托湖南创迪工程管理咨询有限公司提供企业培训课程。三是建立复合课程体系。山东化工职业学院、南京旅游职业技术学院、江苏农牧科技职业学院与常州纺织服装职业技术学院均从职业岗位出发,构建了以知识传授、能力培养、素养教育为核心的"纵向交叉,多元能力发展"柔性化复合课程体系。

(3) **教学模式创新**。一是"工学交替"教学模式。如池州学院、黑龙江农业经济职业学院形成"校内教学及实训—企业跟岗实习—校内技术提升—企业顶岗实习"的工学交替教学模式。二是实行"大师教育"模式。如上海德稻集群文化创意产业有限公司与上海视觉艺术学院开展合作,引进国内外专业大师进行课程框架设计并采用"项目教学"、"能力本位教学"等多样化教学组织开展教学,成为资源方院校引领产教融合的翘楚。三是开展垂直项目式教学。广州城建职业学院开展以"实训中心"为载体,构建以"模型化展示、信息化导学、项目化教学、个性化实训、智能化考核"为核心的"五化"课堂教学新体系。

(4) **评价体系完善**。一是完善人才培养考核评价机制。苏州科技学院、云南机电职业技术学院、山东化工职业学院、南京工业职业技术学院、新余学院、南京工业职业技术学院等均构建了主体多元(学校教师、学生、企业教师、家长等)、内容多层(职业资格考证、专利产品成果等)、方式多样("过程+结果"形成性评价)的评价模式,为学生可持续化发展奠定基础。二是建立人才质量监控体系。如南京旅游职业技术学院建立专业带头人和课程负责人的负责制度与绩效考核机制,以保障教学质量;此外,加强毕业生跟踪调查与信息反馈,创建学生、教师、企业等多元主体参与的评价、反馈、调整的人才培养质量监控体系。

(5) **实习就业畅通。一是建立实习就业资源池。**如福建农林大学安溪茶学院、苏州科技学院、兰州城市学院、黑龙江工程学院、西安交通工程学院与多所企业建立人才对接关系,形成就业实习资源池,为学生提供了创新创业所需的软硬环境与资源。**二是推进创新创业教育。**如镇江丹阳市中专专业学校成立汽修、平面两个专业的学生创业基地;黄淮学院成立大学生创新创业园,并建立多个实践平台以及院系"微创空间",均为学生创新创业提供了机会。**三是开设成长孵化实践项目。**苏州科技学院组建学生科研训练中心(SRT)与学生职业发展中心(SPD),并采用"项目"化方式运作管理,为学生实习就业奠定坚实基础。河南城建学院成立了"瑞翼工坊"创新成长孵化实践项目,为学生提供了一个具备项目孵化功能的真实企业生态环境。

4. 开放共享,扩大产教融合服务供给

(1) **开展教育培训认证。**无锡科技职业学院为新安、旺庄等 6 个街道的 72 所居民学校开展培训服务,并提供日本语言能力测试 JLPT、韩国语能力考试 TOPIK、OK - TEST 等认证服务。黑龙江工程学院依托 ICT 产教融合创新基地,成为了中兴、新华三、百度、工信部的培训认证考试中心,为校内学生和区域内人员提供认证培训服务。兰州工业学院依托中兴通讯 ICT 产教融合成立了"兰州工业学院 ICT 职业技能授权认证中心",并逐步面向社会开展服务。中兴通讯在全国共建了 20 多个公共技术服务平台,为中下游企业进行技术服务以及对职业院校学生和企业员工进行教学培训。

(2) **提供资源技术支持。**温州职业技术学院依托温州企业综合服务平台,构建"线上(帮企云)+线下(帮企行)"综合服务系统,为企业提供精准服务。大庆师范学院积极利用 ICT 创新基地与中兴通讯合作,在智慧城市、智慧农业、教育信息化和智慧旅游等方面为当地政府提供技术和产品,促进了政校之间的融合。河南城建学院参与建设了河南省住建厅"互联网+住建服务"、河南省智慧交通决策规划与管理研究中心工程,联合开发了"智慧鹰城"、"智慧宝丰"、"智慧舞钢"等相关项目。福建农林大学安溪茶学院依托福建省茶学实验示范中心建设茶学实验室、ERP沙盘实验室、电子商务实验室等,并全年有序向社会开放,扩大了办学的开放性。

(3) **服务乡村振兴建设。**主要通过开展职业培训工作,培育新型职业农民,为乡村振兴做出贡献。典型代表是重庆经贸中等专业学校建立了农业产业化基地,搭建起了培育新型职业农民的综合服务平台,建立了政、校、企、研、产五方互动运行机制,逐渐形成宗旨为三农、基地在农村、对象是农民、实训在农田、成果在农家的"五环惠农"新型职业农民培养新模式。具体而言,以市供销合作社组建的 2 万多农民专业合作社为纽带,实施农村种养殖技术培训,农产品经纪人培训,农民专业合作社技术人员和管理人员培训,培育新型职业农民,推动乡村的转型发展。

(4) **进行非遗文化传承。**如重庆市大足职业教育中心通过加强石雕石刻专业建设、组织开展科研课题研究、组建石刻职业教育集团、成立精善雕刻有限公司、运作石雕交流互动活动、借助宣传平台等系列举措培育石雕非遗传承人才,打造石刻文化职教品牌,产生较大影响。重庆市育才职教中心则通过建立外联内化机制,推进校内外人文素养渗透工程,搭建文化展示评估平台开展非遗技艺展示与传授活动,如联姻合川区文化馆、打造非遗精品社团,促进非遗文化传承。

5. 优势互补,发挥区域资源融合效益

(1) 打造职教园区。南昌市以高职院校和国家级重点职高为龙头,整合现有职业教育资源,形成以不同职业院校为基础的城南园区、城北园区、城东园区、城西园区及城中园区5个特色鲜明、分工合理、协作配套的职高专业教育园区。兰州市建设兰州新区职教园区,园区包含省统建"三校一区"、市统建两校和6所自建院校三部分,为集"一园"、"一区",集教学、培训、科研、技能鉴定、技术服务为一体的新型现代职业教育园区。长治市开展"三馆一园"职教园区建设项目,建设包括职教园区、新建博物馆、新建图书馆与档案馆3个子项目,整合了教育与社会资源,融合贯通了文化与教育,推进了公共文化服务体系的完善。

(2) 组建职教集团。"全国轻工行业钟表与精密制造职业教育集团"由天津市现代职业技术学院和天津海鸥表业集团有限公司牵头组建,集团以优质专业为纽带,以职业学校为主体,以企业、行业和研究机构为依托,采用纵向衔接、横向联合的运作模式,把钟表与精密制造职教集团建设成为紧密型产教联合体。"南通中德职业教育集团"由南通产教融合协同发展中心、南通中德学院、南通中德卓越中心联合组建,分别负责政校企协同发展服务平台的搭建、优质科教资源的对接、职业培训标准的引进及各类培训。"浙江省职业教育集团"由浙江省国资委牵头,依托浙江省机电集团有限公司组建,打造了职业教育集团化办学的"浙江样板",培养了一大批支撑"浙江制造"崛起的技术技能型人才。

(3) 形成产教联盟。"华为ICT产教融合联盟"由重庆电子工程职业学院、华为、深圳职业技术学院、泰克教育联合构建,旨在通过ICT和教育产业的深入融合,推动产教融合扎实落地。"上海市文化创意产教联盟"由上海市高校-行业协会-园区-基地四大主体联合建构,通过"人才培养、课程建设、双向引智、科学研究、成果转化、政策解读、培训交流、氛围营造"等一系列举措,共谋文创产业发展未来。"中国生态环境产教联盟"由北控水务集团有限公司、河北环境工程学院牵头,行业协会、骨干企业、高等教育院校、科研单位等联合组建,联盟结合环境产业需求和人才教育体系建设需要,以环境产业与教育互动发展为根本,以人才培养为核心,组成全国性生态环境行业产教联盟性质的行业性组织。"全国跨境电商产教联盟"由教育部和商务部指导,全国外经贸职业教育教学指导委员会、中国电子商务协会跨境电子商务产业联盟、宁波市教育局、宁波市电子商务学院和宁波市跨境电子商务学院等单位牵头发起,联盟以公益性和服务性为原则,以产教融合、合作共赢、资源共享、协同发展为基础,以专业和产业为纽带,组织全国热心从事跨境电商产教合作事业的机构和工作者,服务跨境电商人才培养,搭建政府、学校、企业、园区合作,国内外交流互通,产教资源共享等三大平台,以满足跨境电子商务产业对复合型人才的需求。

6. 国际合作,推动产教融合向外发展

(1) 成立基地平台。无锡科技职业学院积极"走出去",联合新加坡PSB在越南建立了"越南教育培训基地",促进"一带一路"建设。天津市采用"政政企校校"合作模式,在非洲吉布提工商学校以及葡萄牙塞图巴尔工学院各建设"鲁班工坊",打造了职业教育国际化校企合作新模式。上海电力学院成立"国际电力高校联盟",融合多所国外院校、著名国际机构和国际合作组织,促进了国际能源电力高校间的深入交流与合作。重庆电子工程职业学院依托华为和泰克以及华为产业链上的合作伙伴,建立海外培训中心,"鲁迅工坊"以及海外的 ICT 产业学院,将 ICT 领域的技术标准和培训标准向"一带一路"沿线国家进行输出。

(2) **开展研发项目**。黄淮学院借助教育部"产教融合发展战略国际论坛",加入了中美"双百计划"、中荷应用技术大学合作项目,实施了斯旺西大学-黄淮学院国际研究所、黄淮迈索尔国际软件工程学院等国际合作项目,形成了具有黄淮学院国际化特色的产教融合和人才培养模式。威海职业学院、迪尚集团有限公司与缅甸教育部技术与职业教育及培训司举行签约,就共建"鲁班工坊",搭建人员互访交流平台,开展学历教育、职业培训和科研合作等方面达成了共识。

(3) **引进师资队伍**。黄淮学院与国(境)外 20 多所高校建立合作关系,全方位引进国(境)外应用型的师资队伍、课程资源、教学方法等优质特色教育资源,合作培养国际化应用型人才万余名,且千余名学生实现了出国留学。上海石化工业学校选派 20 多名专业教师赴德国拜耳、巴斯夫、赢创总部的培训基地学习先进理念和教育方法,同时拜耳、巴斯夫、赢创等企业也派培训专家长驻学校,不仅参与冠名班的教学与管理,还与教师共同探讨教学方法,开设专题讲座和示范课,为提高教学质量提供许多有价值的意见和建议。

(4) **实行合作育人**。江苏信息职业技术学院通过与老挝信息文化与旅游部的多次沟通,定制相关课程和教材,并选任合适的教师赴老挝现场教学,与老挝开展了"订单式"人才合作培训,深入推进"一带一路"建设。同时,江苏信息职业技术学院也与保时捷、海澜之家、联想、雷诺等多家国际知名企业展开"订单式"人才培养合作,从而成为众多国际知名企业"定制"人才的首选高职院校。上海化学工业区、拜耳公司、上海石化等企业先后在上海石化工业学校设立学生奖励助学基金、教师创新奖励基金,奖励优秀学生、资助困难学生、激励教师创新,成为深化校企合作内涵的又一体现。

(三) 问题讨论

职业教育产教融合所取得的成就十分显著,但产教融合依旧存在"合而难融"的现象,"最后一公里"难以打通。[1] 特别是体系建设政策集权化与区域产教融合利益多元化之间的冲突,逐渐成为我国职业教育产教融合最大的痛点。[2] 具体来说,职业教育产教融合的现实困难表现如下:

---

① 刘耀东. 产教融合过程中企业逻辑和学校逻辑的冲突与调适[J]. 国家教育行政学院学报,2019(10):45—50.
② 田志磊,李俊,朱俊. 论职业教育产教融合的治理之道[J]. 中国职业技术教育,2019(15):14—20.

1. 职业教育社会服务能力不强，产教融合的深度与广度不够

一是职业教育产教融合的深度不够，形式主义严重。调研发现，职业教育产教融合大多停留在合同或协议的层面，无法真正建立"双方自愿、风险共担、优势互补、利益分配"的深层次合作。调查数据显示，80.25％的职校教师依旧认为"五个对接"是职业教育融合的基本要求。但在实践层面，职业教育产教融合的合作项目以"短平快"居多。在深度合作层面，课堂教学与岗位操作训练的结合、专业教师与企业技术人员的结合、学校教学与顶岗实习的结合程度并不尽人意，满意程度未达到60％。近半数教师认为校企合作形式主义严重，"订单培养"、"跟单培养"、"企业奖学金"等是当前职业教育产教融合的普遍形式。究其原因在于职业院校在专业设置、课程设置方面不能与地方的支柱产业相衔接，教学过程以及人才培养方式等方面都滞后于社会以及企业的需求。

二是职业教育产教融合的广度不够，合作形式单一。"重入库轻培育"、校企供需服务平台功能不强、向"一行多校"转型难度大、缺少长效机制等难点和问题。[①] 调查发现，较少有企业与职业院校共同审议学校的办学方向（12.5％）、发展规模（15.3％）、专业建设（23.5％）、师资队伍建设（35.5％）等重大决策和问题。更多的时候，校企合作是校企共同进行课程开发（67.1％）、教学改革（72.1％）、定岗实习（80.6％）、招工用工（90.5％）。

三是职业教育产教融合的合作效益偏低。数据显示，目前我国职业院校及相关科研机构的科技成果能够与企业签约转化的不到30％，其中转化后能产生经济效益的大约只占被转化成果的30％，只有10％的科研成果能取得经济效益。调查发现，职业院校"重论文、重评奖、轻市场"的观念较为普遍，使得不少科研成果束之高阁，成为"一纸空文"，缺乏产学研的实践价值。另一方面，部分高职院校囿于自身办学实力和科研实力，只能选择"天女散花"式的产教融合项目，[②]未能形成政策与部门的合力，也无法很好地转化，更无法生成有价值的实践效益。

2. 产教融合的制度与规范落后，相关主体间的沟通合作困难

一是制度体制不完善，国有资产管理制度、劳动准入制度执行难、合作企业税收减免政策实现难等现实问题的存在。访谈发现，校企合作的过程中，因为职业院校资产属于国有资产，不能投入到市场，校企合作、产教融合的时候，资产不能完全投入，利益分配也分不清楚。研究发现，因为固定的绩效工资制度，教师在校外的产教融合与校企合作劳动不能计入校内绩效，无法获得相应的劳动报酬。[③] 而参与产教融合的企业在申请合作企业税收减免的过程中，程序复杂、收益不大，影响了企业参与合作的积极性。

二是国家职业教育改革的项目制度、评价体系建设与职业院校深耕校企合作之间的冲突。

---

① 李克.建设培育产教融合型企业——以吉林省为例[J].宏观经济管理,2020(02)：80—85.
② 王鑫,王华新,于家臻.教育决策视角下的高等职业院校产教融合实施路径探索与实践[J].中国职业技术教育,2018(09)：93—96.
③ 杨娟.组织理论视角下的高职院校教师绩效工资制度分析[J].现代教育管理,2018(08)：97—101.

与体系建设之前相比,职业院校的评价标准和资源获取重心均发生了改变,这深刻改变了职业院校的行为——学校出于学校发展、自身利益考虑,投入大量资源和精力进行评价指标建设。访谈发现,因为大多数职业院校"向上看"的倾向持续上升,日益迎合评价体系中的评价指标。在最新的产教融合企业遴选与评价中,产教融合型企业面临着内涵逻辑不清、遴选标准不全、监督评价不足的理论与现实障碍。①

三是中央集权的财政体系建设与地方政府供给意愿之间的冲突。北京大学团队的调研发现,虽然中央层面重视程度不断加大,但是相关财政政策难以调动地方投入意愿。② 统计数据显示,国家职业教育经费在"十一五"之后增速一路回落,中高职经费占教育总经费的比重从 2009 年的最高值 12.8% 逐年下降,2016 年仅为 10.4%。在区域之间,东部、中部和西部区域的职业教育对劳动生产效率的规模效益均降幅较大,但存在区域性差异。东部地区的规模效益呈现报酬递减的趋势,而中部和西部地区呈现规模报酬递增的趋势。③ 而具体到省域,地方财政和资本对职业教育产教融合的投入意愿也不足。

3. 产教融合基础条件比较薄弱,校企合作的渠道还不够通畅

一是职业院校与企业之间的合作关系建立难度越来越大。中国职业教育历经资源整合、管理归属与行业"脱离"、各院校综合性发展。如今,在标准化的体系建设中,各办学主体的行业特色逐渐消失,校企双方的"血缘关系"渐行渐疏,双方的"共融点"越来越少。因而,职业院校与企业、行业之间的合作基础和关系被剥离。④

二是产教融合人才培养体系的开放性不足。职业院校与企业之间尚未形成良性的人才流动机制。在学生培养方面,因为职业院校与企业之间尚未建立起紧密协同的联合培养机制,学生进入企业实习实践的渠道比较单一,而且学生的劳动报酬、安全保障都存在问题。在师资互动层面,因为企业与学校属于不同的系统,在"编制"的框架中,人员流动、人员工资、人员管理问题重重。⑤

三是产业体系和教育体系之间的价值理念、信息沟通、风险分担基础差异较大。访谈发现,职业院校习惯用行政的思维和教育的逻辑来接待、处理企业的需求,但是企业往往追求效率、效益以及经济利益的回报,因而在部分合作项目上,往往因为合作理念不一致而终止合作。同时,学校与企业之间的沟通往往依靠人情关系、部分对接,信息渠道不够通畅,经常存在信息不对称的情况。最后,因为资产体制的差异,职业院校多为国有资产,企业单位多为私人资产,两者在合

---

① 刘晓,段伟长.产教融合型企业:内涵逻辑与遴选思考[J].中国职业技术教育,2019(24):9—14.
② 田志磊,李俊,朱俊.论职业教育产教融合的治理之道[J].中国职业技术教育,2019(15):14—20.
③ 苏荟,张继伟,孙毅.我国职业教育经费投入效率评价——基于社会经济功能的视角[J].现代教育管理,2019(05):89—94.
④ 潘丽云,何兴国.基于机制设计理论谈职业教育校企合作机制[J].教育与职业,2020(08):46—50.
⑤ 詹华山.新时期职业教育产教融合共同体的构建[J].教育与职业,2020(05):5—12.

作项目的风险责任分担上,能力和意愿相差悬殊,进而产教融合、校企合作也障碍重重。

五、 对策建议

(一) 强化各级政府的治理责任,优化职业教育产教融合的制度设计

中国职业教育依旧还是"设计模式"为主,职业教育产教融合的改革需要政府来主导。[1] 一方面,强化并转变政府职能,统筹部署、协调推进,建立由政府部门、行业、企业、职业院校共同参与的协同治理格局;[2]另一方面,发挥市场作用,统筹开展行业、企业试点,促进教育链、人才链与产业链、创新链的有机衔接。具体来说:

首先,在宏观层面优化国家产业系统与职业教育体系之间的融合机制。立足于职业教育类型特征,从普通教育与职业教育的"双轨制"、"双通制"体系出发,设计"学术型二元制教育体系"及"学徒制二元教育体系",实现"产教"两个系统之间一体化融合。[3] 从"技术结构-产业结构-就业结构-教育结构"来思考产教融合的改革思路,打破职业教育产教融合的固有"边界",探索多主体、跨区域、超类别的协同合作。一是探索省域之外,省域之内跨区域的协作互助,例如东西部合作办学;二是跳出职业教育的边界,探索"研究型大学——应用型大学——高职/中职"多层级产教融合。

其次,从"国家-区域-院校"布局职业教育产教融合"三位一体"行动。在国家职业教育产教融合政策体系逐渐丰富和完善的前提下,"十四五"时期职业教育产教融合需要立足区域,因地制宜地做好规划设计。从"技术结构-产业结构-就业结构-教育结构"分析区域内职业教育产教融合供需情况,探究区域内职业教育与产业体系的供需对接。在"中央-地方"关系上,调整央地职业教育事权,一是中央政府适当分权、放权给地方政府,在国家大政方针之下,根据地方经济发展需求,设计可行性的改革方案;二是引导地方政府改进职业教育拨款机制,为真正融入区域产业发展的职业学校提供更多的经费支持。

最后,在微观层面创新职业教育改革机制。一是以产业需求创新培养模式,在新的产业结构中,进一步分析产业结构中的劳动力就业结构,对职业岗位、职业能力、现有劳动力基础进行深度分析,落实到职业院校的人才培养过程中,以此引领职业教育的供给侧改革。二是以协同共建创新办学机制,探索各类办学主体通过独资、合资、合作等形式举办职业教育,借鉴企业运作模式,发展股份制、混合所有制职业院校。三是抓住主要矛盾,在整体变革的战略中实现各个击破改革

① 徐国庆.职业教育发展的设计模式、内生模式及其政策意义[J].教育研究,2005(08):58—61+94.
② 李鹏,石伟平.新时代职业教育全面深化改革的政策逻辑与行动路径[J].国家教育行政学院学报,2019(09):81—86.
③ 谢笑珍."产教融合"机理及其机制设计路径研究[J].高等工程教育研究,2019(05):81—87.

难题。① 优先解决改革中的关键问题与核心难题,通过各个击破的方式以局部带动整体,进而实现全方位的深化改革。重点攻坚突围,破解新时代职业教育改革的管理机制、专业设置、师资队伍等领域的难题。

(二) 创新产教融合的体制机制,消除职业教育产教融合的实践壁垒

职业教育产教融合在本质上还是资源配置与多主体合作的问题。因此,深化职业教育体系与产业体系之间的合作,需要创新产教融合的体制机制,建立市场中心模式的产教融合机制,消除职业教育产教融合的实践壁垒。

第一,创新职业教育体系与产业体系之间的资源管理机制,建立市场导向的产教合作模式。一是完善现代学校和企业治理制度,积极推动双方资源、人员、技术、管理、文化全方位融合,围绕生产、研发、培训等关键环节,推动校企依法合资、合作设立实体化机构,实现市场化、专业化运作。二是继续探索职业院校的混合所有制改革,举办学校作为校办工厂的出资人,履行国有资本出资人职能,成本收益纳入本单位预算,统一核算、统一管理。

第二,创新职业院校与产业体系之间的合作渠道,建构产业学院和专业学院协同发展的"双院制"模式,从"系统对接"转向"部门"对接。一是采用"军区＋战区"的模式,在职业院校内部成立产业学院。② 专业学院继续按照学科知识培养专业门类的人才;在职业院校内部成立"产业学院",主要对接地方经济,形成一个产业"战区",让专业学院的学生到产业学院中进入实战学习。二是采用"航空机场＋航空公司"的模式,促进区域内、产业之间职业教育资源的共享与合作对接,各大专业学院对接区域产业,共同服务于区域经济。

第三,调整职业教育评价体系,重塑职业教育质量信号。"职教 20 条"强调要完善政府、行业、企业、职业院校等共同参与的质量评价机制,积极支持第三方机构开展评估。③ 因而,建立省级职业教育发展预警机制,重点监控专业结构和区域产业发展,让区域性行业协会等利益相关方参与到职业教育立交桥的升学渠道宽度、标准的制订过程。

(三) 深化职业教育供给侧改革,提升职业教育参与产业合作的能力

企业和产业不愿意参与产教融合、校企合作的重要原因之一就是职业院校能力与水平不够,职业院校所培养的人才不能满足产业和企业的需要。因此,新时代职业教育产教融合需要聚焦课堂,夯实职业教育产教融合的基础。具体来说:

---

① 李鹏,石伟平.新时代职业教育全面深化改革的政策逻辑与行动路径[J].国家教育行政学院学报,2019(09):
81—86.

② 吴金铃.基于产教融合的高职产业学院建设探析[J].教育与职业,2019(18):31—35.

③ 李鹏,石伟平.中国职业教育类型化改革的政策理想与行动路径——《国家职业教育改革实施方案》的内容分析与实施展望[J].高校教育管理,2020,14(01):106—114.

一是健全需求导向的人才培养结构动态调整机制，因地制宜尝试学制与专业体系的变革。中西东部地区严格平衡"普职比"，继续坚持就业导向，强化学生职业能力教育；东部发达地区灵活变革职业教育学制，探索3＋2、中高贯通、中本贯通等"升学导向"与"就业导向"兼顾的区域性学制，大力培养"复合型"职业技能人才。建立紧密对接产业链、服务创新链的学科专业体系。瞄准区域产业链上延伸的新兴产业、高端产业和人才紧缺产业设置专业，以产业群打造专业群；精准人才培养目标定位，把产业企业的技术、标准、工作过程、文化等元素融入培养方案；校企共建研发中心、协同创新中心、建设混合式师资团队。①

二是致力于高水平课堂的打造，通过课程、教材改革，加强教师教学能力建设，为职业教育优质课堂的建设打好基础。拓展职业教育课堂空间，从传统的第一课堂转向第二课堂，在校企合作、工学结合的过程中，探索"项目主题式课程"、"对分课堂"、"设计-体验教学"等新的教学方法，提高职业院校教学效益，助推产教融合。

三是突出职业教育的类型特征，以实践导向、能力本位为价值尺度，引导职业院校课堂学习的知行合一。整合学生的理论学习与实践学习，全面提升学生的培养质量，为职业教育产教融合提供高水平的学生供给。将培育工匠精神作为中小学劳动教育的重要内容，在技术类专业全面推行现代学徒制和企业新型学徒制，以生产性实训为关键环节，探索职业教育人才培养新模式。重点推动企业通过校企合作等方式构建规范化的技术课程、实习实训和技能评价标准体系。常态化、制度化组织各类产教对接活动，推动院校向企业购买技术课程和实训教学服务，建立产业导师特设岗位，推动院校专任教师到企业定期实践锻炼制度化，促进校企人才双向交流。

(四) 加大产教融合各类平台载体建设，夯实职业教育校企合作基础

产教融合的平台肩负着联通"产与教"，并使"产教融合"实体化、常态化、规范化的职责。加大产教融合各类平台载体建设，夯实职业教育校企合作基础是深化职业教育产教融合的重要举措。具体来说：

一是建立政府部门主导的校企合作供需双向对接服务平台。通过服务平台汇集区域和行业人才需求、校企合作、项目研发、技术服务等各类供求信息，向各地各类主体提供精准化产教融合信息发布、检索、推荐和相关增值服务，不断健全完善供需信息登记发布制度。打造信息服务平台，成立省一级的产业研究院。

二是降低企业准入门槛，扩大产教融合型企业的试点规模。政府部门应按照非禁即入的原则，允许企业举办或参与职业学校、高等学校教育教学，扩大产教融合型企业的规模。② 允许融入人才培养各个环节，举办混合所有制二级学院，独立或参与举办工作室、实验室、创新基地、实习

---

① 许淑燕，何树贵，吴建设. 解码高职院校专业建设的产教融合[J]. 职业技术教育，2019，04(01)：41—45.
② 王辉，陈鹏. 产教融合型企业评定特征及理性审思——基于教育部先期重点培育企业的分析[J]. 中国职业技术教育，2019(18)：21—27.

实训基地等,参与学校专业规划、教材开发、教学设计等。① 依托企业,举办"企业大学",并将企业大学纳入现代职业教育体系。推进行业龙头企业牵头,联合职业院校、高等学校组建实体化运作的产教融合集团(联盟),借鉴英国"学位学徒制",在产教融合型企业中开展学徒教育,深化产教融合,同时提升职业教育的吸引力。②

三是发挥行业协会和企业作用,鼓励行业协会、社会组织、企业提供产教融合供需双向对接服务。一方面,鼓励以提供产教供需双向对接服务为主要业务的中小企业长期健康发展,将产教融合服务组织、企业纳入政府购买社会组织服务指导目录,并定期向社会公布;另一方面,探索校企共建产教融合科技园区、众创空间、中试基地,面向小微企业开放服务,建设校企合作示范项目库。

(五) 健全职业教育产教融合的保障机制,确保多元合作者的相关利益

职业教育产教融合的深化变革,离不开经费投入、制度保障和物质基础的保障。因此,"十四五"时期亟需健全职业教育产教融合的保障机制,确保多元合作者的相关利益。具体来说:

首先,变革职业教育产教融合要素投入方式,健全多元投入主体的利益分配制度,切实保障多元资源投入的收益。一是在职业教育产教融合的经费需求上,积极争取中央预算内投资,安排省预算内投资支持产教融合。二是完善政府投资、企业投资、债券融资、开发性金融等组合投融资和产业投资基金支持,建立健全产权制度,明晰各方参与主体的产权归属和所享有的相关权益,通过综合性法规来协调各种关系,使产教融合有章可循、有法可依。三是对试点企业兴办职业教育符合条件的投资,按规定投资额30%的比例抵免当年应缴教育费附加和地方教育附加。

其次,制定激励职业教育产教融合各主体创新意识的法律制度,重视调动产教融合各办学主体的积极性。一是继续深化职业院校教学体制和科研院所科研体制改革,完善有利于科技成果转化的人事管理制度,允许科研人员和专业教师在履行岗位职责、完成本职工作的前提下,征得学校同意,到企业兼职或从事科技成果转化;二是确立企业在技术创新中的主体地位,鼓励企业通过研究与创新开发新技术,建立支持企业开展各种技术创新活动的社会体系,激励企业参与产教融合的积极性;三是明确规定科研院所、职业院校、企业等多元主体参与产教融合中的法律职责。

最后,建构职业教育产教融合政策落实与改革的监督与奖惩机制,对于产教融合型企业、产教融合型城市进行激励与奖惩。一方面,充分利用各级教育督导与评估的制度体系,监督职业教育产教融合政策落实与改革进展。另一方面,对职业教育产教融合政策落实与改革情况进行必要的奖惩。对成效明显的地方和高校在招生计划安排、建设项目投资、学位(专业)点设置等方面予以倾斜支持,支持有条件的企业校企共招、联合培养专业学位研究生。

---

① 李克.企业对产教融合的认知、需求、满意度及政策建议研究——基于吉林省538份企业调查问卷的分析[J].现代教育管理,2019(03):96—100.
② 马良.英国"学位学徒制度"及"产教融合型企业"浅析[J].中国高等教育,2019(10):63—64.

专题 2：职业教育精准扶贫成效调查报告
——以云南省楚雄彝族自治州为例

一、问题提出

  中共中央、国务院联合发布的《关于抓好"三农"领域重点工作确保如期实现全面小康的意见》明确"深化扶志扶智，激发贫困人口内生动力"[①]的总体要求，实践研究发现："通过提高教育水平促进经济增长，进而减少贫困是教育影响贫困的作用机理"[②]。通过偏向于经济增长的教育政策设计和应用，优先发展就业导向的职业教育和技能培训，加快贫困缩减的进程。从教育扶贫的政策路径看，"职业教育精准扶贫是教育精准扶贫的重要类型"[③]；从增强脱贫能力的路径看，职业教育和技能培训有利于激活贫困人口的人力资源存量、提高内在脱贫能力，而内在力量是减贫脱贫的关键因素；从精准扶贫的实践进展看，职业教育成为贫困群体增强自我发展能力的优先选项，学历职业教育和非学历职业技能培训为精准扶贫、精准脱贫注入了鲜活的力量；从微观层面看，职业教育何以能发挥精准扶贫、精准脱贫的作用，需要从群体和个体的角度进一步探讨。在全社会以精准扶贫思想为引领、加快脱贫攻坚步伐的现实背景下，国家在职业教育精准扶贫方面有哪些政策制度设计？面对国家脱贫新理念新期待，地方政府在职业教育精准扶贫中又有哪些政策上的创新？职业教育在助力精准扶贫、精准脱贫中发挥了怎样的效果？面临哪些挑战？职业教育又该如何更精准地服务国家脱贫攻坚战略？等等，这些都是亟待研究和回答的理论问题和现实难题。

二、文献综述

  本部分基于精准扶贫这一理论视角，围绕职业教育精准扶贫的政策设计和实践成效，对现有相关文献进行简要的梳理和分析。

---

① 中共中央国务院关于抓好"三农"领域重点工作确保如期实现全面小康的意见[EB/OL].(2020-02-05)[2020-04-29]. http://www.xinhuanet.com/.

② 郭新华,戎天美.国外关于教育与贫困变动理论研究新进展[J].教育与经济,2009(01)：48—52.

③ 廖倩.精准扶贫视角下贫困地区职校教师队伍建设研究——基于"S市职校教师工作满意度"的调查分析[J].广西社会科学,2017(11)：206—211.

（一）职业教育精准扶贫政策设计的研究进展

研究者主要从历史视角、学理视角和现实视角,对职业教育精准扶贫政策进行全面的考察,主要集中在以下几个方面:一是对改革开放以来教育扶贫政策变迁进行历史考察,发现教育扶贫政策在实践中出现了两个关键历史转折,即由"扶教育之贫"转向"依靠教育扶贫"和由"普惠教育扶贫"转向"精准教育扶贫"。[①] 二是运用内容分析法,研究各省对中央教育精准扶贫的响应与创新,发现各省份教育精准扶贫目标整体符合国家规定,但创新性普遍不足;教育精准扶贫内容丰富但特色化和多样性不足;教育精准扶贫政策工具多样但普遍缺乏系统科学的组合配置。[②] 三是考察国家针对贫困地区的职业教育精准扶贫政策,发现国家通过加大对西部地区职业教育的支持,职业教育学费减免、助学金制度,建立发达地区对贫困地区职业教育帮扶机制等政策设计。[③] 四是考察职业教育精准扶贫政策类型,针对贫困地区的职业教育精准扶贫政策,可概括为职业教育学生资助、内地中职班、东西部职业教育对口支援、扶贫职业技能培训等。[④] 五是民族地区职业教育精准扶贫政策表现为中央和地方两个层面,呈现出目标精准确定、对象精准资助、服务精准改善等特点;在适应和促进民族地区社会经济发展方面能发挥自身的独特作用,能从根本上消灭民族地区贫困问题,是阻隔贫困代际传递的有效教育路径。六是基于政策分析,发现贫困地区由于财政底子薄、教育发展相对滞后,职业教育与培训扶贫内生动力不足等问题比较突出,[⑤]应对政策自身存在的问题进行反思。

已有研究集中于教育扶贫政策本身的历史变迁、地方政府在响应中央教育精准扶贫政策中的创新点。职业教育精准扶贫政策的相关研究,已阐明国家层面的基本政策类型、民族地区实施职业教育精准扶贫政策的实践特色及面临的主要问题。由此可以看出,从精准扶贫视角出发,就职业教育而言,可进一步研究的空间在于,自精准扶贫思想提出以来,国家出台了哪些政策?政策设计的逻辑是什么?有何特征?等等问题,尚缺乏全面而深入的梳理和分析,难以呈现精准扶贫中职业教育政策设计的基本面貌和内在特征,这正是本研究政策分析部分所要解决的核心问题。

（二）职业教育精准扶贫政策实施成效的研究发现

政策实施效果是政策研究的重要议题,可以客观地呈现政策设计的合理性,也可作为政策评估的重要指标。研究者从不同层面的不同视角,以某一具体政策为对象,就该政策的实施效果进

① 袁利平,丁雅施.我国教育扶贫政策的演进逻辑及未来展望——基于历史制度主义的视角[J].湖南师范大学教育科学学报,2019,18(04):65—72+80.
② 姚松,曹远航.教育精准扶贫的区域响应与创新:表现、问题及优化策略——政策文本分析的视角[J].现代教育管理,2018(06):53—58.
③ 朱万春.我国职业教育扶贫成效及精准扶贫路径探究[J].继续教育研究,2018(06):75—80.
④ 房风文,邵苗苗,王向太.我国贫困地区职业教育精准扶贫的政策与实践分析[J].职业技术教育,2019,40(21):10—15.
⑤ 郭广军,邵瑛,邓彬彬.加快推进职业教育精准扶贫脱贫对策研究[J].教育与职业,2017(10):5—9.

行了认真细致地考察,主要集中在以下几个方面:一是职业教育对贫困劳动力影响的研究发现,中等职业教育扶贫是我国贫困劳动力迫切需要的职业技能培养方式,能够有效地提升贫困劳动力的生产技能和就业机会。[①] 二是职业教育精准扶贫对贫困家庭影响的研究发现,职业教育精准扶贫使农村贫困家庭子女广泛接受职业教育,在提高农村贫困家庭子女文化素质和职业技能的同时,增强带领家庭脱贫致富的能力,给农村贫困地区脱贫增强了造血功能,也避免了贫困代际传递的风险。三是民族地区职业教育精准扶贫实践成效的研究发现,民族地区职业教育精准扶贫的实施,丰富了职业教育精准扶贫的制度设计,完善了职业教育精准扶贫的保障机制,拓宽了职业教育精准扶贫的参与渠道,丰富了职业教育精准扶贫的内涵,提升了职业教育精准扶贫的现实效果。四是对河南省职业教育精准脱贫技能培训项目办学成效分析[②]、对湖南省“高职结对帮扶中职”成效(发现在专业、课程、教师、学生、科研等领域取得显著成效)[③]等个案考察。五是从收入增长的角度比较普通高中和职业教育的减贫成效,发现职业高中教育和普通高中教育均能有效地提高农村居民收入水平,职业高中教育和普通高中教育均能够缩小贫困与非贫困居民之间的收入差距,只是相比普通高中教育而言,职业高中教育缩小收入差距的效果更为明显。[④]

由上可知,基于精准扶贫背景,现有对职业教育精准扶贫政策实施效果的研究,从研究对象看,主要关注职业教育对贫困者、贫困家庭及贫困地区的影响;从政策分析的内容看,主要有省级层面的结对帮扶和技能培训两方面;从效果维度看,侧重于技能提升和收入增长。然而,对于职业教育精准扶贫政策实施成效的探讨,还需要从国家出台的相关政策实际成效来加以考察,更需要从扶贫对象——贫困者群体的视角加以考察。通过多层面、立体化地呈现职业教育相关政策如何促进贫困群体脱贫和个体发展的分析,揭示职业教育精准扶贫的微观实效。

三、 研究设计

(一) 研究方法

本研究旨在探析职业教育精准扶贫的政策设计及实施成效,围绕这一研究主题,综合运用政策文本分析法、问卷调查法和访谈法。首先,运用政策文本分析法,以精准扶贫思想提出的2013—2019 年国家(含部委办局)和云南省制定实施的相关文件为研究对象,从发布时间、政策名称、政策属性、职业教育和培训要点等五个方面呈现,旨在探明职业教育精准扶贫政策设计的逻

① 刘细发.新时代教育扶贫的可行路径探析——基于我国中职教育扶贫视角[J].湖南社会科学,2019(02):57—64.
② 陈春艳.河南省职业教育“精准脱贫技能培训班”项目实施的成效、困境与对策研究[D].长沙:湖南师范大学,2018.
③ 陈超,林欣.精准帮扶贫困地区职业学校的路径研究与实践——以帮扶洪江市职业中专学校为例[J].邵阳学院学报(社会科学版),2019,18(06):62—68.
④ 李强谊,钟水映,曾伏娥.职业教育与普通教育:哪种更能减贫?[J].教育与经济,2019(04):19—27.

辑、内容和特征。其次,运用问卷调查法,考察学历职业教育和非学历职业技能培训的实施现状、成效及面临的问题。最后,运用访谈法,重点对扶贫办、教育、人社、发改、职业院校、乡镇政府等相关部门领导和工作人员进行访谈,旨在了解职业教育精准扶贫工作实施的相关情况。

(二) 数据来源

1. 政策文本来源。以党的十八大以来的2013—2019年为时间点,以党中央、国务院及其组成部门发布的与职业教育精准扶贫相关的政策为重点,共获得15份政策文本(其中国家政策8份、部委政策7份);地方层面选取西南边疆民族省份(云南省),共获得政策文本15份。具体情况见表3-2-1。

表3-2-1 职业教育精准扶贫政策文本基本情况表

政策层级	发布部门	政策属性	政策数量(份)
国家	全国人大及办公厅	法律	1
	中共中央、国务院及办公厅	政策	7
	国家部、委、办	政策	7
地方	云南省人大常委会	法律	1
	云南省委、省政府及其组成部门	政策	14

2. 实施成效数据来源。实施成效分学历职业教育和非学历职业技能培训两方面考察。学历职业教育选取云南省楚雄彝族自治州所有职业院校在籍的1 074名"建档立卡"贫困家庭学生为对象。调查中发放问卷1 074份,回收问卷1 074份,有效问卷1 074份。非学历职业技能培训调查对象涵盖楚雄市(县级市)全部14个乡镇,从每个乡镇随机选取28名属于"建档立卡"贫困户并接受过职业技能培训扶贫的贫困人口作为调查对象,共计308人。调查中发放问卷308份,收回问卷296份,问卷回收率96%;有效问卷285份,有效问卷率92.5%。

(三) 指标构建

1. 政策分析的维度和内容

从国家贫困治理看,"在发展中解决贫困一直是中国农村扶贫的主导思路,其背后的假设是大量农村贫困者本身拥有脱贫的潜能,政府通过基础设施建设、劳动力转移、农业产业化、金融支持和能力训练等方式可以使贫困者获得脱贫的机会"。[①] 在国家扶贫开发实践中,在农村贫困劳动力的能力提升中发挥应有作用,始终是政府对职业教育的关键定位,而职业教育一直将其作为重要的发展方向。

---

① 李棉管. 技术难题、政治过程与文化结果——"瞄准偏差"的三种研究视角及其对中国"精准扶贫"的启示[J]. 社会学研究,2017(01):217—241.

从贫困治理机制看,在政府主导下,形成以政策为引领、以项目为载体,层层传导,动员社会力量形成强大的动员合力。曾天山在《教育扶贫的力量》一书中,对国家扶贫开发战略中关于教育扶贫政策,从政策名称、针对问题、政策要点、教育作用、预期成果等五个方面进行分析;[①]王三秀在《教育反贫困:中国教育福利转型研究》一书中,基于福利理论,从制度视角出发,对1995年以来中国主要教育福利及相关制度,从政策名称、基本措施、制度性质三个方面进行分析;[②]薛二勇运用政策工具及其分类解释框架,以中国三个扶贫开发纲要为节点,从政策名称、发文时间、发文部门三个方面进行分析。[③] 本研究通过国家和部委、省级地方政府出台的系列政策分析,试图厘清其设计逻辑、创新要点及相关要求。

表3-2-2 政策文本分析的维度

一级维度	二级维度	指标说明
政策属性	法律	包括法律和规定
	非立法政策	意见、通知、方案、规划
政策内容	政策背景	国家反贫困的时代背景
	政策目标	职业教育和培训的目标
政策层级	国家政策	中共中央和国务院发布
	部委政策	各部、委、办、局文件
	地方政策	含省、州、县政府文件

2. 实践成效的维度和内容

(1) 学历职业教育

综合前人对学历职业教育学生精准扶贫的成果,本研究从"建档立卡"贫困家庭学生的基本信息、精准培养、精准资助、精准就业创业帮扶四个方面(见表3-2-3)展开问卷调查。

表3-2-3 职业院校"建档立卡"贫困家庭学生接受职业教育情况调查维度及内容

调查维度	调查项目
基本信息	性别 家庭所在地 是否为独生子女 学制类型及学段 就读专业

① 曾天山.教育扶贫的力量[M].北京:教育科学出版社,2018:15.
② 王三秀.教育反贫困:中国教育福利转型研究[M].北京:人民出版社,2014:25.
③ 薛二勇,周秀平.中国教育脱贫的政策设计与制度创新[J].教育研究,2017,38(12):29—37.

调查维度	调查项目
精准培养	就读学校更关注贫困学生的哪些方面？ 就读学校的人才培养模式 就读专业属于何种产业 所学课程与市场的关系 课任教师教学的水平 教师教学特点
精准资助	所在学校有哪些资助方式？ 所在学校提供各类资助是否及时？ 通过何种渠道了解到学校资助服务？ 对所在学校提供的资助服务了解程度如何？ 所在学校提供的资助服务对家庭经济影响如何？ 所在学校是否对资助学生的金额和名单进行公示？
精准就业创业帮扶	就读学校提供就业服务的方式 就读学校提供创业服务的方式 就读学校提供后续跟踪服务的方式

（2）非学历职业技能培训

基于前期对当地扶贫、教育、人社、发改、农业等部门的访谈调研，发现在国家和省级政府政策框架下，楚雄彝族自治州形成由当地扶贫部门统筹协调、相关部门确定扶贫项目及目标任务，乡镇政府组织贫困劳动力、技工院校实施培训的运作机制。基于这一实际，选取楚雄市（县级市）所有乡镇部分接受职业技能培训的劳动者作为调查对象，从贫困劳动者的人口统计变量、培训效果及贫困劳动力对培训的满意度三个维度（见表3-2-4），展开问卷调查。试图呈现贫困劳动力的基本特征、技能培训的作用、贫困劳动力对技能培训的满意度。以此为基础，提出基于贫困劳动力视角的相关改进建议。

表3-2-4　非学历职业技能培训实践成效调查问卷的维度和内容

调查维度	调查项目
基本信息	贫困劳动力的性别 贫困劳动力的年龄 贫困劳动力的家庭所在地 贫困劳动力的家庭是否属于"建档立卡"家庭 贫困劳动力参加培训的类型 贫困劳动力参加培训的费用承担方式 贫困劳动力参加培训的次数
技能培训对贫困劳动力的影响	培训后收入是否增加？ 培训后是否掌握新技术（新技能）？ 培训后是否提高技术（技能）水平？ 培训后对未来生活的预期有何变化？

调查维度	调查项目
	培训后对自我的评价是否有变化？ 培训后劳动技能是否有变化？
贫困劳动力对技能培训的 满意度	培训内容与培训需求的吻合度 培训时间安排的满意度 培训地点安排的满意度 培训教师培训方式的满意度 对培训内容的理解程度 对培训质量的满意度 对培训整体效果的满意度

四、 研究发现

(一) 职业教育精准扶贫服务于国家脱贫攻坚战略

在国家精准扶贫政策框架下,省级政府及职能部门制定出台的政策侧重于进一步细化国家的相关政策,在政策目标、政策内容和手段方式等方面与国家政策具有高度的一致性。国家层面的政策重在谋划全局,省级层面重在结合实际具体化,州市层面重在抓管理,县级层面重在抓落实。总体上呈现"随着行政层级下移,政策作用空间和自主调整空间进一步减小,县及以下乡(镇)实践一线主要是根据上级制定的方案来具体执行"①。有鉴于此,该部分的分析涵盖国家和省级层面的内容,省级层面若有特殊政策的,将具体分析。

1. 以服务国家脱贫攻坚需要为逻辑起点

作为政府治理的重要工具,政策具有明确的目标。通过对国家职业教育精准扶贫相关制度的梳理,发现职业教育本身尚未形成独立的政策领域,而是通过服务脱贫攻坚战略目标融入国家脱贫政策体系,通过政策手段嵌入专项脱贫攻坚行动,以实现国家贫困治理的最终目标为逻辑起点。

(1) 融入国家脱贫攻坚战略。从国家精准扶贫、精准脱贫的制度安排看,"通过教育脱贫一批"是精准扶贫"五个一批"的重要工程,而职业教育和培训则是"通过教育脱贫一批"中的关键路径和重要渠道。而从地方政策实施进展看,职业教育成为国家和地方政府解决有劳动能力并有就业意愿的贫困人口的贫困问题的重要制度安排。通过政策设计和政策实践交互作用的影响,职业教育和培训已成为增强贫困劳动力脱贫能力、稳定脱贫效果、实现稳定脱贫的重要政策工具,成为职业教育和培训服务国家脱贫攻坚战略目标的工具和手段,实现政策设计与国家目标的

---

① 瞿连贵,石伟平. 我国职业教育反贫困的限度与突破进路[J]. 职教论坛,2019,36(04)：6—14.

有机衔接。

（2）嵌入脱贫攻坚专项政策。从现有政策看,在国家层面职业教育主要通过两种方式嵌入国家脱贫攻坚专项政策:一是嵌入综合性政策,比如在《关于加快发展现代农业进一步增加农村发展活力的若干意见》、《关于打赢脱贫攻坚战的决定》等政策中,职业教育主要作为政策工具;二是嵌入专项扶贫行动计划中,比如在教育扶贫工程、技能脱贫千校行动、职业教育东西协作行动计划、教育"十三五"脱贫攻坚规划、深度贫困地区技能扶贫行动、职业技能提升行动方案、易地搬迁就业扶贫等专项政策中,职业教育和培训往往承担主导和关键性功能。可以看出,职业教育嵌入教育精准扶贫,而教育精准扶贫又嵌入国家精准扶贫是一个基本的政策设计逻辑。

2. 注重法律和政策有机结合的高位推动

（1）政策设计体现国家高位推动脱贫攻坚。在现有的 15 份政策文件中,中共中央、国务院及其办公厅发布的政策文本 8 份,占 53.3％;部、委、办发布的政策文本 7 份,占 46.7％。表明国家层面高位推动脱贫攻坚工作,通过密集连续的政策推动,层层传导压力和目标,确保国家脱贫攻坚战略如期实现。

（2）政策工具注重法律与政策有机结合。国家层面共获得 15 份政策文本,其中立法文件 1 份,即 2019 年发布的《中华人民共和国职业教育法修订草案（征求意见稿）》,明确"国家采取措施,扶持少数民族地区、贫困地区职业教育的发展;帮助妇女接受职业教育,组织各类转岗、再就业和失业人员等接受各种形式的职业教育,扶持残疾人职业教育的发展"[1],已将通过职业教育帮扶弱势群体纳入法治轨道。表明职业教育精准扶贫政策设计尝试将法律治理与现有制度治理相结合。而从地方层面看,仅就本研究关注的云南而言,当地省人大制定实施《云南省农村扶贫开发条例》,将实施"技能培训、就业创业、劳务输出"[2]纳入地方立法范围,以地方性法规强化扶贫工作的力度。

3. 瞄准"双精准"打出政策"组合拳"

（1）对象定位精准和区域定位精准相结合。一方面,贫困对象精准定位。现有政策对农村转移劳动力融入城市、贫困劳动力就业再就业、返乡农民工就业创业、贫困家庭学生接受职业教育等不同的群体,均明确了资助政策、培训重点,以提供精准的职业教育和培训支持。另一方面,贫困区域精准定位。比如,"技能脱贫千校行动"既有对贫困对象的定位,更有对深度贫困地区技工院校功能的定位。

（2）以培育内生动力为中心丰富政策工具。现有政策充分关注贫困劳动力自身蕴藏的脱贫致富能力,通过系列的政策引导、资金支持、岗位创造等方式,激发贫困劳动力积极参与职业教育和培训,进而提升贫困劳动力自身能力,依靠自身摆脱贫困,发展性特征明显。而从培训手段和

---

[1] 教育部. 关于《中华人民共和国职业教育法修订草案（征求意见稿）》公开征求意见的公告［EB/OL］. (2019 - 12 - 08)［2020 - 07 - 25］. http://www.gov.cn/xinwen/2019-12/08/content_5459462.htm.

[2] 国务院扶贫开发领导小组办公室. 云南省农村扶贫开发条例［EB/OL］. (2015 - 11 - 23)［2020 - 07 - 25］. http:// www.cpad.gov.cn/art/2015/11/23/art_46_41441.html.

方式来看,对贫困劳动力开展职业教育和培训的内容更加丰富,培训方式和手段要求更加灵活,旨在满足贫困劳动力的需求,方便贫困劳动力获得相应的培训。

表 3-2-5 2013—1019 年职业教育精准扶贫国家政策文本基本情况表

发文年份	发文部门	政策名称	职业教育和培训政策要点
2013	中共中央国务院	《关于加快发展现代农业进一步增加农村发展活力的若干意见》	开展农民工职业培训、推动农民工平等享有劳动报酬,推进农业转移人口市民化。
2013	国务院办公厅	《转发教育部等部门关于实施教育扶贫工程意见的通知》	提高职业教育促进脱贫致富的能力,完善职业教育资助政策。
2015	中共中央国务院	《关于打赢脱贫攻坚战的决定》	加大劳务输出培训投入。加大职业技能提升计划和贫困户教育培训工程实施力度。
2016	人力资源社会保障部	《关于在打赢脱贫攻坚战中做好人力资源社会保障扶贫工作的意见》	使每个有参加职业培训意愿的贫困劳动力每年都接受至少 1 次免费职业培训。
2016	人力资源社会保障部国务院扶贫办	《关于开展技能脱贫千校行动的通知》	2016—2020 年,在全国组织千所左右省级重点以上的技工院校开展技能脱贫千校行动,主要内容有开展技工教育和开展职业培训。
2016	教育部国务院扶贫办	《职业教育东西协作行动计划(2016—2020 年)》	以职业教育和培训为重点,以就业脱贫为导向,瞄准"建档立卡"贫困人口精准发力,启动实施三大行动。
2016	国务院	《"十三五"脱贫攻坚规划》	加强贫困人口职业技能培训和就业服务,实施重点群体免费职业培训行动、春潮行动、返乡农民工创业培训行动、技能脱贫千校行动等专项计划。
2018	国务院	《关于推行终身职业技能培训制度的意见》	面向符合条件的"建档立卡"贫困家庭、农村"低保"家庭、困难职工家庭和残疾人,开展技能脱贫攻坚行动,实施"雨露计划"、技能脱贫千校行动、残疾人职业技能提升计划。
2018	中共中央国务院	《关于打赢脱贫攻坚战三年行动的指导意见》	实施技能脱贫专项行动;推进职业教育东西协作行动;在人口集中和产业发展需要的贫困地区办好一批中等职业学校(含技工学校),建设一批职业技能实习实训基地。
2018	人力资源社会保障部	《打赢人力资源社会保障扶贫攻坚战三年行动方案》	一是实施技能脱贫专项行动;二是深入开展技能脱贫千校行动;三是增强贫困地区职业培训供给能力。
2018	人力资源社会保障部国务院扶贫办	《关于开展深度贫困地区技能扶贫行动的通知》	一是精准掌握贫困劳动力信息;二是大力开展就业技能培训促进转移就业;三是积极开展创新创业培训,培养创业带头人;四是支持企业开展职工培训,促进稳定就业。

发文年份	发文部门	政策名称	职业教育和培训政策要点
2019	教育部	《中华人民共和国职业教育法修订草案(征求意见稿)》	扶持少数民族地区、贫困地区职业教育的发展;帮助妇女接受职业教育,组织各类转岗、再就业和失业人员等接受各种形式的职业教育,扶持残疾人职业教育的发展。
2019	国务院办公厅	《职业技能提升行动方案(2019—2021)》	一是加大贫困劳动力和贫困家庭子女技能扶贫工作力度;二是持续推进东西扶贫协作框架下职业教育、职业技能培训和贫困村创业致富带头人培训;三是深入推进技能脱贫千校行动和深度贫困地区技能扶贫行动。
2019	人力资源社会保障部　国家发展改革委　财政部　国务院扶贫办	《关于做好易地搬迁就业帮扶工作的通知》	大规模开展职业技能培训:一是推动培训"应培尽培";二是增强培训精准性;三是提高培训补贴标准。
2019	国务院	《国务院关于印发国家职业教育改革实施方案的通知》	加大对民族地区、贫困地区和残疾人职业教育的政策、金融支持力度,落实职业教育东西协作行动计划,办好内地少数民族中职班。

(二)学历职业教育和非学历职业技能培训精准瞄准贫困人口发挥着多重影响

为进一步验证国家出台的系列职业教育精准扶贫政策的实际效果,在上述政策分析的基础上,围绕职业教育和培训这一主题,选择学历职业教育和非学历职业技能培训,尝试对其实施成效进行验证分析。

1. 学历职业教育精准扶贫

学校职业教育是职业教育精准扶贫尤其是精准脱贫和稳定脱贫的关键渠道,对于国家脱贫攻坚的推进及后脱贫时代贫困治理将发挥更加重要的作用。结合学校职业教育精准扶贫的特点,本部分通过贫困学生基本信息、精准招生宣传、精准培养、精准资助、精准就业创业帮扶等4个维度进行实证分析。

(1)以农村"建档立卡"家庭子女为主

表3-2-6表明:1 074名"建档立卡"贫困家庭学生中,男生331人,占30.82%;女生743人,占69.18%,女生居多。贫困学生中,非独生子女986人,占91.81%,独生子女88人,占8.19%,可见贫困家庭中有一定比例的独生子女家庭。贫困学生的家庭所在地为农村的有1 024人,占95.34%,这与我国贫困人口主要集中在农村地区的实际情况相符,只不过在贫困地区这种情况更为严重。贫困学生中有880人(81.94%的学生)在州政府所在地的职业院校就读。造成这一状

况的原因至少有两个方面,一方面,当地优质职业院校(州属职业院校)主要分布在楚雄市区,这些院校办学层次较高(三所高职、一所市属职中)、办学规模较大、办学条件优越;另一方面,各县职中由于投入有限和区位偏远,办学规模日益萎缩,发展困难重重,难以吸引到生源。

表 3-2-6　受访"建档立卡"家庭学生基本情况表

项目	内容	频数(人)	百分比(%)
性别	男	331	30.82
	女	743	69.18
家庭所在地	农村	1 024	95.34
	乡镇	29	2.7
	县城	8	0.74
	市区	13	1.21
目前就读学校所在地	楚雄市	880	81.94
	县城	194	18.06
是否独生子女	是	88	8.19
	否	986	91.81
就读层次	中职	358	33.33
	高职	635	59.12
	中高贯通	81	7.54

特别值得注意的是,受访贫困学生中,已有 66.66% 的学生就读的是高职层次的教育(高中毕业的高职或初中毕业五年一贯制高职)。后续的访谈中发现,当地中等职业学校积极创新办学模式,通过与当地及外地的高职和本科院校合作,联合开展"3+2"五年制大专和五年一贯制"中高贯通"教育模式,以提升学生的学历层次和技术技能水平。

(2)精准招生形式多样化

图 3-2-1 显示,1 047 名受访贫困学生中,57.91% 的学生在进入职业院校前,相关部门为其

图 3-2-1　针对贫困家庭学生的职业教育精准招生宣传

为贫困学生做入学登记　57.91%

职业院校开展招生宣传　31.19%

鼓励就读职业教育改革项目　24.86%

办理贫困家庭子女登记,31.19%的学生接受过职业学校的宣传动员,24.86%的学生接受过就读职业教育试点项目的引导。针对贫困家庭学生就读职业院校所开展的多种精准招生和宣传,与国家向贫困县、贫困村选派了脱贫攻坚工作人员密切相关。在职业院校选派教师担任驻村干部的情况下,教师们往往会结合自身专业和人才培养的优势,为贫困家庭子女就读职业教育、贫困劳动力技能培训、农村实用技术推广等进行多方位的宣传和动员。其对于提高贫困人口对职业教育的了解和认识,充分发挥职业教育的功能具有积极作用。

(3)精准培养实施系统化

首先,培养过程注重面向就业。图3-2-2显示,79.52%的贫困家庭学生就读偏向于第三产业的专业,18.62%的贫困家庭学生就读于偏向第二产业的专业。可见贫困家庭学生就读专业具有很强的"离农"倾向,毕业后有赖于通过离土离乡的转移获得就业机会。对楚雄州一所学校近三年的毕业生去向的调查发现:2016—2018年,该校省内就业的毕业生分别占36.93%、32.09%和29.17%,呈逐年下降之势;与此相反,该校转移到省外就业的毕业生分别为64.07%、67.94%和70.83%,呈逐年增加之势。这与西部地区产业发展相对滞后、就业岗位和机会有限密切相关。另外,学生所学课程大多以市场需求为导向,上课教师的教学水平总体偏上,教学过程理论与实践相结合,总体上符合职业教育人才培养模式,体现技术技能人才成长规律。

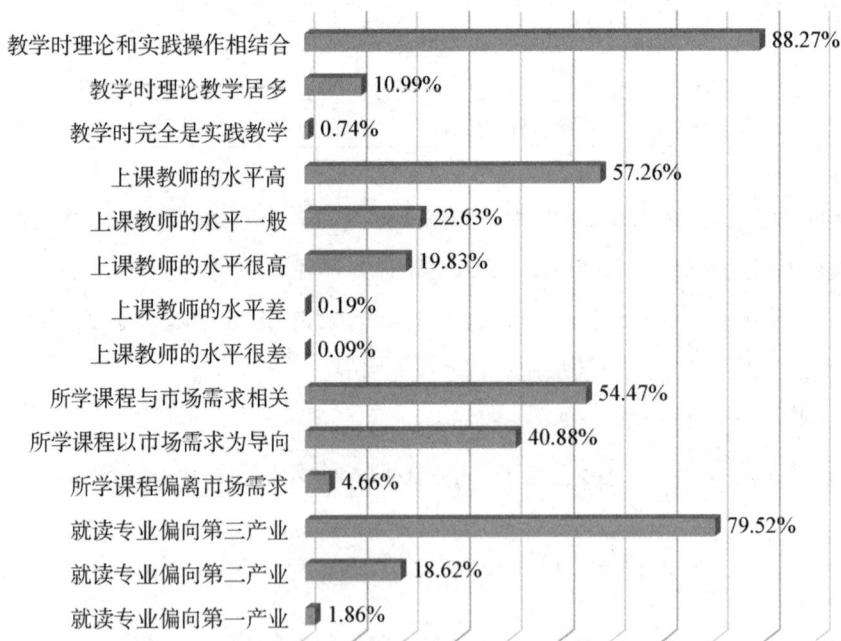

图3-2-2 贫困学生职业教育精准培养状况

其次,注重学生思想政治教育,但"扶志"教育有待加强。图3-2-3显示,43.3%的学生认为学校更关注思想品德教育、35.94%的学生认为学校更关注技术技能、10.8%的学生认为学校更

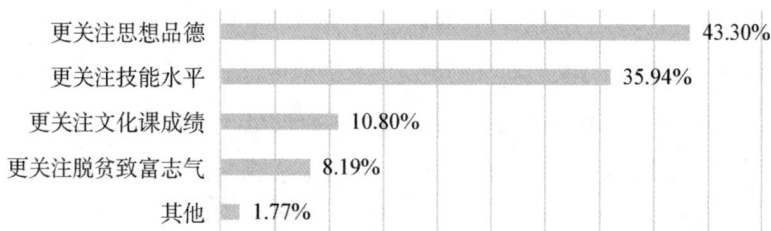

更关注思想品德 43.30%
更关注技能水平 35.94%
更关注文化课成绩 10.80%
更关注脱贫致富志气 8.19%
其他 1.77%

图 3-2-3 职业院校贫困家庭学生"扶志"教育情况

关注文化课成绩、8.9%的学生认为学校更关注脱贫致富的志气教育。而从家庭贫困学生的实际情况看,脱贫致富的内在动力和自信心普遍不足,需要学校采取相应措施给予激发。而从样本数据看,学校在这方面没有相应的重视和投入。后期访谈发现,学校对家庭贫困学生大多通过感恩教育、享受国助金征文比赛等活动,和通过班主任进行教育。而现实中,班主任大多承担课程教学、招生就业、培训鉴定等多重任务,对于班级工作更多停留于日常管理,鲜有开展专题活动,尤其对于家庭贫困学生,很少开展专门的励志教育和精神激励活动。

再次,职业院校提供多种培养模式、但贫困学生接受职教改革项目的比例偏低。图 3-2-4显示,21.88%的学生接受东西合作人才培养模式、19.83%的学生接受"现代学徒制"人才培养模式、11.92%的学生接受订单培养和企业冠名班人才培养模式。以上人才培养模式是国家职教改革发展的优先选项,是西部地区、贫困地区职业教育改革发展的引擎,其与就业更加贴近,更有可能获得优质的就业岗位,更有利于贫困学生成功就业和摆脱贫困,更能体现职业教育精准扶贫、精准脱贫的价值。然而,数据显示这些有利于摆脱贫困的职业教育人才培养模式,贫困学生实际能享受到的相对较少,有待进一步提升。

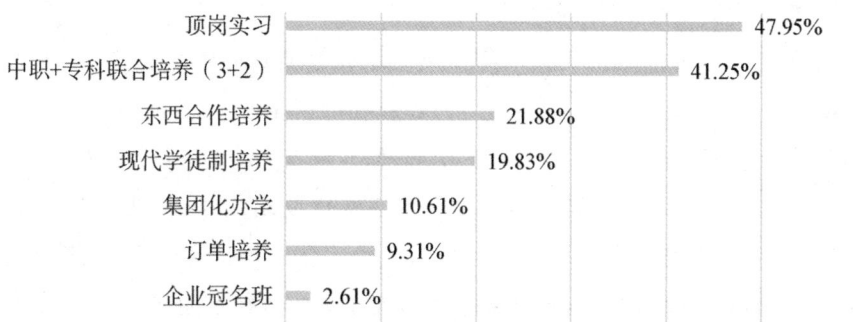

顶岗实习 47.95%
中职+专科联合培养(3+2) 41.25%
东西合作培养 21.88%
现代学徒制培养 19.83%
集团化办学 10.61%
订单培养 9.31%
企业冠名班 2.61%

图 3-2-4 职业教育精准扶贫主要人才培养模式

(4)精准资助形式多样但执行效率有待进一步提升

首先,学生资助类别丰富多样。中职学生除国家对"建档立卡"家庭普遍实施的国家助学金、雨露计划、免除学费外,6.52%的学生获得民政临时生活救助资金补助。高职学生获得国家资助的政策更为广泛,52.79%的学生获得国家奖助学金、35.95%的学生获得生源地助学贷款、

30.63%的学生获得学费奖励。与此同时,政府还为高职学生提供一次性新生上学路费补助、绿色通道入学等渠道。可见,多种渠道的资助为贫困家庭学生进入职业院校学习提供了经济保障。

其次,从学生了解资助政策的渠道看,通过教师了解的最多,占89.2%;通过同学、家人或亲戚朋友了解的居中,分别为31.66%和24.95%;通过电视、网络、报纸新闻了解的较少,占20.48%。可见,当前多层次和立体化的精准资助宣传,为学生多渠道了解提供了可能。

再次,从学生对资助政策的了解程度看,完全了解资助政策的仅占7.64%、比较了解的占28.96%、部分了解的占60.43%、完全不了解的占2.98%。这与学生对资助政策的了解渠道密切相关,绝大多数学生通过教师了解资助政策。调研中发现,学校资助政策通过宣传栏和班主任进行传递,而学生较少直接阅读宣传栏;班主任主要从处理日常工作的角度,提出学生应提交的材料、注意事项,很少有系统全面的介绍。甚至有些班主任本身对国家资助政策的了解也不多,主要原因在于资助政策仅仅是班主任工作中极其微小的一部分。

最后,从学生资助的规范度和效果看,对于学校资助学生名单及金额的公示情况,71.23%的学生明确学校已进行公示、8.01%的学生认为没有进行公示、20.76%的学生不清楚;对于学校提供资助是否及时这一问题上,70.39%的学生认为及时、7.36%的学生认为不及时、22.25%的学生选择不清楚;51.12%的学生认为学校提供的经济资助对家庭经济帮助很大、34.64%的学生认为帮助较大,尚有14.24%的学生认为帮助很小和毫无帮助。说明在落实国家资助政策上,学校总体上是及时的,然而,学生资助政策实施的及时性仍有待提升。

(5)精准就业创业帮扶已普遍开展但后续服务相对滞后

首先,76.82%的学生认为所在学校提供就业指导服务,38.18%的学生认为所在学校建立就业基地、推荐对口就业,25.88%的学生认为所在学校提供订单培养的学生直接去对口企业就业的机会,8.47%的学生认为所在学校没有提供就业服务。

其次,在创业教育方面,61.13%的学生认为所在学校提供创业实践机会,59.4%的学生认为所在学校开设创业课程,33.33%的学生认为所在学校提供创业技术支持,15.92%的学生认为所在学校资助创业场地和设备,6.61%的学生认为所在学校没有提供创业服务。

再次,在学生离校后的服务方面,76.72%的学生认为学校提供实习管理服务,安排教师进入企业帮助学生解决实习中的困难,35.94%的学生认为所在学校开展就业跟踪服务并为毕业生提供就业创业指导建议,22.99%的学生认为所在学校对毕业生进行定期回访,了解就业创业的状况,7.64%的学生认为所在学校没有后续的跟踪服务工作。

2. 非学历职业技能培训精准扶贫

当前,非学历职业技能培训是对成人进行人力资源开发的重要举措,更是提升贫困成人劳动力劳动技能和社会竞争力的关键保障。从前面的政策分析中可以看出,技能培训成为当前国家技能脱贫及长远终身职业技能培训制度的重要内容。《中共云南省委云南省人民政府关于举全省之力打赢扶贫开发攻坚战的意见》([2015]14号)明确提出:"实施技能扶贫专项行动,加大劳动力培训转移就业力度,免费对贫困户劳动力开展订单、订岗、定向培训,支持贫困群众就地和到省内外经济发展较好地区或跨境就业创业,对跨省、跨境务工的贫困人口给予交通补助,加大向东部沿海地区劳务输出的组织服务力度。"另外,为进一步推动技能扶贫专项行动有效得到执行,配套出台了《云南省技能扶贫专项行动方案》。该方案进一步明确"围绕贫困地区经济社会发展和促进贫困人口就业创业需要,通过培训一批适应当地产业发展需要的劳动者、转移输送一批技能劳动力、培养一批适应我省重点产业发展的技能人才、创业扶持一批劳动者就业'四个一批'技能扶贫行动,大幅提升贫困地区劳动者就业创业技能,拓宽转移就业渠道,改善创业基础条件,使技能人才发展基本满足当地经济社会发展需要,为实现高质量就业、脱贫攻坚打下坚实基础。"

本部分以云南省楚雄彝族自治州某县为调查对象,从贫困劳动力的基本信息、职业技能培训对贫困劳动力的影响、贫困劳动力对技能培训的满意度三个方面,对技能培训实施成效进行考察分析。

(1)非学历职业技能培训对象以男性、成人劳动力和贫困户居多

表3-2-7表明,非学历职业技能培训精准扶贫对象具有以下特征:一是性别以男性为主,男性占70.53%、女性占29.47%;二是培训对象以成年贫困劳动力主,21—30岁占26.67%、31—40岁占35.09%、40岁以上占32.63%,20岁以下劳动力仅占5.61%;三是培训对象基本上是农村劳动力,占98.95%;四是培训以劳动转移培训(75.44%)和农村实用技术培训(24.41%)为主,相对单一但切合当地贫困劳动力需要;五是培训对象以"建档立卡"贫困户家庭劳动力为主,同时涵盖了一部分非贫困户的贫困劳动力,具有一定的溢出效应;六是培训费用以政府投入为主;七是培养对象参加多次培训的情况较多,参加2次及以上培训的占67.37%。

表3-2-7　参加非学历职业技能培训贫困劳动力的基本情况

项目	类别	频数(人)	百分比(%)
性别	男	201	70.53
	女	84	29.47
年龄	20岁以下	16	5.61
	21—30岁	76	26.67
	31—40岁	100	35.09
	40岁以上	93	32.63
家庭所在地	农村	282	98.95
	乡镇	3	1.05
所在家庭属于	建档立卡贫困户	252	88.42
	非建档立卡贫困户	33	11.58

项目	类别	频数（人）	百分比（%）
参加培训属于	农村实用技术培训	69	24.21
	劳动力转移培训	215	75.44
	其他培训	1	0.35
参加培训的费用	政府承担全免费	280	98.25
	政府补助和自己交费结合	4	1.4
	全部自费	1	0.35
参加的培训次数	1 次	93	32.63
	2 次	80	28.07
	3 次	71	24.91
	4 次及以上	41	14.39
	合计	285	100

（2）非学历职业技能培训对贫困劳动力具有多重影响，有利于激发内生脱贫力量

图 3-2-5 显示，非学历职业技能培训对贫困劳动力产生多方面的影响：使贫困劳动力掌握

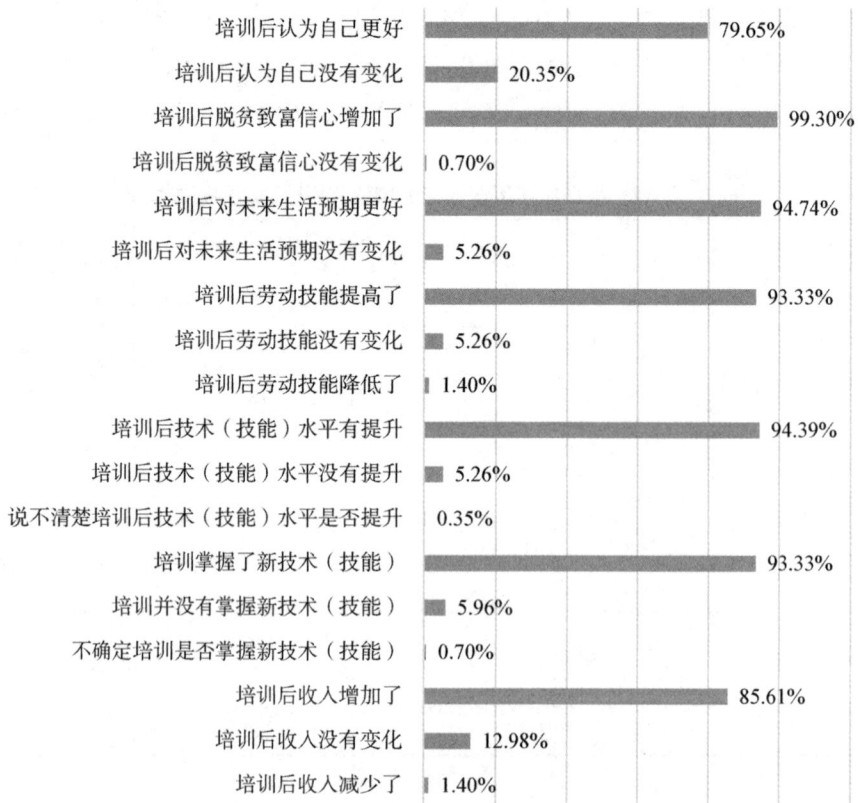

图 3-2-5　非学历职业技能培训对贫困劳动力的影响

了新的技术(技能)(占 93.33％),增加了贫困劳动力的收入(占 85.61％),提高了贫困劳动者的技术(技能)水平(占 94.39％),提高了贫困劳动者的劳动技能(占 93.33％),贫困劳动者对未来生活的预期更好(占 94.79％),增加了贫困劳动者脱贫致富的信心(占 99.30％),贫困劳动者的自我感觉更好(占 79.65％)。

从现实情况来看,职业技能培训侧重于转移劳动力培训和农村实用技术培训,贴近贫困劳动力转移就业或农村务农的现实需要,培训针对性和实用性较强,在生产生活中发挥较大作用,进而提高贫困劳动力的收入、改进贫困劳动力的自我认知和对未来的生活预期,产生积极的心理作用,增加了贫困劳动力脱贫致富的信心和能力。这一结果与国内外参与反贫困和教育反贫困在激发贫困者内生动力中的优势高度吻合,体现出职业技能精准扶贫符合贫困劳动力所需,可接近及可转化为现实生产力的优势。

(3) 贫困劳动力对非学历职业技能培训的满意度总体较高但内部存在一定差异

图 3 - 2 - 6 的样本数据显示,整体而言,培训内容与贫困劳动力需求、贫困劳动力能理解培训内容的吻合度较高,以及贫困劳动力对培训时间安排、培训地点安排、培训质量、培训整体效果的满意度偏高。说明贫困劳动力对职业技能培训总体上很满意。

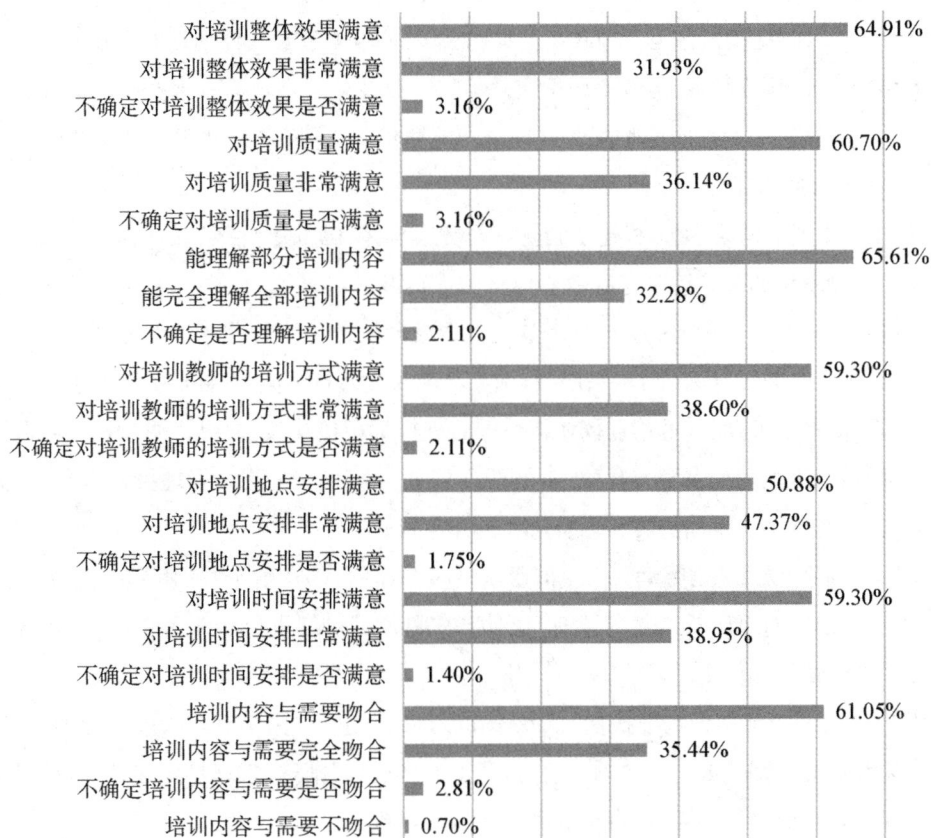

图 3 - 2 - 6　贫困劳动力对非学历职业技能培训的满意度

具体来看,贫困劳动力对培训地点安排的满意度最高(非常满意的比例为47.37%,近二分之一)。后期访谈中发现,贫困劳动力之所以对培训地区的安排非常满意,原因在于实施技能培训中,培训机构坚持"培训下乡、服务上门"的原则,技工院校将技能培训班办到了村组,贫困劳动力在家门口便可接受培训。对培训机构、村组干部和贫困劳动力的进一步访谈发现,贫困劳动力对培训质量的满意度较低(非常满意的比例为36.14%,略高于三分之一)的原因在于,贫困劳动力的需求分散,很难单独组班,便将几个工种组合在一起,针对性和培训效率有待进一步提高。与此同时,培训内容与贫困劳动力需求高度吻合、绝大多数贫困劳动力能理解培训内容、贫困劳动力对培训教师的培训方式比较满意,原因至少有两个方面:一方面,职业技能培训主要涉及的转移劳动力培训内容相对简单;另一方面,技工院校在实施培训时,一般选派培训经验丰富的教师,加之下乡培训一般以实际操作为主,形象生动、易于接受。

五、 结论与讨论

(一) 结论

1. 从政策设计理念看,作为一种政策工具和手段,职业教育和技能培训嵌入在国家脱贫攻坚政策体系中。比如,国家层面的15个政策文件均将职业技能培训视为精准扶贫的重要方式。这种嵌入式的设计理念为发挥职业教育和培训的功能和优势,进而更好地服务国家战略提供了合法性基础和政策的权威性。

2. 从政策体系结构看,国家构建了涵盖不同贫困群体、瞄准重点区域的精准扶贫、精准脱贫政策体系。这种密集的政策体系在有效避免贫困人口漏出的同时,也产生了政策目标对象和内容在一定程度上相互交叉重叠的新问题。这给基层政策执行者带来了一定困扰。

3. 在实施精准扶贫中,职业院校在执行国家精准扶贫政策的同时,针对贫困学生在精准招生宣传、精准培养、精准资助、精准就业创业帮扶方面进行了积极探索,取得了明显进展。但囿于职业院校内部管理,班主任大多身兼数职、工作任务繁重、压力巨大,班级管理投入有限,在激发贫困学生志气、摆脱贫困内生动力方面仍有较大提升空间。

4. 职业技能扶贫对贫困劳动力产生的影响是多方面的,其在给予贫困劳动力技术技能的同时,还改变了贫困者对自己及未来的预期,其对于贫困者可持续发展至关重要,应从多方面衡量职业技能扶贫的功能和作用。

5. 职业教育和技能培训精准扶贫的对象仍以"建档立卡"贫困家庭及人口为标准,难以覆盖低收入家庭和深度贫困地区的非贫困劳动力,客观上将这些"濒贫"人口排除在外,其难以满足低收入人口对职业技能培训的需求,更难以适应贫困治理新形势。

(二)讨论

1. 政策与法律的衔接有较大差距,难以适应贫困治理的新形势新要求

应将职业教育精准扶贫尽快纳入法制轨道,原因至少有三点:第一,从职业教育参与贫困治理的现实看,国家已有对贫困人口和低收入人口进行就业及技能培训的相关法律保障。比如《中华人民共和国宪法》第四十二条规定"国家通过各种途径,创造劳动就业条件,对就业前的公民进行必要的劳动就业训练";《职业教育法》第七条规定"国家采取措施,组织失业人员接受各种形式的职业教育";《就业促进法》第十六条规定"国家建立健全失业保险制度,依法确保失业人员的基本生活,并促进其实现就业";《社会救助暂行办法》第四十二条规定"国家对最低生活保障家庭中有劳动能力并处于失业状态的成员,通过贷款贴息、社会保险补贴、岗位补贴、培训补贴、费用减免、公益性岗位安置等办法,给予就业救助"。第二,从发达国家贫困治理的成功实践看,美国将贫困人口接受职业技能培训、积极寻找工作等作为领取国家福利的前提条件,以增加对贫困人口的刚性约束,减少当前一些贫困人口参与意愿不高、主动性不足的问题。第三,从当前的政策设计看,针对职业教育和技能培训的政策中,仍然以引导性和鼓励性为主,缺少应有的约束。从建立现代贫困治理的需要看,需要明确贫困者的权利,但更需要明确贫困者的义务,形成权利和义务相统一,相互促进的格局。

2. 精准宣传面临信息不对称和路径瓶颈,难以消解贫困人口对职业教育的认识偏差

长期以来,"出口畅"但"招生难"一直是职业教育面临的突出问题。在普通高中普遍扩招、初中毕业生整体规模缩减的环境下,面向贫困人口的精准招生宣传面临诸多现实挑战。主要原因至少体现在以下几个方面:一是部分家长对职业教育的认识很有偏差。实地调查中发现,一些农村贫困家庭的家长在孩子初中毕业时,若孩子没有考上普通高中,往往会首先考虑让孩子外出打工,而非接受职业教育。进一步访谈发现,在他们看来,提前进入劳动力市场可以提早获得收入,减轻家庭经济负担。而他们邻居的孩子,在中专毕业后,收入并没有明显的提高,这也成为一些家长宁可让孩子较早进入社会的有力证据。二是技能培训扶贫对象与职业院校招生对象存在交叉和重叠的问题。现实中,部分基层政府在完成扶贫任务的压力下,会将初、高中毕业未升学学生纳入劳动力转移培训,而这些学生同时也是职业院校招生的重要对象,表面上看是招生对象的冲突,实际上折射出各扶贫主体、扶贫理念认知上的差异。三是职业教育东西协作中面临认知性偏差的困扰。突出表现为,西部贫困学生家长及学生本人对东部地区的气候适应、饮食适应、生活成本承担等缺乏了解,制约了职业教育东西协作的推进。比如,云南省2018年东西协作预报名5 036人,但实际报到人数仅为3 706人,放弃的重要原因便是担心孩子适应不了新的环境。四是招生宣传中的不良干扰,其主要表现为部分学校,尤其是民办学校为争夺生源而出现的失实宣传、有偿招生等问题,致使一些学生及家长难以掌握真实有效的信息,选择上面临不少困难。

3. 精准培养面临支持性环境薄弱的制约,难以提升贫困学生的获得感

就职业教育自身来看,精准培养涉及学校教学的方方面面,需要多层面的支持性环境。然

而,现实中面临精准培养支持性环境的欠缺,至少体现为:一是在培养目标上,职业院校重视理论知识和专业技能的培养和训练,"扶智"成效明显,但在激发贫困学生自立自强、依靠自身努力脱贫致富的"扶志"教育方面仍然缺乏相应的保障。"扶志"落实中存在不少阻力。主要原因在于:一线教师大多担任班主任、科任教师、技能大赛指导教师等多重角色身份和工作任务,工作压力相对较大,导致客观上对学生的"扶志"教育不足。二是在教学中,贫困地区的职业院校因实验实训的条件相对落后,真正的既能承担理论教学又能从事实践教学的教师严重缺乏等客观原因,致使技能教学薄弱、学生实践机会不足;同时,大班化教学问题突出,制约了实践性教学的效果,影响到学生职业技能的训练与养成。三是在校企合作中,顶岗实习的专业对口率不高,实习期间缺少轮岗机会,多为重复的单一性技能,加之上班时间弹性较大、加班频繁,学生难以适应而出现流失问题;部分学校在与企业合作过程中,在安排学生实习时,因学校教师人手不足,无法进驻企业管理学生,只得委托企业管理,对学生的精准化帮扶和持续性支持不足。四是在生涯发展教育中,课程安排过于靠后。比如,部分职业学校的《职业生涯规划与设计》课程往往设在顶岗实习前,主要通过课程教学实施,形式相对单一;部分职业学校也开设就业指导专题讲座,但更偏向于就业信息推荐、求职技巧和面试技巧的介绍,缺乏对学生进行职业生涯的教育和指导,学生参与积极性不高,效果不理想。

4. 精准资助面临政策整合与流程优化的双重挑战,难以实现从资助到自助的跨越

相对而言,资助工作的政策性较强,自主空间较小。但在执行中,基于行政管理的多层级性,精细化程度偏低,政策整合与流程优化亟需加强。一方面,从资助制度保障来看,形成了国家层面、省、地(州)、县市等四个层面的资助政策,但申请、上报、审批等各环节流程较为复杂、需要提交的资料繁多、资助管理工作量大、审批周期较长、资助金发放缓慢,部分地区职业学校资金没有及时发放给学生。另一方面,部分学生及家长对资助政策了解不全面。职业学校对学生资助政策的宣传从形式方面看,主要通过宣传栏、班主任宣传;从内容上看主要是对资助政策文本的宣讲,缺乏对具体问题的关注和回应。一些学生和家长对资助政策缺乏完整的了解。更为重要的是,一些学校重视外在资助政策,对挖掘学校自身优势以开发助学岗位、激发学生内生力量以超越自我方面仍很薄弱。

5. 精准就业帮扶整体水平不高,难以形成对学生职业发展的有力支撑

一是创业教育存在明显的差异。一方面,县级职业高中大多没有开展创业教育,少数州(市)属职业学校也没有开展创业教育。另一方面,大多高职学校的创业培训属基础知识培训,与所学专业关联性不大。与此同时,部分学校创业培训时间安排与学生实习时间冲突。二是促进学生在当地就业面临多重挑战。一方面,学生对当地就业的期望值较高,与当地就业的现实环境较差相矛盾,致使一些想在本地就近就业的学生不得不转向外地就业,而到外地就业又面临学生就业流失率较高的挑战。另一方面,部分学生在就业后因工作环境和收入预期与实际相差大等原因,学生就业中流动率较高,不利于技能的积累和收入的增加,影响脱贫的效果。三是学生就业后续

跟踪服务较为粗放。部分学校在学生外出实习期间已做到由专门教师陪同,对实习、考核、安全、思想教育等工作进行全程全方位管理。但对学生毕业后的去向、稳定率、对口就业、收入、工作环境、满意度等缺乏定期回访的相关制度,学校对学生毕业后的整体情况缺乏整体把握。当然,要做好这项工作,本身就面临多方面的限制和挑战。

6. 办学软件和硬件制约依然突出,制约人才培养质量和减贫脱贫的可持续性

一是"双师型"教师较为缺乏。尤其是县职中教师多从普通中学转岗,加之缺乏针对性的培训,导致技能教学缺乏,文化课教学难以体现中职学生的认知特征。二是部分县级职中经费来源途径单一,使用严格但过于死板。县级职中所能得到的经费大多是来自上级的专项经费,对资金的用途有严格的规定,与学校实际所需要的经费有很大的差距。致使国家多次投入,但想要改善的软件环境仍然无法得到有效的解决。三是县级职中的设备缺乏,部分设备更新滞后。贫困地区的县级职中因经费来源单一、数量较少,设备较为缺乏,部分设备更新滞后,影响到人才培养的质量。从长远看,影响到脱贫的可持续性。

六、对策建议

在目标逼迫下,密集出台的系列政策之间的协调性、政策手段的精准性和实施环节的精细化等环节面临不少挑战。与此同时,面对乡村振兴战略实施中贫困治理转向相对贫困的新需求,因具有发展性,职业教育和技能培训将承担更加重大的使命。为此,需要更加系统的政策应对,以更好地发挥助力脱贫攻坚的作用。

(一)立足提高脱贫质量,优化职业教育精准扶贫内部治理

首先,进一步提升职业教育国家资助政策的宣传精准度。调查发现,很多家长尤其是农村家长对孩子入读中等职业学校可以享受的优惠政策并不清楚,绝大多数家长没有认识到职业教育长效脱贫的意义和价值。有鉴于此,加大职业教育国家普惠政策、职业教育对稳定脱贫意义的宣传,引导贫困家庭选择适合学生发展和有利于家庭致富的教育,减少教育致贫的机率,发挥职业教育在扶贫中的作用。其次,统筹学历职业教育与非学历职业培训扶贫。现实中,学历职业教育和非学历职业培训是扶贫的两种重要方式,但两者在服务对象上有交叉重叠或冲突,即扩大职业培训扶贫的规模,学历职业教育扶贫的对象必然减少。而从长远看,学历职业教育扶贫更有利于长期稳定脱贫。可见,降低"两后生"培训指标、鼓励入读职业学校,加大学历职业教育扶贫,是职业教育扶贫的方向。

(二)立足生涯发展,创新职业教育精准扶贫实施途径

首先,小班教学与精准培养。当前,中西部地区的职业学校,尤其是县级职业中学普遍存在

生源不足的难题。但这也恰恰是部分专业探索实施小班化教学,对学生进行个性化和精准化指导帮助的一个机遇。其次,轮岗训练与综合提升。一方面,提供岗位认知、岗位技能实训、顶岗实习的机会,提升家庭困难学生的就业能力;另一方面,注重顶岗实习阶段贫困学生能够轮岗实习,习得更多技能,实现综合素质提升。再次,兼顾职业启蒙和"扶志"教育。特别注重通过生涯规划教育,帮助其树立人生目标和职业发展方向,增强其战胜贫困、走向富裕的信心和决心。同时以个性化心理辅导和职业指导,实现"扶志"。教师开展"扶志"工作的,通过建立奖励机制,确保扶贫教育的坚强力量。

(三) 资源共享整合职业教育精准扶贫资金

从现实看,国家资助、社会组织资助和个人资助构成对职业教育资助的主要来源。从国家资助看,有国家层面的、省级层面的,甚至还有州市、县区的地方政策。部分地方存在交叉重合或遗漏的问题,在一定程度造成了资源的浪费。为此,一方面要建立国家、省级层面的职业教育资助资源的统筹机制,并统一进行资助,发挥整体效用。另一方面,在具体资助中,需要更加注重执行流程的优化,以最便捷的方式对贫困家庭学生进行资助。

(四) 提升学生可持续发展能力,优化职业教育"双创"教育

提升职业教育在精准扶贫精准脱贫的可持续性,关键在于立足贫困学生就业和发展面临的关键问题,开展创新创业教育。一是创业教育与专业教育的融合,在专业教学过程中融入就业和创业教育,基于专业发展所需开展就业创业教育;二是注重双创师资队伍的建设,加大引入企业创业人员进入职业学校开展教育活动,提升教育活动的有效性;三是双创教育与就业教育相结合,在中等职业学校,重点是推进就业教育,因为对于中等职业学校学生而言,重点在于就业教育。

专题 3： 高职院校办学绩效评价研究报告
——以 56 所"双高计划"院校为评价对象

一、 问题提出

2019 年 4 月教育部财政部联合下发《关于实施中国特色高水平高职学校和专业建设计划的意见》(简称"双高计划")，意见指出，要"集中力量建设 50 所左右高水平高等职业学校和 150 个左右高水平专业群，打造技术技能人才培养高地和技术技能创新服务平台，支撑国家重点产业、区域支柱产业发展，引领新时代职业教育实现高质量发展"。① 从 1999 年到 2019 年，高职院校改革经历了从单纯规模扩张到深入内涵建设的 20 年。在经历了示范校、骨干校、优质校的建设周期后，高职院校改革进入了"双高建设"的内涵发展新时期。历经 20 年的改革发展，高职院校取得了长足的进步，如今却似乎进入了发展的"平台期"。而"双高计划"的推进，可谓是突破高职院校改革发展"平台期"的一柄利剑，但是，如何使这把"利剑"充分发挥作用，是当下需要认真探究的问题。一方面，"双高计划"院校办学水平作为"双高计划"建设实施的地基与起点，对整个"双高计划"的建设与目标的达成都起着重要的基础性作用，因此在"双高计划"建设实施的初期，有必要分析"双高计划"院校当下的办学水平，明晰其基本类型，了解其办学过程中存在的问题，为后续明确建设方案与策略打下基础。另一方面，"双高计划"院校建设的路径一般可以分为两条，自上而下，即以政策层面的目标、标准或导向为依据，从理论到实践，形成相应的建设策略；另一条则是自下而上，即以建设院校的现有情况为基础，分析与应然目标状态间的差距，从院校的实际情况进行建设。从"双高计划"的建设原则与目标来看，强化优势、补足短板、分类优化显然是"双高计划"建设的必然选择。基于这一选择，就需要对"双高计划"建设院校的实际情况进行分析，明确其优势与不足，同时分析院校不足与标准之间存在的差距，并因地制宜、因时而变地架构不足与标准之间的桥梁。基于以上问题，本研究通过量化数据，对"双高计划"院校目前的办学水平即办学效率进行多方面的分析，在分析结果的基础上，提出相应的对策建议。

---

① 教育部，财政部. 关于实施中国特色高水平高职学校和专业建设计划的意见[EB/OL]. (2019 - 04 - 04)[2020 - 03 - 21]. http://www. moe. gov. cn/srcsite/A07/moe_737/s3876_qt/201904/t20190402_376471. html.

二、 文献综述

围绕"双高计划"院校办学绩效评价这一研究主题,本部分主要对现有高职办学绩效研究的评价方法、指标构建以及"双高计划"建设研究现状等进行综述。

(一) 办学绩效评价指标与方法

通过对已有关于高职办学绩效评价指标与方法的回顾可以看到,办学绩效评价通常采用DEA分析法,包括DEA数据包络分析[①]、SBM-DEA模型与Malmquist指数[②]、PCA-DEA模型与Super-SBM模型的综合使用[③]等。DEA分析法采用线性规划技术测算效率,是一种在运筹学和经济学中用于评估生产前沿的非参数分析法,其中可以引入多个指标,可对高职科研绩效进行更全面的评估。这种生产率计算方法由于不需要设定生产函数的具体形式,从而避免了主观设定生产函数的影响,并且该方法能够处理多投入、多产出条件下的效率度量[④],这些特性让DEA分析法具有更好的适用性和灵活性。

在办学绩效评价指标上,通常从投入和产出两个维度进行分析。投入指标一般包括基础投入、设施设备投入、人力资源投入、经费设备投入四个维度;产出指标一般包括教学育人成效、校企合作成果、科研产出、社会服务等。具体要素如表3-3-1所示。

表3-3-1 现有研究投入产出指标要素

	指标	要 素
投入指标	基础投入	生均土地面积、生均校舍面积、生均宿舍面积、生均实践场所面积等
	设施设备	生均教学科研仪器设备值、百名学生配教学用计算机台数、生均年进书量、生均校内实践教学工位数、生均图书册数等
	人力资源	生师比、"双师型"教师比例、年生均校外实训基地实习时间、专任教师人数、硕士博士学位教师占专任教师比例、副高及以上职称占专任教师比例等
	经费投入	年生均财政拨款水平、经费收入、中央财政支持职业教育实训基地数等
产出指标	教学成果	专业建设个数、国家级教学成果及三大科技获奖数、国家精品课程数等
	育人成果	在校人数、就业率、专业对口率、毕业生人均月收入、毕业生满意度、创业率、获取职业证书的比例、毕业生初次就业率等
	科研成果	纵向科研经费、省级科研成果奖一等奖和特殊贡献奖总数等

① 刘蓓,潘文,王潮临.高职高专院校办学绩效评估之实证研究[J].教育与职业,2011(11):12—15.

② 王琨,丁超.民族地区高职教育办学的绩效分析[J].民族教育研究,2019,30(03):116—127.

③ 苏荟,吴玉楠.基于PCA-DEA模型的高职院校办学绩效评价研究[J].现代教育管理,2018(10):87—93.

④ 白俊红,蒋伏心.协同创新、空间关联与区域创新绩效[J].经济研究,2013(07):296—231.

指标	要　素
校企合作	横向技术服务款、发明专利授权数等
社会服务	雇主满意度、公益性培训服务等
国际合作	全日制(境)外留学生人数、非全日制(境)外人员培训量等

除以上指标外,还有研究者从办学效率、办学成果、办学效益三个方面出发,通过德尔菲法对各分解指标进行赋权,构建了包含平均招生增长率、学校专业规模效益、学校培训规模效益、品牌专业建设情况、毕业率、就业率、对口就业率、学校知名度、社会效益以及经济效益在内的高职办学绩效评价指标体系。[①]

(二)"双高计划"建设的研究现状

目前有一些学者从"双高计划"建设单位的特点、建设策略的角度对"双高计划"建设的情况进行了分析。

从目前的研究来看,对"双高计划"院校特点的分析主要从建设单位分布、结构特征、地域特征[②]、产业布点、先期财政投入效率、人才培养核心[③]等角度进行。已有对"双高计划"院校现有办学水平的分析主要针对整个"双高计划"进行,极少有单独对高水平高职建设院校办学水平的分析,同时分析的内容主要围绕"双高计划"项目的特征本身,涉及院校实际情况与存在问题的研究也较少。

关于"双高计划"院校建设策略的研究则主要从产教融合、技术创新转化、院校内部治理、专业带头人培育[④]、教学质量改革、类型教育特色[⑤]等方面进行。还有学者从应用研究驱动[⑥]、双高建设项目[⑦]、专业建设[⑧]等具体内容进行分析,提出促进"双高计划"院校建设的策略。通过对"双高计划"院校建设策略研究的分析可以看到,学者们提出对策建议通常是针对全部的"双高计划"院校而言,较少有分析不同"双高计划"院校具体情况并将其分类提出针对其不足的建设策略;同时目前的研究也缺乏对"双高计划"建设重难点的分析。只有在明确建设重难点的情况下,才

---

① 吴凯,梁子婧. 高职院校办学绩效的评价指标体系及应用研究[J]. 教育理论与实践,2008(11):25—27.
② 陈友力,叶赋桂. "双高计划"建设项目特征与遴选机制分析[J]. 中国高教研究,2020(02):103—108.
③ 郭福春,许嘉扬,王玉龙. 中国特色高水平高职学校和专业建设项目分析[J]. 中国高教研究,2020(01):98—103.
④ 潘海生,周柯,王佳昕. "双高计划"背景下高职院校战略定位与建设逻辑[J]. 高等工程教育研究,2020(01):142—147.
⑤ 张文利,范明ını. 新时代高职教育高质量发展的内涵、基本遵循与推进路径[J]. 教育与职业,2019(21):25—32.
⑥ 周瑛仪. 应用研究驱动的高水平高职学校建设[J]. 高等工程教育研究,2020(01):160—164.
⑦ 郭福春,许嘉扬,王玉龙. 中国特色高水平高职学校和专业建设项目分析[J]. 中国高教研究,2020(01):98—103.
⑧ 宾恩林. 加强应用性研究:"双高计划"背景下高职院校专业建设之路[J]. 华东师范大学学报(教育科学版),2020,38(01):33—42.

有可能冲破现有高职院校建设瓶颈,实现质的飞跃。对"双高计划"院校实际情况的分析显然离不开"办学"二字,为了使"双高计划"院校的建设更有针对性,同时能够根据不同类型的学校因地制宜的施策,就有必要对现有"双高"院校的办学绩效进行评价,对其优势与不足进行分析,将绩效评价作为建设策略的起点、标杆与导向,明晰"双高计划"建设的重难点与路径。

通过上述对高职院校办学绩效评价以及"双高计划"建设研究现状相关研究的分析可以看到,从评价方法上来看,目前对高职绩效的评价多采用 DEA 数据包络分析法。该方法在学校办学绩效评价的方方面面中已经得到了广泛的使用,且评价效果相对较好。从评价指标体系上来看,早期的研究多以文献或个人经验为基础构建评价指标体系,近年来在评价指标的选取上开始采用主成分分析等方法通过对数据的分析析出相应指标,从实证的角度为指标的选取提供依据,但是相关的研究仍然较少。从评价的内容上来看,目前高职院校办学绩效的评价研究中,较少有对"双高计划"院校的办学绩效进行的评价。"双高"院校的办学绩效作为"双高"院校建设的基础,是双高计划实施的关键要素,有必要对其现实情况进行分析。

本研究在原有研究的基础上,将通过主成分分析法等统计方法科学地选取和处理相关指标数据,并在此基础上进一步对"双高计划"院校具体的办学效率及其分类和特点进行分析。

三、 研究设计

(一) 研究方法

高校办学活动是一个多维投入、多维产出的复杂过程,难以用经典统计方法进行测量。因此,大多数研究从相对效率角度出发,采用数据包络分析(Data Envelopment Analysis, DEA)方法对高校办学活动进行评价。[1] 在 1974 年,教育经济学家莱温(Levin)提出了教育生产的技术效率测量方法,DEA 方法首次运用于教育领域。[2] 鲁杰罗(Ruggiero)(2003)将 DEA 方法应用于高等院校办学效率的研究中,并证实在分析绩效问题上 DEA 是一个比较合适的方法。[3] 目前,DEA 分析法在我国对高职的办学、科研、财政收支等方面进行的绩效评价中得到了广泛的运用,且评价效果相对较好。

高职院校办学绩效评价指标相对较多,且指标内部的关系也较为复杂,无法使用统一的权重体系进行计算,这一点与 DEA 分析法比较契合。除此之外,DEA 分析的同质性特点,要求决策单

① 荣耀华,李沐雨,乜晨蕾,袁东学. 基于 DEA 视窗分析的教育部直属 72 所高校办学效率研究[J]. 数理统计与管理,2019,38(04):591—601.
② Levin H M. Measuring Efficiency in Educational Production [J]. Public Finance Review,1974,02(01):3-24.
③ Riggiero J. Comment on Estimating School Efficiency [J]. Economics of Education Review,2003,22(06):631-634.

元具有相同的目标、性质和外部环境。① "双高计划"院校的办学目标、定位等都是相对接近的,且可选取的指标都具有较强的稳定性。因此,可以认为样本具有同质性,适合采用 DEA 分析法。综上,本研究将采用 DEA 分析法,对"双高计划"院校现有办学绩效水平进行评价。

(二) 数据来源

根据教育部财政部《关于公布中国特色高水平高职学校和专业建设计划建设单位名单的通知》,本文选取了 56 所高水平建设高职作为研究对象,采用基于投入和产出的数据包络法(DEA),通过文献分析与主成分分析法确定投入与产出的指标,并从《中国特色高水平高职学校和专业建设计划申报书》中获得了相应指标数据,对这 56 所高职院校 2018 年的办学效率即各院校"双高计划"建设的基础办学绩效进行研究。

(三) 指标构建

1. 初始指标构建

在本研究中,初始指标的选取一方面参考现有对高职院校办学绩效评价的指标与选取方法,另一方面以"双高计划"院校遴选的标准与建设的目标为参考,再一方面参考其他学者相关研究中采用的指标。依据教育经济学原理,高校办学活动投入要素包括人力、财力、物力三个方面。② 在人力方面,根据上述文献综述可以看到一般包括生师比、"双师型"教师比例、专任教师数、硕博士学位教师占专任教师比例、副高及以上职称占专任教师比例等。考虑到职业教育类型教育的特点以及数据的可获得性原则,本研究选取生师比、双师素质教师比例、校内专任教师数以及专业课课时总数作为投入要素的人力指标。

在财力方面,一般主要是学校获得的年生均拨款水平、经费收入等。经费收入是指一个学校获得了多少可支配的经费,但是获得经费的多少通常不能有效反映学校对办学的投入。因此,本研究选取学校一年的总支出以及年生均财政拨款水平作为财力投入的要素指标。

在物力方面,物力投入中包含许多指标,如生均宿舍面积、生均实践场所面积、生均教学科研仪器设备值等。这些指标包含了学校办学的基础性投入,如教学楼、学生公寓、运动场等;设施设备方面的投入,如教学科研仪器设备、图书等。因此,本研究将物力指标细分为基础性投入与设施设备投入,选取生均占地面积,生均建筑面积,生均教学科研及辅助用房面积,生均实验室、实验场所面积,生均学生宿舍(公寓)面积,生均纸质图书册数,生均教学、科研仪器设备值,师均教学、科研仪器设备值等 8 个投入指标。

---

① 叶世绮,王辉. 多阶段 DEA 模型中决策单元的同质性探讨[J]. 统计与信息论坛,2012(02):15—21.
② 荣耀华,李沐雨,也晨蕾,袁东学. 基于 DEA 视窗分析的教育部直属 72 所高校办学效率研究[J]. 数理统计与管理,2019,38(04):591—601.

在产出指标方面,本研究基于"双高计划"的建设目标与高等职业院校最基本的办学任务,将产出指标分为教学、产教融合与社会服务三个维度。其中,教学维度包括育人成果与教学成果两项指标,反映高等职业院校办学在教育方面的成效;产教融合维度则包含了校企合作与成果转化两项指标,反映了高等职业院校服务产业发展的能力;社会服务维度则包括了社会培训与国际合作两项指标,反映了高等职业院校在服务能力与国际影响方面的成果。

综上,在遵循实用性、可获得性、鉴别力的指标筛选原则下,确定了如下(见表3-3-2)"双高"院校办学绩效评价的初始指标。

表3-3-2 "双高计划"院校办学绩效指标体系

一级指标	二级指标	三级指标	单位	标记
投入指标	基础性投入	生均占地面积	m²/人	X1
		生均建筑面积	m²/人	X2
		生均教学科研及辅助用房面积	m²/人	X3
		生均实验室、实验场所面积	m²/人	X4
		生均学生宿舍(公寓)面积	m²/人	X5
		生均纸质图书册数	册/人	X6
	设施设备投入	生均教学、科研仪器设备值	元/人	X7
		师均教学、科研仪器设备值	元/人	X8
	经费投入	学校年生均财政拨款	元/人	X9
		2018年学校总支出	元	X10
	人力投入	专业课时总数	学时	X11
		校内专任教师数	人	X12
		双师素质专任教师比例	/	X13
		生师比	/	X14
产出指标	育人成果	学生国家级以上竞赛获奖数	个	Y1
		应届毕业生初次就业率	%	Y2
		国家级教学成果奖数	个	Y3
		国家级职业教育专业教学资源库	个	Y4
	校企合作	校企合作开发课程数	门	Y5
		校企合作开发教材数	册	Y6
	成果转化	企业技术服务人均年收入	元/人	Y7
	国际合作	国(境)外留学生数	人	Y8
	社会培训	非学历培训规模	人/日	Y9

2. 最终指标确定

根据 DEA 分析法,在使用时需满足各投入、产出变量资料必须明确并且能量化、各决策单元间同质性要高、决策单元个数应至少为投入与产出变量的两倍以上以及必须符合线性规划模式[1]的要求。为满足 DEA 模型对指标的技术要求,采用因子分析对指标进行降维处理,消除投入指标间以及产出指标间的线性关系,以提高评价结果的有效性。[2]

首先,通过 SPSS25.0 对 14 个投入指标和 9 个产出指标分别进行因子分析,采用主成分分析法对因子进行构造,剔除因子载荷量低于 0.55 的指标以及在多个维度上载荷量都超过 0.55 的指标。投入与产出指标的 KMO 值分别为 0.619 和 0.612(>0.5),巴特利特球形检验显著性均为 0.000(<0.001),可以对投入产出指标进行主成分分析,分别提取了 3 个投入因素(累积方差贡献率=76.234%)FI1、FI2、FI3 和 3 个产出因素(累积方差贡献率=64.719%)FO1、FO2、FO3(见表 3-3-3,表 3-3-4,表 3-3-5)。

表 3-3-3　投入产出指标的 KMO 值与巴特利特球形检验

	投入指标	产出指标
KMO	0.619	0.610
巴特利特球形检验	362.032	196.180
p	0.000	0.000

表 3-3-4　旋转后的投入指标因子载荷矩阵

投入指标	变量	FI1	FI2	FI3
生均实验室、实验场所面积	X4			
生均纸质图书册数	X6	0.620		
生均教学、科研仪器设备值	X7	0.815		
师均教学、科研仪器设备值	X8	0.977		
学校年生均财政拨款	X9	0.778		
学校总支出	X10	0.873	0.891	
专业课时总数	X11	0.778	0.944	0.900
校内专任教师数	X12			
双师素质专任教师比例	X13			

---

① 薄乔萍. 绩效评估之资料包络分析法[M]. 台北:五南圖書出版股份有限公司,2007.
② 王宁,王鲁玉. 基于因子分析和改进 DEA 交叉模型的中国"一流大学"建设高校科研效率评价[J]. 统计与信息论坛,2018,33(12):37—44.

表 3-3-5　旋转后的产出指标因子载荷矩阵图

产出指标	变量	FO1	FO2	FO3
校企合作开发课程数	Y5	0.943		
校企合作开发教材数	Y6	0.932		
企业技术服务人均年收入	Y7	0.740	0.748	
学生国家级以上竞赛获奖个数	Y1		0.645	0.769
国家级教学成果奖个数	Y3		0.587	0.658
国家级职业教育专业教学资源库	Y4			
应届毕业生初次就业率	Y2			
非学历培训规模	Y9			

根据对主成分分析的结果,将 FI1 命名为资金设备支持、FI2 为人力资源支持、FI3 为人才结构支持、FO1 为校企合作成果、FO2 为教学育人成果、FO3 为社会服务成果。最后,计算每所学校在新生成的投入产出因子上的得分。由于各原始数据的量纲不同,不能直接相加,因此先将各原始数据进行标准化处理,将每一个指标上的数据都转化为平均值为 0,标准差为 1 的 Z 分数。[①] 由于投入和产出指标具有不同的量纲,不利于 CCR 模型进行线性规划问题的求解,因此采用阈值法[①]对投入产出指标进行无量纲化处理(见表 3-3-6)。

表 3-3-6　无量纲化处理后的投入产出指标值

学校编号	投入指标			产出指标		
	FI1	FI2	FI3	FO1	FO2	FO3
1	10.000	2.580	6.990	1.470	5.770	5.060
2	2.570	6.260	6.720	10.000	4.350	3.860
3	2.690	3.120	8.380	2.230	5.890	4.690
4	1.770	8.630	8.520	2.890	10.000	6.040
5	1.480	3.910	7.800	1.650	7.130	5.280
6	1.700	7.640	7.060	1.180	7.250	4.610
7	3.910	10.000	6.090	1.490	6.570	5.390
8	2.100	3.500	6.130	1.130	6.260	4.690
9	2.170	3.400	7.200	5.390	4.580	5.020
10	2.290	3.990	8.420	1.630	3.560	5.320
11	1.750	4.140	6.460	3.860	2.290	5.490

---

① 龚冷西,陈恩伦,贾玲.基于数据包络分析的高职院校教育经费投入绩效评价[J].教育学术月刊,2017(07):23—29.

学校编号	投入指标			产出指标		
	FI1	FI2	FI3	FO1	FO2	FO3
12	1.960	2.140	6.050	1.190	4.360	5.030
13	1.000	2.710	5.470	1.480	5.110	3.640
14	1.800	7.700	6.410	2.440	4.330	3.260
15	1.590	5.160	3.550	1.430	4.910	4.890
16	1.890	4.910	5.150	1.160	5.180	4.460
17	1.800	3.430	10.010	1.480	4.150	3.080
18	1.370	8.820	8.960	3.140	4.670	5.180
19	6.580	1.600	6.790	1.190	5.230	5.190
20	2.510	2.900	6.300	2.830	3.200	4.970
21	1.830	5.770	8.670	1.240	3.290	6.160
22	2.500	5.390	6.200	1.450	5.090	1.000
23	1.760	2.460	8.400	2.370	5.140	5.570
24	2.270	4.500	8.040	2.530	3.660	4.460
25	2.350	2.710	8.510	2.480	4.400	5.780
26	3.870	4.460	7.810	1.940	4.150	5.120
27	2.530	3.630	5.080	1.770	4.490	4.620
28	1.970	2.240	6.700	1.720	2.160	5.140
29	2.830	3.000	8.370	1.520	4.100	5.160
30	2.700	4.840	8.440	2.360	3.380	4.540
31	2.010	4.670	7.840	1.600	5.360	5.950
32	2.020	2.750	8.850	1.710	1.870	3.770
33	1.340	1.720	7.210	1.040	1.130	3.990
34	1.960	4.560	5.040	2.720	2.950	5.690
35	2.110	3.270	7.170	1.490	2.260	4.590
36	2.570	2.930	7.480	1.000	3.450	3.580
37	2.550	1.790	3.780	1.020	2.220	3.490
38	1.900	1.000	7.700	1.200	1.000	5.160
39	1.960	3.920	5.290	2.580	1.310	5.210
40	1.860	4.560	1.010	1.130	2.170	3.730

学校编号	投入指标			产出指标		
	FI1	FI2	FI3	FO1	FO2	FO3
41	1.600	6.640	3.640	1.160	3.220	10.000
42	1.830	2.070	5.250	2.050	3.930	4.660
43	2.280	2.420	1.450	2.370	1.440	3.300
44	3.830	1.020	3.430	1.450	3.670	5.250
45	1.690	2.900	7.010	1.490	2.520	3.160
46	2.100	5.840	5.020	1.170	2.610	4.220
47	1.860	4.750	7.470	1.490	2.780	4.530
48	1.090	1.580	2.140	1.100	2.980	3.260
49	2.070	2.380	6.240	1.710	2.940	5.200
50	2.010	4.060	7.820	2.240	1.910	5.560
51	1.700	3.520	1.060	1.060	2.550	4.280
52	1.650	2.430	2.490	1.780	1.950	4.330
53	2.090	3.060	8.430	2.280	2.260	5.710
54	2.140	3.970	8.800	1.560	3.290	5.050
55	1.490	4.810	5.880	1.300	3.180	5.190
56	1.980	3.930	8.080	2.840	2.560	5.220

四、 数据分析

在对"双高计划"院校基本情况了解的基础上,还需要对"双高计划"院校目前的办学绩效情况进行实证分析,明确各校目前的办学现状与目标之间的差距,锚定改革建设的方向。

(一)指标权重计算

在明确评价指标的基础上,还需要计算每所"双高计划"院校的投入和产出总情况,分别将投入和产出的 3 个因子,根据各个因子的权重进行加权求和。无论投入还是产出,每个因子的权重等于因子的方差贡献率/所有因子的总方差贡献率。[①] 计算可得 FI1、FI2、FI3 的权重分别为0.592、0.255、0.153;FO1、FO2、FO3 的权重分别为 0.506、0.276、0.218。进行加权计算后可

---

① 龚冷西,陈恩伦,贾玲.基于数据包络分析的高职院校教育经费投入绩效评价[J].教育学术月刊,2017(07):23—29.

得每所学校投入与产出的总量,可将其看作学校的教育投入与产出得分。[1]

(二) 绩效评价结果

将上述投入产出指标使用 DEAP2.1 进行处理,得到 56 所"双高计划"院校办学的综合效率(技术效率)、纯技术效率、规模效率以及规模报酬的增减情况如表 3-3-7 所示:

表 3-3-7　56 所"双高计划"院校办学绩效

学校编号[2]	综合效率(技术效率)	纯技术效率	规模效率	规模报酬
1	0.253	0.269	0.940	递增
2	1.000	1.000	1.000	不变
3	0.587	0.618	0.950	递增
4	0.718	0.731	0.983	递增
5	0.745	0.781	0.954	递增
6	0.527	0.558	0.945	递增
7	0.379	0.399	0.949	递增
8	0.622	0.664	0.936	递增
9	0.897	0.919	0.977	递增
10	0.467	0.506	0.923	递增
11	0.710	0.748	0.950	递增
12	0.630	0.685	0.920	递增
13	0.805	0.872	0.922	递增
14	0.462	0.497	0.930	递增
15	0.659	0.709	0.930	递增
16	0.553	0.598	0.924	递增
17	0.424	0.469	0.904	递增
18	0.535	0.560	0.956	递增
19	0.334	0.359	0.931	递增
20	0.610	0.650	0.939	递增
21	0.432	0.470	0.919	递增
22	0.361	0.404	0.892	递增

---

[1] 刘建民,毛军. 基于 SBM 模型的高等院校办学绩效评价研究——以教育部直属高校数据为例[J]. 高教探索,2015(04): 11—17.

[2] 编号 1—10 为 A 类高水平建设学校;编号 11—30 为 B 类高水平建设学校;编号 31—56 为 C 类高水平建设学校。

学校编号	综合效率(技术效率)	纯技术效率	规模效率	规模报酬
23	0.740	0.778	0.951	递增
24	0.505	0.541	0.934	递增
25	0.627	0.661	0.949	递增
26	0.401	0.430	0.933	递增
27	0.565	0.608	0.930	递增
28	0.534	0.589	0.905	递增
29	0.464	0.502	0.925	递增
30	0.436	0.470	0.929	递增
31	0.579	0.613	0.944	递增
32	0.386	0.438	0.882	递增
33	0.417	0.583	0.715	递增
34	0.645	0.686	0.940	递增
35	0.430	0.481	0.894	递增
36	0.375	0.424	0.885	递增
37	0.422	0.534	0.791	递增
38	0.442	0.526	0.841	递增
39	0.549	0.599	0.916	递增
40	0.486	0.583	0.832	递增
41	0.677	0.715	0.946	递增
42	0.741	0.797	0.929	递增
43	0.612	0.687	0.890	递增
44	0.532	0.579	0.920	递增
45	0.436	0.497	0.878	递增
46	0.374	0.423	0.884	递增
47	0.422	0.468	0.901	递增
48	0.874	1.000	0.874	递增
49	0.575	0.627	0.916	递增
50	0.484	0.527	0.919	递增
51	0.616	0.700	0.880	递增

学校编号	综合效率(技术效率)	纯技术效率	规模效率	规模报酬
52	0.693	0.776	0.894	递增
53	0.522	0.564	0.925	递增
54	0.445	0.486	0.916	递增
55	0.518	0.569	0.909	递增
56	0.555	0.593	0.935	递增
Mean	0.550	0.599	0.916	递增

1. 56 所"双高计划"院校办学绩效基本情况

一般来说,DEA 值在 0.8 以上属于效率较高,在 0.5—0.8 之间属于效率中等,在 0.5 以下属于效率较低。[①] 从整体上来看,56 所"双高计划"院校办学效率属于中等水平,院校间整体差异不大,仅个别院校在个别指标上存在一定差异。

由表 3-3-7 可知,56 所"双高计划"院校办学的平均综合效率为 0.550、纯技术效率为 0.599、规模效率为 0.916,均未达到 1,说明 56 所院校的办学绩效尚未达到 DEA 有效,即办学的投入与产出之间仍然存在投入相对冗余或产出不足的情况,学校的办学绩效仍然有上升的空间,整体办学效率在 0.5 左右,效率较低。56 所"双高计划"院校中,编号 2 院校的综合效率、纯技术效率以及规模效率均达到了 1,说明 DEA 有效,产出达到了最大值,其余 55 所院校均为非 DEA 有效。

综合技术效率是对决策单元的教育资源配置能力、资源使用效率等多方面能力的综合衡量与评价。纯技术效率是指由于教育管理和投入资源的使用效率等因素影响的生产效率,规模效率是指由于规模因素影响的生产效率。[②]

由表 3-3-7 可知,非 DEA 有效的 55 所院校的综合效率均未达到 0.8,其中 21 所院校,接近 40% 以上的学校综合效率在 0.5 以下。这说明"双高计划"院校的办学效率仍有待提高,在教育资源配置、使用效率等多方面仍然有很大的提升空间。

在纯技术效率方面,纯技术效率是指在考虑规模收益时的技术效率,它是反映在一定(最优规模时)投入要素时的生产效率,是决策单元由于受到管理和技术等因素影响的生产效率。非DEA 有效的院校中有 1 所学校(编号 48)的纯技术效率为 1,但是综合效率未达到 1。这说明该类院校的规模与投入和产出不匹配,需要增加规模或缩小规模。根据本研究的计算结果可以看到,编号 48 的学校需要扩大其生产规模。其他 54 所学校的纯技术效率基本都在 0.5 以上,处于纯技

① 郭燕芬,柏维春. 中国学前教育经费投入效率的 DEA 分析——基于 175 所幼儿园的实证调查[J]. 教育与经济, 2017,33(06):45—50+92.
② 苏荟,吴玉楠. 基于 PCA-DEA 模型的高职院校办学绩效评价研究[J]. 现代教育管理,2018(10):87—93.

术效率中等水平,可能需要在办学管理、资源、经费使用机制等方面进行改革。

在规模效率方面,若规模效率未达到1,说明需要调整决策单元的规模,加大或缩减投入。根据上述结果,55所非 DEA 有效的院校均呈现规模报酬递增的现象,即在技术有效的前提下,这些院校已经达到了最大产出的可能性边界。这些院校通常具有较高的教育投入水平与管理能力,具有较大的发展空间。对于这些学校而言,需要继续加大教育投入以提升规模效益,或者通过对学校办学规模的调整来提高规模效益,进而提升办学效率。

2. 56所"双高计划"院校投入产出结果分析

(1) 56所"双高计划"院校投入产出得分与排名分析

通过前述数据处理,可以得到56所"双高计划"院校教育投入与产出的得分,并对其进行排名,结果如表3-3-8所示。

表3-3-8 56所"双高计划"院校教育投入与产出得分

学校编号	教育投入得分	(排名)	教育产出得分	(排名)	办学效率	(排名)
1	7.57	(1)	3.44	(14)	0.253	(56)
2	3.95	(8)	7.10	(1)	1.000	(1)
3	3.58	(15)	3.78	(7)	0.587	(20)
4	4.29	(5)	5.54	(2)	0.718	(8)
5	2.95	(38)	3.95	(5)	0.745	(5)
6	3.80	(9)	3.60	(12)	0.527	(30)
7	5.49	(2)	3.74	(9)	0.379	(51)
8	2.97	(35)	3.32	(17)	0.622	(16)
9	3.15	(28)	5.08	(3)	0.897	(2)
10	3.54	(16)	2.97	(30)	0.467	(36)
11	2.96	(36)	3.78	(7)	0.710	(9)
12	2.56	(46)	2.90	(32)	0.630	(14)
13	2.04	(53)	2.95	(31)	0.805	(4)
14	3.78	(10)	3.14	(22)	0.462	(38)
15	2.65	(45)	3.14	(22)	0.659	(12)
16	3.01	(33)	2.99	(29)	0.553	(25)
17	3.37	(19)	2.57	(41)	0.424	(45)
18	4.17	(6)	4.01	(4)	0.535	(27)
19	5.29	(3)	3.18	(21)	0.334	(55)

学校编号	教育投入得分	（排名）	教育产出得分	（排名）	办学效率	（排名）
20	3.10	（29）	3.40	（16）	0.610	（19）
21	3.71	（11）	2.88	（34）	0.432	（43）
22	3.64	（12）	2.36	（45）	0.361	（54）
23	2.88	（39）	3.83	（6）	0.740	（7）
24	3.59	（14）	3.26	（19）	0.505	（33）
25	3.31	（22）	3.73	（10）	0.627	（15）
26	4.49	（4）	3.24	（20）	0.401	（39）
27	3.09	（30）	3.14	（22）	0.565	（23）
28	2.70	（44）	2.59	（40）	0.534	（28）
29	3.63	（13）	3.03	（27）	0.464	（37）
30	3.98	（7）	3.12	（26）	0.436	（41）
31	3.44	（18）	3.58	（13）	0.579	（21）
32	3.17	（27）	2.20	（49）	0.386	（50）
33	2.28	（50）	1.71	（56）	0.417	（48）
34	2.96	（36）	3.43	（15）	0.645	（13）
35	3.08	（31）	2.38	（43）	0.430	（44）
36	3.32	（20）	2.24	（47）	0.375	（52）
37	2.49	（48）	1.89	（55）	0.422	（46）
38	2.53	（47）	2.01	（53）	0.442	（40）
39	2.85	（41）	2.81	（36）	0.549	（26）
40	2.28	（50）	1.99	（54）	0.486	（34）
41	3.00	（34）	3.65	（11）	0.677	（11）
42	2.35	（49）	3.13	（25）	0.741	（6）
43	2.11	（52）	2.32	（46）	0.612	（18）
44	3.02	（32）	2.89	（33）	0.532	（29）
45	2.73	（42）	2.14	（51）	0.436	（41）
46	3.32	（20）	2.23	（48）	0.374	（53）
47	3.31	（22）	2.51	（42）	0.422	（46）
48	1.33	（56）	2.09	（52）	0.874	（3）
49	2.72	（43）	2.81	（36）	0.575	（22）
50	3.30	（24）	2.87	（35）	0.484	（35）

学校编号	教育投入得分	（排名）	教育产出得分	（排名）	办学效率	（排名）
51	1.96	（54）	2.17	（50）	0.616	（17）
52	1.91	（55）	2.38	（43）	0.693	（10）
53	3.22	（26）	3.02	（28）	0.522	（31）
54	3.50	（17）	2.80	（38）	0.445	（39）
55	2.87	（40）	2.67	（39）	0.518	（32）
56	3.29	（25）	3.28	（18）	0.555	（24）

通过 Kruskal-wallis 秩和检验发现,卡方值为 85.286($p=0.000<0.001$),表示投入、产出与办学效率间不存在一致性,说明办学效率的排名与投入产出的排名之间没有一致性,各校的办学效率与产出和投入排名之间并不呈现对应关系。由此可见,教育投入和产出的高低对办学效率的影响并不局限于数量的多少,可能还与人力资源、物力资源的配置,教育资源的管理与整合等密切相关。

通过对 56 所"双高计划"院校的投入产出与办学效率排名的聚类分析可以看到,"双高计划"院校主要可以分为 5 类(见表 3-3-9)。第一类是高投入-高产出-低办学效率的院校,如编号 1 学校的投入与产出排名都较为靠前,但是办学效率在 56 所学校里排名最末。这类学校存在的主要问题是办学规模的不合理导致了投入要素配置的不合理,需要着重考虑合理规划学校规模,提升规模效益。第二类是高投入-高产出-高办学效率的院校,如编号 2 学校的投入、产出与办学效率均处于较高水平,这类学校整体发展较为稳定。第三类是低投入-高产出-高办学效率的院校,如编号 5 学校的投入得分排名虽然较低,但是产出与办学效率的表现都相当靠前,这类学校可以考虑如何获得更高的投入,以进一步提升产出与办学效率。第四类是高投入-低产出-低办学效率的院校,如编号 10 学校的投入得分较高,但是产出与办学效率的表现略微差强人意,这类学校的改革重点则需要放在如何使投入资源能够更高效、最大化的利用,提升生产效率。第五类是低投入-低产出-低办学效率的院校,如编号 28 学校的三项指标得分排名都相对靠后,这类学校除了需要加大投入资源、提升产出水平外,还需要考虑现有学校规模是否适宜,是否符合学校发展的需要。

表 3-3-9　56 所"双高计划"院校聚类分析

聚类编号	学　校　编　号
1	1、6、7、14、19、24、26、29、30
2	2、3、4、9、18、25、31
3	5、8、11、12、13、15、16、20、23、27、34、41、42、56
4	10、17、21、22、32、35、36、46、47、50、53、54
5	28、33、37、38、39、40、43、44、45、48、49、51、52、55

（2）56 所"双高计划"院校的投入产出分析

通过第二部分对 56 所"双高计划"院校整体办学投入和产出绩效的分析，可以看到，其中的 55 所学校的规模报酬表现为递增，即指产出水平增长比例高于要素投入增长比例的生产状况。也就是说，如果所有的投入都增加一倍，产出将增加一倍以上①。如果对各学校加大投入，仍然有办学效率进一步提升的空间。但这并不意味着要盲目地追加资源、经费以及人力的投入，还需要对投入与产出的具体指标具体情况进行分析，做出有针对性的调整，进行结构化的分析与投入决策。

根据冗余值/实际投入值和不足值/实际产出值的公式，计算 55 所学校的投入冗余率与产出不足率，结果如表 3 - 3 - 10 所示：

表 3 - 3 - 10　55 所学校的投入因子冗余率与产出因子不足率②

学校编号	冗余率			不足率		
	资金设备	人力资源	人才结构	校企合作	教学育人	社会服务
1	58.95%	3.84%	3.85%	0.00%	0.00%	3.28%
3	3.87%	3.85%	7.94%	0.00%	0.00%	13.35%
4	0.00%	0.00%	0.00%	0.00%	0.00%	0.00%
5	0.00%	0.00%	0.00%	0.00%	0.00%	0.00%
6	13.06%	24.32%	13.03%	84.32%	0.00%	6.53%
7	55.63%	36.46%	15.60%	37.32%	0.00%	0.00%
8	0.00%	0.00%	0.00%	0.00%	0.00%	0.00%
9	0.00%	0.00%	0.00%	0.00%	0.00%	0.00%
10	34.45%	34.46%	36.52%	0.00%	4.58%	0.00%
11	0.00%	0.00%	0.00%	0.00%	0.00%	0.00%
12	1.63%	1.59%	1.60%	57.56%	0.00%	0.00%
13	0.00%	0.00%	0.00%	0.00%	0.00%	0.00%
14	30.61%	62.71%	30.61%	0.00%	0.00%	9.88%
15	0.00%	0.00%	0.00%	0.00%	0.00%	0.00%
16	19.15%	19.16%	19.17%	44.57%	0.00%	0.00%
17	36.22%	36.24%	56.60%	0.00%	0.00%	20.62%
18	0.00%	0.00%	0.00%	0.00%	0.00%	0.00%

① 多米尼克·萨尔瓦多.国际经济学[M].杨冰，译.北京：清华大学出版社，2008：144.
② 编号 2 学校由于属于 DEA 有效，投入与产出达到最大状态，因此不存在投入冗余与产出不足的情况，故未列入该表。

学校编号	冗余率			不足率		
	资金设备	人力资源	人才结构	校企合作	教学育人	社会服务
19	0.00%	0.00%	0.00%	0.00%	0.00%	0.00%
20	16.53%	16.55%	16.54%	0.00%	6.59%	0.00%
21	30.44%	30.42%	56.47%	0.08%	13.31%	0.00%
22	38.20%	33.54%	33.55%	14.07%	0.00%	325.70%
23	0.00%	0.00%	0.00%	0.00%	0.00%	0.00%
24	36.52%	36.53%	36.54%	0.00%	16.39%	0.00%
25	4.30%	4.32%	20.82%	0.00%	0.00%	0.00%
26	43.18%	43.16%	43.16%	0.00%	0.00%	0.00%
27	20.55%	20.55%	20.57%	0.00%	0.00%	0.00%
28	11.98%	11.96%	11.97%	0.00%	0.32%	0.00%
29	29.89%	29.90%	29.88%	19.08%	0.00%	0.00%
30	45.48%	45.50%	45.50%	0.00%	14.32%	0.00%
31	20.25%	20.28%	20.27%	1.19%	0.00%	0.00%
32	34.21%	34.22%	59.42%	0.00%	68.24%	0.00%
33	3.13%	3.08%	51.68%	8.27%	124.34%	0.00%
34	17.76%	17.79%	17.78%	0.00%	18.92%	0.00%
35	33.98%	33.98%	36.29%	0.00%	53.76%	0.00%
36	42.33%	42.32%	54.10%	37.10%	0.00%	8.52%
37	23.22%	23.24%	23.23%	18.73%	37.34%	14.04%
38	0.00%	0.00%	0.00%	0.00%	0.00%	0.00%
39	19.23%	19.21%	19.21%	0.00%	169.92%	0.00%
40	0.00%	0.00%	0.00%	0.00%	0.00%	0.00%
41	0.00%	0.00%	0.00%	0.00%	0.00%	0.00%
42	0.49%	0.48%	0.48%	0.00%	0.00%	0.00%
43	0.00%	0.00%	0.00%	0.00%	0.00%	0.00%
44	0.00%	0.00%	0.00%	0.00%	0.00%	0.00%
45	33.14%	33.17%	59.24%	0.00%	34.17%	5.85%
46	45.19%	58.73%	45.20%	0.00%	25.33%	0.00%
47	37.26%	37.28%	37.27%	0.00%	57.45%	0.00%
48	0.00%	0.00%	0.00%	0.00%	0.00%	0.00%

学校编号	冗余率			不足率		
	资金设备	人力资源	人才结构	校企合作	教学育人	社会服务
49	11.01%	11.01%	10.99%	0.00%	0.00%	0.00%
50	22.04%	22.04%	22.03%	0.00%	132.51%	0.00%
51	0.00%	0.00%	0.00%	0.00%	0.00%	0.00%
52	0.00%	0.00%	0.00%	0.00%	0.00%	0.00%
53	14.59%	14.58%	14.59%	0.00%	67.35%	0.00%
54	34.30%	34.31%	47.59%	0.00%	14.53%	0.00%
55	22.01%	26.11%	21.99%	3.92%	37.23%	0.00%
56	18.18%	18.19%	18.21%	0.00%	85.94%	0.00%

由表 3-3-10 可知,编号 4、5、8、9、11、13、15、18、19、23、38、40、41、43、44、48、51、52 院校的冗余率与不足率均为 0,也就是说这些院校目前的投入与产出是有效的。因此,重点应该放在规模效益的提升上。其余的 37 所学校在投入指标上或多或少的存在冗余的情况,除了对投入量的思考,同时也需要对投入资源的配置、使用等方面进一步考虑。在产出指标方面,产出不足比较严重的是教学育人成果,这些学校则更多的需要思考办学过程中各项投入如何有效的转化为教学育人的成果。

在分析"双高计划"院校投入冗余与产出不足的基础上,还需要进一步对投入与产出指标对办学绩效的影响进行分析。通过多元线性回归方程可以看到,FI1、FI2、FI3 和 FO1、FO2、FO3 矫正后的 R^2 为 0.911,拟合度良好,Durbin-Watson 统计量为 1.891 接近 2,可以认为残差之间相互独立。

由表 3-3-11 可以看到,从产出指标来看,校企合作成果对办学绩效的影响最大,并且呈现正向的影响,即校企合作的成果越多,学校的办学绩效越高;从投入指标来看,当前情况下,所有投入指标与办学绩效之间呈现负相关,即投入越多,办学绩效越低,其中影响最大的指标是资金设备的投入。

表 3-3-11 办学绩效影响因素的回归分析

变量	B	β	t
资金设备	−0.066	−0.587	−13.690**
人力资源	−0.039	−0.505	−10.338**
人才结构	−0.031	−0.444	−10.463**
校企合作	0.076	0.683	16.376**

变量	B	β	t
教学育人	0.051	0.589	12.032**
社会服务	0.035	0.276	6.683**

注：** $P < 0.001$。

五、结果与讨论

（一）研究结果

通过上述数据分析可以看到：

1. 56 所"双高计划"院校的平均办学效率为 0.550，整体办学绩效处于中等水平。56 所学校中的 1 所 DEA 有效，即办学的投入与产出效率达到了相对最优的水平。55 所学校规模效率递增，即在技术有效的前提下，这些院校已经达到了最大产出的可能性边界，需要加大投入力度或调整办学规模以提升办学效益。

2. 通过 Kruskal-wallis 秩和检验发现，各院校的办学效率与产出和投入之间并不呈现对应关系，教育投入和产出的高低对办学绩效的影响并不局限于数量的多少，可能还与人力资源、物力资源的配置，教育资源的管理与整合等密切相关。

3. 基于"双高计划"院校投入与产出以及办学效率的排名，通过聚类分析发现，"双高计划"院校主要可以分为 5 类：高投入-高产出-低办学效率、高投入-高产出-高办学效率、低投入-高产出-高办学效率、高投入-低产出-低办学效率和低投入-低产出-低办学效率。

4. 通过对"双高计划"院校投入产出指标的冗余分析可以看到，其中 18 所冗余率与不足率为 0，其余 37 所院校存在不同程度的投入冗余与产出不足的问题需要解决。

5. 当前"双高计划"院校投入指标与办学效率之间呈现负相关，影响最大的指标是资金设备；产出指标与办学效率之间呈现正相关，影响最大的指标是校企合作的成果。

（二）问题讨论

1. "双高计划"院校办学效率依然偏低，学校治理水平有待提高

首先，从学校的办学规模来说，就目前"双高计划"院校的办学情况来看，平均办学效率为 0.550 相对处于中等偏下的水平，但是规模报酬则显示为递增。出现这样的情况，一方面是因为入选"双高计划"的学校全部是国家示范高职院校或国家骨干高职院校单位，国家示范高职院校大约占到了其中的四分之三，前期的积累加上各地区非常重视立项建设，纷纷加大经费投入[①]。

---

① 戴文静，周金城. 我国高水平高职院校建设成效的实证研究[J]. 职业技术教育，2019，40(18)：13—19.

由于财政预算项目的支出效果在短期内是难以见效的,绩效评价应当考虑项目产生效果的时间滞后性[1],即投入尚未能转化为产出和办学效率;另一方面,要有效提升办学效率不仅需要投入量的加持,同时还需要合理的财政支持机制与结构。56所"双高计划"院校所处地区、学校特点、规模均存在差异,同时高职院校的发展与地方经济也是休戚相关的。对发达地区的院校来说,更容易获得更多的经费与财政支持,而对于本身发展水平就相对较弱且处在经济发展较为落后地区的院校来说,经费的投入与财政的支持相对也会较弱。要想提升整体的办学效率,就需要从宏观层面构建动态的经费与财政支持制度。

其次,从投入与产出的角度来看,办学效率的高低不仅与投入产出的量有关,同时也与投入与产出的资源配置效能、结构等有关。通过 Kruskal-wallis 秩和检验以及投入冗余率和产出不足率的计算可以看到,对于没有投入冗余和产出不足的院校存在的主要问题是投入产出结构的不合理,需要通过调节投入与产出的结构,同时将建设的重点放在提升规模收益上;存在投入冗余与产出不足的院校的主要问题则是投入冗余较为严重。

另外,根据经济学原理,一般来说,每一个单位都会经历从规模收益递增到规模收益不变,再到规模收益递减的过程,即企业的成长、成熟、衰退的三个阶段[2]。55所学校的规模报酬都呈现了递增,也就是学校的办学发展处在上升阶段,即成长期。在这一阶段一方面需要加大投入,同时也需要考虑到院校本身的规模是否有利于发展,从基本的办学规模上进行着手;而对于现下办学效率已经达到成熟的学校而言,下一步需要谋求的是如何在保持现状的基础上能够进一步突破提升,而不至于进入衰退期,在这一阶段更多的需要从投入产出与办学规模结构的角度考虑未来的建设和发展,同时要进一步加强学校治理水平的提升。

2."双高计划"院校投入转化周期性不足,资金设备投入与配置效率有待改善

从投入指标上来看,投入指标与办学效率之间呈现负相关,且影响最大的指标是资金和设备。产生这一结果的原因:一方面主要是学校内部尚未能将获得的资金和设备全部转化为产出和办学绩效,在生产效率层面仍然有可以改进的空间,即在资金的分配利用和设备的使用方面仍然需要改进;另一方面,与前述办学效率部分类似的是,无论是教育投入,还是创新投入,亦或是科研投入都存在滞后性。从项目研发阶段引进人才、设备,研究新技术、设计和工艺,到投放市场形成利润的周期较长,基本上超过了一个会计年度。为了维持研发项目的顺利进行,大量的资金投入虽然在一定程度上减损了企业当期绩效,但是滞后几期的绩效增长使研发支出得以补偿[3]。如同企业研发投入一样,学校资金设备从投入到使用再到教育成果的转化是一个周期性活动。

---

① McNab R M, Melese F. Implementing the GPRA: Examining the Prospects for Performance Budgeting in the Federal Govern-ment [J]. Public Budgeting & Finance, 2003,23(02): 73-95.

② 龚冷西,陈恩伦,贾玲. 基于数据包络分析的高职院校教育经费投入绩效评价[J]. 教育学术月刊,2017(07): 23—29.

③ 蒋卫平,刘黛蒂. 研发投入、冗余资源与企业绩效的关系研究[J]. 财经理论与实践,2016,37(05): 57—62.

为了维持这个周期性活动的运转,需要在其中不断投入资金,尤其是"双高计划"院校为了更好的建设学校,提升管理、教学等方面的水平需要长时间的建设,这个建设过程中各类资金设备不断投入,在一定程度上减损了学校前期的办学效益,但是滞后的办学效益在后期将会弥补前期的资金设备投入的减损。

3. 校企合作对办学效率影响最大,产教融合深度必须加强

从产出指标的情况上来看,校企合作成果是对办学效率影响最大的因素。就目前情况来看,校企合作成果虽然不是产出不足最严重的指标,但是也存在一定程度上产出不足的情况。由于校企合作对办学效率的影响高于其他指标,加上校企合作是职业教育作为类型教育的一项重要特征,同时也是影响职业教育质量的关键因素,在"双高计划"院校建设时,校企合作显然是不可忽视且具有重要地位的因素。从知识生产方式视角看,产教融合的实质是一种关注"应用价值"导向、多主体协同、开放性和多元化的知识生产制度安排①。高质量、高效率、有深度的产教融合显然离不开多元主体的相互配合。但是,从目前"双高计划"院校的办学情况来看,以行业企业作为办学主体的"双高计划"院校较少,如何在这样的情况下深化校企合作、产教融合,提高行业企业的参与度以提升高职院校人才培养质量和办学效率是一个需要考虑的重要问题。

4. 教学育人成果不足,学校教育教学质量亟待提升

"双高计划"院校在教学育人成果上的产出不足也较为明显。教学育人成果在影响办学绩效的因素中排在第三位,对办学绩效也有着显著的影响。造成教学育人成果产出不足的原因主要可以从三个方面考虑:

一是教师层面,教师水平的高低直接影响着教学的方向、水平和质量②。教师的水平不仅仅体现在学历、双师素质等方面,更重要的是体现在与课堂直接相关的教学能力上。能够入选"双高计划"的学校一般在教师基本素质、师资结构等方面都已经达标或者超过基本标准。因此,教学育人成果的产出不足,很大程度上可能与教师的教学能力有关。而教学能力最直观的体现也就是教师的教法是否符合学生需求,能够达成教学目标,实现学生的发展。

二是教材层面,对职业教育来说,教材质量是长期制约教育质量提升的关键因素,因此加强教材建设的确是职业教育的内在需求③。目前职业教育教材建设成为了职业教育发展的热点,但是这一热点仍然以研究层面的关注居多,尚未真正的或者刚刚才进入高职院校的实践中,还未能看到高质量教材对职业教育教学质量的提升作用。

三是标准层面,在制度化教育中,教学内容标准又被赋予了制度的内涵,即它是使制度化教

---

① 胡昌送,张俊平.高职教育产教融合:本质、模式与路径——基于知识生产方式视角[J].中国高教研究,2019(04):92—97.
② 裴娣娜.现代教学论基础[M].北京:人民教育出版社,2015:157.
③ 徐国庆."双高计划"高职院校建设应主要面向高等教育发展的重难点[J].职教发展研究,2020(01):1—7.

育体系中所有教育实体实施共同教育内容、达到基本教育质量水准的保障①。教学内容标准的缺失与不完善不仅会对高职课程的建设产生影响,同时也间接影响了以课程为载体的教学活动,载体的不完善与不匹配势必会对教育教学的质量产生影响。

六、 对策建议

(一) 以分类为前提,构建"双高计划"院校评价指标体系

通过对"双高计划"院校所在地、办学效率以及投入产出的情况分析可以看到,即使同是"双高计划"院校,不同院校之间也存在一定的差异。仅以投入产出和办学效率的现状来区分就有五种类型的学校。如果所有院校在建设的过程中仅以一种标准作为评判,对于原有基础较好的院校来说很难获得较大的提升,而对于原有基础较为薄弱的院校来说,可能很难达成目标。同时,同质化的评价指标容易导致各院校发展的同质化,影响各院校自身特色的建设与发展。因此,虽然"双高计划"最终的建设目标是一致的,但是在建设的过程中,以及最终的具体评价指标上需要考虑各院校的现实基础与发展特色,灵活地对其发展情况进行评价。

首先,在评价体系构建上应该遵循由结果性评价向形成性评价转变、综合评价向分类评价转变的原则。"双高计划"建设评价的目的不仅仅是为了判断相关院校是否达到了"双高计划"建设的目标,更重要的是建立合理的、具有职业教育类型属性的、可以由"双高计划"院校推广到其他院校的评价体系,为未来的高职院校评价打下坚实的基础。因此,在评价体系的构建上,除了科学性、可行性、实用性、可量化等基本原则外,还应该充分考虑高职教育的特性以及各学校的实际情况和发展特色,关注评价体系的动态性、层次性。如在"双高计划"院校建设的过程中,可根据各院校的建设基础,在分阶段的评价中为不同分类的院校设立不同的阶段性目标,同时根据各院校的发展情况,设立灵活动态的阶段性评价指标,为院校的分类建设和特色发展营造合适的环境和条件。

其次,在评价指标的选取和方法的使用上,现阶段的评价指标多选取资源型的目标性指标,以达成与否或等级评分作为评价方法,如师资数量与比例、某一时间段的教学成果数等,这样的指标虽然具有其客观性与实用性,但是难以反映院校长远的发展趋势与潜力,缺乏对资源投入与转化效率的评价。通过上面对"双高计划"院校的分析可以看到一些学校虽然投入较低,但是能够转化为较高的产出和办学效率,对于这样的一些学校如果采用传统的评价方式,往往很难看到其进步与发展,尤其该类学校可能获得了相较于其他学校更大的提升,但是由于发展基础的差异,在采用目标性评价时可能无法体现其优势。质量和效益是反映内涵式发展的主要内容和重

---

① 徐国庆.《"双高计划"高职院校建设应主要面向高职教育发展的重难点[J]. 职教发展研究,2020(01):1—7.

要标准,①因此,在选取评价指标时,也应该考虑到各院校可能存在的差异,除了基本的硬件指标外,对于一些软性指标,可以选择一些相对性、预测性、发展性的指标,同时辅以效率评价等方式,形成更为综合和全面的评价指标与方法。

最后,在最终目标的评判标准上,需要遵循最低限度的原则。由于"双高计划"院校建设的目标是一致的,在建设过程中对不同类别、不同水平的院校可以采用灵活的、分类的评价指标与方式,但是在最终目标的达成上应具有其一致性。因此,对"双高计划"院校最终目标达成与否的判断,一方面要设立总体标准中的最低及格标准,也就是所有院校必须达成的最低限度的目标,同时也需要设立共同标准,也就是在一些核心指标上,不论前述分类如何、院校本身水平如何,这些指标是必须达到的基本要求。

(二) 以资源配置效率为导向,改革"双高计划"院校治理体系和机制

通过前面对"双高计划"院校投入要素中的资金设备指标的分析可以看到,当前"双高计划"院校在资金设备投入方面主要有两个问题,一是资金设备的利用效率不高;二是资金设备投入本身对办学效率的影响存在滞后性。这两个问题本质上是由于学校治理能力不够造成的,为了解决这两个问题,就需要改善学校的治理能力。高职院校治理能力是指高职院校以实现治理使命和提高治理效率为目标,采用多种方法与途径运行高职院校治理体系的能力。② 高职院校治理能力建设包括两个基本之维:一是高职院校治理体系建设,二是高职院校治理体系的运行机制建设。③

首先,从治理体系的角度来看,高职院校主要具有培养高素质技术技能人才和服务社会、产业发展两大功能,这两大功能同时也是高职院校治理的起点与终点。为了实现这两大功能,提升高职院校的办学效率,在治理主体上,应该采用多元主体的模式。职业教育与普通教育一个重要的不同点是,职业教育与行业企业的联系更为紧密,而对"双高计划"院校来说,支撑国家重点产业、区域支柱产业发展也是"双高计划"建设的重要目标。因此,在学校治理中,行业企业作为重要的相关利益者,也应该参与到学校的治理体系中,共同构建学校核心利益者和行业企业相关利益者的高职院校治理主体。同时,治理主体的多元也就决定了治理模式的多元化,在以功能为导向的治理体系下,多元主体间的合作尤为重要。

综合来看,要实现高效的高职院校治理体系。首先,需要政府及有关部门以及学校明确高职院校的功能定位,确立其治理目标,根据学校的实际情况进行治理体系机制的改革;其次,需要有国家政府层面规范性的文件对高职院校多元治理主体形式与地位的确定,从顶层设计层面提升

---

① 宫新栋,杨平,时留新,沈文星."双一流"建设背景下大学评价的改进方向[J].研究生教育研究,2019(06):60—65.

② 孙长坪.高职院校治理能力建设的运行机制建设路径[J].教育理论与实践,2019(15):24—26.

③ 孙长坪.高职院校治理能力建设之维:治理体系+运行机制[J].现代教育管理,2019(12):87—92.

行业企业相关利益者参与学校治理的积极性；最后，需要构建多元主体的治理沟通平台，可以通过校企合作实训基地、产教融合创新平台等现有的合作平台，在整合治理资源，促进多元主体利益共赢的前提下，为多元主体治理模式打下基础。另外，从运行机制的角度来说，改革治理机制的核心目标就是提升学校办学效率，要提高高职院校的办学效率，一方面需要遵循公开透明的原则，在学校资金设备的使用上要公开透明，充分尊重参与治理的多元主体，合理资金设备使用；另一方面要遵循公平公正的原则，合理资源配置，多元主体共建共享，提升资源使用效率。

（三）以学生为中心，提高"双高计划"院校教育教学质量

提高职业教育教学质量是职业教育发展的关键所在，同时也是提升职业教育吸引力的重要因素。通过上面的分析可以看到当前"双高计划"院校在教学育人成果方面存在产出不足的情况，针对这样的情况，为了提高教育质量主要应当从以下几点出发：

首先，要提升教师高阶教学能力。在提升教师基本教学能力的基础上，为了进一步提升教学效率，一方面需要从教学方式改革为突破口，关注学生差异，实施差异化教学，提升学生学习效率。随着高职扩招等一系列政策的出台，高职院校的生源类型日益复杂，不同生源群体间与群体内部都存在着明显的差异，面对这样的情况，传统的适合普通高中学生的高职教学方法显然早已不适用。多元化的生源带来多元化的学习需求，因此，在教学前需要教师对学生的差异特点进行考察了解。这里的考察了解不仅仅是对学生进行学情分析，同时还需要关注到学生的学习特点、目标特点、动机特点等，通过教学前分析了解学生基本情况。在教学中，根据学生的差异特点，在教学目标一致的情况下，采用适合不同学生特点的教学方法与策略，可以通过合作学习、实践学习等多种方式，为学生提供适合的教学方法。另一方面则要从教学手段的角度出发，合理使用各类信息技术教学手段，通过信息技术手段辅助教学，为学生提供课前预习、课后复习的平台，在课堂中获得关于学生学习情况的及时反馈，借助技术提升教学效率。

其次，加强教材管理，提高教材编写质量。教材是职业院校开展教学工作的重要载体，也是行业企业反映最新生产技术和实践知识的主要平台之一。[①] 教材质量的好坏直接影响了职业教育教学质量的高低，因此在提升教学质量的过程中，教材质量建设是不可或缺的一环。要提升教材质量，从职业院校的层面来说，一方面，需要健全学校教材管理与使用制度，避免教材选择随意、滥用、无效等问题，根据学生的实际情况与需求，结合行业企业的发展特点选择有针对性的教材。同时，还应建立教材定期筛选与修订制度，保证教材使用的时效性；另一方面，在教材编写方面，要与行业企业密切合作，关注行业企业实际的工作知识与发展趋势，在保证内容严谨、实用、可行的前提下，教材编写还应具有一定的前瞻性；再一方面，要优化资源配置，完善校内专业资源库的同时与行业企业、相关院校共同加强专业教学资源库建设。

---

① 伏梦瑶，李政，徐国庆. 我国职业教育教材研究的进展与展望[J]. 教育与职业，2019(17)：97—102.

最后,建立切合实际的教学内容标准,形成学校教育教学质量的"度量衡"。在国家层面教学内容的基本标准下,各"双高计划"院校可以根据专业、学生和教师的实际情况,与行业企业共议,适当提高教学内容标准,并通过行业企业共教、校校联合、校内教研等方式,切实将教学内容标准与课程和教学融合。以教学内容标准作为评价和考核的基本依据,提高专业教学质量。

(四) 以"1+X"为抓手,共建产教融合校企协同育人平台和机制

产教融合、校企合作是职业教育发展的重要支撑,同时也是职业教育的功能所在。作为有别于普通教育的职业教育,其类型教育的特征体现在知识与技能学习的及时性,即及时顺应社会发展变化,对接行业、产业对技术技能人才的需求,与用人单位实现零距离衔接。[①] 面对行业企业在高职教育多元办学主体中地位不足的情况,通过"1+X"证书制度,可以有效对接行业企业需求,紧密校企协作,加强行业企业多元主体地位,形成校企、产教协作载体,构建与实际生产更为贴近的产教融合育人平台。

具体来说,从国家政府层面来看,可以通过引导学校专业群与产业链的对接,在专业建设的起点位置就与行业企业共同协作,从制度与标准层面着手,与行业企业共同制定相关的制度与标准,尤其在标准的制定上以行业企业为主、学校为辅,形成切实可行的、与行业企业实际需求相符合的职业技能等级证书标准,以"1+X"证书为抓手,将行业企业的实际生产知识与前沿技术融合到"1+X"证书的课程体系与专业教学之中。从院校层面来看,在"1+X"证书实施的过程中要加强与行业企业的沟通交流,在教学内容、教学标准等方面与行业企业密切合作,创新人才培养模式,将企业行业内容充分融入学校教学之中,以"1+X"为载体,加深行业企业在学校教学中的作用和地位,协同合作,加强校企合作的深度与内涵。

---

① 覃川.1+X证书制度:促进类型教育内涵发展的重要保障[J].中国高教研究,2020(01):104—108.

专题 4： 职业教育学生学习质量评估报告
——基于全国 6 283 名学生的调查

一、 问题提出

学习评价改革是办好类型特色职业教育的重要问题之一。2018 年全国教育大会指出,"扭转不科学的教育评价导向,坚决克服唯分数、唯升学、唯文凭、唯论文、唯帽子的顽瘴痼疾,从根本上解决教育评价指挥棒问题。"①开展本次职业教育学生学习质量评估调研,主要源于以下两点思考：其一,在全面深化改革的时代,职业教育如何实现高质量发展? 党的十九大系统总结了中国经济社会发展的重大突破与成就,正式开启了中国社会主义的"新时代"。党和国家坚持"大力发展职业教育"的一贯战略,十九大提出"完善职业教育和培训体系,深化产教融合、校企合作"。随后,《关于深化产教融合的若干意见》《国家职业教育改革实施方案》和《中国教育现代化 2035》等也提出"大力发展职业教育,深化职业教育改革,促进校企合作、产教融合。"大力发展职业教育,关键在于通过职业教育培养高素质的复合型技术技能型人才,而人才培养的成败则在于职业学校学生学习质量的高低。因此,新时代国家要实现职业教育的高质量发展,就必须从提高职业学校学生学习质量开始。其二,在学习危机严重的时代,职校生学习如何在困境中超越? 在全球走向信息化、智能化的时代,科学技术迅猛发展,人类知识的生产和积累已经发生了急剧的变革,学习方式已经发生深度变革。全球经济社会已经越来越信息化、智能化,因此,人类的学习方式也变得碎片化、瞬时化,知识的掌握从客观性知识的习得转变为情境性知识的迁移和运用,学习的危机也随之蔓延。《2018 年世界发展报告：学习以实现教育的承诺》(World Development Report 2018：Learning to Realize Educations Promise)指出,全球正面临着严重的"学习危机"(learning crisis),"上学"(schooling)却没"学习"(learning),这不仅是浪费发展机遇,也是对全世界儿童和青少年的巨大不公。因此,在智能化学习时代,在学习危机蔓延的学习环境中,我国职业教育必须改变"上学却没有学习"(schooling but not learning)的境况,通过对学生的学习质量监测评估,指导学生变革学习方式,提高学习的有效性,实现"以评促学"。

---

① 习近平. 坚持中国特色社会主义教育发展道路　培养德智体美劳全面发展的社会主义建设者和接班人[EB/OL]. (2018 - 09 - 11)[2020 - 01 - 03]. http://politics. people. com. cn/n1/2018/0910/c1024-30284579.

二、 文献回顾

关于什么是"学习质量",其概念界定当前在学界尚存在争议。与此同时,不同界定下的"学习质量"也有不同的评估指标。在很长一段时间内,部分学者将学习质量等同于学习结果或学习成果。例如,有学者将"学习质量"界定为基于学生视角对学习收获和学习成果的诠释,是对学生通过学习活动在认知、情感和行为等方面取得的收获和成果进行的诠释。[①] 有学者认为学生学习质量主要表现为学生能力和成就水平,是学生在教师的指导下通过学习活动获得的成果。[②] 基于此概念背景,有学者指出通过学生的学习成绩和学生学习效果来进行综合评价。[③] 还有学者引进SOLO(Structure of the Observed Learning Outcome,意为"观察到的学习成果结构")分类评价理论,将学生的学习结果分为前结构反应、单一结构反应、多元结构反应、关联结构反应、扩展抽象结构反应五种结构,以此测评学生的认知发展水平。[④] 对照国外,评估学习结果的工具也有很多,典型的包括由美国教育资助委员会开发的 Collegiate Learning Assessment,简称 CLA;美国教育考试服务处开发的 ETS Proficiency Profile, 简称 EPP;美国大学考试中心开发的 Collegiate Assessment of Academic Proficiency,简称 CAAP 等。其中,CLA 重点测试批判性思维、书面沟通技能、分析推理技能、问题解决技能和分析性写作。EPP 以多项选择题的形式测量批判性思维、阅读、写作和数学技能。CAAP 以多项选择题形式测量阅读、写作、数学、科学和批判性思维。三者的共同特点是:它们都采用了价值增值的评估理念,从通识能力的角度理解学习成果,重点考察批判性思维,重视对大学生写作能力的测试。[⑤]

然而随着学习质量内涵的更迭,学习质量的评估结构和指标也逐渐发生变化。例如,有学者指出,将学业成就测试作为学习质量评估的唯一指标存在局限,应当重视学生学习质量的过程性评价,其评价结构应包括学生行为、学校的做法和要求、学生对学校的满意度,具体测量指标应包括:学生积极学习水平、学生合作学习水平、学生在学习上面临的挑战性程度、师生互动水平、学习经验的丰富程度、校园环境的支持度。[⑥] 有学者基于全面质量管理理论及学生参与理论,提出要从学习投入、学习方式、学习动机、学业收获这四个方面来测评学习质量。[⑦] 还有学者将学习质量界定为整个学习活动的质量,包括活动的内容、过程、方式和结果等满足学生需要的程度。基

① 杨院.学习模式:大学生学习质量形成的路径选择[J].江苏高教,2014(03):86—88.
② 黄良英.学生学习质量督导的内容及方式[J].教育评论,2006(06):53—55.
③ 陈正,褚诚德.高校学生学习质量的评价方法[J].统计与决策,2004(09):123—124.
④ 刘京莉.以 SOLO 分类为基础的学生学习质量评价初探[J].教育学报,2005(04):41—45.
⑤ 周廷勇,杜瑞军,张歆雨.美国大学生学习成果标准化评估工具的分析研究[J].复旦教育论坛,2014(05):84—90.
⑥ 吴桂翎.大学生学习质量过程性评价:理念、指标与应用[J].池州学院学报,2010,24(04):127—129+158.
⑦ 张萍,温恒福.大学生学习质量四维管理模型的建构[J].教育科学,2015,31(06):41—46.

于此概念界定,学生学习质量包括两个一级指标,分别为:学习成果和学习过程。其中学习成果包含认知、动作技能和情感型学习成果这三个二级指标,具体又细分为包括阅读能力、信息能力在内的13个三级指标;学习过程包含学生基本特征、教师、学校环境这三个二级指标,具体又细分为囊括学习态度、学习习惯在内的13个三级指标。[①]

整体而言,国内学习质量研究逐渐兴起,但主要借鉴国外先进的理论思想和测评工具,本土化的学习质量评估和可推广使用的测评工具较少。与此同时,现有研究更偏向于对学习成果或学习投入进行单一测评,较少有研究把学习质量置于学生学习的全过程进行探讨。事实上,职业学校学生学习质量评估的目的在于促进学生学习和发展,因此评估应该关照学习的全过程,树立以"学"为中心的系统化评估理念,对学习投入、学习过程和学习成果都进行评估,这样可以弥补仅以学习成果评估代替学习质量评估的缺陷。

三、 调研设计

(一) 研究假设

科学的猜想是社会科学研究的重要起点。在实施调研之前,本研究关于职业学校学生学习质量的核心猜想和基本假设如下:其一,职业学校学生学习质量应该是一种全面质量、过程质量和结果质量的综合,不能仅仅依靠学生学习结果来判断。其二,当前职业学校学生学习质量尚可,但是在总体水平、差异格局上仍存在部分问题。其三,职业学校学生学习质量可以提高改进。基于以上猜想与研究假设,可以将本研究分解为如下三大目标:第一,开发出具有良好测量学性能的职业教育学生学习质量的测量工具。从全面质量、过程质量与结果质量的内涵出发,结合文献基础与访谈,开发《职业教育学生学习质量测评问卷》。第二,运用开发修订的问卷在全国中、高职院校进行抽样调研,并基于已有数据实证分析当前职校生学习质量的总体水平、差异特点和既存问题。第三,提出职业学校学生学习质量改进的对策建议、协同机制与保障措施。

(二) 研究工具

本研究坚持全面质量、过程质量和结果质量的综合质量观,从学习的"投入——过程——结果"三个维度进行测评分析。参考国际大学生学习评价问卷(National Survey of Student Engagement, NSSE)和清华大学"中国大学生学习与发展追踪研究"(China College Student Survey, CCSS)的学习评价方法,以及《学习动机策略问卷》(Motivated & Strategies For Learning Questionnaire, MSLQ)等工具,结合职校学生学习现状,开发设计了《职业教育学生学习质量自评问卷》。问卷的结构安排如图3-4-1所示。

---

① 杨彩菊.高等职业教育学生学习质量评估研究[D].天津:天津大学,2014:88.

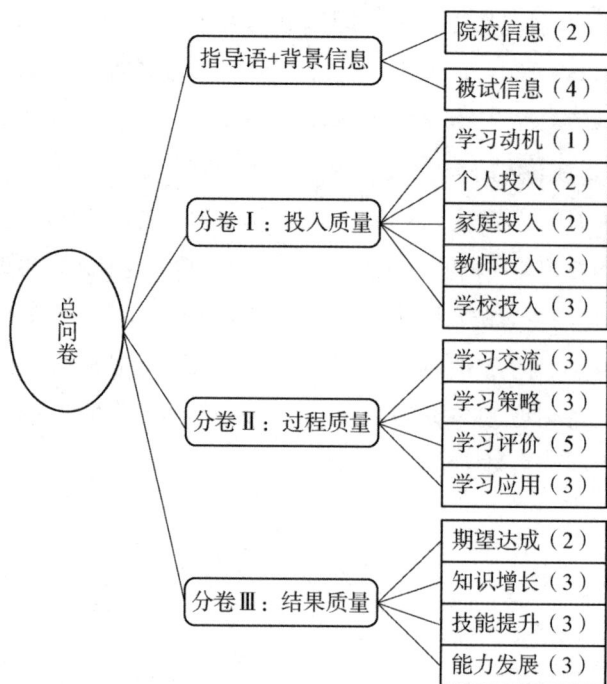

图 3-4-1 问卷结构分析

以此为测量结构,赋予相应的项目,每个项目采用五点计分(1—5级)的办法,部分项目设置反向题,构成初始问卷。在上海市1所中职和1所高职院校开展试测,分析问卷的信度与效度,结果如下:

信度。经过问卷的信度检验,分析发现(详见表3-4-1),分问卷Ⅰ的克隆巴赫系数 $\alpha=0.827$;分问卷Ⅱ的克隆巴赫系数 $\alpha=0.929$;分问卷Ⅲ的克隆巴赫系数 $\alpha=0.941$;总问卷克隆巴赫系数 $\alpha=0.959$。可见,问卷的信度良好。

表 3-4-1 问卷的信度分析结果

测量维度	因素	N	α 系数
分问卷Ⅰ	学习动机	1	—
	个人投入	2	0.625
	家庭投入	2	0.605
	教师投入	3	0.806
	学校投入	3	0.710
	分问卷Ⅰ	11	0.827
分问卷Ⅱ	学习交流	3	0.842
	学习策略	3	0.871

测量维度	因素	N	α系数
	学习评价	5	0.894
	学习应用	3	0.879
	分问卷Ⅱ	14	0.929
分问卷Ⅲ	期望达成	2	0.838
	知识增长	3	0.899
	技能提升	3	0.924
	能力发展	3	0.882
	分问卷Ⅲ	11	0.941
总问卷	—	36	0.959

效度。《职业教育学生学习质量自评问卷》的项目来源于成熟文献和访谈观察整理后的结果,并请了教育评估专家和一线教师对问卷的项目进行了评判,均认为本问卷基本能够代表要测量问题,量表内容效度良好。整个问卷由3个分问卷构成,每个问卷内部的各因子之间的区分度与调查点明晰。所以,问卷的结构效度可以接受。

(三) 研究实施

本次调查以问卷星的形式对全国各省份进行调研,调研的区域囊括江苏、浙江、重庆、云南、贵州、湖北等地。问卷星累计回收10 000份电子问卷,回收率为100%,剔除无效问卷后保留6 283份问卷,问卷有效率占比62%。具体问卷删选指标包括如下三条:其一,答题时间过短或过长(按照题项数,答题时间少于3分钟或多于6分钟);其二,部分题项填写出现矛盾(例如,学生同时填写中职信息与高职信息);其三,大部分选项答案趋同。问卷有效样本数据情况如表3-4-2所示。

表3-4-2　问卷有效样本基本情况表(N=6 283)

一级维度	二级维度	人数(人)	占比(%)
性别	男	3 241	51.6
	女	3 042	48.4
居住地址	城区	1 735	27.6
	郊区或乡镇	1 577	25.1
	乡村	2 971	47.3
就读学校类型(中职)	国家级重点中职学校	3 727	59.3
	非国家级重点中职学校	1 352	21.5

一级维度	二级维度	人数(人)	占比(%)
就读学校类型(高职)	国家级重点高职学校	786	12.5
	非国家级重点高职学校	418	6.7
所属专业大类(中职)	农林牧渔类	27	0.4
	资源环境类	22	0.4
	能源与新能源类	194	3.1
	土木水利类	270	4.3
	加工制造类	491	7.8
	石油化工类	8	0.1
	轻纺食品类	55	0.9
	交通运输类	446	7.1
	信息技术类	1 175	18.7
	医药卫生类	95	1.5
	休闲保健类	3	0
	财经商贸类	483	7.7
	旅游服务类	642	10.2
	文化艺术类	223	3.5
	体育与健身类	20	0.3
	教育类	813	12.9
	司法服务类	5	0.1
	公共管理与服务类	107	1.7
所属专业大类(高职)	农林牧渔大类	3	0
	资源环境与安全大类	2	0
	能源动力与材料大类	35	0.6
	土木建筑大类	141	2.2
	装备制造大类	275	4.4
	生物与化工大类	2	0
	轻工纺织大类	20	0.3
	食品药品与粮食大类	2	0
	交通运输大类	52	0.8
	电子信息大类	270	4.3
	医药卫生大类	28	0.4

一级维度	二级维度	人数（人）	占比（%）
	财经商贸大类	145	2.3
	旅游大类	55	0.9
	文化艺术大类	66	1.1
	教育与体育大类	91	1.4
	公共管理与服务大类	17	0.3

将有效样本数据导入 SPSS22.0 进行统计分析，分析内容主要包括描述性统计，同时结合性别、生源地、就读学校类型、就读专业大类等变量进行独立样本 t 检验或单因子方差分析，以此探析中、高职院校学生学习质量的整体情况和差异特征。

四、结果与讨论

（一）职业学校学生学习质量的截面分析

根据全面质量理论，职业学校学生学习质量包括投入（要素）质量、过程（体验）质量和结果（满意度）质量三个维度。结合 6 283 名学生的自评问卷，可以分析出职业学校学生学习质量的截面水平如下：

1. 职业学校学生学习动机调查分析

学习动机是学习投入的重要因素之一，不同的学生有着不同的学习动机，同一个学生也有着不同类型的学习动机。因此，学习动机是难以量化的测量因素。本调查采用多重响应分析的办法，引入虚拟变量，探究职业学校学生究竟有哪些类型的学习动机。数据分析结果如图 3-4-2 所示。

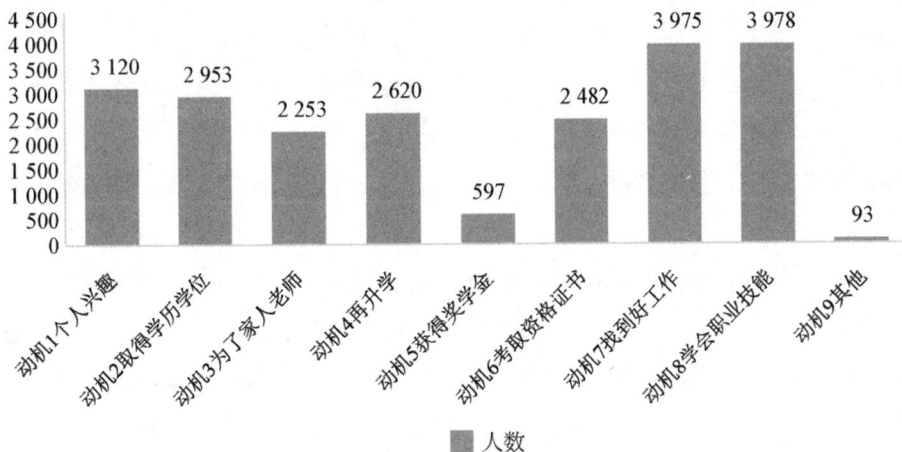

图 3-4-2 职业学校学生学习动机的多重响应分析（单位：人）

数据显示,因为"个人兴趣"而学的人数为3 120人,在所有动机中占比14.1%;为"取得学历学位"而学的人数为2 953人,在所有动机中占比13.4%;为了"家人老师"而学的人数为2 253人,在所有动机中占比10.2%;为了"再升学"而学的人数为2 620人,在所有动机中占比11.9%;为了"获得奖学金"而学的人数为597人,在所有动机中占比2.7%;为了"考取资格证书"而学的人数为2 482人,在所有动机中占比11.2%;为了"找到好工作"而学的人数为3 975人,在所有动机中占比18%;为了"学会职业技能"而学的人数为3 978人,在所有动机中占比18%;为了其他原因而学的人数为93人,在所有动机中占比0.4%。将职校学生的学习动机被选情况按照响应百分比从高到低排序,分别为:学会职业技能>找到好工作>个人兴趣>取得学历学位>再升学>考取资格证书>为了老师和家人的期望>获得奖学金>其他。

2. 职业学校学生学习投入质量分析

学习投入是多方面的,根据投入主体的分类,职业学校学生学习质量的投入要素可以分为学生自我投入、家庭投入、教师投入与学校投入。上述四类投入要素质量的实际水平如表3-4-3所示。

表3-4-3 职业学校学生学习投入质量各要素分析

投入要素	N	M	SD
个人投入质量	6 283	3.53	0.74
家庭投入质量	6 283	3.89	0.72
教师投入质量	6 283	4.03	0.67
学校投入质量	6 283	3.28	0.86
投入质量总水平	6 283	3.68	0.57

本研究采用的李克特五级量表,取值范围为1—5,对应的投入水平为"非常差"到"非常好",其中中间值3代表中等水平(下文同)。如图3-4-3所示,职业学校学生学习投入质量总体水平呈中等偏上(3.68),但还没有达到较好(4)的水平。具体而言,教师投入质量最高,均分4.03,达到"较好"的水平;其次为家庭投入质量,均分3.89,接近"较好"的水平;个人投入质量均分为3.53,达到中等偏上的水平;学校投入质量均分最低,仅3.28,刚过中等水平。职校学生学习投入质量中各要素的水平如图3-4-3所示。

如图3-4-3所示,学生个人投入上,职业学校学生的学习基础达到"中等"水平,均值为3.28;课内投入接近"比较好"水平,均值达到3.79。在家庭投入上,家人对学生的支持程度和关心程度均达到了中等偏上,接近"比较好"的水平。教师投入上,教师的课堂讲授与实训指导对于学生的帮助性较大,均值都超过4分,达到"比较好"的水平;相比之下,学生自评教师对其关心程度还有待提高。在学校投入上,学生自评对图书馆等教辅资源的使用程度较低,尚未达到中等使

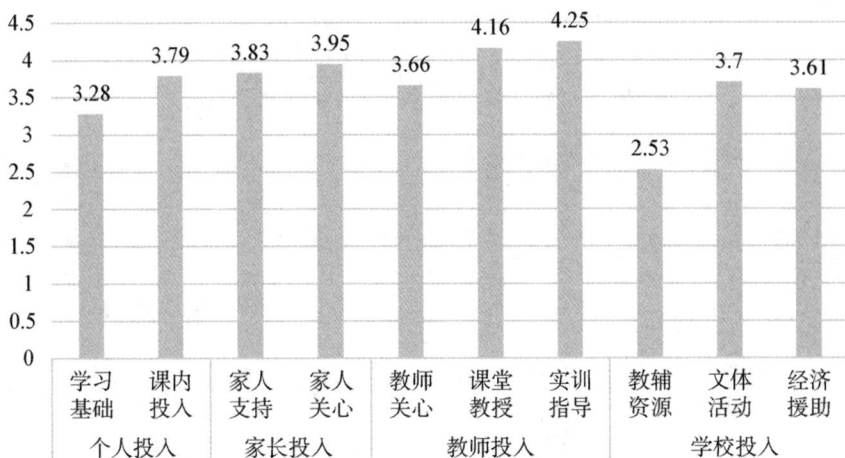

图 3 - 4 - 3　职业学校学生学习投入质量各要素水平均值

用的水平;但学生从学校安排的文体活动和经济援助等非学习事务的受益程度较高,接近"比较好"的的程度。

3. 职业学校学生学习过程质量分析

学习的过程是复杂的,根据学生学习过程的活动类型,职校学生学习的过程要素可以划分为学习交流质量、学习策略、学习评价质量、学习应用质量。职业学校学生学习过程质量中各要素的实际水平如表 3 - 4 - 4 所示。

表 3 - 4 - 4　职业学校学生学习过程质量各要素分析

投入要素	N	M	SD
学习交流质量	6 283	3.47	0.80
学习策略	6 283	3.54	0.74
学习评价质量	6 283	3.88	0.61
学习应用质量	6 283	3.50	0.73
过程质量总水平	6 283	3.64	0.58

如表 3 - 4 - 4 所示,职业学校学生学习过程质量总体达到"中等偏上"的水平。具体而言,学习评价质量相对较高,均分达到 3.88,接近"较好"的水平;而学生的学习交流质量、学习策略的使用程度和学习应用质量相对较低,均分维持在 3.5 左右,维持在中等偏上的水平,尚有进一步提升的空间。学生学习过程质量中各要素的水平如图 3 - 4 - 4 所示。

如图 3 - 4 - 4 所示,就学习交流情况而言,同侪互助交流的程度较高,均值达到 3.72,接近"较好"的水平;相比之下,课堂讨论与师生互动情况不佳,刚超过中等水平。在学习策略的应用质量上,理解、迁移和应用均维持在中等偏上的水平,但距离"较好"水平仍然有较大的差距;在学习评

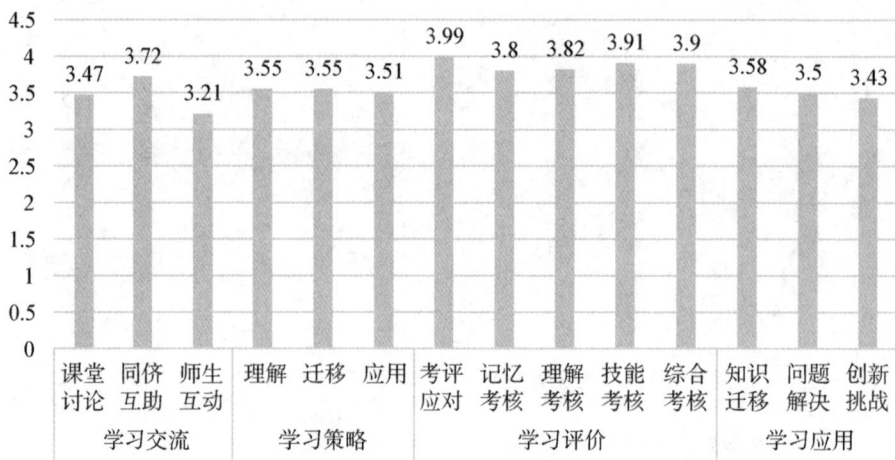

图 3-4-4　职业学校学生学习过程质量各要素水平均值

价的质量水平上,学生总体对于各类考评(包括日常作业)的态度较为积极,均值接近 4.0;学校在考评学生的学习情况时,对于学生记忆、理解、技能和综合能力的考核都较为重视,均值都接近4.0,其中对于技能的重视程度最高;在学习应用质量上,学生的知识迁移水平达到中等偏上的水平,均值达到 3.58。相比而言,职校学生在实践问题解决和创新挑战方面的水平一般。

4. 职业学校学生学习结果质量分析

学习结果是长期的,短期内可供观测的学习指标有期望达到、知识增长、技能(证书和测评)提升与学生自我感知的能力发展。职校生学习结果质量的各维度水平如表 3-4-5 所示。

表 3-4-5　职业学校学生学习结果质量各要素分析

投入要素	N	M	SD
期望达成	6 283	3.11	0.79
知识增长	6 283	3.63	0.70
技能提升	6 283	3.61	0.72
能力发展	6 283	3.53	0.72
结果质量总水平	6 283	3.51	0.63

如表 3-4-5 所示,职业学校学生学习结果质量水平总体呈中等偏上,均值为 3.51。其中学生自评,通过在校学习,个人在知识增长、技能提升和综合能力发展方面的收获水平也在中等偏上,均值分别为 3.63、3.61 和 3.53,尚未达到"较好"的水平。与此同时,学生已有学习结果质量与其期望值尚有较大的距离。学习结果质量中各要素的具体水平如图 3-4-5 所示。

如图 3-4-5 所示,就学生的期望达成情况而言,现有学习结果质量无论是距离外在期许(包括老师和家长的期望)还是自身期许都有较远的距离,二者均值都刚达到 3 分左右;就知识增长方

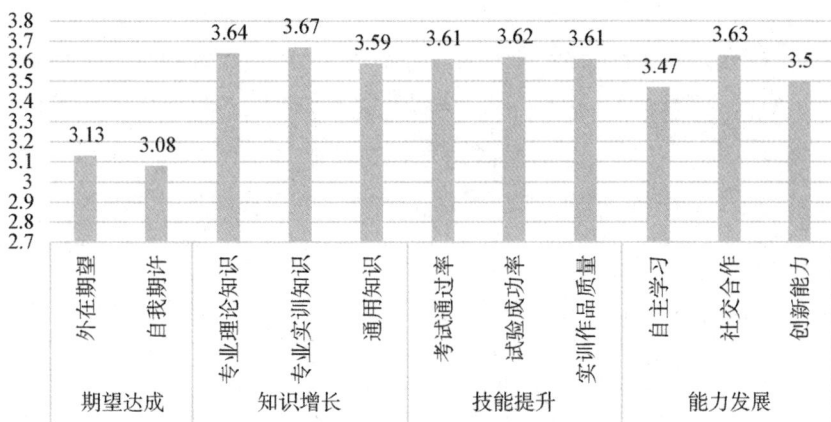

图 3-4-5 职业学校学生学习结果质量各要素水平均值

面而言,学生在专业课理论知识、专业课实训知识和文化课通用知识上都有较大的提升,均值都超过 3.5,达到中等偏上的水平,其中学生在专业实训知识方面的自评得分最高;就技能提升方面而言,学生通过学习在技能考试通过率、实训实验成功率和实训作品质量方面都有提升,均值都超过 3.6 分;就综合能力发展而言,学生在社交与合作方面的能力有所提升,且均值达到 3.63;相比之下,学生在自主学习能力和创新解决问题能力方面的提升程度差强人意,均值勉强达到 3.5。

(二) 职业学校学生学习质量的差异比较

不同性别、不同生源地、不同学校和不同专业的职校学生在学习质量上可能存在差异性特征。综合运用独立样本 t 检验和单因素方差分析,结果如下:

1. 职业学校学生学习投入质量的差异比较

如表 3-4-6 所示,就性别差异而言,职校学生学习投入总质量在性别维度上不存在显著差异($P > 0.05$),但是在个人投入上男女生差异显著,且女生显著高于男生($P < 0.001$);在家庭投入上,男女生不存在显著差异;在教师投入和学校投入上,男女生存在显著差异,且男生显著高于女生($P < 0.001$)。

表 3-4-6 职业学校学生学习投入质量的差异比较

影响因素	比较维度	个人投入	家庭投入	教师投入	学校投入	投入总质量
性别	男	3.46	3.87	4.07	3.32	3.68
	女	3.61	3.90	3.98	3.24	3.67
	t	-8.048^{**}	-1.631	5.441^{**}	3.974^{**}	1.201
生源地	城市	3.60	3.93	4.07	3.30	3.71
	郊区	3.49	3.85	3.97	3.22	3.63

影响因素	比较维度	个人投入	家庭投入	教师投入	学校投入	投入总质量
	乡村	3.52	3.88	4.03	3.31	3.68
	F	10.075**	4.739**	9.370**	4.850**	10.137**
中职学校	国家级重点中职	3.55	3.91	4.06	3.32	3.70
	非国家级重点中职	3.41	3.77	3.89	3.11	3.54
	t	5.598**	5.857**	7.781**	8.077**	9.386**
高职学校	国家级重点高职	3.67	3.99	4.14	3.44	3.80
	非国家级重点高职	3.56	3.86	3.97	3.25	3.65
	t	2.415*	3.169**	4.237**	3.314**	4.281**
中职专业	农林牧渔类	3.41	4.09	4.16	3.40	3.77
	资源环境类	3.55	4.09	4.02	3.24	3.70
	能源与新能源类	3.46	3.93	4.09	3.52	3.76
	土木水利类	3.48	3.89	4.02	3.29	3.67
	加工制造类	3.53	3.92	4.17	3.40	3.76
	石油化工类	3.63	4.50	4.38	3.46	3.98
	轻纺食品类	3.47	3.76	3.93	3.01	3.53
	交通运输类	3.56	3.98	4.04	3.29	3.71
	信息技术类	3.48	3.78	4.01	3.19	3.61
	医药卫生类	3.62	4.24	4.12	3.53	3.87
	休闲保健类	2.83	2.83	3.00	2.67	2.83
	财经商贸类	3.57	3.92	3.99	3.09	3.62
	旅游服务类	3.54	3.80	3.98	3.20	3.62
	文化艺术类	3.54	3.86	3.95	3.28	3.65
	体育与健身类	3.53	4.40	4.33	3.82	4.03
	教育类	3.49	3.89	3.95	3.31	3.66
	司法服务类	3.20	4.10	3.80	3.20	3.56
	公共管理与服务类	3.39	3.73	3.81	3.12	3.50
	F	2.559**	6.228**	4.440**	6.152**	5.961**
高职专业	农林牧渔大类	2.50	3.17	4.44	3.44	3.50
	资源环境与安全大类	4.50	4.50	4.17	3.67	4.15
	能源动力与材料大类	3.57	3.97	4.09	3.45	3.77

影响因素	比较维度	个人投入	家庭投入	教师投入	学校投入	投入总质量
	土木建筑大类	3.73	4.10	4.22	3.59	3.91
	装备制造大类	3.63	3.97	4.12	3.39	3.77
	生物与化工大类	3.25	3.50	3.67	3.67	3.55
	轻工纺织大类	3.65	3.63	4.00	2.73	3.48
	食品药品与粮食大类	2.00	3.00	3.50	2.50	2.80
	交通运输大类	3.43	3.74	3.98	3.29	3.62
	电子信息大类	3.62	3.83	4.07	3.27	3.69
	医药卫生大类	3.66	4.04	3.96	3.15	3.68
	财经商贸大类	3.74	4.13	4.15	3.52	3.88
	旅游大类	3.49	3.66	3.83	3.22	3.55
	文化艺术大类	3.62	3.86	3.82	3.26	3.62
	教育与体育大类	3.66	4.09	4.12	3.43	3.81
	公共管理与服务大类	3.50	4.03	4.12	3.59	3.82
F		3.657**	4.025**	2.680**	3.458**	4.728**

注：*表示 $P<0.05$，**表示 $P<0.01$。

就生源地差异而言，职业学校学生学习投入质量各要素在生源地上均存在显著差异。通过 Scheffe 法进行事后比较可知，在个人投入质量上，城市生源自评得分显著高于郊区和农村生源。在家庭投入质量上，城市生源显著高于郊区生源。在教师投入质量上，城市和农村生源自评得分均显著高于郊区生源。在学校投入质量上，农村生源得分显著高于郊区生源；在总体投入质量上，城市和农村生源显著高于郊区生源。

就中职学校类型差异而言，国家级重点中职学校的学生，其个人投入、家庭投入、教师投入、学校投入和总投入质量水平要显著高于非国家级重点中职学校。

就高职学校类型差异而言，国家级重点高职院校的学生，其个人投入、家庭投入、教师投入、学校投入和总投入质量水平要显著高于非国家级重点高职院校。

就中职学生专业差异而言，中职生学习投入质量部分要素在专业上均存在显著差异。通过 Scheffe 法进行事后比较可知，在家庭投入质量上，医药卫生大类专业学生得分显著高于信息技术和旅游服务大类专业学生；在教师投入质量上，加工制造大类专业学生的自评得分显著高于教育大类专业学生；在学校投入质量上，能源与新能源和加工制造大类专业学生的自评得分显著高于财经商贸大类专业的学生。

就高职学生专业差异而言，高职生学习投入质量部分要素在专业上均存在显著差异。首先通过 Scheffe 法进行事后比较,发现 F 值虽达到显著,但是事后比较均不显著。考虑到 Scheffe 法是所有事后比较法中最严格的的方法,其事后比较较为保守,故改用实在显著差异法(HSD 法)作为事后比较的方法,以便和整体检验 F 值的显著性相呼应。进一步采用 HSD 法事后比较可知,在家庭投入质量上,土木建筑大类专业学生得分显著高于电子信息和旅游大类专业的学生,财经商贸大类专业学生得分显著高于电子信息和旅游大类专业的学生;在教师投入质量上,土木建筑大类专业学生得分显著高于旅游和文化艺术大类专业学生;在学校投入质量上,土木建筑大类专业学生得分显著高于轻工纺织和电子信息大类专业的学生,财经商贸大类专业的学生得分显著高于轻工纺织大类专业学生;在总体投入质量上,土木建筑大类专业学生自评得分显著高于电子信息和旅游大类专业学生,财经商贸大类专业学生得分显著高于旅游大类专业学生。

2. 职业学校学生学习过程质量的差异比较

如表 3-4-7 所示,**就性别差异而言,**职校学生学习过程总质量在性别维度上不存在显著差异($P > 0.05$),但是学习交流、学习策略、学习评价和学习应用这四要素质量在性别上存在极其显著差异。其中,男生在学习交流、学习策略和学习应用上的质量自评得分要显著高于女生,但是女生在学习评价质量上的自评得分要显著高于男生。

表 3-4-7 职业学校学生学习过程质量的差异比较

影响因素	比较维度	学习交流	学习策略	学习评价	学习应用	过程总质量
性别	男	3.49	3.56	3.84	3.54	3.64
	女	3.43	3.51	3.93	3.46	3.63
	t	2.866**	2.701**	5.981**	4.466**	0.533
生源地	城市	3.53	3.59	3.89	3.54	3.67
	郊区	3.42	3.49	3.87	3.49	3.61
	乡村	3.45	3.53	3.89	3.49	3.63
	F	8.143**	7.229**	0.530	2.788	4.624*
中职学校	国家级重点中职	3.48	3.56	3.91	3.51	3.66
	非国家级重点中职	3.29	3.39	3.75	3.37	3.49
	t	7.855**	7.632**	8.277**	6.654**	9.484**
高职学校	国家级重点高职	3.67	3.69	4.01	3.68	3.80
	非国家级重点高职	3.51	3.55	3.83	3.51	3.63
	t	3.292**	3.101**	4.851**	3.899**	4.550**
中职专业	农林牧渔类	3.53	3.57	3.88	3.42	3.64
	资源环境类	3.38	3.44	3.86	3.45	3.58

影响因素	比较维度	学习交流	学习策略	学习评价	学习应用	过程总质量
	能源与新能源类	3.64	3.66	3.84	3.69	3.73
	土木水利类	3.42	3.47	3.83	3.50	3.59
	加工制造类	3.57	3.64	3.91	3.57	3.71
	石油化工类	4.08	3.50	4.03	3.58	3.83
	轻纺食品类	3.33	3.38	3.83	3.44	3.54
	交通运输类	3.50	3.56	3.88	3.50	3.65
	信息技术类	3.35	3.50	3.81	3.43	3.56
	医药卫生类	3.63	3.85	4.30	3.74	3.94
	休闲保健类	3.33	3.00	3.00	3.00	3.07
	财经商贸类	3.39	3.44	3.86	3.38	3.57
	旅游服务类	3.37	3.46	3.88	3.42	3.59
	文化艺术类	3.45	3.56	3.85	3.53	3.63
	体育与健身类	3.53	3.65	3.97	3.72	3.75
	教育类	3.43	3.48	3.92	3.47	3.62
	司法服务类	3.53	3.73	3.76	3.93	3.74
	公共管理与服务类	3.29	3.30	3.71	3.38	3.46
	F	6.724**	5.367**	5.624**	5.684**	6.935**
高职专业	农林牧渔大类	4.00	4.33	4.27	4.33	4.24
	资源环境与安全大类	4.50	4.50	4.40	4.33	4.43
	能源动力与材料大类	3.70	3.66	3.84	3.63	3.72
	土木建筑大类	3.70	3.77	4.08	3.69	3.85
	装备制造大类	3.66	3.65	3.94	3.68	3.76
	生物与化工大类	3.50	3.33	3.60	3.17	3.43
	轻工纺织大类	3.62	3.62	3.82	3.62	3.69
	食品药品与粮食大类	2.00	2.17	3.80	4.00	3.11
	交通运输大类	3.48	3.44	3.79	3.53	3.59
	电子信息大类	3.56	3.60	3.87	3.55	3.68
	医药卫生大类	3.42	3.57	4.25	3.57	3.78
	财经商贸大类	3.67	3.72	4.02	3.59	3.79
	旅游大类	3.55	3.53	3.90	3.57	3.68

影响因素	比较维度	学习交流	学习策略	学习评价	学习应用	过程总质量
	文化艺术大类	3.45	3.54	3.82	3.55	3.62
	教育与体育大类	3.67	3.66	4.07	3.64	3.80
	公共管理与服务大类	3.82	3.73	3.92	3.84	3.84
	F	4.840**	3.475**	3.252**	3.324**	4.441**

注：*表示 $P < 0.05$，**表示 $P < 0.01$。

就生源地差别而言，职校学生学习过程总质量、学习交流质量、学习策略质量在生源地上存在显著差异，学习评价和学习应用质量水平在生源地上不存在显著差异。通过 Scheffe 法进行事后比较可知，在学习交流和学习策略质量得分上，城市生源要显著高于郊区和农村生源；在学习过程总质量上，城市生源要显著高于郊区生源。

就中职学校类型差别而言，国家级重点中职学校的学生在学习交流、学习策略、学习评价、学习应用和学习过程总质量的得分均显著高于非国家级重点中职学校。

就高职学校类型差别而言，国家级重点高职学校的学生在学习交流、学习策略、学习评价、学习应用和学习过程总质量的得分均显著高于非国家级重点高职学校。

就中职专业差别而言，中职生学习过程质量各维度在专业上均存在显著差异。通过 HSD 法进行事后比较可知，在学习交流质量上，能源与新能源专业大类的学生得分要显著高于信息技术、财经商贸、旅游服务、公共管理与服务专业大类的学生；加工制造类专业学生得分显著高于信息技术、财经商贸和旅游服务大类专业学生；交通运输大类专业学生得分显著高于信息技术大类专业得分。在学习策略的使用质量上，能源与新能源大类专业学生的得分显著高于公共管理与服务类专业的学生；加工制造大类专业学生得分显著高于财经商贸大类、旅游服务大类、教育大类和公共管理与服务大类专业的学生；医药卫生大类专业学生得分显著高于土木水利类、轻纺食品类、信息技术类、财经商贸类、旅游服务类、教育类、公共管理与服务类专业学生得分。在学习评价质量上，医药卫生大类专业学生得分显著高于能源与新能源大类、土木水利类、加工制造类、轻纺食品类、交通运输类、信息技术类、休闲保健类、财经商贸类、旅游服务类、文化艺术类、教育类、公共管理与服务类专业学生得分；教育大类专业学生得分显著高于信息技术类专业学生得分。在学习应用质量上，能源与新能源大类专业学生得分显著高于信息技术类、财经商贸类、教育类、公共管理与服务类学生得分；加工制造类专业学生得分显著高于信息技术类、财经商贸类学生得分；医药卫生大类专业学生得分显著高于信息技术类、财经商贸类和旅游服务类专业学生。在总体学习过程质量上，能源与新能源类专业学生得分显著高于信息技术类、公共管理与服务类专业学生；加工制造类专业学生得分显著高于信息技术类、财经商贸、公共管理与服务类专业学生；医药卫生大类专业得分显著高于土木水利、加工制造、轻纺食品类、交通运输类、信息技术类、财经商贸类、旅游服务类、文化艺术类、教育类、公共管理与服务类专业学生得分。

就高职专业差别而言, 高职生学习过程质量各维度在专业上均存在显著差异。结合 HSD 和 LSD 法进行事后比较可知,在学习交流质量上,土木建筑大类专业学生得分显著高于文化艺术类专业学生得分。在学习策略质量上,农林牧渔类专业的学生得分显著高于交通运输类专业学生得分;土木建筑大类专业的学生得分显著高于交通运输、电子信息、旅游、文化艺术类专业学生得分;财经商贸渔类专业的学生得分显著高于交通运输类专业学生得分。在学习评价质量上,土木建筑大类专业学生得分显著高于能源动力与材料、装备制造、交通运输、电子信息、文化艺术大类专业学生得分;医药卫生大类专业学生得分显著高于能源动力与材料、装备制造、轻工纺织、交通运输、电子信息、旅游、文化艺术大类专业学生得分;财经商贸渔类专业的学生得分显著高于交通运输、电子信息、文化艺术类专业学生得分;教育与体育大类专业学生得分显著高于交通运输、电子信息、文化艺术类专业学生。在学习应用质量上,装备制造大类专业学生的得分显著高于电子信息类专业学生得分。在学习过程总质量上,资源环境与安全类专业学生得分显著高于交通运输类学生得分;土木建筑类专业学生得分显著高于交通运输、电子信息、文化艺术类学生得分;财经商贸、体育与教育类专业学生得分显著高于交通运输类学生得分。

3. 职业学校学生学习结果质量的差异比较

如表 3-4-8 所示,**就性别差异而言,** 职校学生学习结果总质量及其各维度在性别维度上存在显著差异($P<0.01$)。其中,男生的期望达成、知识增长、技能提升、能力发展和结果总质量得分均显著高于女生。

表 3-4-8 职业学校学生学习结果质量的差异比较

影响因素	比较维度	期望达成	知识增长	技能提升	能力发展	结果总质量
性别	男	3.16	3.66	3.67	3.57	3.55
	女	3.05	3.60	3.56	3.49	3.46
	t	5.544**	3.144**	6.253**	4.435**	5.558**
生源地	城市	3.17	3.68	3.68	3.60	3.57
	郊区	3.07	3.59	3.58	3.49	3.46
	乡村	3.09	3.63	3.60	3.52	3.49
	F	8.441**	7.261**	10.286**	10.202**	12.008**
中职学校	国家级重点中职	3.11	3.66	3.64	3.54	352
	非国家级重点中职	2.96	3.49	3.48	3.39	3.36
	t	6.011**	7.541**	7.270**	7.113**	8.374**
高职学校	国家级重点高职	3.25	3.76	3.77	3.70	3.65

影响因素	比较维度	期望达成	知识增长	技能提升	能力发展	结果总质量
	非国家级重点高职	3.22	3.61	3.62	3.56	3.53
	t	0.487	3.537**	3.387**	3.233**	3.210**
中职专业	农林牧渔类	3.07	3.58	3.57	3.54	3.47
	资源环境类	3.36	3.59	3.59	3.53	3.53
	能源与新能源类	3.29	3.73	3.73	3.65	3.63
	土木水利类	3.09	3.61	3.56	3.52	3.48
	加工制造类	3.23	3.72	3.78	3.63	3.62
	石油化工类	3.19	3.75	3.46	3.67	3.55
	轻纺食品类	2.92	3.49	3.50	3.32	3.34
	交通运输类	3.17	3.69	3.67	3.56	3.56
	信息技术类	3.04	3.58	3.59	3.46	3.45
	医药卫生类	3.24	3.85	3.72	3.69	3.66
	休闲保健类	3.00	3.22	3.00	3.00	3.06
	财经商贸类	2.96	3.53	3.48	3.41	3.38
	旅游服务类	3.04	3.60	3.57	3.48	3.46
	文化艺术类	3.09	3.58	3.54	3.51	3.46
	体育与健身类	3.38	3.93	3.85	3.88	3.80
	教育类	3.00	3.60	3.54	3.48	3.44
	司法服务类	3.00	3.40	3.40	3.40	3.33
	公共管理与服务类	3.05	3.43	3.44	3.36	3.34
	F	6.465**	4.239**	5.909**	6.018**	7.056**
高职专业	农林牧渔大类	2.83	3.56	4.00	3.89	3.64
	资源环境与安全大类	3.50	4.00	3.83	3.50	3.73
	能源动力与材料大类	3.21	3.78	3.76	3.69	3.65
	土木建筑大类	3.33	3.82	3.86	3.78	3.73
	装备制造大类	3.32	3.70	3.74	3.68	3.64
	生物与化工大类	3.50	3.50	3.83	3.50	3.59
	轻工纺织大类	3.05	3.43	3.50	3.48	3.40
	食品药品与粮食大类	2.00	3.00	3.00	3.00	2.82
	交通运输大类	3.16	3.58	3.65	3.58	3.52

影响因素	比较维度	期望达成	知识增长	技能提升	能力发展	结果总质量
	电子信息大类	3.22	3.68	3.67	3.63	3.58
	医药卫生大类	3.09	3.79	3.71	3.55	3.57
	财经商贸大类	3.19	3.77	3.74	3.69	3.64
	旅游大类	3.13	3.62	3.57	3.57	3.50
	文化艺术大类	3.12	3.57	3.55	3.51	3.47
	教育与体育大类	3.29	3.79	3.75	3.65	3.65
	公共管理与服务大类	3.47	3.78	3.88	3.78	3.75
	F	$3.844**$	$2.209**$	$2.970**$	$3.594**$	$3.847**$

注：* 表示 $P<0.05$，** 表示 $P<0.01$。

就生源地差异而言，职校学生学习结果总质量及其各维度在生源地上均存在显著差异（$P<0.01$）。综合通过 Scheffe 和 HSD 法进行事后比较可知，在期望达成、知识增长、技能提升、能力发展和结果总质量得分上，城市生源要显著高于郊区和农村生源。

就中职学校类型差异而言，国家级重点中职学校的学生在期望达成、知识增长、技能提升、能力发展和结果总质量上的得分均显著高于非国家级重点中职学校（$P<0.01$）。

就高职学校类型差异而言，国家级重点高职学校的学生在知识增长、技能提升、能力发展和学习结果总质量上得分显著高于非国家级重点高职学校学生（$P<0.01$），但是在期望达成方面，不同类型的高职院校学生不存在显著差异（$P>0.05$）。

就中职专业差别而言，中职生学习结果质量各维度在专业上均存在显著差异。通过 HSD 法进行事后比较可知，在期望达成方面，能源与新能源和加工制造类专业的学生得分显著高于信息技术、财经商贸、旅游服务和教育类专业的学生得分；交通运输类专业学生得分显著高于财经商贸和教育类专业学生得分。在知识增长方面，能源与新能源类专业学生得分显著高于公共管理与服务类专业学生得分；加工制造类专业学生得分显著高于信息技术、财经商贸和公共管理与服务类专业学生得分；交通运输类专业学生得分显著高于财经商贸和公共管理与服务类专业学生得分；医药卫生类专业学生得分显著高于信息技术、财经商贸和公共管理与服务类专业学生得分。在技能提升上，能源与新能源类专业学生得分显著高于财经商贸类专业学生得分；加工制造类专业学生得分显著高于土木水利、信息技术、财经商贸、旅游服务、文化艺术、教育、公共管理与服务类专业学生得分；交通运输类专业学生得分显著高于财经商贸类专业学生得分。在能力发展方面，能源与新能源类专业学生得分显著高于财经商贸类专业学生得分；加工制造类专业学生得分显著高于信息技术、财经商贸、旅游服务、教育类、公共管理与服务类专业学生得分。在学习结果总质量方面，能源与新能源类专业学生得分显著高于信息技术、财经商贸、教育、公共管理与服务类专业学生得分；加工制造类专业学生得分显著高于信息技术、财经商贸、旅游服务、教育、公共管理与服务类专业学生得分；交通运输类专业学生得分显著高于财经商贸类专业学生得分；医药卫生类专业学生得分显著高于财经商贸、公共管理与服务类专业学生得分。

就高职专业差别而言，高职学生学习结果质量各维度在专业上均存在显著差异。通过 HSD 法进行事后比较可知，在知识增长上，土木建筑大类专业学生的得分显著高于轻工纺织、交通运输、文化艺术大类的学生得分；财经商贸、教育与体育大类专业学生得分显著高于轻工纺织、文化艺术大类的学生得分。在技能提升上，土木建筑大类专业学生的得分显著高于轻工纺织、电子信息、旅游、文化艺术大类的学生得分。在能力发展上，土木建筑大类专业学生的得分显著高于电子信息、文化艺术大类的学生得分。在学习结果总质量上，土木建筑大类专业学生的得分显著高于轻工纺织、交通运输、电子信息、旅游、文化艺术大类的学生得分；装备制造大类专业学生得分显著高于文化艺术大类专业学生得分。

（三）职业学校学生学习质量的问题讨论

1. 学习投入上，相较于教师投入，学生个人投入和学校投入质量较低

就学生个人投入而言，调查显示职业学校学生的学习基础较差（学生自评得分 3.28）。究其原因，一方面客观现实是大部分职校生入学成绩较差，基础薄弱。已有研究人员针对中职新生入学文化课水平进行调查发现，中职新生入学的文化课水平普遍很低，其中英语学习成绩最低，数学成绩次之，语文成绩稍高。此外，入学新生的文化课离散程度极高。60% 以上新生的英语、数学没有达到初二及格水平，还有不少没达到小学四年级水平；同时仅有 9.62% 的学生达到了初二英语优秀水平；有 20.92% 的学生达到了数学优秀水平（85 分以上）。[①] 另一方面是因为职校学生的学习动机和自我效能感低下，由此引发恶性循环。就学校投入而言，学生反馈能从文体活动和经济援助等非教学事务性工作上获益较多，二者均值都超过 3.6，达到中等偏上的水平。但是对于学校教辅资源，例如图书馆、实训设备等的利用效益并不高。近年来，我国在职业教育各类硬件设施和软件资源上投入巨额，但是如何充分发挥其使用效益，让学生和教师真正能从中有所得是一个值得反思的问题。

2. 学习过程上，职校生在学习交流、学习策略和学习应用上表现不佳

具体表现在学生在课堂讨论的积极性不高（均值 3.47），师生互动反馈频次较低（均值 3.21），在学习过程中能有意识地将所学知识点进行理解、迁移和应用来深化学习的策略使用程度不高（均值 3.5 左右），运用所学知识创新解决问题的水平不高（均值 3.43）。究其原因，可能包括但不限于：第一，教师课堂教学教学方法运用不佳，无法激发学生的学习兴趣。例如教师没有充分意识到学情的重要性，无法做到因材施教和以学定教，由此出现学生评价教师"虽然有丰富的知识

---

① 蒋乃平. 文化课应该让中职生"学得会"——来自一线的报告之一［J］. 中国职业技术教育，2008(14)：11—15.

和技能水平,但是我们听不懂"的现象。如何在教师的教和学生的学之间架构一座桥梁,使得师生教学相长,教学成效最大化,学情分析是非常重要的环节。正如舒尔曼所说:"教学取得成功的关键在于,教师将他所掌握的知识以学生能理解的形式加以表征"。① 第二,教师在日常教学过程中忽略对学生学习策略的引导。已有研究指出部分职业学校的专业课教师认为学习策略不应当成为教师首要关注的问题、掌握学习策略对于职校生要求太高、学习策略也不好教。②

3. 学习结果上,职校生在个人期望达成和能力提升方面差强人意

具体表现在,在期望达成方面,学生自评现阶段所学成果与自己的预期和父母教师等外在预期相距较远,均分不足 3.2,勉强达到中等的水平。而在综合能力提升方面,学生自评通过现有的学习,个人的自主学习能力和创新解决问题的能力提升较小,均值不足 3.5。究其原因,可能但不限于:第一,职业学校教师在制定教学目标时,没有从学生的实际出发,教学目标难度偏大,效仿普通教育的趋势,过分重视理论知识,推崇有难度、有深度的学习;不作区分,学习目标不考虑学生的实际情况,特别是不考虑职校生的学习基础,所有要求和目标"一刀切";脱离情境,学习目标与工作情境、工作过程脱节,教学的实践性、趣味性减低。第二,教师在教学过程中对于智力因素较为看重,狠抓学生的知识获得和技能发展(学生自评通过在校学习,专业课知识、通用知识、考试通过率和实训作品质量均得到较大提升,均值在 3.6 以上),而忽略了对于学生非智力因素的培养。然而后者对于学生的可持续发展具有重要作用。缺乏非智力因素的培养,这与高素质复合型技术技能人才的培养目标是相背离的。

4. 职业学校学生学习质量内部各要素差异显著,存在教育公平隐患

调查可知,职业学校学生的学习质量各维度,包括学习投入质量、学习过程质量和学习结果质量,在学生的性别、生源地、学校类型和专业类型上存在显著差异。**例如,就学生生源地差异而言**,在学习投入总质量上,城市和农村生源显著高于郊区生源;在学习过程总质量上,城市生源要显著高于郊区生源;在学习结果总质量上,城市生源要显著高于郊区和农村生源。**就学校类型差异而言**,国家级重点中职学校的学生,其在学习投入、学习过程和学习结果的质量水平要显著高于非国家级重点中职学校;国家级重点高职院学校的学生,其在学习投入、学习过程和学习结果的质量水平要显著高于非国家级重点高职学校。**就专业类型差异而言**,中、高职院校不同专业大类的学生在学习投入、学习过程和学习结果的各维度质量上均存在不同程度的差异。

上述差异值得反思,因为其间接反映了职业教育在投入和管理过程中存在资源分配不均的现象,其对于城市生源、重点职业院校和重点专业可能存在更多的政策优惠和资源投入倾向,长此以往会加剧院校发展、专业建设,尤其是学生成长的两极分化,在教育公平上存在争议。因此,如何妥善分配职业教育资源,维持职业教育教学质量的相对公平,该问题值得进一步思考。

---

① Shulman L S. . Those Who Understand: Knowledge Growth in Teaching [J]. Educational Researcher, 1986,15 (02):4 - 14.
② 林玥茹. 中职学生专业学习策略研究[D]. 上海:华东师范大学,2019:85—88.

五、 对策建议

（一）激发学习动机，引导学生主动学习

学习动机与学生的学习目标、自我效能感、学习行为等密切相关，较强的学习动机能够推动学生更加能动地学习。[①] 要想提高职校学生学习质量，首先在于激发学生的学习动机，让学生主动学习。具体到操作层面：

其一，以目标驱动学生学习。 学习目标对学生的学习活动具有激励、导向、调控的作用。[②] 科学合理的学习目标可以激励学生从"要我学"走向"我要学"，从而充分发挥学习的主观能动性。教师应引导学生自发确立学习目标，学习目标的确定应避免难度过大，脱离实际情境。要充分运用"最近发展区"理论，根据职校生的学习能力，设置学生能力范围内通过努力可以达成的目标；同时，根据学生学情与分层教学目标相结合，对学习评价目标进行区分。最后将学习目标与工作情境、工作过程相关联，从难度、区分度和情境性三个维度来激发学生的学习兴趣，引导学生爱上学习。

其二，以兴趣驱动学生学习。 "兴趣是最好的老师"，通过学生的个人兴趣刺激学习动机是非常有效的方式之一。调查显示，"个人兴趣"在职校学生众多学习动机中仅占比14.1%，因此亟需引导学生发掘专业课的学习兴趣。事实上，与普通教育课程相比，职业教育课程学习非常讲究和注重实践性、情境性，职业教育学习的这些特性正是刺激学生学习兴趣的重要财富。职校教师应以专业课的教学为抓手，充分整合"校内＋校外"、"理论＋实践"、"学习＋工作"等多元化的资源和渠道，以职业教育课程的丰富性、情境性与实践性激发学生的学习兴趣，进而引导学生在学习上的改进与发展。

其三，以成就驱动学生学习。 从马斯洛的"需求层次理论"来看，自我实现的需要是最高层次的需要，而学生学习中的成功体验就是自我实现的一种。调查可知，"习得职业技能"、"寻找更好的工作"、"升学"、"考取资格证书"等成就动机在学生所有学习动机中占据主要比例。教师应以此为突破口，在实践教学中细化分解学生的成就动机，让学生在项目参与学习中取得成功，获得成就感。例如，鼓励学生参加竞赛，职业技能大赛等，在参赛过程中积累技能，获得成功体验；指导学生在项目实践中自主发明创造、专利申请等，进而获得成就体验；日常组织学生通过小组合作攻克学习中的困难任务，从而习得合作意识和成就体验；引导学生与自身进行纵向对比，从自身的点滴进步中认可自我，获得成就体验。

---

① Sohich H，Phillipson S N. Learning motivation and performance excellence in adolescents with high intellectual potential：what really matters？［J］. High Ability Studies，2009，20(01)：15-37.

② 李定仁. 论教会学生学习的问题［J］. 西北师大学报(社会科学版)，1994(01)：3—9.

(二) 追加学习投入，鼓励学生乐于学习

必要的学习投入是学生获得学业成就的前提条件。事实上，职校学生学习质量偏低，一个关键的因素就是学生的学习投入不够。因而想要提高学生的学习质量，就需要引导学生追加学习投入，具体而言，可以从时间、精力、资本等方面增加投入。

首先，时间投入，引导学生花更多的时间参与学习。 当前职业院校的学生在学习上，缺勤、旷课、迟到、早退的现象普遍存在，学习时间投入较少。此外，尚有部分学生在课堂上睡觉、玩手机、聊天等，较低的抬头率不可能有较高的学习质量产出。因此，学校要积极引导重视学习时间投入和高效时间运用方法。一方面，学校教师自身要提升教学质量，增加课程的趣味性，提升学生的课堂参与度，以吸引学生主动学习、乐于学习。另一方面，要引导学生在常规的课堂学习中，不迟到早退，做到有课必到；在课堂上遵守纪律，认真听课，做到时间的有效利用；在课堂之外，适当追加课外学习与自主学习，用"勤能补拙"的古训，夯实基础、提高自己。

其次，精力投入，引导学生花更多的精力钻研学习。 在实践中，可以教会学生使用元认知学习策略。元认知策略通常被认为是较为高级的学习策略，因为它需要调动学生多种意识、行为参与学习过程，[①]而学习任务元认知影响学生对学习任务难度、性质的认识，决定了他在该任务上分配精力、时间的多少。[②] 在具体操作上，一是引导学生组织复述、精细加工、重组等认知策略，通过强化认知增加精力投入，进而掌握学习内容；二是教会学生做好学习的时间管理、学习环境管理、努力管理、寻求支持等资源管理策略，丰富学习资源的占有；三是支持学生践行监视、检查、评价、反馈等调节策略，通过"学以致用"、自我检查等方式增加对学习的精力投入，同时也强化对学习内容的掌握和内化。

再者，资本投入，引导学生花更多的资本服务学习。 首先，职业教育学习需要学生改进相应的经济资本投入，这些资本的投入主要用于改善学生个人的学习条件，尤其是提升个人学习效用的学习工具、学习资源等可以通过个人追加经济资本去改善。当然，学校在此过程中也可以主动完善实习实训基地建设、增添学生学习设备器材、扩充教学资源库等，为学生的学习投入创造更好的硬件和软件条件。其次，增加学习的情感投入，引导学生关照自我，增加对专业、职业的了解与热爱，为个人的就业规划和生涯发展提前做好准备。[③] 再次，增加学生的权力资本，实现真正意义上的"师生平等对话"。通过对话构建新型师生关系，以教师学生（Teacher-student）和学生教师

① W J Mckeachie, et al. Teaching and Learning in the College Classroom：A Review of the Research Literature [R]. Ann Arbor, MI：University of Michigan，1987：34.

② Sart，Gamze. The Effects of the Development of Metacognition on Project-based Learning [J]. Procedia-Social and Behavioral Sciences，2014，152(112)：131-136.

③ Dirkx J M. Care of the Self：Mythopoetic Dimensions of Professional Preparation and Development [A]// Pedagogies of the Imagination [M]. Amsterdam：Springer Netherlands，2008：65-82.

(Student-teacher)的师生关系促进学生学习改进。①

(三) 注重学习过程，教会学生学会学习

学习过程是影响学生学习质量的直接要素。调查可知，职校学生在学习过程中明显缺乏学习方法，学习效率低下。因此，教师有必要通过策略调整，在常规学习、技术学习和自我管理等方面教会学生学会学习。

其一，引导学生改进常规学习方法，教会学生掌握预习、听课、课后复习、作业练习、课外阅读等基本环节的学习方法。 第一，预习是学生学习的起点，引导学生做好课前预习、单元预习和学期预习，让学生做好思想、知识和物质上的准备。第二，听课是学生获取新知识的重要途径，引导学生听课时目的明确，把听、视、想、记结合起来。第三，课后复习的作用在于查漏补缺，引导学生根据教材的性质和个人习惯，学会课后复习、阶段复习，巩固性复习、知识系统性复习等。第四，作业是预习、听课、课后复习的继续，要引导学生细致、独立地完成作业。第五，课外阅读是学生课内学习的补充和延伸，能开阔眼界，加深理解课内所学知识，教师应有组织、有计划地指导学生展开课外阅读。

其二，引导学生改进技术学习方法，实现"教-学-做"一体化，即"做中学、学中做"、"做中教、教中做"。 在具体实践上，一是学校要加强"教-学-做"一体化课程教师实践教学能力的培养，开展"双师型"教师队伍建设。二是编制操作性强的"教-学-做"一体化实施方案，建立技能模块课程体系，制订核心技能培养计划，开展项目课程研究与开发，强化实习实践，并确保学生的实习权力不受侵犯。② 三是做好经验借鉴与校外指导，介绍杰出人物成功的学习经验，总结推广优秀学生的学习经验。③ 四是认真研究"教-学-做"一体化教学生考核，提高公平性、客观性。

其三，引导学生改进自我管理策略，达到时间、资源与行动协同化。 具体来说，在学习活动之前，学生要自己确定学习目标、制定学习计划、选择学习方法、作好学习准备；在学习活动之中，对自己的学习过程、学习状态、学习行为进行自我观察、自我审视、自我调节；在学习活动之后，对自己的学习结果进行自我检查、自我总结、自我评价和自我补救。为了保证学习的成功、提高学习的效果、达到学习的目标，学生需要学会对自己所从事的学习活动进行积极地、自觉地计划、检查、评价、反馈、控制和调节。④ 此外，学生也要学会自我评价，通过自我评价，全面分析和了解自己在学习中的进步和存在的问题，从而提高学习的效率。

---

① P Freire. Pedagogy of the Oppressed [M]. New York, NY: The Continuum International Publishing Group Inc. ,2000：80.
② 李鹏，朱德全. 从缺失到归位：职校生实习权利救济机制研究[J]. 职教论坛,2013(01)：72—75.
③ 汪锋. 基于"大国工匠"精神培育的高职业教育文化建设路径探索[J]. 职教论坛,2017(29)：37—41.
④ 董奇，周勇. 关于学生学习自我监控的实验研究[J]. 北京师范大学学报(社会科学版),1995(01)：84—90.

(四) 关照学习结果,反思完善教学方法

学习结果作为职业教育学生学习质量评估的重要指标之一,对于了解学生实时学习状态具有重要参考价值。然而,除了掌握学情之外,学习质量评估更重要的目的在于以评促教,优化教学手段。整体来说,在教学方法的改进上,坚持教学"育人"的属性,[①]实施以问题和情境为导向的学习过程,基于问题解决、元认知培养和经验整合等方式培养学生的综合能力。

一是以问题为导向,施以处方式教学。首先,要培养教师和学生的问题意识,鼓励学生在学习过程中提出高质量的问题,"无疑处生疑,有疑处释疑",教师能够通过问题"启发"和"点拨",推进教学实施。其次,要改进提问方式,问题要以开放性问题和"以人为中心"的问题为主,改进提问方式后,教师还要增加学生回答问题的时间,即增加"等待时间"[②]。最后,以学生为中心,以问题为契机,激发学生兴趣与已有经验相结合,促进其主动学习,开展基于问题或基于项目的学习探索。

二是以整合为目标,探索立体化教学。职业教育学术课程与职业课程的整合对于具有综合职业能力的现代职业人的培养和现代职业教育体系的构建都具有重要的现实意义。[③]"跨界"的职业教育教学相对分散,因此基于职业教育学习评价的教学改进,还必须以整合为目标,以学生学习为中心、活动为中心、团队为基础、一体化整合。[④]

三是以结果为导向,选择有效性教学。常言道,"教无定法"。在通向教学目标与评价目标的道路上,教学的方法是多种多样的。在实践中,各种教学方法各有优点和缺点,在功能和作用上,具有辩证统一性,互相渗透、相互作用。因此,教师应该根据不同阶段教学的任务、教材内容的特点、学生的可能性以及教师运用各种方法的可能性来选择教学方法,并对教学方法进行最优组合、灵活运用,如行动导向教学、对话教学、案例教学、项目教学等。

---

① 钟启泉. 教学方法:概念的诠释[J]. 教育研究,2017,38(01):95—105.

② Mary, Budd, Row. Wait-time and rewards as instructional variables, their influence on language, logic, and fate control:Part one-wait-time [J]. Journal of Research in Science Teaching, 1974,11(02):81-94.

③ 陈鹏. 职业教育学术课程与职业课程整合研究的回顾与前瞻[J]. 职业技术教育,2014,35(01):32—37.

④ 徐涵. 德国学习领域课程:职业教育教学体系的转变[J]. 比较教育研究,2015(01):39—42.

专题 5： 高职院校"扩招生"学业评价报告

一、 问题提出

2019 年 3 月 15 日，李克强总理在全国"两会"（中华人民共和国全国人民代表大会、中国人民政治协商会议）上做政府工作报告，要求高职院校"大规模扩招 100 万人"。政策一出，立刻引起了社会各界的高度关注，这被认为是 2019 年我国高职教育领域的亮点政策之一，具有缓解当前就业压力、提高高素质技术技能人才的有效供给、加快现代职业教育发展、强化职业教育类型特征等多重意义，我国高职教育也似乎迎来了大发展的春天。然而，欣喜之余也传来隐隐担忧，扩招之后高职院校将不可避免面临生源规模扩张、生源结构多样、需求多元、管理复杂等一系列挑战，在此情况下如何确保高职院校的人才培养质量将成为需要探讨的核心命题。12 月 25 日，教育部办公厅针对本次大扩招，进一步下发《关于做好扩招后高职教育教学管理工作的指导意见》（以下简称《意见》）。《意见》指出，高职扩招生源要坚持"宽进严出"，严把毕业关口，实现高质量就业。那么，如何才能严格把控"毕业关口"？ 这就对高职学生的学业评价提出了更高的要求。学生的学业评价是检验职业教育教学质量的主要抓手，也是促进教育目标实现的重要手段，对人才培养质量的保障至关重要。然而由于长期受到传统学科课程评价体系的影响，我国职业教育评价体系的设计在评价理念、评价实施、评价结果等方面还存在不足，尤其在面临生源多样化等诸多挑战之际，了解当前高职学生学业评价实施困境，理清未来学业评价体系建立的需求与思路，探索建立科学、合理的高职学校学生学业评价体系，不仅能够保障高职院校毕业生的"出口质量"，更可以反向"以评促学"、"以评促改"，对高等职业院校教育教学质量的改进与提升有着十分重要的意义。基于此，本研究通过对高职院校教师开展高职"扩招生"的学业评价问卷调研，掌握当前高职"扩招生"学业评价的基本情况，分析学业评价过程中存在的实践困境，提出改善对策与建议，为高职院校构建科学合理的学生学业评价体系提供参考与借鉴。

二、 文献回顾

教育评价是对教育相关要素的衡量与判断，以此评判教育质量的高低，包括教师评价、教学评价、学生评价、学业评价等诸多具体方面，其中关于学生的学业评价是非常重要的组成部分。

通过文献的梳理与分析,发现当前对职业院校学生学业评价的研究主要集中于学业评价的内涵与目的、价值取向以及学业评价的实施现状三个方面。

(一) 学业评价的内涵与目的研究

从西方教育评价的发展史来看,随着 19 世纪末自然科学研究兴起,基于客观、标准的量化研究方法也开始应用于教育测量之中,此时学校被认为是知识生产与传递的"工厂",而学生的学习结果被认为是"产品",学业评价就是采用标准化的量表对学生学习结果的测量过程。随着教育研究的进步,这种"测量导向"的评价模式也逐渐被质疑。现代教育评价之父泰勒(Ralph W. Tyler)指出,对学生的学业评价不应只通过测试关注学习结果,更需对比教育目标,衡量和判断教育目标在学习结果中的实现程度。[①] 学业评价的首要步骤是确定教育计划的目标,这种评价模式被后人称为"目标模式"。泰勒的这一观点得到了大多数教育评价研究专家的支持和认可,许多教育评价专家对教育评价做出的定义都与泰勒大同小异。更有学者总结提出,学生学业评价是为了确定学生达到教学目标的程度,收集、分析和解释信息的系统过程,包括对学生的定量描述和定性描述两个方面,用公式可以形象地表述他的观点:评价=测量(定量描述)+非测量(定性描述)+价值判断。本杰明·布卢姆(Benjamin Bloom)在其《教育评价》一书中对"评价"这样解释:学生学业评价乃是系统地收集证据用以确定学生是否发生了某些变化,确定学生个体变化的数量或程度。[②] 上述这些学者对学生学业评价做出的界定都强调目标在学生学业评价中的重要作用,并注重基于目标收集资料,从而做出判断和改进。随后,也有教育评价专家对这种模式提出质疑,如丹尼尔·斯塔弗尔比姆(Daniel Stufflebeam)和李·克隆巴赫(Lee Joseph Cronbach)则提出学生学业评价是"描述、获得和运用有关个体的目的、计划、过程和成果价值的过程","评价不仅应该关注学习目标的达成度,更应该关心课程计划的合适与否","评价的重点不在学习活动结束之后,而在学习过程之中",他们的这种定义被称为"过程模式",[③]并进一步说明评价的功能不仅在于证明,也在于改进。这种评价模式也获得了国际社会的广泛认可。"过程模式"进一步揭示了学生学业评价活动的功能,这也启发我们要关注和重视在评价活动的过程中出现的新的情况和非预期的结果,而不能仅仅关注原初设定的目标。但并不意味这是对原有"目标模式"的否定,相反在实际的评价活动中,"过程模式"也难以摆脱"目标模式"的影响,因为评价者总是会有一定的目标设定和自己的评价准则,因此他们也必然要经历"目标模式"的阶段,只是它们可以对"目标模式"的功能进行更好的补充。同样,我国学者对于学业评价的内涵提出了自己的看法:学业评价是指根据一定标准,对学生的学习结果进行价值判断的活动。[④] 其中,应当以教育目标

① 泰勒. 课程与教学的基本原理[M]. 罗康,张阅,译. 北京:中国轻工业出版社,2014:3.

② 黄光扬. 新课程与学生学习评价[M]. 福州:福建教育出版社,2005:44—45.

③ 邓睿,王健. 关于教育评价本质与目的的探讨[J]. 教育评价与测量(理论版),2011(03):4—7.

④ 钟启泉,崔允漷,张华. 基础教育课程改革纲要试行解读[M]. 上海:华东师范大学出版社,2001:231.

为依据,运用恰当的、有效的评价方法,并对学生的学习成果和学习情况进行收集,然后科学地进行分析和处理,并对学生的学业变化进行价值行为判断。[1] 评价的工具和途径也需要运用地恰当、有效,对学生认知行为上的变化信息和证据要系统、丰富,对学生的知识和能力水平价值判断要合理,并有学者进一步指出,高等职业学生学业评价是以典型工作任务的学习性工作任务为载体,这种"工作任务"的开放度、难度和复杂程度是划定中职与高职的界限,以职业的典型工作任务作为高等职业教育的课程基础,也廓清高等职业教育与普通高等教育作为不同类型的知识观基础。[2] 在学业评价目的的研究方面,学业评价不仅仅可以反映学生学习情况、调动学生学习积极性、改善教学效果,[3]而且通过学业质量的评价与监测,可以全面考察教学的现状,分析、解决教学与管理中的问题,探寻教育教学的规律。不仅有利于教学质量的大面积提高和基础教育的均衡发展,而且有利于教师队伍的专业发展和良好教育生态的环境建设。[4] 教师可以根据评价的结果改进教学,学生可以通过评价结果了解自己的成就和不足,从而扬长避短,取得更好的发展。[5] 由此可见,随着时代的发展与人们对学业评价认识的逐渐加深,学业评价的发展走过了从关注结果到关注目标、关注过程的历程,教育评价的目的与功能也从控制与选拔走向激励与改进。

(二) 高职学生学业评价的价值取向研究

从对学生学业评价的内涵分析来看,学业评价也是一种价值判断活动,因此,在判断过程中依据的应是其价值观取向。传统的能力本位价值取向是在社会化大生产、劳动分工细化的背景下提出的,它要求培养学生的岗位能力。能力本位价值取向要求职业教育教学与评价要以能力为核心目标,所有的知识、技能教学与评价都要围绕这一目标而进行。然而,这一价值取向已经不能适应时代的发展要求。这是由于进入 21 世纪之后,职业教育面临经济全球化、生产自动化的挑战,新时代的职业学校毕业生不仅要具备岗位职业能力,更重要的是养成危机意识、责任感、信誉感、创造力等。而从概念上讲,"能力本位"的表述存在着不可克服的局限,因为能力的概念内涵过于狭溢,不能涵盖知识、情感、意志、道德、人格、个性等因素。[6] 据此,有学者提出职业教育价值取向要由能力本位向素质本位转变,而新时期职业教育培养的人才需要具备三种素质:科学文化知识、基本技能、基本个性倾向、基本爱好等从事某一工作所必须具备的基础性素质;与某一专业工作密切相关的理论知识和方法知识,实践操作技能力,职业道德品质等专业性素质;终身学

---

① 涂艳国. 教育评价[M]. 北京:高等教育出版社,2007:89.
② 闫宁. 高等职业教育学生学业评价研究[D]. 西安:陕西师范大学,2012.
③ 张薇,于亚娟. 高校学业评价的创新:构建多元化评价体系[J]. 教育探索,2015(04):45—48.
④ 潘小明. 学业质量评价:内涵、现实与建议[J]. 内蒙古师范大学学报(教育科学版),2012,25(12):69—74.
⑤ 张花. 第四代评价理论视角下我国高校学生学业评价研究[D]. 济南:山东大学,2010.
⑥ 王敏勤. 由能力本位向素质本位转变——职业教育的变革[J]. 教育研究,2002(05):65—66+72.

习的能力、创业精神与个性、创造性思维品质等创业、创造性素质。二战后世界高职教育的价值取向经历了四个发展阶段，分别为知识本位、能力本位、人格本位和素质本位。[①] 素质本位的价值取向既没有偏重技能的获得，也没有"只见物不见人"，强调把基础性、职业性和灵活性结合起来，使得高职教育既能够与一般高等教育比"高"，又能与之比"特"，素质本位应该是目前我国高职教育的价值取向。有学者对"素质本位"的内涵表示赞同，并进一步将其概括为"综合职业能力"，国内还有众多学者对"综合职业能力"的提法表示认可。综合职业能力本位价值取向下的职业教育学生学业评价不仅要关注学生对知识、技能的掌握，同时也要关注学生情感、态度和价值观的发展。高职院校学生学习评价体系逐渐由传统的知识本位、技能本位发展为综合职业能力的价值取向。其中，综合职业能力应包括专业技能、方法技能、社会技能和工作任务。还有学者依据职业活动的针对性和迁移程度的不同，将综合职业能力理解为一般能力、群集职业能力和岗位职业能力。[②] 此外，综合职业能力还被认为是人们在真实的工作情境中整体化地解决综合性问题的能力，是从事一个(或若干相近)职业所必需的本领，是在职业工作、社会活动和私人生活中科学的思维，对个人和社会负责任行事的热情和能力。[③] 从上述价值取向的研究来看，学者们虽然用了不同的词语来表述价值取向的变化与倾向，但在内涵上有其相似之处，尤其是素质本位与综合职业能力，在基本内容上具有相对一致性。由此可见，对高职院校学生学业水平的评价价值取向来说，从知识本位到综合职业能力本位的转型是必然要求，它要求职业教育学生学业评价将评价的重点从传统的知识和技能转向学生工作情境中的问题解决能力、社会交往能力、创新能力等综合性的能力。这是新时代职业教育学生学业评价发展与变革的基本旨趣。

(三) 高职学生学业评价的实施研究

职业教育学生学业评价是职业教育实践中的一项重要工作，它受到职业教育一线教师和学校管理者的高度重视。关于高职学生学业评价实施方面的研究，国内外学者主要从评价主体、评价内容、评价方法等维度展开，该部分多以实证研究的形式进行，了解当前高职学生学业评价的现状，发现其中存在的共性问题，并提出相应的改善策略。在评价主体方面，当前高职学生学业评价存在评价主体单一，缺乏学生、企业和社会的参与，评价主体之间的关系不平等等问题；在评价内容方面，存在学业评价内容狭隘、片面，重视基础知识和理论考核，忽视对学生综合素质的评价等问题，且评价标准单一、脱离现实，操作任务脱离社会工作，技能评价不够科学、缺少对工作过程的评价；在评价方式和方法上，存在学业评价方法过于简单，评价方式失效，且学业评价体系存在评价工作占用教师大量教学时间、学生互评往往流于形式等问题；在评价功能方面，存在评价功能过于突出鉴定功能的发挥，而忽视了评价的反馈、激励和促进、改进和发展的功能等问题。

① 匡瑛,石伟平. 二战后世界高职教育本位观的嬗变及其发展趋势[J]. 中国职业技术教育,2006(31)：8—11.
② 谭移民,钱景舫. 综合职业能力的课程观[J]. 职业技术教育,2000(28)：7—9.
③ 赵志群. 促进全面发展的综合职业能力培养目标[J]. 职教论坛,2009(06)：1.

同样,在对策建议研究方面,许多研究者也得出了相似的结论。为解决当前我国职业教育学生学业评价中存在的上述问题,研究者提出的改革策略主要有:(1)提倡评价主体多元化。职业教育学生学业评价要吸纳所有利益相关者参与,构建起教师评价、学生自评、家长评价、社会评价多元主体的评价体系,从而保证评价的客观、公正和全面。[①] (2)主张评价内容全面化。职业教育学生学业评价的内容不仅应该包括理论知识和操作技能,同时还应包括学生的情感、态度、价值观等。此外,职业学校要构建以专业技能考核为核心,主要内容包括与人沟通合作、信息处理、创新精神等个性特长的立体式评价体系,还应深化综合职业能力内涵,科学融入高职生学业评价标准。(3)倡导评价方法多样化。针对当前职业院校学生学业评价主要以纸笔测试和技能考核为主的评价方式弊端,职业院校的教师进行了积极探索,在实践中尝试和采用了多样化的评价方法。例如,评价学生的基础理论最好采用纸笔测试的方法,对学生操作技能的评价可以采用实际操作和项目实践的方式,对学生职业道德的评价可以通过出勤、纪律、课堂表现等来进行考察。[②] 还可采取如设置专职教师,明确教学任务与评价任务,正确引导学生进行自我评价,改变自评与互评的流程、引入多元主体参与评价机制等方式,建立内部监督机制、建立完善典型工作任务考核体系、关注过程建立整体追问机制。综上所述,诸多学者对职业教育学生学业评价现状和对策的研究具有较高的同质性,虽然如此,但是他们从实践出发对当前我国职业教育学生学业评价进行了反思并进行了积极探索,这为我们的研究提供了充足的实践素材,也为本研究提供了参考与借鉴。

三、 研究设计

(一) 研究方法与目标任务

自 2019 年颁布高职"百万扩招"的政策以来,各省份纷纷印发高职扩招专项实施方案作为积极响应,并于 9 月份开始了第一轮扩招招生。据统计,2019 年度高职扩招共计 116 万人,教育部职业教育与成人教育司相关负责人表示,高职扩招坚持"中央统筹、地方主责、系统化推进、质量型扩招"的原则,在国务院有关部门的配合协作以及地方和学校的积极努力下,高职百万扩招任务已经圆满完成。因此,本研究拟对当前高职院校"扩招生"的学业评价现状进行调研,具体的目标任务有四:一是基于网络文献资料和教师访谈,构建高职"扩招生"学业评价的基本研究框架与内容;二是基于问卷调研,了解当前高职"扩招生"学业评价的现状;三是通过数据分析与访谈,剖析当前高职"扩招生"学业评价存在的问题与困难;四是着眼于未来高职"扩招生"学业评价的改革与发展,分析相应的改革对策与建议。

---

① 钦梅.中等职业学校学生专业能力发展性评价研究[D].石家庄:河北师范大学,2008.
② 吴仕军.中职学生的学业评价:现状与建议[D].苏州:苏州大学,2011.

根据主要的研究目标与任务,本研究采取的主要研究方法如下:

一是文献资料法。通过对收集到的各种文献(如专著、论文、网页资料、各类辞典等)进行查阅、分析、整理,对他人的研究成果进行了总结与评价,并在此基础上进行了尝试,探析高职"扩招生"学业评价的研究框架与内容维度,并为总结梳理当前高职"扩招生"学业评价的问题与提出相应的对策建议提供了参考与借鉴。

二是问卷法。本研究通过自编的《高职"扩招生"学业评价现状调查问卷》来搜集当前高职"扩招生"学业评价的现状,为后文的问题与原因分析提供依据。

三是访谈法。本研究通过专家访谈与教师访谈,一是了解自编调研问卷的内容与题项设计是否合理,增加其内容效度;二是了解当前高职"扩招生"学业评价的实际情况,为问题背后的原因分析提供依据。

(二) 研究框架与内容

高职院校学生学业评价体系研究的框架与内容的设计基于理论研究与实践经验的总结。在理论研究方面,本研究借鉴美国学者斯塔佛尔比姆(Daniel Stufflebeam)提出的 CIPP 评价模式,即由背景评价(Context Evaluation)、投入评价(Input Evaluation)、过程评价(Process Evaluation)、结果评价(Product Evaluation)四部分构成的评价体系,该评价模式不仅考量结果中的目标达成度,而且还重视过程评价与结果反馈,能够较为全面、系统地反映评价对象的全貌。且 CIPP 评价模式在实际运用过程中具有很强的灵活性,可以根据评价对象的特点与评价者的需要进行灵活调整,选择不同的评价策略与评价架构。如李鹏、朱德全在借鉴 CIPP 评价模式的基础上将职业教育学习评价分解为"评价设计——评价实施——评价结果"三个维度,[①]较为高效地体现了职业教育学习评价的特点,对本研究有很重要的参考意义。此外,在实践方面,本研究通过对部分高职院校教师的预访谈与以实证研究为主的文献分析,了解当前我国高职学生学业评价体系建设与研究的情况,在综合理论研究与实践经验的基础上,本研究主要从评价理念、评价实施和评价结果三个维度构建了本研究的研究框架,并确定了价值取向、目标定位、标准体系、评价主体、评价方法、评价内容等9个二级维度。如图 3-5-1 所示。

1. 评价理念

评价理念包括学业评价的目标定位、价值取向和标准体系建设。在价值取向方面,高职院校应树立以学生"综合职业能力"培养为本位的价值理念,即不仅要评价"扩招生"的知识积累与技能水平,更要评价其是否具备在真实工作情景中的问题解决能力、岗位适应能力,以及还包括职业素养、社会技能、学习技能等多方面综合素质与能力。这种综合职业能力是个体在学习过程中逐步养成的,因此对"扩招生"综合职业能力的评价应至少注重三个方面:第一,多元性。这是以

---

① 李鹏,朱德全.职业教育学习评价元评估:四维尺度分析[J/OL].重庆高教研究,2020(03):101—114.

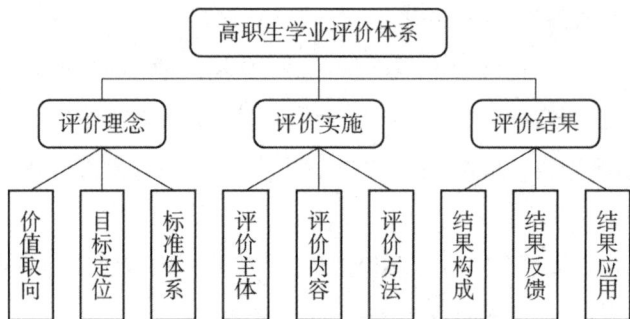

图 3-5-1　高职学生学业评价体系框架

人为本的学业评价体系设计的基本宗旨。尤其是在当前高职扩招的大背景之下,生源多样化的特征日益凸显,不同类型的生源基础不同、优势不同、个性不同、需求不同,采用"一刀切"的评价方式显然是不科学、不公平的。因此,以人为本的评价体系必定也是多元性的评价体系。第二,发展性。建构主义学派认为,能力的形成是主客体不断相互作用、不断建构的过程。我们的教育方针是以学生为中心,促进学生发展为宗旨,因而对学生的评价也不能仅仅关注学业结果,而应关注学生的增值,强调评价的动态性,侧重过程评价。第三,职业性。职业教育作为区别于普通教育的一种类型教育,尤其是独立存在的知识论基础,表现为以职业典型工作任务作为课程内容,也应作为评价重点。美国教育评价专家威金斯(Grant Wiggins)将这种体现职业性的评价称之为真实性评价,即要求学生通过解决工作场景中的真实性任务来证明自己所学,在这个过程中体现综合性问题解决能力,需要运用知识、技能、职业素养等多方面内容。相对应的,从学业评价的目标定位上看,学生学业评价有多重功能:分层与选拔、诊断与控制、激励与改进,不同的价值取向决定了学业评价的主要目标定位。以真实性与发展性价值导向来看,应注重评价体系的导向、激励与改进功能,以此不断改进教学,提升质量,促进学生的发展。其在评价标准的设置上,除了参照国家设置的课程标准,也要以现实性的职业能力标准为考量,同时需体现区域特色、校本特色,使得评价结果更加真实有效,体现学生的真实发展水平,为人认可。

2. 评价实施

评价实施包括学业评价的主体、内容以及评价方法的运用。《国家职业教育改革实施方案》中明确提出:"深化产教融合、校企合作,育训结合,健全多元化办学格局,推动企业深度参与协同育人,扶持鼓励企业和社会力量参与举办各类职业教育。"[①]企业、行业与社会力量是职业教育办学重要的组成部分,学生与家长也是评价体系建设的利益相关者,他们的意见与需求理应在评价体系中得以体现。因此,从评价主体来说,不仅要包括教师、教育管理者,也要将行业企业、学生与家长、社会力量纳入进来。在评价内容上,我国课程标准对学业评价的内容从知识与技能、过

---

① 国务院. 国务院关于印发国家职业教育改革实施方案的通知[EB/OL]. (2019-02-13)[2019-10-23]. http://www.gov.cn/zhengce/content/2019-02/13/content_5365341.html.

程与方法、情感态度与价值观三个维度进行了预设。在知识与技能的考核中,应突出职业教育的特点,着重把握工作知识、实践知识、操作技术、实践技能等,其内容应体现企业真实工作任务的要求,其方式应注重实操,不能仅以纸笔测试论考核成绩。过程与方法、情感态度与价值观则关乎学生在学习过程中养成的方法能力、社会能力、职业素养、工匠精神等。由于过程与方法、情感态度与价值观难以量化,导致在评价过程中容易被忽视,但是采取过程性评价可以利用多元的评价方式得以展现,如课堂观察、成长记录、实践作品展示、项目合作等多种方式。

3. 评价结果

评价结果维度包括评价结果的构成、结果的反馈以及结果的应用。高职评价的多元性与综合性在最终的评价结果构成中也应有所彰显,应将期末考核此类终结性评价与平时成绩、课堂表现、实习实训情况等过程性评价相结合,以全面、真实地反映学生的学业水平。此外,在《国家职业教育改革实施方案》中提出高职院校启动"学历证书+若干技能等级证书"("1+X"证书)试点,可见技能等级证书的获得对于高职学生的学业评价起到重要衡量作用。因此,诸如技能大赛、技能等级考试、职业资格考试等院校外组织的其他方式考核与鉴定如何在学生学业评价结果中得以体现也是值得思考与设计的。此外,评价结果的反馈也是评价体系构建过程中的重要一环,是对评价结果真实性、合理性的确认,也是评价结果得以应用的前提。一方面,对评价结果本身的反馈是可以确保评价体系有效,尤其是对违反操作规定的行为起到一定的监控与规避作用;另一方面,将评价结果反馈给学生、教师与企业可以促进各方主体对自身的认识与判断,进而对薄弱之处进行调整与改进。这种调整与改进也体现在评价结果的应用之中,在对结果分析与反馈的基础上反思自身。除此之外评价结果还可以在人才选拔、评优评奖、升学就业等方面发挥应用价值。

(三) 研究工具与施测

1. 问卷编制

根据上述的研究框架与内容,并结合文献研究与实际需要,本研究采用自编《高职"扩招生"学业评价现状调查问卷》作为工具进行问卷调研。问卷面向高职教师发放,因为教师是高职学生评价的直接参与者,也是实施教育教学的主体,对学生的学业评价现状有更深刻的把握。本研究问卷包括两个部分,第一部分是教师相关变量,包括所在学校的区域、入围"双高"计划的情况以及教师的教学身份;第二部分是高职"扩招生"学业评价现状问卷,主体内容包含三个维度:第一,评价理念。评价理念维度包括学业评价的价值导向、目标定位和标准体系建设三个二级维度,共计12个题项;第二,评价实施。评价实施维度包括学业评价的主体、内容以及评价方法三个二级维度,共计14个题项;第三,评价结果。评价结果维度包括结果构成、结果反馈以及结果应用三个二级维度,共计13个题项。问卷主要采用5级李克特(Likert)量表进行测度计分,数字从1—5逐渐加强,数字1为"非常不符合",表示符合程度很低;数字5为"非常符合",表示符合程度很高。

此外,对个别题项涉及的问题设计了填答形式进行内容补充,保证信息收集的客观性、完整性。

2. 问卷修订与信效度检验

在初始问卷编成之后,为了保障问卷质量,本研究对问卷进行了修订。一方面,根据职业教育领域专家对问卷审读与修改意见,对初始问卷题项进行了第一轮增删与优化。另一方面,在预调研的基础上,运用 SPSS 23.0 软件对所获数据进行统计与分析,检验问卷的信效度。

(1) 效度检验

一份良好的问卷,其效度系数必须达到基本指标值。本研究采用积差相关的方法对《高职"扩招生"学业评价现状调查问卷》进行了效度分析,如表 3-5-1 所示,各维度之间、各维度与总问卷之间的相关系数介于 0.820 至 0.953 之间,表示各维度之间、各维度与总问卷之间的关联性很强,且各维度与总问卷之间的相关系数高于各维度之间的相关系数,表明该问卷具有良好的建构效度。[1] 此外,通过综合探索性因素分析、验证性因素分析等方法检测得出该问卷的结构效度良好。

表 3-5-1　调查问卷效度分析表(N=481)

	评价理念	评价实施	评价结果	总问卷
评价理念	1.000			
评价实施	0.851**	1.000		
评价结果	0.820**	0.836**	1.000	
总问卷	0.941**	0.953**	0.937**	1.000

注：**代表 $P<0.001$。

(2) 信度检验

在问卷测量中,信度是指所测结果的稳定性和一致性。本研究中,使用科隆巴赫 α 系数来检验该问卷的内部一致性,除评价实施维度中的一道填答题项外,其他题项均纳入信度检验,具体分析结果如表 3-5-2 所示,各维度与总问卷信度均呈现非常理想的状态。

表 3-5-2　各维度与总问卷信度检验表(N=481)

	题项数(N)	科隆巴赫 α 系数	基于标准化项的科隆巴赫 α 系数
评价理念	12	0.933	0.939
评价实施	13	0.918	0.921
评价结果	13	0.911	0.937
总问卷	38	0.968	0.973

---

[1] 方怡妮,牟映雪. 社会支持对幼儿园教师专业自我的影响研究[J]. 教师教育研究,2017,29(03)：56—62.

3. 问卷施测

采取随机抽样法在全国范围内向高职教师发放调研问卷,通过"问卷星"网上作答的方式,共计发放并回收问卷 502 份,并对回收问卷进行有效性判定,将答题时间 100 秒以内以及 IP 地址连续重复 5 份以上的问卷认定为无效问卷,一定程度上避免了随意作答与重复作答,保证了答卷的质量。经筛选,总计获得有效问卷 481 份,答卷有效率为 95.82%。有效样本基本情况如表 3-5-3 所示。

表 3-5-3　高职"扩招生"学业评价现状问卷调查有效样本基本情况表(N=481)

基本变量	具 体 指 标	人数	百分比(%)
区域	东部	330	68.6
	中部	72	15.0
	西部	79	16.4
教学身份	专业课老师	315	65.5
	通识课老师	39	8.1
	实践课老师	15	3.1
	行政管理老师	112	23.3
所在学校入围"双高"情况	学校整体列入"双高"项目	121	25.2
	专业群列入"双高"项目	250	52.0
	学校进入省级"双高"项目	53	11.0
	暂未列入"双高"相关项目	57	11.8

四、 结果与讨论

(一) 各维度调研数据的统计与比较分析

1. 高职"扩招生"学业评价的评价理念维度

评价理念是高职"扩招生"学业评价体系设计的先导,具有指引方向的重要作用,包括价值取向、目标定位、标准体系三个二级维度。首先,在"价值取向"维度,研究发现教师认为当前的"扩招生"学业评价体系在反映学生"综合职业能力"上平均得分 4.32。具体而言,高职"扩招生"学业评价体系在"多元性"方面评分平均分 4.32,在"发展性"方面评分平均分 4.34,在"职业性"方面评分平均分 4.38。总体而言,价值取向维度评分平均分为 4.34,处于中等偏上水平。其次,在"目标定位"维度,教师对当前学业评价目标定位在"激励与改进"最为认同,该方面评分平均分 4.51;其次是"诊断与控制",该方面评分平均分 4.12;最后是"分层与选拔",该方面评分平均分 4.04。最后,在"标准体系"维度,评价标准建设在"依据国家课程标准"方面平均得分4.32,在"具有区域特色、校本特色"方面平均得分4.39,在"行业企业参与"方面平均得分4.26,在"符合学生真实发展水平"方面平均得分4.27,在"对不同发展阶段、不同类型的学生学业采取不同的评价标准"方面平均得分4.16。总体而言,在"标准体系"维度平均得分4.28,也是处于中等偏上水平。如表3-5-4所示。

表3-5-4　高职"扩招生"学业评价的评价理念各维度评分表

维度		平均分
价值取向	综合职业能力	4.32
	多元性	4.32
	发展性	4.34
	职业性	4.38
	总体	**4.34**
目标定位	激励与改进	4.51
	诊断与控制	4.12
	分层与选拔	4.04
	总体	**4.22**
标准体系	依据国家课程标准	4.32
	有区域特色、校本特色	4.39
	行业企业参与	4.26
	符合学生真实发展水平	4.27
	对不同发展阶段、不同类型的学生学业采取不同的评价标准	4.16
	总体	**4.28**

2. 高职"扩招生"学业评价的评价实施维度

高职"扩招生"学业评价的实施维度包括评价主体、评价内容和评价方式三个二级维度。首先,在评价主体上,各主体参与学业评价的程度由高到底排序依次为:教师(4.35)、学生(4.02)、行业企业(3.93)、社区和第三方机构(3.70)、家长(3.40)。其中,教师与学生的参与程度得分在4分以上,参与程度较高,而行业企业、社区和第三方机构、家长的参与程度较低。其次,在评价内容上,学业评价内容所占比重由大到小排序依次为:"理论知识、实践知识、操作技能/技术等"(4.35)、"技术/技能习得过程、方法使用、社会技能等"(4.17)、"道德品质、职业素养、工匠精神等"(4.03)。其中,在"知识与技能"方面,18.5%的教师认为当前的学业评价内容以评价"知识"为主,包括理论知识、实践知识与工作知识,61.1%的教师认为以评价"技能"为主,包括实践技能与技术,另外20.4%的教师认为二者比重相当。最后,在评价方式上,研究发现在多样的评价方式设计(如针对不同生源、不同专业、不同学习方式)方面平均得分4.06;在重视过程性评价方面平均得分4.39;在评价方法的多元性(如笔试、面试、技能操作、产品设计等)方面平均得分4.33。其中,45.2%的教师认为"技能操作"是主要评价方法,42.63%的教师认为"纸笔测验"是主要评价方法,其他方法(如产品设计、项目汇报、论文答辩等)比重较小,合计占比12.17%。此外,在"可以用技能等级证书考核、职业资格考核、技能大赛等方式代替学业评价"方面平均得分3.91。如表3-5-5所示。

表3-5-5 高职"扩招生"学业评价的评价实施各维度评分表

维度		平均分
评价主体	教师	4.35
	学生	4.02
	行业企业	3.93
	社区和第三方机构	3.70
	家长	3.40
评价内容	理论知识、实践知识、操作技能/技术等	4.35
	技术/技能习得过程、方法使用、社会技能等	4.17
	道德品质、职业素养、工匠精神等	4.03
评价方式	多样的评价方式设计	4.06
	重视过程性评价	4.39
	评价方法的多元性	4.33
	可以用技能等级证书考核、职业资格考核、技能大赛等方式代替学业评价	3.91

3. 高职"扩招生"学业评价的评价结果维度

高职"扩招生"学业评价的结果维度包括结果构成、结果反馈与结果应用三个二级维度。首先,在评价结果构成上,学业评价结果"由过程性评价与终结性评价共同构成"方面平均得分4.50。其中,过程性评价(如学生平时成绩、课堂表现、实习表现等)所占比重平均为40%左右;学业评价结果"由理论评价与实践评价共同构成"方面平均得分4.44;学业评价结果"由定量评价和定性评价共同构成"方面平均得分4.19。其次,在结果反馈方面,学生学业评价的结果反馈给各方主体的比重由高到低排序依次为:学生(4.44)、教师(4.38)、家长(4)、行业企业(3.95)。最后,在结果运用方面,学生学业评价的结果应用由主到次排序依次为:"学生的选拔与评奖等"(4.42)、"学生改进学习"(4.33)、"教师改进教学"(4.36)、"完善学业评价体系的设计"(4.36)、"学校改进管理"(4.30)。如表3-5-6所示。

表3-5-6 高职"扩招生"学业评价的评价结果各维度评分表

维度		平均分
结果构成	由过程性评价与终结性评价共同构成	4.50
	由理论评价与实践评价共同构成	4.44
	由定量评价和定性评价共同构成	4.19
结果反馈	学生	4.44
	教师	4.38
	家长	4.00
	行业企业	3.95
结果应用	学生的选拔与评奖	4.42
	学生改进学习	4.33
	教师改进学习	4.36
	完善学业评价体系的设计	4.36
	学校改进管理	4.30

4. 各维度比较分析

通过整理高职"扩招生"学业评价在各维度的综合得分进行维度间的比较分析,得到基本结果如表3-5-7所示。

表3-5-7 高职"扩招生"学业评价各维度及总问卷评分表(N=481)

维度	最小值	最大值	总平均值	标准差	项目数	项目平均值
评价理念	29	60	51.43	2.695	12	4.29
评价实施	25	60	48.62	2.113	12	4.05
评价结果	30	60	51.68	3.484	12	4.30
总问卷	86	180	151.73	7.458	36	4.21

在评价理念维度各题项的平均得分为4.29,评价实施各题项的平均得分为4.05,评价结果维度各题项的平均得分为4.30,三个维度的平均得分均超过4分,整体问卷的平均得分为4.21,说明当前高职"扩招生"学业评价的现状处于良好的状态。然而,三维度评价呈现不甚均衡的状态。其中,评价结果维度得分最高,评价理念仅次之,二者差距不大;而在评价实施维度得分相对偏低,有较大提升与改善的空间。

(二) 基于统计学变量的异同性检验分析

异同性检验是指根据数学和统计学原理以判别不同特征或属性的事物是否在不同变量之间存在相同或相异。基于此,本研究主要从学校所在区域分布、学校水平和教师的教学身份三个统计学变量对高职"扩招生"学业评价情况进行统计学意义上的异同性检验,以期能够更清晰地反映当前高职"扩招生"学业评价的真实样态。检验结果如表3-5-8所示。

表3-5-8　不同变量在总问卷及各维度层面的差异检验表(P值)(N=481)

	评价理念	评价实施	评价结果	总问卷
区域分布	0.000**	0.000**	0.000**	0.000**
学校水平	0.000**	0.000**	0.000**	0.000**
教学身份	0.955	0.407	0.627	0.479

注:*代表$P<0.05$,**代表$P<0.01$。

1. 处于不同区域的高职院校在"扩招生"学业评价各维度有显著差异。具体来说,经使用显著差异法(HSD法)进行事后多重比较,结果显示:在评价理念维度,东部地区和中部地区高职院校得分显著高于西部院校,东部地区高职院校得分也高于中部地区,但是差异不显著;在评价实施维度,东部地区高职院校得分显著高于西部院校,中部地区高职院校得分低于东部地区且高于西部地区,但与二者相比差异也不显著;在评价结果维度,东部地区和中部地区高职院校得分显著高于西部西区,东部地区高职院校得分也高于中部院校,但差异不显著。总体来看,各区域在"扩招生"学业评价上得分由高到低排序依次为:东部地区、中部地区、西部地区。其中,东部地区与西部地区、中部地区与西部地区之间的差异呈显著状态,东部地区与中部地区的差异不显著。客观来看,我国东、中、西部地区发展是不平衡的,在经济发展、产业结构、就业结构、生活质量等方面都呈现巨大差异,这些差异是由地理环境、历史因素、政策环境等多方面的因素造成的。一般来说,东部地区发展水平最高,尤其是东南沿海地区的一些城市,如上海、广州等,已经达到世界先进水平,自然在教育领域相较于中西部地区更容易获取优质的教育资源、办学条件等,相关办学理念也更加先进和开放,这些差异也体现在对高职学生的学业评价上。

2. 不同水平的高职院校在"扩招生"学业评价各维度有显著差异。一所学校的办学水平由很多因素共同决定,这里以高职院校进入相关"双高"项目为依据,将高职院校划分为学校整体进入"双高"项目、专业群进入"双高"项目、学校进入省级"双高"项目与尚未进入"双高"相关项目四个水平等级。具体来说,经使用显著差异法(HSD法)进行事后多重比较,结果显示:在评价理念维度,整体进入"双高"项目的院校、专业群进入"双高"项目的院校与进入省级"双高"项目的院校得分有差异但是不显著,且三者得分都显著高于尚未进入"双高"相关项目的院校;在评价实施维度与评价结果维度也是如此。从总体而言,不同水平的高职院校在"扩招生"学业评价上得分由高到低排序依次为:整体进入"双高"项目的院校、专业群进入"双高"项目的院校、进入省级"双高"

项目的院校、尚未进入"双高"相关项目的院校。其中,前三者之间的差异不显著且与第四者之间的差异均呈现显著状态。自2019年4月教育部、财政部联合印发《关于实施中国特色高水平高职学校和专业建设计划的意见》(教职成〔2019〕5号)以来,紧接着又联合制定了《中国特色高水平高职学校和专业建设计划项目遴选管理办法(试行)》,明确指出"双高计划"遴选坚持质量为先、改革导向、扶优扶强为原则,以"学校人才培养和治理水平高,在产教融合、校企合作方面成效显著,对区域发展贡献度高等"为选拔标准,选拔特色高水平的高职院校与专业群。而越是高水平的高职院校人才培养质量越高,对于学生的学业评价应如何进行、如何保障、如何应用等方面的认知也越加清晰,由于师资力量与校企合作等方面的支持,对于学业评价的践行也有越加便利的条件,因此其评价得分也越高。

3. 高职院校不同教学身份的教师在评价"扩招生"学业评价各维度方面无显著差异。为区分不同教学身份的教师对自身所在学校学生学业评价方面的认知与判断,本研究将参与调研的教师区分为专业课教师、通识课教师、实践课教师与行政管理教师,并对所获数据进行了差异性检验,结果显示:不同教学身份的教师对高职院校"扩招生"学业评价的认知与研判的差异均呈现不显著状态。研究认为,这也说明高职院校"扩招生"学业评价体系相对来说客观存在,包括对不同类型课程的全方面评价等,教师对其认知也较为统一,对高职院校来说,学生学业评价体系具有相对稳定性。

五、 讨论与建议

(一) 问题讨论

1. 评价理念:评价理念日益科学,但尚未得到真正落实

通过三个维度的调研结果比较分析得知,高职"扩招生"学业评价在评价理念维度平均得分4.29分,处于较为理想的状态;三个维度得分相比处于中间位置。随着国家对职业教育评价的愈加重视,高职院校学生学业评价的理念也不断走向完善,评价的价值导向已由传统的"知识本位"、"技能本位",逐渐走向"能力本位",尤其是"综合职业能力"的提法,得到了众多专家学者和一线教师的认同。然而,究竟何谓"综合职业能力"? 当前没有统一的官方界定,在概念上仍存在内涵不清,教师们对其理解不一的问题。有偏颇者,甚至将"综合职业能力"与学生技术技能掌握的娴熟程度等同看待,大大窄化、甚至曲解了其本质内涵,以此为理念指导的学业评价改革自然也难以长足发展。其次,尽管高职学生学业评价的理念在科学化的道路上取得进展,也逐渐引起了学校与教师的认同与重视,但是其对实践的指导作用尚未得到充分发挥,理念与实践之间仍存在相当落差。如对学业评价的功能定位,在调研中,学业评价的"激励与改进"功能获得了教师的最高认可,这与学业评价"发展性"的价值取向相一致,然而在评价结果的调研中,教师认为学生学业评价的结果更多被用于学生的"选拔与评奖",在评价功能方面过于突出鉴定功能的发挥,反

而忽视了评价的反馈、激励和促进、改进和发展的功能，①使得评价结果相对应的改进功能相对弱化，这深刻体现了理念与现实之间的差距。当然，理念先行、指引方向历来是各项改革取得成功的前提与路径，但是我们也应客观地认识到当前要将"理念"落实为"举措"，仍有很长的一段路要走。再次，在学业评价的标准体系方面，长久以来，我国对普通教育，尤其是中小学教育的评价标准都有着较为统一、严格的把控，政府与法律对中小学的教材使用、课标设置等有着一系列严格的规定。而对于职业教育来说，这样的"统一性"究竟是否做得到、甚至是否有必要都是疑虑重重的。职业教育是不同于普通教育的一种类型教育，其具备鲜明的区域特色、行业特色，需要多维度、多层面、多方位、有特色的学业评价标准体系。然而，从调研结果看，当前的高职"扩招生"学业评价依旧没能完全摆脱追求国家标准"统一性"的思维惯性，虽然也在不断强化评价标准体系的区域特色、校本特色，但由于标准的制定过程缺乏行业企业参与，导致其特色不鲜明，尚未产生实质性的改变。

2. 评价实施：评价实施趋于多元，但形式主义作风尚存

通过三个维度的调研结果比较分析得知，评价实施维度平均得分 4.05，是三维度中得分最低的，这在一定程度上也印证了理念和实施之间的落差。而具体细分，在评价实施下的三个子维度中，评价主体的得分又是相对较低的，显示出虽然当前的高职院校有意识地将教育相关主体纳入学生学业评价体系之中，但尚未真正形成利益相关者共同参与的多元格局，具体表现在教师对学业评价的决定性作用虽有所弱化，但在学业评价中仍处于绝对的主导地位，而学生、家长、行业企业、社区、第三方机构的参与感很低，无实质价值贡献。这样的评价过程难以满足多方主体的利益诉求，也难以达到真正意义上的公平公正。其次，对于评价内容和评价方式，在相关得分计算中表现良好，也呈现出多样化的发展趋势，这是值得肯定的。然而，通过更深入的了解，发现在这种趋势之下也难免有形式主义的作风存在。在评价内容上，知识与技能仍占主导地位。对于高职"扩招生"的学业评价来说，实践知识、工作知识与操作技术、实践技能的重要作用本身无可厚非，且从调研结果看，当前对高职"扩招生"学业评价的重点内容也已由过去的理论知识、实践知识逐渐转变为操作技术与实践技能等，符合高职教育阶段的特点，是一个可喜的变化。但是，对于相对难以进行量化评价操作的技术技能习得过程、方法使用，尤其还包括职业素养、工匠精神、道德品质等方面仍没有足够的重视，存在"只评不用"、"评而不算"的现象，更多的像是为完成评价流程而"走过场"、"形式化"。此外，在评价方法的多元性方面得分较高，但这里的"多元"在实际评价中更像是"二元"——"纸笔测试"与"技能操作"，二者占比加总高达 87.83%，其他方法如产品设计、项目汇报、论文答辩等加总占比才 12.17%，可见当前学业评价的方法还没有达到真正意义上的多元。此外，生源结构多元、背景多样、需求不一是高职扩招生的主要特点，而针对不同生源、不同专业、不同学习方式的学生所采用的多样评价方式得分仍不理想。另外，高职扩招生学业评价中以"岗位工作时长替换相关课程学分"、"以技能等级证书考核、职业资格考核、技能大

---

① 骆焕丽. 基于多元智能理论的职业学校学生评价研究[D]. 石家庄：河北师范大学,2008.

赛等方式替换评价项目"的机制仍未形成,难以满足高职非传统生源"扩招生"的需求。

3. 评价结果:评价结果更加合理,但功利主义色彩鲜明

通过三个维度的调研结果比较分析得知,评价结果维度平均得分 4.30,是三维度中得分最高的,说明评价结果维度应处于比较好的状态,结果构成更加丰富、结果反馈面向多主体、结果应用也更加全面,整个评价结果相较于以往更加合理、不断改善。然而,深入分析下仍存在不足。在评价结果构成上,评价结果"由过程性评价与终结性评价共同构成"得分最高,而过程性评价的比重也只是占 40%左右,更有 18%的高职院校过程性评价结果只占学业评价结果的 30%以下,且偏重量化评价结果(如分数),片面追求卷面成绩,期末考试"一考定成绩"的现象依然存在,背离了素质教育的要求。在评价反馈上,对学生的反馈平均得分最高,但其反馈形式单一,大多限于成绩得分的反馈,并没有对学生的不足及改进进行说明,学生不能从评价结果中全方位地看到自己学习结果情况。学生只能看到的是自己期末最终的成绩,并不清楚自己在哪些方面得分? 哪些方面失分? 自己需要改进什么? 继续保持什么;[1]对于家长的反馈也是如此,家长获得的只有学生的成绩分数,而很少有具体表现情况;对行业企业的反馈缺失,难以从学生的成绩中看到明晰的优势与不足。在结果应用上,存在"为评而评"、"用而不善"的现象,结果应用水平得分最高的是应用于对学生的"选拔与评奖",具有功利主义色彩。学业评价结果趋于功利化,优秀毕业生选拔、奖学金评定等都与学业成绩相关,评价结果是评优评奖的工具,学生为了取得优秀毕业生资格或奖学金,会将自身精力集中于考试内容和成绩相关的项目,停留于表层学习。除此之外,功利化的学业评价结果应用还在一定程度上弱化了评价结果的改进功能,尤其是对学生学习的改进,由于反馈方式的不恰当、不及时而使得改进效果不良。这种带有功利主义色彩的结果应用使得评价结果的功能被窄化、弱化,不能发挥其应有的价值。

(二) 对策建议

1. 评价理念:明确评价目标,优化顶层设计

合理科学的顶层制度设计是提升高职生学业评价效用的前提,[2]其中评价理念发挥着重要的框定与引导作用。因此,高职院校需持续宣传评价重要性并加强对学生学业评价的重视程度,让师生统一思想、形成共识,教师以身作则、严谨教学,为学生树立表率,在言传身教中给学生传递积极影响;学生保持勤奋好学的态度,端正价值观。通过宣传教育,师生共同参与学业评价与教育教学的改革,不断提升高职"扩招生"的人才培养质量。[3] 为此,一方面仍需加强高职"扩招生"学业评价的理论研究,明确评价目标的价值取向。"综合职业能力"不仅是指理论知识与实践技能的综合,还应包括更为广泛的综合职业素质与能力,如方法能力、社会能力、职业素养等,厘清

---

① 伊国锋.发展性评价理念下体育教育专业理论课程学业评价实践研究[D].上海:华东师范大学,2019.
② 李鹏,朱德全.职业教育学习评价元评估:四维尺度分析[J/OL].重庆高教研究,2020(03):101—114.
③ 庄怡萍.高职应用型人才学业评价制度改革探究[J].林区教学,2018(09):30—31.

其概念内涵,引导师生梳理正确、全面的"综合职业能力观",并以此为基础建立健全的高职学生学业评价体系,完善学业评价的制度设计,促使科学的评价理念通过合理的制度设计得以充分落实。另一方面,评价目标的树立要坚持"以学生发展为本",每个学生都处于不断发展的动态成长过程之中,强调结果与过程的统一。"发展性"是学业评价制度设计的重要价值取向之一。一个有效的发展性学生评价参照体系具有包容性和融合性,是"变化性与不变性"参照体系的统一,是极为复杂的,其中相互实现的社会文化教育生态条件是关键。[①] 因此,对于处于不同发展阶段、扩招后不同生源类型的学生不能采取"一刀切"的评价标准,应根据学生的实际制定符合该阶段学生真实发展水平的标准。此外,职业教育是不同于普通教育的教育类型,具有自身的类型特征,需要对职业教育类型特征进行充分论证,并在此基础上使得高职扩招生的学业评价标准具备职业教育的特点。不同区域、不同行业主办的高职院校的学生学业评价标准要突出行业特色、校本特色,采用座谈、实地调研等方式广泛邀请当地知名企业参与到评价标准的制定中来,在促进学生全面发展的基础上使得学业评价能更精准地对接市场需求、用人单位需求,提升高职扩招生学业评价的实际效用价值。

2. 评价实施:依托工作任务,评价全面素质

从调研结果中可以看出,当前高职扩招生的学业评价无论是主体还是内容都具有浓厚的传统色彩,尤其是"知识+技能"、"纸笔+实操"的评价内容与评价方法,仍是大多数高职院校对学生学业评价最主要、最基本的评价模式。研究认为,要想将这种简单的评价模式彻底转变为基于综合职业能力的学业评价模式,真正体现高职"扩招生"学业评价的独立价值,可以以典型的、企业真实性的工作任务为抓手,围绕工作任务进行整体化评价,以综合职业能力为目的建立一种以"多方对话"展开的考评模式。如此一来,从评价主体上看,不但教师的评价角色从"出题者"、"阅卷人"转变为"观察者"、"指导者",也将行业企业人员真正纳入了评价主体,以"实践评价专家"的身份对学生最终项目的成果进行质量评价,促进了评价主体的多元化。[②] 二来,从评价内容上看,依托真实工作任务的学业评价内容更为全面。在此过程中,还需要仔细斟酌考核内容,既要考核必要的理论知识点,还要基于职业岗位对学生综合素质和技能要求来考核学生运用所学知识解决实际问题的能力,[③]将理论服务于实践的原则进行有效的落实。评价学生的专业技能时,重点评价学生对于任务项目的完成情况。而将学生对于理论知识以及技能的活学活用情况作为学习能力、创新意识以及自我管理等评价指标。这样评价内容的多元化可以促进学生综合素质能力的发展。三来,从评价方式与方法上看,一个项目的完成需要周期,学生学习是一个不断变化的

① 王焕霞. 发展性学生评价:内涵、范式与参照标准[J]. 山东师范大学学报(人文社会科学版),2017,62(01):105—110.
② 闫宁. 高等职业教育学生学业评价研究[D]. 西安:陕西师范大学,2012.
③ 王波,俞洁华. 基于多元化生源的高职学生学业考核评价体系的构建[J]. 开封教育学院学报,2019,39(12):148—149.

过程,因此对于学生学业评价也是具有动态性的。评价过程的动态化是指在教育不断改革的过程中形成全方面的动态评价体系,不断将学习质量的评价体系得到有效地调整、丰富和发展,这样的学习质量评价体系才可以适应评价过程动态化发展的形式,对于完善学习质量评价体系具有重要的作用。这样一个学习型任务的完成过程既是评价内容也是评价形式,教师通过观察记录学生在任务过程中的出勤率、课堂表现、专业表现、职业素养、学习态度等难以量化的内容,可以获得纸笔测验和技能测试之外更为丰富、更有质量的信息来作为最终评判的依据。在此过程中,学生的自我评价、小组互评信息也可以作为重要的参考信息,可与教师评价、企业评价一起采用学生成长档案袋的方式进行管理。当然,这种评价实施的建立对高职院校校企合作、工学结合的基础要求较高,因此不断深化产教融合、校企合作仍是高职院校未来改革发展的重中之重。除此之外,随着《国家职业教育改革实施方案》中"学历证书+若干职业技能等级证书"("1+X证书")制度的确立,高职院校应积极响应国务院的号召,启动"学历证书+若干职业技能等级证书"试点申报工作,因此未来"以证代考"、"以赛促评"也应成为高职扩招生学业评价的重要改革方向。一方面,高职院校可将职业技能考证内容融入学业考核中,作为学业考核评价的重要内容;另一方面,"1+X证书"制度意在鼓励学生取得多类别的职业技能等级证书,因此高职院校也应当鼓励学生通过参加指定的职业技能鉴定机构的鉴定考核、职业技能大赛等方式不断提升自身的业务能力,也为更为全面、客观、多样的评价学生学业结果提供依据。同时,院校在评价时也应考虑不同生源类别,分层考虑职业技能证书考证要求,而不是"一概而论"。

3. 评价结果:丰富反馈形式,重视多方改进

高职"扩招生"的学业评价不是目的只是实现目的的手段。学业评价的作用,一方面是全面、客观和公正地评价学生实现教育目标的程度;另一方面是发挥考核评价的督导功能,充分调动教学双方与相关利益主体的积极性和主动性,促进教育目标的实现,不断提高教育教学质量。因此,高职"扩招生"学业评价应具备全面性、多元性与发展性,并应在最终的评价结果中也有所彰显。[①] 首先,合理布局评价结果的构成。考核过程应该是一种民主参与、协商和交往的过程,考核形式的选择应该是多元的,考核的结果构成也是如此。高职扩招生学习情况调研结果显示,约83%的高职扩招生希望学业评价结果由期中考试和期末考试成绩、理论考核与实践考核共同构成。由此可见,由过程性评价与终结性评价、理论评价与实践评价、定量评价与定性评价相结合的评价结果构成符合高职扩招生的学习需求。同时,以学生综合素质和职业技能考核为主要内容的学业评价也不应只采取一次性考核结果的呈现方式,与阶段性过程考核评价结果相结合的构成更为科学。具体来说,在过程性评价方面,教师在教学过程中可以将教学目标分解成若干个能力单元学习任务,由学生逐个完成,记录结果是否达到每个单元学习任务的目标要求;在终结性评价方面,为了考核学生综合运用技能解决实际问题的能力,提升综合职业素养,需要最后设

---

① 许秀英. 高职院校学生的学业考核与评价体系研究[J]. 教育与职业,2010(12):177—178.

置一个综合技能考核环节。当然,综合技能考核的设置必须结合不同类型的学生进行设计,通过"过程考核＋结果考核"相结合的结果构成,更客观地反映学生的学习状况,也符合职业人才的成长规律。在此过程中,进一步探索提升过程性评价在评价结果构成中的所占比重,形成重在平时、重在过程的科学评价观。其次,丰富评价结果的反馈形式。学校与教师不仅要将评价结果反馈给学生,同时也要告知学生进步之处与不足之处,学生才能知道下一步努力的方向,让学生真正做到"知其然且知其所以然"。将以往分数成绩反馈的形式向其他形式转变,如采用评语、成绩、评价报告等多种方式结合的形式来呈现学生学业评价结果,同时也需进一步加强对学生家长与行业企业的评价结果反馈。再次,科学运用评价结果。以学业评价促进学生的职业发展,实现学生个人、企业和社会对其学业的价值认同是学业评价的基本功能。[1] 转变学业评价功能,学业评价的结果不仅应用于学生的评奖与选拔,更应强调其改进与监督、诊断功能,评价指标和方式应朝着开放与多元发展,使学业评价成为学生展示自身个性和解决问题的方式,且诊断功能应紧密围绕课程教学目标,才能对教学价值进行有效评价。通过科学运用学业评价的结果,力争使其能有效鞭策学生学习改进、完全人格养成;激发教师反省自身,改善教学;促进学校改善管理,不断优化学业评价制度的设计。

---

① 闫宁.高等职业教育学生学业评价研究[D].西安:陕西师范大学,2012.

第四部分

典型案例报告

案例1： 职业教育与"双创"
——"义乌模式"的创新创业教育生态体系

一、 学校背景

义乌工商职业技术学院在人才培养中对接义乌小商品经济特点开展创新创业教育与实践，结合自身办学特色，形成了以"创"立校的创新创业教育模式。[①] 义乌工商职业技术学院地处世界"小商品之都"、国际商贸名城义乌，创办于1993年的杭州大学义乌分校是它的前身。同时，学校是浙江省优质高职院校、首批省创业型大学建设试点院校，跻身全国高等职业院校育人成效50强、服务贡献50强、国际影响力50强，荣登全国创新创业典型经验高校名单，创业文化、创意文化、"创"文化三个校园文化品牌先后获教育部校园文化建设成果奖，电子商务专业入选浙江省优势专业建设项目，2017年被教育部授予"全国高校实践育人创新创业基地"称号。前95%的在校生有过勤工助学的经历，年收入2 800余万元；1 800余名在校生投身创业实践活动，年收入3 500余万元。同时，毕业生就业率连年保持在98%以上，创业率连年居全省高校首位。其次，因在网商培训与教学方面取得突出成效，学校获得"全球最佳网商摇篮"称号。学校内的义乌市创意园是全国首个以"小商品创新设计"为主要研发方向的创意文化园区，是全国150余所知名高校设计学子的实践基地。园内引进实力雄厚、经验丰富的设计机构、产品研发科技型企业百余家，创意产值累计近4亿元，带动生产产值60亿元，为义乌市场提供了上万个创意设计产品，年均服务生产企业3 000余家。同时，学校凭借义乌市场与区域经济发展相结合的办学特色，吸引了新华社、中央电视台、《人民日报》《纽约时报》、路透社等国内外高端媒体的广泛关注和报道。

二、 改革措施

创新创业教育是高校培养创新型人才的重要途径。教育部在2010年出台《关于大力推进高等学校创新创业教育和大学生自主创业工作的意见》，鼓励高校大力推进创新创业教育。在社会产业升级、经济结构调整以及高等教育扩招的背景下，深化实施高校创新创业教育，不仅是高等教育综合改革的突破口，还是建设创新型国家战略目标、实现高职院校自身改革与发展的迫切需

---

① 义乌工商职业技术学院学校简介[EB/OL].[2020-04-10]. https://www.ywicc.edu.cn/xxgk1/xxjj.htm.

要,有其独特的内在逻辑。但从总体来看,当前我国高职创新创业教育还存在诸多突出问题,包括:一些地方和学校不够重视,创新创业教育理念滞后;与专业教育结合不密切,与实践脱节;教师开展创新创业教育的意识和能力欠缺,教学方式方法单一,针对性、实效性不强;实践平台短缺,指导帮扶不到位,创新创业教育体系亟待健全等。而义乌工商职业技术学院在培育创业创新人才、服务地方经济方面取得了突出成绩,它的创新创业教育模式值得学习与借鉴。

(一) 以创学结合为理念,注重实践能力的培养

1. 确立创学结合理念

创学结合源于"做中学",提倡"教、学、做"合一,是对"校企合作,工学结合"的进一步升华,即强调理论学习与实际创业相结合,突出课堂教学和创业实践的统一,是高职院校"面向学生,面向市场,面向实践"的办学方针在创业教育中的具体化。创学结合的基本出发点是"创新创业能力是在实践中形成和发展的",但同时能力的培养要以知识作为载体,否则能力就失去进一步提升空间,因此并不否认理论学习。创学结合的核心价值理念是学生在创造财富价值的同时实现自身价值。在这种价值取向下,创学结合鼓励学生投身实际创业,并在实践中创造物质财富。

2. 打造实践教学体系

在探索创新创业教育过程中,学校抓住互联网经济发展的时代机遇,鼓励学生从事电商创业。在课程体系上,创学结合遵循认知科学的原理,力戒空图说教、纸上谈兵。学校的创业学生在入学初就有自己的电商店铺,全身心地投入到企业创办与经营中。在实践过程中,学生消除了对创业的神秘感与畏惧感,增强了对创业的自我效能感,对创业有了一个感性的认识。到高年级阶段,学生在积累了相当程度的实践基础上再进行理论学习,这样的学习由原来的"要学生学"变成了"学生要学",学习成为一种学生自愿的、内在的行为,同时基于实践基础的学习,更易构建学生自身的知识体系。一项针对工商学院创业学子的调查报告显示:在实践基础上的理论学习更有效、主动、扎实。创学结合教学模式强调以实践性为主,与学术教育和职业教育相比,更加接近职业教育——在强调"从不知道到知道的过程"的同时,更加突出一个"从初学者到专家"的发展过程。总之,创学结合强调创业实践性,实践教学在时间上有了量的保证,有利于学生创业能力的形成和发展。

3. 建立原生态创业系统

学校在创学结合过程中,将实践教学置于真实市场环境下进行,这种全真环境下的创业模式可称为创业原生态系统。在原生态系统中,学生成了创业的主导者,与创业形成了零距离关系。在真实创业情境中,学生拥有自己的淘宝店铺,负责进货、售货,同时学会与客户交流沟通。在真实情境中的创业学习是一个能力不断提升的过程,这使得学生的社会经验普遍提高,综合技能得到全方位锻炼,完成了从学生到老板的华丽转身。鉴于许多关键能力只能在真实创业情境中才能获得,因此与课堂理论学习、模拟实践创业相比,原生态创业系统中的学生潜能更易被激发,这

表明原生态创业系统是一个有利于创业能力提高的系统模式。

4. 完善高效保障体系

由于缺乏人脉、资金、社会经验等与创业相关的重要要素,学生在原生态创业系统中与市场共舞,必然存在诸多困难与风险。在创学结合模式中,学校并不是放任学生,任其创业自生自灭,而是营造条件帮助学生解决创业与经营过程中遇到的具体问题。学校立足于学生、服务于学生,在学生创业过程中充当了孵化器角色,有控制地维持一种有利于其成长的环境。为扮演好这一角色,学校高度认可创业教育的重要性,同时在制度上为创业予以保障,使其规范化。

(二) 以学分替代为推手,促进创新创业的发展

当前高校创新创业教育以课堂教学为主,而在创学结合理念指导下的义乌工商职业技术学院重视实践教学,积极鼓励学生在真实的市场情景中投身创新创业实践活动。在创新创业教育的探索中,很多创业学生逐渐暴露出了学业上的缺陷。在全真创业情境下,学生在创业方面表现优秀,但由于忙于实践活动无法兼顾课程学习,从而导致其理论考试不及格,甚至面临退学的危险。优秀创业代表石豪杰创办了自己的公司,销售额突破了千万元,为社会提供了多个就业岗位,但其在大一、大二期间已有六门课程不及格,根据《学籍管理条例》规定,学生一旦出现这种情况理应被勒令劝退。因此,平衡创业实践与理论学习之间的关系,成为学校在深化创新创业教育改革中不得不面临的一个问题。在现有教育体制下,如何有效地考查评价学生在实践活动中收获的知识和能力,进而更好地鼓励学生创业,成为学校在创业教育改革中不可回避的一个问题。经过对创新创业学生的充分调研与慎重的理性思考,义乌工商职业技术学院提出了"理论课程是学习,创业实践也是学习"的观点,学分替代的设想就在这样的背景下诞生了。

1. 确立学分替代的基本原则

由于创业具有时间上的不确定性、急迫性及特殊性等特点,因此创新创业学生的教学与管理体制要与之相适应,而学分替代能够帮助创新创业学生更好地完成学业。为鼓励扶持与规范学生创业,促进创新创业教育更好地稳步快速发展,促进更多的创业型人才不断涌现,学校对不能顺利进行理论学习的创新创业学生实施学分替代。在学分替代中,学生课程的评定原则由理论和实践两部分组成。对于因故不能上课或考试不及格、缺考等情况的学生,学生课程的理论部分由创业指导教师负责指导其学习,并进行验收。验收可以采取灵活多样的方式,但验收资料需要存档备案。课程的实践部分可用创业业绩替代相应的课程,从而帮助学生顺利完成学业。创业教育要引导激发学生的创业热情,而不是打击抑制创业热情,同时要使学生科学地认识创业,树立科学的创业观,引导其在创业实践与理论学习之间做出合理平衡,科学处理好两者关系,让学生树立可持续发展意识,体现终身教育的思想。

2. 健全学分替代的制度保障

学分替代必须以一定的制度作为保障,须严格把关、坚守原则。在义乌工商职业技术学院能

够申请学分替代的学生必须达到规定的创业业绩,大一学年可以替代一门课程;大二学年可以替代两门课程。在此基础上,创业业绩超过规定基准、电子商务每1 000个信誉能够替代一门课程的实践学分。实行学分替代的学生,在教学期间必须保证从事科技创业、实体创业、网络创业等相关创业活动,并接受相关学院、相关教师或相关企业的指导和监督。如果发现学生利用创业名义逃课逃学,一律取消学分替代资格,并按照学校相关制度从严处理。同时,办理学分替代的学生必须提出书面申请,同时提供相关佐证材料,由班主任、学生所在分院、创业学院认真审核,严格把关,经教务处批复同意后方可认定为允许学分替代。此外,学分替代具有一定的范围,不是所有课程都可以申请学分替代,学生只能对未修或正在修的课程提出学分替代申请,而原有已修不及格课程不得申请学分替代,仍需按照正常程序参加补考。为保证学分替代的科学性,学校各专业教研室主任在制定教学计划时,需确定本专业学生能被创业业绩所替代的固定课程,且每学期替代课程最多为4门。

3. **支持学分替代的多样形式**

为鼓励学生创新创业的多元化,义乌工商职业技术学院对学生创新创业的形式进行了广泛的界定。比如,鉴于电子商务发展呈现多元化趋势,学校将电子商务创业的零售平台(淘宝、百度、易趣、拍拍等)、批发平台(阿里巴巴诚信通、慧聪网等)及外贸平台(阿里巴巴国际站、速卖通、敦煌网、环球资源等)等全部计入创业方式。除依托第三方平台创业外,学校承认的创业方式还包括自主开发管理的独立平台创业,以本人姓名注册登记办理企业的实体创业。其他有足够证据证明,并且经一定程序认定的创业形式也算作创业。为帮助创新创业学生灵活学习,学校在学分替代管理办法中明确规定:"创业学院学员,各专业教学计划中除公共基础课和专业基础课外,均可以创业学院所修成绩替代原课程;允许学生根据自己的兴趣和特长自由选择创业教育活动形式。创业活动的项目成果经认定后可以替代课程的学习并获得相应的学科成绩,并存入学生成绩档案。"同时,学校鼓励学生以自学、旁听、网络学习、远程教育等多种方式学习相关理论知识,以顺利修满规定学分。

(三)以创业学院为载体,开创创新创业的新局面

在2005年前后中国电商发展起步阶段,义乌工商职业技术学院一些学生开始尝试电商创业。在他们的示范引领下,学校越来越多的学生开始从事各种形式的创业实践,创业学生成为学校一个庞大群体。当时在校7 000余名学生中,有1 400名左右学生在从事各种形式的创业活动,创业学生的管理成为校方的重要内容。为了加强对创新创业教育的组织领导,校方于2008年12月在全国高校中率先打破专业界限与年级界限,成立了创业学院,协助各二级学院对学生的创业成果认定、创业课程学分替代等方面进行管理。创业学院正式成立后,开始以职能部门的形式招收学员班。首批30名学生均为正在从事真实创业活动的在校大二或大三学生,其所学专业不同,所从事创业活动也不一样,有从事电商创业的,也有运营实体店的。为挑选合适的学生,创业学院当时对入围创业班学生设定了一定门槛,从事实体经营的学生月平均收入须在 8 000 元以上,从事电商创业的信用等级必须在四颗钻(淘宝店铺获得 2 000 笔好评)以上。针对学员班学员,创业学院还专门开设市场营销、企业管理、工商税务、财务管理等相关课程,以提升学员的综合素质。在教学上,学员班采用开设讲座、学员交流等方式,同时聘请企业家授课,针对创业中遇到问题,提供针对性解决方案。

1. 打通创业学生的"进出机制"

根据学校的相关规划,创业学院主体部分由创业班与学员班两部分组成。创业班由创业学院自主招生与自主培养、课程设置、学生考核等方面由创业学院全权负责;学员班由创业学院与各二级学院联合培养,创业学院负责其创业成果认定、创业课程学分替代等与创业相关事宜。在实践过程中,灵活的招生制度赋予了创业学生更多的成长空间。

2. 以专业为依托的"一次招生"

随着校内创业群体的增加,创业教育影响力的提升,不少创业意向强烈的高考学生,直接为了创业而报考义乌工商职业技术学院。为加强对创业学生的管理,校方决定将创业学院独立建制成基本教学单位,配备班主任及其他管理人员,对学生实行统筹管理。为了加强师资队伍建设,校方在学校内部招聘有志于创业指导的教师列为创业班主任,还将部分经管等专业教师纳入创业学院,同时校方在校外聘请了部分创业导师,定期来校做创业交流。2010 年 9 月,为深化创新创业教育改革,创业学院在负责协助各二级学院管理创业学生的同时,还开始以"二级学院"形式,依托与创业较近的相关专业,每学年从录取的电子商务、市场营销、物流管理、国际贸易等专业新生中,根据学生个人意愿、班主任面试等具体情况,选取合适的学生进入创业班进行培养,将这类学生直接定位为学生老板。与其他二级学院相比,创业学院的专业方向均为创业方向,即电子商务(创业方向)、市场营销(创业方向)、物流管理(创业方向)、国际贸易(创业方向)。创业班均实行小班化教学,每班招收 30 名学生,每名学生均要求从事创业相关活动。

创业学院负责创业班学生的培养,同时对创业班学生进行考核。根据相关政策,在大一第一学期结束后,创业班可有少量学生(具体数目由所在班主任与学生双向决定,一般控制在 5 人之内)转出创业班,加入到其他二级学院完成学业。转出分为主动转出与被动转出两种情况:主动转出是指学生本人在创业班学习一学期之后,不适应或不认可创业班的教学模式,主观上想退出创业学院,经学生本人申请,可申请转到其他二级分院(通常是原专业或相近专业),这种情况通常会无条件转出;被动转出是指客观上学生创业业绩等不符合创业学院的要求,未获得相应的成长,班主任认为其在创业班不能学习相应知识,个人不能获得成长,创业技能不符合具体要求,其不适宜在创业学院学习发展,而更适合在其他二级学院发展等情况,可申请转出创业学院。针对转出创业学院回到原专业(或相近专业)的学生,学校层面会对该类学生进行学业预警补习,为其配备专业课指导教师,确保其转出创业班后,能完成相应专业的课程学习。

3. 确保发展路径适合的"二次招生"

除创业班外,创业学院还在其他二级学院招收学员班,学员班通常在每学年新学期之初对外招生,由其他二级学院的创业学生组成。根据学校的相关政策,在部分学生转出创业班的同时,其他二级学院有创业意向的大一学生(不分专业),依据相关创业业绩或其他佐证,在大一第一学期结束后,也可申请转入创业学院。针对申请转入创业学院的学生,以"双向选择"为原则,其必须经过创业导师团的严格审核,确保有班主任接纳其加入班级,以补充"转出"的学生。创业学院对学生的"转出"与"转入"之间设定一定标准,其主动权由创业班班主任来把握。学员班招生不分年级、不分专业,主要依据其创业业绩。学员班可申请课程替代,同时创业学院会根据学员班学生需求,开设与创业相关的课程,学员班的课程能抵相应课程学分。到目前为止,创业学院共招收了12期学员班,每期学员班从二十余人到六十余人不等。"二次招生"尊重学生成长的自主权,确保创业学生的"进出通道"顺畅,保证"有创业意向的学生能有机会进入创业班学习,进入创业班的学生不想创业有退路"。

(四) 以支持服务为保障,创新学院的管理模式

实践教学导向下学生忙于各种创业实践活动,这给学校的管理带来了新的挑战。为了确保创新创业活动的有序开展,创业学院在注重对学生创业业绩考核的同时,要加强过程监管,同时积极转变角色,对学生的创业管理转变为创业服务。

1. 以结果为导向,加强过程监管

尽管创业学院以实践为导向,注重对创业学生创业的结果考核,但"结果导向"并不表示放松对学生的教育,也并不意味着学生创业过程可脱离于学校视野之外。由于与非创业学生相比,创业学生在外居住安全、人身安全、财产安全、财产纠纷等方面存在更多潜在隐患,一些学生甚至假借创业之名,游离于正常的教学活动之外。因此为规范学生的行为,创业学院制定了详细的规章制度——学校先后出台了十余个相关文件,颁布了《关于鼓励与扶持在校学生创业的若干规定(试行)》、《在校学生创业认定办法(试行)》等相关政策,并在实施过程中不断完善。

以课程替代为例,为确保其科学性与合理性,学校制定了课程替代的具体实施细则,并在管理中严格执行。第一,申请课程替代的学生,其创业业绩须为本人创业实践所获取,严禁采用非本人创业成果,否则按作弊论处;第二,学生在教学期间须保证从事科技创业、实体运营、网络创业等法律许可范围内相关活动,并接受学校各部门的指导与监督;第三,课程替代有一定范围,并非所有课程都可课程替代,思政类、体育类等公共课程原则上不能申请课程替代;第四,鼓励创业学生采用旁听、个人辅导等形式完成课程学习,在证明其学习能力情况下,审核后可申请课程替代。

2. 以服务替代管理,积极转变角色

当各高校都在为如何对创新创业进行管理而苦恼时,义乌工商职业技术学院转变教育理

念——以"创业学生成长"为本,由对学生的"创业管理"理念提升到"创业服务"理念,努力提升其对创新创业学生的服务水平。创业学院近年来除了不断完善创业教育相关制度外,还努力吸引校内、外资源,加大对学生创新创业的扶持力度,努力扮演好孵化器的角色。为解决创业学生资金难题,学院设立"短期、无息、公益"的同创基金,同时引进校外创业贷款,联合金融机构设立"大学生创业基金"。创业学院在课程设置上围绕学生创业的需求,开设相应的创业指导课程,在日常管理上体现服务学生导向,教学与管理均围绕学生创业而进行。同时学院也鼓励教师从事相关创业活动,以提升教师的创业指导能力,更好地服务学生创业。

三、改革成效

从试水探路到全面推进,从默默无闻到自信满满,二十余年,义乌工商职业技术学院的双创教育香飘满园、开花结果。由点及面,创业人才有量有质,应届毕业生创业率一直位居全国同类高校前列,稳定在12%左右,李克强总理也曾点赞该校的创新创业毕业生;由内而外,样本溢出全球推广,连续举办15届全国创业教育研讨会,成立了海峡两岸青年创业基地、中西跨境电子商务创业培训基地;由东至西,双创扶贫广受好评,电商创业精准扶贫,助力了甘肃陇南获评"全国电商扶贫示范市",扶持打造了全国推广的"甘肃广河实践"。学校相关的双创教育成果也多次被新华社、中央电视台、人民日报等国家级高端媒体报道。

至此,学校"专业+创业"课程体系搭载开放平台实践,全程贯穿创业创新教育,三维立体人才培养模式已然成型。近年来,义乌工商职业技术学院每年接受创新思维训练、创业实践教育的学生比率为100%,近20%的在校生投身创新创业实践活动,毕业生创业率连续多年保持在12%以上,创业班学生毕业时自主创业率超过95%,位居全国高职院校前列。近五年,学校成功孵化了上百个创业计划,累计产生988名成功创业毕业生,平均1人带动5人就业,为社会提供就业岗位5 000余个。在这其中,涌现出了以"全球十佳网商"何洪伟为代表的大批创业典型,创业业绩破10亿;2013届毕业生叶永伟毕业后被聘请为创业导师,负责校企合作项目原字弹工作室的运营,目前除了在运营梦娜袜业项目外,还在推广斐济国礼级化妆品项目,以"小电商助力国家大外交"广受赞誉;2014届毕业生倪祥新放弃高薪,主动返乡创业,返乡后带动了镇里的电商、来料加工行业,还从零开始,发展起30多人的电商之家,大大促进了镇里兰溪杨梅的销售;2015届毕业生马吉玲受吉林省妇联邀请,与学校创业导师等前往长春参与吉林女性电商"千姐千店千社(企)千品"项目启动暨女大学生创业导航报告会,并于报告会上受到明星般待遇,被称为"创业花木兰";2016届毕业生龙有根在大二时,就从贵州老家带来两个人来义乌创业打拼,还发展起了"义乌-贵州"的来料加工,带领家乡的父老乡亲一起创业致富;2017届毕业生林宏远入学后两个月的"双11"出了130单,大二时的"双11"当天出单近1万单等等。

学校始终秉承"尚德崇文,创业立身"校训精神,努力将创新创业教育改革红利惠及到每位学生,努力实现5个方面的效应。一是育人效应——通过创新创业实践培养,锻炼了学生的四种品质:吃苦耐劳是基础,"忙"成为学生的口头禅;诚实守信是根本,与客户保持良好关系成为学生的金守则;求新求变是法宝,主动学习新知识、新理念成为学生的必修课;遵纪守法是前提,树立学生的市场规则意识。二是引领效应——一个专业引领一个产业,一个产业带旺一座城。学校创新创业教育模式形成了以学校为中心的电商产业新经济业态,有力地推动了义乌"淘宝村"的规模化、集群化发展,其中最具典型的就是学校的近邻,被李克强总理称为"中国网店第一村"的青岩刘村。三是带动效应——创业成功的学生不仅为自己"造饭碗",还为社会人员创造了就业机会,尤其是"校园互联网+创业"的内生动力极大地带动了专业创业、创意创业,校园创业呈现出百花齐放、百家争鸣的新态势。四是衍生效应——学校在浙江省率先开设了网络时尚模特班,致力于培养新一代能展示、能代言、能创业的电商模特标杆,推动义乌成为全国电商网络模特集聚中心、全国电商网络模特培训基地,其中有1个留学生班。建立了海峡两岸青年创业基地,台湾的大学师生到校"插班"学习电子商务创业。五是品牌效应——创业教育已成为学校一块响亮的"招牌",是学校特色发展的"台柱子",国家级媒体(中央电视台《新闻调查》、《实话实说》等栏目)都曾做过学校创新创业教育专题的相关报道,《人民日报》、《光明日报》、新华社、路透社等也先后对学校创新创业教育进行了追踪报道。

四、改革经验

义乌工商职业技术学院作为全国较早推行创新创业教育的高校之一,根据义乌区域优势,构建了专创融合、强化实践、协同培育的创新创业教育生态体系,打造形成创新创业教育的"义乌模式"。首先,从办学理念上,学校高度重视对学生的创新创业教育,提出"创学结合"的办学思想,由此将创业实践与理论学习有机结合起来。其次,根植区域创业文化,构建多元人才培养模式。以师生工作室为载体,搭建混合所有制办学平台和协同创新育人平台,立足"双元三维"培养模式,完善现代学徒制,努力开创创新创业教育新局面。再次,构建一套灵活且严格的保障机制,强化创新创业教育保障服务体系。例如,学校先后出台与修订了《义乌工商职业技术学院学生多元创业认定办法(试行)》等管理办法,满足创业导师与创业学生的相关需求。最后,以创业学院为载体切实推动创业教育的开展。创业学院在运行时,创新招生体制,打通创业学生的"进出机制",充分考虑学生的创业意愿和原有专业基础,并突出实践教学导向,考核评价时以结果考核为导向,同时加强对学生创业的过程监管。

通过多年的实践,义乌工商职业技术学院在大学生"双创"教育实践能力提升平台建设过程中,积极面对"双创"教育与专业课程教学脱节、与传统学生管理冲突、缺少专业的"双创"导师队伍和缺乏全真的创业实践环境等问题,总结过往平台建设经验,探索形成了一套行之有效的"1333"大学生"双创"教育实践能力提升平台建设模式,即健全一个机制,实施三大工程,完善三大平台,构筑三重保障。

(一)强化顶层设计,健全创新创业教育协同机制

明确学校人才培养目标,将"双创"教育融入学校办学文化。成立由校长担任组长的创新创业管理领导小组,每学期专题研究部署"双创"教育工作,并将"双创"教育纳入学校对各部门的目标考核中。制定《创新创业教育实施方案》,出台《"十三五"创新创业教育专项发展规划》,明确教务、学工、人事、科研、团委等多部门在创新创业教育中的职责。成立创业学院、创意设计学院,分管"双创"教育的校领导担任院长,教务处、学生处副处长担任副院长,负责全校创新创业通识课程建设和创业班、学员班管理。将电子商务、产品设计等专业纳入创业学院和创意设计学院,进一步完善专业支撑创业、创业提升专业的新机制。设立创业管理处,负责具体协调、管理"双创"教育工作。与复旦大学等高水平院校联合成立创新研究院,推进"双创"理论研究。设立专门的创业园、创意园,为大学生开展"双创"实践提供场地和环境保障。形成部门统筹协调、二级学院分工协作、研究所配合协助的管理体系,实现教研创一体化。

(二)实施三大工程,推进"双创"教育教学改革

"双创"课堂工程——面上普及的"双创"必修课:打破传统课堂模式,将课堂植入活动、搬入市场,奏响"志愿者服务—勤工助学—创业活动"三步曲。线上带动的"双创"精品课:重点培育学生的创新思维和创业精神,与企业共建创业教育在线平台,引进和建设校企共建创新创业类课程。点上培育的"双创"定制课:开发具有专业创业融合特色的"双创"教材,重点为创业班、创业精英班量身定制课程,满足学生对创业知识的个性化需求。

"双创"载体工程——针对不同的专业特性和学生的不同需求,搭建创业班、创业精英班、专创工作室三大载体,不断优化完善人才培养方案,从课内到课外,从大一到大三,实现创新精神、创业能力培养的全过程。依托相关专业开设创业班,从大一入校就组班,打破传统教学模式,边学习边创业,重点强调学中做、做中学,在全真情境下开展创业实践,由资深"双创"指导教师担任班主任,建立"导师+项目+学生"的培养模式,实现了专业创业人才和专业技能人才培养的良性互动。招收创业业绩达到一定要求的在校生,开设学员班,跨学院、跨专业、跨年级组班。与专业教研室、协同创新平台等紧密合作开设专业创业工作室。由导师揽接项目到工作室,学生课余全程参与真实项目运作,构建"教室与市场同台、教师与教练同体、实训与实战同步"的"三同"、"双创"技能训练体系。

"双创"导师工程——建立"先锋—优秀—卓越"递进式"双创"导师工程,建设校内专任"双创"导师和校外兼职"双创"导师队伍。选聘具备创新创业指导和实践经历的专任教师担任专任"双创"导师,聘请企业家、优秀创业毕业生、外国商人等担任"双创"兼职导师。

(三) 完善三大平台，打造全真创新创业实践育人共同体

首先，与当地政府共建了大学生创业园，与阿里巴巴、Wish等电商平台紧密合作，为大学生"全真式"电商创业实践提供"一站式"服务。以创业园为中心，构建辐射周边区域的创业生态圈。秉持共建共享理念，在周边社区建立大学生创业实验室、创新创业引擎中心、全国跨境电商人才培养基地等各类大学生创新创业孵化基地，为学生创业实践提供与社会和产业紧密对接的配套环境。

其次，以"小商品创新设计"为主要研发方向的创意园连接了学校的各类协同创新平台，构建了以服务创意产业升级为主要目标的创意产业带。引进高端设计机构、产品研发科技型企业、国家级旅游商品研发中心和产品创意中心，在全国开设联合研发基地。将产业带丰富的市场资源转化为学生创业实践资源，积极探索实现创意设计成果转化，与全国知名高校共建设计学子实践基地。

最后，建立"双创"竞赛训练场，成立创新创业竞赛领导小组，制定《创新创业竞赛管理办法》，构建校院两级项目孵化机制，力争所有的学生参加学校创新创业大赛，推进项目落地升级。紧紧围绕"双创"主题开展学生活动，打造"一院一品"、"双创"活动品牌，开办创业文化节、创意文化节，举办"凤鸣论坛"、"创新创业大讲堂"等活动。

(四) 构筑三重保障，完善"双创"实践服务支持体系

其一，制度服务保障。构建从大学生创业成果认定，到创新创业学分管理，再到创新创业孵化项目扶持等多角度、全方位的制度保障体系。推行弹性学制，允许学生休学创业。成立学生就创服务中心，建立创新创业网站和微信公众号，为学生提供创业咨询服务和政策指导。

其二，资金扶持保障。设立创新创业教育专项工作经费，拓宽学生资金来源渠道，设立大学生创业基金；对接政府相关部门，明确给予创业带动就业、优秀创业项目等补贴；联合银行机构为学生提供低息创业贷款。

其三，榜样激励保障。每年组织优秀创业毕业生评选活动，宣讲学生创业事迹；聘请优秀创业学生担任创业助教，亲授"创业秘籍"；邀请优秀校友入校举办讲座，分享创业经验，传授工匠精神、企业家精神；在校园招聘会中设立创业校友招聘专区，用榜样的力量激励学生。

五、 反思与点评

(一) 我国职业院校的创新创业教育整体地位仍需提升

目前尽管有诸多院校在创新创业教育方面的成功实践，但我国职业院校的创新创业教育总体上看还是属于边际性的——一方面，由于国内创新创业教育起步较晚，目前还没有系统的理论沉淀和实践尝试，使课程系统不够具体且处于学校教育的边缘，往往属于主体课堂之外的活动式

教育比较多,缺乏对教育内在规律和规则的把握,因此阻碍了创新创业教育整体质量的提升;另一方面,目前高职院校开设的创新创业课程相对于其所学专业领域而言,虽有融合但也大多属于边际交叉的创业,甚至是错位创业,没有专业基础作为支撑,在专业培养目标层面的内在统一还不够,使得学生在学习相关课程后无法亲身实践。创业与专业的低相关度决定了创业教育还没有成为触动高职人才培养深层次改革的主流或主线。①

(二) 从办学战略层面重塑创新创业型院校的定位

从上述案例可以得出,具备环境和基础条件的院校完全可以将创新创业教育上升到办学定位的层面,清晰把握好创新创业教育在整个人才培养过程中的定位,旗帜鲜明地提出走创新创业型院校的办学道路。义乌工商职业技术学院是以"创"立校,所以创业教育占有较高的比例,但这并不意味着所有的高职院校都要如此定位,应该结合自身学校的办学特色综合考量,从办学的三个层面去思考发展导向。其一,市场化导向。创新创业型高校要以市场化的教育思维来引领学校的建设和改革,采取一些企业的运作方式,展示出市场化的行为,推动专业设置、教学团队、课程建设、内部管理、质量评价、经费保障等办学要素与资源的市场化。其二,协同性导向。创业教育是一种更加开放的教育,应该树立更加鲜明的产教融合、校企合作的协同育人理念,包括目标的协同、参与主体的协同、保障的协同等等,增强聚集各类资源的能力和内生创新活力。其三,服务型导向。创业型高校要树立更强的服务学生、服务社会的意识,服务各类群体的上岗就业、在岗提升、转岗择业、自主创业等,实现人才培养和创业服务、创业孵化有机结合的高职发展新模式。

(三) 找准切入点以促进"双创"教育内部之间的融合

通过反思上述案例,思考如何将创新教育和创业教育融合,并通过彼此的相互促进,来进一步丰富"创"字立校的办学内涵,关键是要把握三个切入点。第一,目标切入——创意是创新创业的源泉,具有创意和创新的创业才是可持续和高层次的。以这样的培养目标切入,就是要引导学生从兴趣型创业、机会型创业逐步走向创意推动型创业。第二,专业切入——专业是实现培养目标的基本载体,实现创意教育、创业教育在专业教育下的融合,也就对高职院校的专业设置提出了全新的要求。既要对创意产业对应的专业进行围绕培养目标的体系改造,也要融入更多对接区域创意产业特征的产业元素。最后,平台切入——创意产业的发展依托于政府的引导以及市场的导向,基于市场化运营的创业园开展创意教育是培育创意、创业人才的有效途径。要以创意园建设为切入点,将人才培养的教育平台和协同创新的社会服务平台融为一体,与学校专业基层教学组织渗透融合、创新管理,来整合、拓宽创意教育的外围资源,着力提高创意、创业人才的培

---

① 王振洪. 做"创"字文章,建"特"质高职[N]. 光明日报,2016 - 01 - 26(15).

养质量。

（四）为创新创业实践环境提供全方位的资源与保障

指导学生创新创业，如教学生游泳一样，如果只在岸上学动作，姿势再标准也难以学会游泳，只有让学生下水去游才能学会游泳。对"双创"教育而言，一个全真的创业实践环境如同游泳池一样。因此一旦决定实施创新创业教育，就得资源、保障两手抓，将其落在实处。一方面，从课程的开发、师资的配备、实训基地的开拓、创业资源的发掘等多方面提升院校的创新创业硬教育、软实力。另一方面，构建系统的保障体系，例如出台学校创业教育管理办法等，为院校的"双创"教育提供全方位的系统保障。值得注意的是，虽然在"双创"的背景下，高职院校的创业教育愈加重要，但系统的创新创业教育在实施过程中牵一发而动全身，想要做好也并不容易。义乌工商职业技术学院的经验固然可以借鉴，但也不可盲目抄袭，各高职院校可以根据自身的地理位置优势、学校资源等灵活打造自身的"创新创业教育模式"。

案例 2： 职业教育与"双师"

——北京电子科技职业学院师资的"招、培、管"改革实践

一、学校背景

北京电子科技职业学院的办学历史可追溯到 1958 年成立的北京邮电工业学校。1999 年,北京轻工职业技术学院成立,2004 年与北京邮电工业学校合并更为现名。2007 年 3 月,经北京市政府批准,北京市仪器仪表工业学校、北京二轻工业学校、北京市机械工业学校、北京市汽车工业学校与北京电子科技职业学院合并,建立新的北京电子科技职业学院。2015 年 8 月,学校整体搬迁至亦庄校区,是北京经济技术开发区内唯一的高校。

北京电子科技职业学院主要办学指标和综合办学实力处于国内同类院校前列。学校是全国百所高职示范校之一,国家高等职业教育综合改革试验区建设单位,全国首批百所现代学徒制的试点院校之一。2015 年,北京电子科技职业学院率先启动北京市高端技术技能人才贯通培养改革试验。2018 年,以第一名的成绩进入北京市特色高水平职业院校建设行列。2018 年、2019 年连续被教育部评为全国职业院校实习管理 50 强、教学管理 50 强、学生管理 50 强,为同时荣膺三项 50 强的全国 7 所高职之一。2019 年,进入教育部中国特色高水平高职学校和专业建设计划项目("双高")全国 A 类院校。

北京电子科技职业学院占地 807 亩,建筑面积 33.6 万平米。校内建有国家级实训基地 6 个,生产性实训基地 18 个,与企业合作共建校外实习基地 260 个,北京经济技术开发区中试基地 2 个。建有全国职业院校校长和骨干教师网络学习空间培训基地、国家教育行政学院校外教学基地。建有专业标准的体育馆、游泳馆、体育场,2016 年成功举办北京市第 54 届大运会。图书馆建筑面积 2.7 万平米,藏书 120 万册,电子图书 170 万册,在支撑教学科研的同时面向全社会开放。

该院校开设有机械与电气类、汽车与交通类、艺术与设计类、电子与信息类、食品与生物类、经济与管理类六大类,共 44 个专业。设有机电工程学院、汽车工程学院、电信工程学院、生物工程学院、艺术设计学院、经济管理学院和基础学院七个二级学院以及士官学院、继续教育学院、思想政治理论教研部三个教学单位。学校实施全日制高等职业教育、贯通培养教育、士官教育、职业培训、成人学历教育等复合生源、多学制教育,建校以来已累计为社会培养高素质技能人才 10 万余名。

北京电子科技职业学院共有党委下辖机关党委1个,二级学院党总支7个,基层党支部60个,其中直属党支部3个(思政部直属党支部、后勤处直属党支部和离休直属党支部)。截至2019年11月15日,共有党员636人,其中正式党员578人,预备党员58人。目前在校学生党员46名,其中正式党员3名,预备党员43名。2017年,学校召开了第二次党员代表大会,选举产生了新一届党委班子,确立了"首善标准、中国特色、世界一流高职学院"的奋斗目标。

该院校现有全日制在校生6557人,其中高职学生4977人,贯通培养学生1580人。近年来,学校学生在全国职业技能大赛、创新创业大赛、大学生机器人大赛、大学生电子设计大赛以及美国汽车工程学会巴哈大赛、一带一路暨金砖国家技能大赛等竞赛中获奖成绩位居全国前列。学校现有全国优秀教师5人,北京市优秀教师21人,北京高校学术创新人才、青年拔尖人才4人,北京市教学名师16人、职教名师4人、高创名师1人。拥有国家级教学团队1个、市级优秀教学团队10个。教师近五年获得国家级和市级职业教育教学成果奖23项,近三年在全国职业院校教师教学能力(信息化教学)大赛中获得一等奖10项,获奖总数连续三年名列全国第一。截至2018年12月,北京电子科技职业学院共有专任教师(参加教师、实训教师岗位聘任人员)526人,其中专科学历教师5人,本科学历教师293人,硕士研究生学历教师158人,博士研究生学历教师70人。如图4-2-1所示。

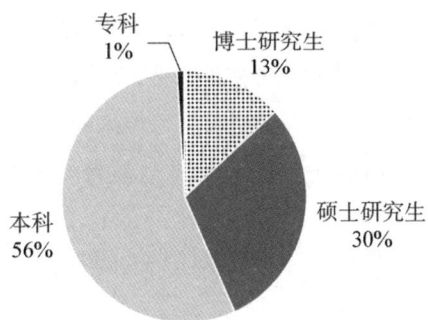

图4-2-1　教师学历情况

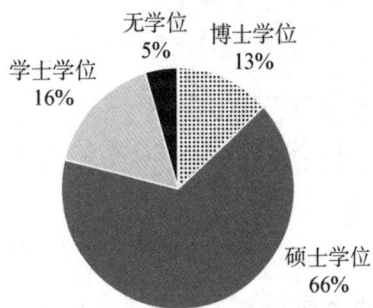

图4-2-2　教师学位情况

此外,教师的学位情况也呈现出较高的水平,博士学位教师70人,占比13%;学位教师345人,占比高达66%;学士学位教师87人,占比16%;无学位教师24人,占比5%,如图4-2-2所示。

在校教师的年龄分布也较为合理,以40—44岁年龄阶段为分水岭,总体上依次呈现向两侧递减的趋势,老中青三代教师结构基本满足管理及教学的需要,如图4-2-3所示。

教师的岗位级别、职称水平在一定程度上说明了其知识掌握程度和操作能力,也意味着从业人员具备担任一份工作应具备的知识与能力资格。高职院校教师职称则是衡量教师人才培养、

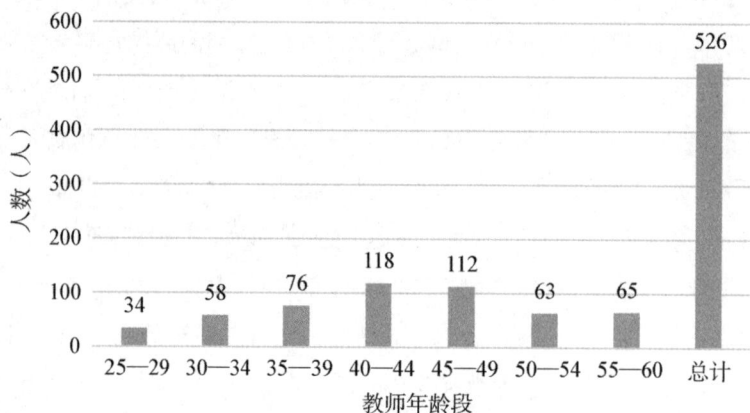

图4-2-3　教师各年龄段构成情况

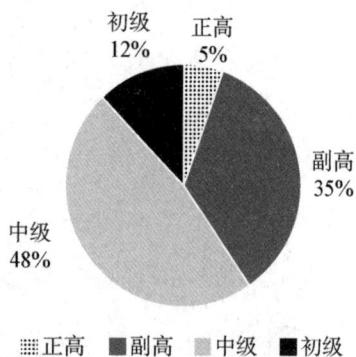

图4-2-4　教师岗位级别构成情况

科学研究能力的重要显著指标。通过调查统计,截至2018年底,北京电子科技职业学院拥有正高级别职称29人,副高级别职称183人(含高级技师1人),中级级别职称250人(含技师3人),初级级别职称64人(含工人1人),总计526人,如图4-2-4所示。

同时,教师企业工作经历也是衡量双师素质的重要指标,据调查统计,北京电子科技职业学院共有81.77%的专任教师具有相关企业工作经历,并在企业进行学习锻炼的过程中表现良好,对提高专任教师的实践能力与教学质量具有较大的作用。

二、改革措施

(一)拓宽招聘渠道,规范招聘流程

招聘教师是指寻找具有从事教师职业意愿,具备教学能力和科研能力,能够稳定在学院工作的人员。招聘教师是学院教师管理的起点,也是学院管理和发展最为关键的环节。北京电子科技职业学院在教师招聘方面采取多样化教师招聘方式,如现场招聘、校园招聘、网络招聘、内部招聘、员工推荐等,其中主要以现场招聘和网络招聘为主,新教师来源有高层次人才引进、应届毕业生和其他事业单位调入等途径。

以2020年招聘为例,该院校所公布的应聘基本条件如下:遵守宪法和法律,遵守公民道德规范;具有良好的品行和职业道德;符合招聘岗位所需要的专业知识和专业技能;具有适应岗位要求的身体条件;具备招聘岗位所规定的相应任职资格和条件;非京生源应届毕业生需符合北京市

人力社保局引进非京生源条件。招聘规章清晰明确,招聘流程系统透明,每年面向社会公开进行招聘,分为信息发布——应聘报名——笔试——面试——体检和政审——公示拟聘人员名单——聘用等环节。根据招聘的学科专业情况组成相应的面试工作小组,负责面试人员的资格复审、面试考察工作。笔试、面试成绩均达到合格分数线人员按笔试成绩40%、面试成绩60%权重合计形成综合成绩,并由面试工作小组提出综合评价意见。此外,为规范对"双师型"教师的招聘,还公布了"双师型"教师的认定标准(见表4-2-1)。由此可见,该院校在教师招聘中规章清晰、流程透明,所采用的考核方式较为合理,该招聘机制有利于选拔出合格教师,为后续教师的培养提供基础性条件。

表4-2-1 "双师型"教师认定标准细则

1. 专业技术职务资格基本条件 (1) 校内专任教师申请认定"双师型"教师者必须具有高校教师系列中级及以上专业技术职务; (2) 校外兼职教师申请认定高等职业院校"双师型"教师者必须具有本专业非高校教师系列高级专业技术职务。
2. 专业实践能力或专业教学能力基本条件 (1) 校内专任教师申请认定高等职业院校"双师型"教师者必须具有相应的专业实践能力,即:必须具有本专业非高校教师系列初级及以上专业技术职务,或具备从事本专业高级技能(三级及以上)职业资格证书。 (2) 经北京市人力资源与社会保障局认定的能够证明职业技能能力水平的证书。 (3) 校外兼职教师申请认定高等职业院校"双师型"教师者必须具备相应的专业教学能力,且年度教学考核合格。 (4) 专业实践能力或专业教学能力虽不完全具备上述规定的条件,但专业实践能力某一方面特别突出的,也可申请认定。

(二) 更新培训理念,鼓励教师进修

对教师的培养及培训是塑造出一批拥有最新教学理念、高素质、有工作积极性的教师队伍的有力保障,也是提升人才队伍建设、适应科技进步、顺应时代发展的重要途径。北京电子科技职业学院一直以来在师资队伍建设方面给予了高度重视,将培训作为提高师资队伍水平的主要措施,因此积极摸索培训机制建设,加大培训力度,丰富培训形式。此外,北京电子科技职业学院特出台《关于鼓励在职人员攻读博士、硕士学位的管理办法》,深入实施人才强校战略,创造有利于优秀人才脱颖而出和施展才干的制度环境,鼓励教师进修,进一步提升教师及各类人才的综合素质和能力。办法要求各二级学院、党政部门要加强人才队伍建设规划,妥善处理工学关系,在保障正常教育教学工作有序进行的基础上积极支持在职人员攻读学位。工作中要注意学校鼓励与个人意愿结合、工作需要与职业发展并重、学历学位提升与实际能力提高并进,切实加强人选推荐、过程管理和绩效评价。

北京电子科技职业学院针对不同层次及需求的教师规定了详细的培训方案,并配套相关的实施办法。其一,具有学位的在职人员正式考取国内高校博士或硕士研究生并在规定时间内取

得学位,学校报销其全部学费。其二,在攻读学位期间,完全脱产学习的,需按照学校规定完成科研工作量,可不承担教学任务,工资按国拨工资和基础性绩效工资足额发放。其三,脱产学习期间,能够兼顾学校教育教学工作的,在完成科研工作量的同时完成规定教学工作量30%以上并经考核合格的,保持现有工资待遇不变。其四,通过国家公派留学途径赴境外高校攻读博士或硕士学位,列入国家资助范围的,在规定时间内取得博士或硕士学位,学校报销每年一次往返交通费用,本人工资待遇不变;列入学校公派留学计划的,除上述规定外,学校负责全部学费。自行联系出国(境)攻读博士或硕士学位的,经学校同意,可享受与学校公派留学相同政策。

另外,该院校还对其他培训方案做出详细的区分,如教师采用远程教育等方式在岗攻读博士或硕士学位的,在规定时间内取得相应学位,学校报销全部学费。其中需要定期在京外参加面授的,学校按有关财务规定每年报销一次往返交通费用和住宿费用;需要参加境外面授的,学校可酌情每年提供一次交通和食宿补贴。按照在编在岗人员承担教育教学或管理工作,正常参加年度考核评价,工资待遇不变。申请攻读博士学位的,原则上年龄不超过45周岁;申请攻读硕士学位的,原则上年龄不超过40周岁。初次申请时在本校实际工作时间不少于3年且考核合格,学科带头人、中青年骨干教师和年度考核优秀者优先支持。

(三) 出台管理办法,明晰培训内容及方式

为落实科学发展观,适应高等职业教育改革和发展的需要,进一步加强教职工队伍建设,全面提高教职工的整体素质,合理使用培训经费,使学校教职工进修培训工作进一步规范化、制度化,北京电子科技职业学院制定了特定的管理办法。培训工作要贯彻政治与业务并重、理论与实践统一、按需培训、学用一致、注重实效的方针,坚持立足北京、在职为主、多种形式并举的原则,注重加强职业道德教育,注重强化高等职业教育理念,注重提高教育教学水平和管理水平,增强科研能力、实践能力和现代教育技术应用能力。培训内容和方式如下:

第一,当年新补充到教学、教育岗位工作的教师(含应届毕业生和从其他职业或岗位转到教师岗位上的人员),必须参加学院举办的新教师岗前培训班,并在一年内完成北京市高校师资培训中心举办的教育理论培训。

第二,1956年1月1日及以后出生的教师和专业技术人员,必须参加由北京市高校师资培训中心举办的现代教育技术培训。根据《关于高等学校教师计算机应用水平(能力)考试有关问题的通知》(京人发[2003]52号)文件规定,1960年1月1日及以后出生的人员,评聘中级专业技术职务,须取得现代教育技术培训一级证书;评聘高级专业技术职务须取得现代教育技术培训二级证书。

第三,按计划选派专业带头人和中青年骨干教师参加国内高校访问学者的进修活动。(具体办法见《选派高等学校访问学者暂行办法》)

第四,选派优秀教师参加北京市高校师资培训中心举办的"双语教学"国外培训及其他学院

公派的出国培训学习。(具体办法见《教师出国培训管理办法》)

第五,根据学院专业建设与发展和师资队伍建设的需要,教师可以根据《关于学历学位进修的管理办法》攻读硕士、博士学位。

第六,专业课和专业基础课教师可以参加行业资格证书(中级及以上)的取证培训或教育部指定培训基地举办的"双师素质"取证培训。

除此以外,还包括经学院批准参加的学者讲学、学术会议和学术交流等活动;经学院批准参加的与自身教学及专业相关的培训;学院举办或组织的外语、计算机等方面的培训;管理人员的业务培训;工人技术等级培训及规定参加的岗位培训;根据上级主管部门的培训要求和学院发展需要,经学院批准的其他各类培训。

(四)严格培训申请,提供坚实保障

北京电子科技职业学院制定了申请培训的基本程序:每年6月份,各学院制定下一年度培训计划,人事处根据各学院计划,进行分类汇总,并报送院办公会议讨论决定后,于7月份提交教委审核批准。最终,人事处根据教委下达的指标对资金进行再分配。需要进修的人员,由个人提出书面申请(填写《教职工进修培训审批表》),经所在部门领导和主管院领导同意,由各学院及人事处根据年度培训计划及经费预算进行审核后,方可参加培训。

培训费用方面,北京电子科技职业学院采用由学院全部或部分承担培训费用的办法,具体按照不同情况进行了详细的规定:规定的岗前培训(如:教师教育理论培训、普通话培训等)、现代教育技术培训,由学院承担其培训费、资料费;"双语教学"培训等,学院承担其培训费的90%;"双师"培训、其他专业培训等,学院承担其培训费用的90%;示范校五个重点专业教师群参加培训,由示范校建设项目支付其全部费用。访问学者培训具体参看《选派高等学校访问学者暂行办法》。学历进修依据《关于学历学位进修的管理办法》执行。专业带头人、教科研骨干进行学者讲学、学术会议、学术交流等活动,其经费原则上由本人课题费支付。经费困难者可申请资助,经学院批准,可资助其活动经费的三分之二(每年仅限一次),但资助金额国内活动最高不超过2 000元人民币,国外最高不超过15 000元人民币。学院批准的公派出国培训学习及出国前的国内培训费用,由学院全部承担。

此外,北京电子科技职业学院还在其他方面对参加培训的教师进行支持,如教职工进修培训费用每年由各部门按预算调配使用或由学院从专门培训项目中划拨。进修期间的工资、福利待遇、职称评聘均不受影响。专职教师参加学历学位进修,进修期间的标准工作量可减免40%,原则上利用业余时间,也可以根据具体情况选择脱产参加学历进修。

(五)完善绩效考核体系,注重培养选拔优秀专业带头人

北京电子科技职业学院重视教师绩效考核,努力探索绩效考核改革,建立了教师绩效考核机

制,形成了教师绩效考核方案。将学院战略目标层层分解,转换为教师的个人目标,根据目标体系确定绩效考核体系标准,有效引导教师个人目标与学院战略目标保持一致,从而促进教师个人发展与学院发展相互促进。学院将绩效考核的结果作为教师晋升、奖惩以及加薪的依据,能够在最大程度上激发教师前进的内在动力,调动教师的潜能,提高其积极性与创造性,教师能够通过绩效考核结果发现自身不足,及时提高自身水平,通过一定程度上教师队伍的良性竞争提高师资队伍的整体水平。此外,北京电子科技职业学院还建立了有效的绩效考核监督与管控机制,确保绩效考核体系的公正透明。

北京电子科技职业学院选拔一批具有高尚的政治素质、职业道德素质和严谨正派学风,学术造诣深厚、学术思想活跃,在某一专业步入了专业前沿领域,有突出的专业研究方向并取得了创造性的、具有一定学术水平的教学和科研成果,能组织和带领青年教师进行专业建设的拔尖人才担任专业带头人,重点指导和从事专业建设与专业教学研究以及实践教学研究等。专业带头人是"双师型"教师中的优秀者,他们负责本专业"双师型"教师的培养、专业人才培养方案设计、专业教育教学组织、专业学生管理、专业就业市场开拓等工作。① 培养优秀的专业带头人,使其能够深入专业所对应的行业、企业开展调查研究,了解区域产业结构升级对人才规格需求所发生的变化,然后结合市场的人才需求,根据学校现有的资源优势制定专业建设发展规划,确定本专业的人才培养目标,此外,专业带头人通过对专业资源进行有效整合,确保专业教学和科研高质量完成,打造一支优秀的专业师资队伍。

三、 改革成效

(一) 师德师风建设初显成效,深入落实建立师德师风长效机制

以习近平新时代中国特色社会主义思想为指导,深入贯彻落实全国、全市教育大会精神,进一步加强师德师风建设,健全师德师风建设长效机制。2018 年,以"弘扬高尚师德,潜心立德树人"为主题,北京电子科技职业学院在全校范围内开展了做新时代"四有"好老师和"四个引路人"学习实践活动。2019 年,以庆祝新中国成立 70 周年为契机,围绕"我和我的祖国",以立德树人为根本,以理想信念教育为核心,深入开展教师思想政治素质教育和师德师风建设。以"不忘初心,牢记使命"主题教育活动为抓手,深入开展教师党员政治理论学习,牢固树立"四个意识",坚定"四个自信",做到"两个维护",落实为党育人、为国育才的初心和使命。以"庆祝新中国七十华诞,弘扬新时代尊师风尚"为主题,北京电子科技职业学院组织开展了第三届师德论坛和 2019 年教师节表彰大会活动,生动展示了新时代教师的良好精神风貌,大力弘扬了尊师重教的传统。同时认真学习《新时代北京高校教师职业行为十项准则》、《北京高校教师师德考核办法》和《关于北

---

① 周建松. 高职院校专业带头人建设机制研究[J]. 高等工程教育研究,2011(06):150—154.

京高校教师师德失范行为处理的指导意见》，积极推动学校相关文件的落地，制定了《北京电子科技职业学院教师师德考核办法》、《北京电子科技职业学院教师职业行为十项准则》和《北京电子科技职业学院师德失范行为处理实施细则》等系列文件，组织全校教职员工读文件、学文件、悟文件，将教职工师德考核纳入年度考核。

(二)"双师"队伍建设逐步加强，继续实施"人才强校"和"素质提高计划"

北京电子科技职业学院坚持将立德树人的根本任务放在首位，以为国育人的初心和为党育才的使命，通过"引、培、聘"相结合的人才培育方式，加强"双师"队伍建设，继续实施"人才强校"和"素质提高计划"。根据中共中央国务院《关于全面深化新时代教师队伍建设改革的意见》文件精神，结合学校的实际情况，制定了《北京电子科技职业学院"双师型"教师认定标准》，在认定范围、认定条件、认定程序、管理规定等方面进行了详细的阐述，进一步加强了学校师资队伍建设，师资队伍结构得到优化，建设了一支师德高尚、技艺精湛、专兼结合、充满活力的高素质"双师型"教师队伍。完善校内人才培养机制，搭建国家级、省级和校级三级人才培养体系，在统筹做好国家和北京市高级人才队伍梯队建设和推选工作的基础上，实施学校优秀人才培养计划。

(三)"双师"队伍结构进一步优化，促进专兼职教师队伍协调发展

通过严格教师准入标准，注重师德和心理健康要求，提高教师任职学历、学习工作经历等标准，重点引进紧缺专业、重点学科相关人才，把拔尖青年、具有留学经验的优秀人才等充实到学校师资队伍中，壮大了学校的师资力量。同时，通过加强对高端人才及各类行业大师、能工巧匠的引进，实现了学校市级以上高层次人才零的突破。在职务晋级和考核聘任中，提高对教学和学术成果、学校贡献率等的要求，优中取优，有效提高学校教师整体质量，使得师资队伍结构得到了进一步的优化。

注重对外聘专家的软引进。引进行业、领域专家、学者、技能大师和能工巧匠充实教师队伍，促进校企深度合作。实施教师培养计划，对教师从专业建设、学历提升、企业实践等方面进行重点培育培养，保证学校师资队伍整体水平稳步提升。北京电子科技职业学院近两年共出资900余万元用于师资项目的资助和培养，建立了校级教学团队、科研团队、学科带头人及专业带头人和骨干教师选拔和培养机制。通过引领示范，发挥优秀模范作用，以点带面，促进学校专业建设，带动了相关专业教师提升教育教学和科研能力。

(四)中青年教师成长发展环境得到优化，提供选拔优秀人才制度环境

北京电子科技职业学院遵循教师成长发展规律，以中青年骨干教师为重点，优化中青年教师成长发展环境，鼓励教师人人尽展其才，激活教师活力。2018年，根据北京电子科技职业学院二次党代会精神和学校发展规划，修订了《关于鼓励在职人员攻读博士、硕士学位的管理办法》，办

法中鼓励在职人员攻读博士或硕士学位,在处理好工学矛盾的前提下可选择脱产学习,同时,该院校还为教师创造去优秀学校攻读学位的机会。2018年,北京电子科技职业学院计划实施泰国易三仓大学博士研究生培养项目,拟在2019至2021年,每年选派15名教师赴泰国易三仓大学攻读组织发展与变革专业,为学校开展深度校企合作和双高建设储备人力资源。2019年,已有15名教师完成了赴泰第一年的学习任务。

在此过程中,学校为中青年教师的成长发展提供了坚实的支持与保障。第一,加强对新引进教师的培养和管理。制定新教师培训和成长方案,对其开展为期一年的新教师培训,培训内容包括职业教育相关政策、学校发展规划、校情校史、教学能力提升和科学研究等。同时,为使新教师尽快适应工作岗位、熟悉学校环境,要求新入校教师实行坐班制,在二级学院为新教师配备双导师,全面加强新教师的思想政治素质、师德师风的培养教育,提升新教师的教学、科研和社会服务能力的业务。第二,对副教授及以上专业技术人员开展专项培训。委托上海华东师范大学对其开展博士研究生课程班研修项目,主要对职业教育和课程建设进行学习和课题研究。第三,进一步完善并修订学校优秀人才培养制度,鼓励教师攻读博士学位;为攻读博士学位的教师提供脱产学习的机会;为攻读博士学位的教师提供良好的科研和学习环境等。第四,修订了《教师到企业实践管理办法(暂行)》,加强双师队伍建设,组织了教师到企业实践,通过集中验收,检查教师下企业的成果。北京电子科技职业学院着力培养教师的育人能力、教学能力、培训能力和研发能力,引导教师积极参加企业实践,完成调研报告,开发教学案例,并同企业开展科研课题等。第五,派遣教师去大学进修学习。为了保证学校专业建设的发展需求,同时为学校贯通培养改革项目提供强有力的师资和课程保障,北京电子科技职业学院还开展了派遣专业教师去其他高校进修学习的活动。

(五) 形成科学合理的培训管理体制,"双师"队伍水平大幅度提升

北京电子科技职业学院对培训实行两级管理,人事处对全校培训工作进行统筹,各二级单位负责具体培训的开展和实施。培训形式包括参加培训和组织校本培训,参加培训形式包括集中讲座、分散派遣、自学和网络学习;校本培训主要以集中讲座和讨论为主。教师的综合能力提升培训包括教育教学能力提升培训、科研能力提升培训、各专业技能提升培训、学生管理能力提升培训和师德培训等;管理干部培训是对干部开展公文写作、办公软件应用、意识形态教育、师德师风教育、党风廉政教育及职业教育理念学习等方面的培训;专业教师英语培训指的是从听、说、读、写等方面综合提高专业教师的日常英语及工作英语的应用能力,促进学校国际化教师队伍建设;各类教师沙龙和讲座活动包括辅导员沙龙、教学、科研、学生管理、心理健康等主题讲座。

此外,北京电子科技职业学院创建了高职院校教师和企业人员双向交流学习的共同体,建立了人才流动相互兼职的常态运行机制。在人才的学习与交流过程中,同时注重形式与内容的创新,举办了团队竞赛,从理论知识的掌握、实践技能的熟练程度等方面进行比拼,双方在比拼中取

长补短,交流经验,使"双师"队伍水平得到大幅度提升。

(六)实施教学创新团队建设计划,打造结构化"双师"团队

北京电子科技职业学院紧紧围绕服务先进制造业、现代服务业和战略性新兴产业,遴选汽车制造与装配技术、药品生物技术、高端装备智能制造技术、大数据技术与应用等12个教学创新团队进行支持,对每个团队进行三年一个周期的资助。创新团队建设从师德师风、课程及课程资源、教材、实训基地、人才培养质量等方面进行建设,团队建设实行目标管理和过程管理相结合的方式,每年进行一次检查,不断提高教师的育人能力、教学能力、培训能力和研发能力,建立一支思想素质过硬、业务水平高、后备力量充分且可持续发展的师资队伍。近三年中,机电工程学院引进机电及自动化专家9名,包括博世力士乐(北京)液压有限公司孙学彬与侯险峰、中通理澳(北京)智能科技有限公司张国强、北京市地铁运营有限公司刘金霞、北京北控电信通信息技术有限公司孔德中、清华大学段玉生等。教师们与校外专家共同开展了课题研究13项,完成专家报告10次。为了适应首都城市发展的需要,教师团队还承担了学校航空类专业的谋划、建设工作,在校外专家指导和企业支持下,已经成为学校航空专业的教学骨干和中坚力量。

四、 改革经验

(一)健全招聘体系,拓宽招聘途径

1. 健全招聘体系,合理规划师资队伍结构

师资团队的建设至关重要,而师资的招聘则为院校师资队伍建设的起点。因此,院校尤其要注重完善教师招聘体系。首先,严格把关职业院校"双师型"教师入口,需要制定统一、规范且明确的入职标准。要依据高职教育的本质,注重把握高职学生的特征,采用合理的衡量尺度,来确定"双师型"教师的评定标准。尤其需要注意兼顾评定标准的科学性和可操作性,这就意味着需要职教领域的专家、高职院校教师、企业专家和教师等多方共同参与标准的制定,保障"双师型"教师评定标准的科学设计和准确执行。在标准的制定中,可以在符合我国实际需求的前提下,参照国外成熟的评定标准体系,例如澳大利亚、德国、丹麦等职业教育发达的国家在该方面的有益成果。其次,需要明确招聘的流程与环节,对招聘考核的内容进行合理设置,在对入职教师学历、教师资格能力等方面严格审核的同时,应重点听取各专业对于人才技能与岗位教学在实际需求与实际配比度上的建议。由院校人事部、教务部、各专业系部组成招聘梯队,在明确各方职责的前提下共同设置考评的方式与内容,以促进各专业师资队伍形成科学、合理的体系结构。

2. 拓宽招聘途径,吸纳优秀人才

要促进"双师型"教师队伍的结构优化,还需要拓宽人才的渠道来源。增加对于行业企业高质量技术技能人才的吸引力,积极引进拥有丰富实践经验和教学能力的教师,同时还要加大对于

高水平院校人才的吸纳,使理论知识丰富与擅长教学的教师和精于技能的教师达到互补,使专任教师与兼职教师数量实现平衡,使高学历、高素质"双师型"教师成为双师队伍的主力军,优化"双师型"教师的结构。北京电子科技职业学院采取多样化教师招聘方式,如现场招聘、校园招聘、网络招聘、内部招聘、员工推荐等,其中主要以现场招聘和网络招聘为主,由高层次人才引进、应届毕业生和其他事业单位调入等途径,面向社会招聘一些经验充足的教师,最大限度吸纳优秀人才壮大师资队伍。

(二) 完善管理制度,健全管理机制

1. 创新管理理念,健全管理机制

改变落后的管理理念,倡导以"以人为本",将教师作为管理的核心,对教师的人格、劳动、教学能力进行充分肯定,关注教师的内在建设,挖掘教师的最大潜能,尽可能地激发教师在工作中的主动性、创造力,满足教师合理的多元化需求。采取一系列方法增强对管理人员的专业化培养,提升管理效率,增强人力资源配置,设置专门的人力资源管理部门,针对学校实际情况制定相关的管理制度,包括薪酬规划、管理人员任命以及绩效评价等。

2. 完善绩效考核机制,迸发教师活力

建立并逐步完善绩效考核机制是十分必要的,科学、合理地进行考核可以最大限度地发挥人才的效能,建立科学的考核评价、激励机制,是学校师资队伍建设的重要部分。传统单一的考评方式已经不适用于新时期双高院校"双师型"教师的管理,必须寻求新的方式。"双师型"教师的内涵和身份特质决定了需要采用分层分类的考评方式,精准分层"双师型"教师队伍中的专业带头人、骨干教师、青年教师、兼职教师,分类制定不同的考核内容,有针对性地进行前期、过程中和结果的考评。要完善配套的激励制度,必要时可采用效率优先的原则,但也要兼顾公平,让职称晋级和福利待遇等向"双师型"教师倾斜,充分给予重视与激励,调动教师的工作积极性,提高其自身认同感。绩效考核机制的有效实施,体现了对教师教学成效的认可,能够激发教师的工作积极性,发挥教师的潜能。

3. 制定合理的薪酬制度,提高人力资源管理的科学性

学校的人力资源管理方案中薪酬的安排是十分重要的,这在一定程度上会影响教师对工作以及学校的认同及满意程度,并影响到人力资源管理的质量。管理人员一定要认识到薪酬制度的重要性,从绩效相关性、动态性、可承受性、激励性、内部公平性、外部竞争性这些方面进行保障。确保薪酬的高低与绩效考核的分数成正比,绩效考核的不同需要在薪资水平上表现出来;学校的薪酬制度不能固守陈规,要按照实际情况灵活调整;学校在调整自身的薪酬制度时需要考虑到自身的资金状况,要符合学校的经济承受范围,不能影响学校的稳定发展;必须考虑到教师的教学科目、职称以及学历、表现情况,提供相应的薪资待遇,不能一味追求平均;学校必须认识到薪资制度的主要作用就是激励教师的工作积极性,要通过不同类型的薪酬奖励让教师对工作更

加有热情;在制定薪资制度时要考虑到社会的大背景,要结合消费水平、劳动力市场以及同等水平的院校等情况进行调整。

4. 重视教师职业生涯管理,提高教师素质水平

对教师职业生涯进行管理,主要是指教师在学校的引领下制定职业生涯规划,并在学校的帮助与支持下达到他们的规划目标。弗鲁姆(Victor H. Vroom)的期望理论指出,如果一个人觉得自我的行为有利于达成自己先前制定的目标,那么他就会拥有更大的积极性。所以职业院校可以创建完整的教师职业生涯管理体系,指导教师制定出满足自身条件且和该校发展一致的发展规划,提高教师工作的积极性。教师人力资源的各项职能与职业生涯管理有着密切的联系,可以调动教师工作的积极性,增加其认同感和归属感,缓解其职业压力,还可以提升教师自身的素养,提高整体的教育水平,加快学校自身发展。

(三)创新培训模式,注重培训实效

1. 分析培训需求,兼顾多方发展

了解分析教师的培训需要是教师培训的基础,影响着教师培训的实施、目标设定以及效果等。因此,需要通过各种方法分别从教师、任务、学校层面调查分析教师的培训需要,例如访谈法、观察法、问卷调查法等。首先,需要分析教师的工作绩效与工作表现。通常情况下,教师自身的教学能力与知识广度决定着教师的工作绩效,根据分析结果初步确定教师真实的培训需求。其次,要科学分析各个专业教师的技能情况与知识水平,通过系统全面的了解去挖掘不同专业教师存在的差别,综合各方面因素,确保培训的内容可以满足大多数教师的根本需求。然后,分析学校的发展目标、战略定位、内部环境等实际情况,了解社会发展对师资队伍的具体要求,并结合学校的发展战略,提前预估教师资源的变化趋势,以满足日益变化的需求。

2. 明确师资培训目标,合理制定培训计划

师资队伍的质量,关乎学校的生存与发展。职业院校在资金有限的情况下,开展对教师的培训,势必会要求培训活动真正落到实处、具有成效,以提升师资队伍的专业化能力。因此,在编制培训方案以前,需要明确培训的定位与目标。职业教育由于自身的独特性,使得教学不仅包含理论知识,也有大量的实践内容,因此师资队伍的建设应该朝着理论和实践相结合,特别要重视朝着实践的培育方向推进,确定培育目标之后,才能有的放矢,确保培训的成效。

职业院校设定对师资的培训目标时,需要从整体层面、专业层面和个体层面这三大层面入手。其一,要兼顾院校的总体办学规划,确定院校的办学方向,掌握学校教师学历、职称、数量等信息,确保培训目标和院校发展相统一。其二,针对各个专业进行剖析,确定各个专业授课特征和所涉及的内容,确定专业发展需要的知识以及能力,编制行之有效的培训方案,进而有针对性地开展培训活动。其三,针对教师个体进行剖析,对其实际水平与标准进行衡量,有针对性地给

教师编制个性化培训目标,提高教师的提升动力与水平。[①]

3. 增加教师实训机会,提高实践教学能力

构建专业教师到企业合作交流机制,学校要与企业建立长期合作关系,增加教师进企业学习实践的机会,在实践中对教师进行有效培训。这样可以促进教师将原有理论知识运用至实践中,也可以使教师不断更新知识储备,了解最前沿的专业发展状况。院校派遣一些优质教师进入到公司里来进行实训,时间最少为六个月,利用担任企业领导层或者技术人员的方式,便于教师了解领先的技术手段,提升个人操作能力以及教学水平。此外,还应针对实践教学进行变革,对学生的实践活动进行指导时,也要重视提升教师的实践教学能力。学生进入到公司进行实践时,教师以及公司相关人员也要对其进行实践引导,确保营造教育以及学习相融合的气氛。鼓励教师通过实践活动获得其所需资料,进而更好地开展教学活动,同时也要重视鼓励教师在实践中进行研究。

4. 建立培训评估体系,科学评价培训成效

完善的培训程序不能缺少关键的培训成效评价环节,通过科学合理的评价,能够了解参与培训的人员是否实现了预定的培训目标,是否取得了很好的培训成效。另外,适当的评价压力,也会提升教师个人参与培训的自觉性以及热情。具体可通过学生反馈、学习成效、运用行为、培训单位等多个指标予以考评。可以利用多种方式:第一,利用问卷调查、开座谈会等形式,掌握教师对于培训的满意度;第二,利用教学观摩、学生评估等一些形式对教师教学能力、理论知识掌握程度、实践能力等予以评价;第三,针对教师的教学成绩、教学成果予以评价,评价结果要告知教师,并且要将其和教师的考评、升职、评优评先密切联系起来。

5. 注重培养"双师型"教师,提升师资队伍质量

"双师型"教师队伍的建设至关重要,通过提升教师理论水平和实践能力,推动学校人才团队向着科学化的方向迈进。编制"双师型"人才培育规划时,必须要确保规划的可行性,便于对规划予以落实。总体来讲,包含以下几方面:一是建立职业教育资格证书准入机制。学校要设立相应的监管部门,掌握教师获得职业资格证书情况,建立有效的资格证书监管机制,通过有效制度引导教师获得资格证书。对取得相关证书的教师,要对其进行嘉奖,通过薪资或奖金的方式来发放,并作为今后教师评优或职称评审的附加增分项。二是构建脱产实践的政策。院校必须要明确教师在公司里参与实践的时长。另外,院校也要协助教师和实践企业进行联络,有目的、有规划地派遣教师到一些单位里进行培训。在参与培训过程中,按照原渠道发放薪酬。

同时,还要利用培训基地培养本校"双师型"教师队伍,一方面构建系部与企业合作的基地,重视和有关公司构建合作关系、签署合约,将教师派到公司里参与实践活动。如此一来,不但能够使实践操作技能水平不足的教师通过企业和系部构建的交流平台,充分掌握市场需求,扩充个

[①] 王微.C职业学院教师人力资源管理研究[D].南昌:南昌大学,2019:56.

人教学内容,推动自身各项能力的提升,而且将教师派至公司去,能够使教师运用其掌握的知识和公司内部员工合作进行产品研发,为公司创造巨大的经济效益。另一方面,积极构建校内专业实习实训基地,在校内实习实验室规划建设过程中,扩大教师参与力度,让所有教师参加到实验室建设活动中来,通过这一过程,锻炼个人的实践能力。教师利用实训室以及相关设备开展教学活动时,一方面能够更好地培育学生的动手操作能力,另一方面利用对学生的引导,可以使其累积更多的实践经验。[①]

五、 反思与点评

(一) 坚持以"岗位职业能力"为中心的原则

总体上说,无论是在教师的招聘、培养还是管理方面,北京电子科技职业学院都坚持以"岗位职业能力"为中心的原则,将教师的"岗位职业能力"作为"双师型"教师认定的标准,并将提高教师的"岗位职业能力"作为培训与管理的主要目标,并辅以获取教师资格和职称作为条件,形成对教师个人专业发展的积极引导和督促。北京电子科技职业学院充分认识到"双师型"教师的内涵,在教师招聘过程中制定合理的招聘制度,吸纳高水平人才充实师资队伍,构建合理科学的师资队伍结构,并开展系统的教师岗位职业能力培训,不断健全管理机制,配套出台相应的管理办法,做到有章可遁、标准清晰,有效提高教师管理的效率。

(二) 注重教师的能力递进,进行全面培养

北京电子科技职业学院不断更新先进的师资队伍培养理念,推行绩效考核机制,制定合理的薪酬制度,最大限度地激发教师的工作积极性,迸发教师队伍活力,用绩效激励的方式促进"双师型"教师不断提升自身能力。鼓励教师进修,不断扩大教师受训机会与途径,合理制定培训目标、内容、计划,并严格培训申请制度,为教师培训提供坚实保障。同时,注重"双师型"教师的引进与培养,不断提升"双师型"教师队伍质量,增大"双师型"教师所占师资队伍的比例。此外,学校还重视加强教师的思想政治素质与师德师风建设,注重教师的实践能力培训,优化中青年教师成长发展环境,提供选拔优秀人才的制度环境,并培养优秀的专业带头人,打造优秀教师团队,对教师进行多方面的培养与保障。

(三) 注重教师的职业生涯管理,实施全过程培养

北京电子科技职业学院注重对教师的职业生涯管理,培养的对象包括新入职的教师以及在职教师两部分。对于教师的培训、培养以及管理覆盖教师的全部职业过程,使得教师不断更新自

---

① 赵静.中等职业学校师资队伍建设研究[D].杨凌:西北农林科技大学,2017:30.

己的职业能力和职业素养,满足学生日益增进的学习需求。全过程培养是保证教师职业能力与质量的关键,北京电子科技职业学院深度贯彻《国家职业教育改革实施方案》中的"职业院校、应用型本科高校教师每年至少 1 个月在企业或实训基地实训,落实教师 5 年一周期的全员轮训制度"要求,定期派教师进入企业学习,锻炼实训能力。

北京电子科技职业学院用先进的理念、完善的制度、健全的体系、坚定的行动构建了一个值得借鉴和学习的职业院校师资队伍的"招、管、培"模式。纵观北京电子科技职业学院所取得的成就,并非无可进益,目前该校同样也存在一些问题有待探讨。例如,在教师的来源中,大部分教师基本上从高校毕业之后就来到了职业院校开展教学工作,个人的工作经验以及实践经验严重不足,大多数教师缺乏企业工作经历,不利于指导学生实践。这就要求我们更加注重完善对准教师的培养方式,注重对"双师型"教师的引进与培训。另外,还在一定程度上存在着教师的研究能力薄弱的问题,教师不仅需要提高自己的教学和实践能力,同时也要注重研究能力的开发与培养,让研究与工作相互促进,以提升师资队伍的全面发展水平。

案例3： 职业教育与课程整合
——鄞州职业教育中心课程整合改革实践

一、 学校背景

宁波市鄞州职业教育中心学校(以下简称"鄞州职教中心")是宁波市教育局直属,以全日制中等职业教育为主体、辅以形式多样的社会服务的一所职业学校。鄞州职教中心坚持"德育为先、质量为重、技能为本"的办学策略,"对接区域经济、服务地方发展、服务学生成长成才"的办学方向和"立足本地、辐射周边、示范引领"的办学定位。以园区经济和地方主导产业为依托,深化校企一体深度合作的办学特色,以着力把学校打造成为区域技能型人才主要培养基地、区域先进技术主要培训基地、区域综合性终身教育学习基地为基础,深入构建服务型教育体系,提升学校办学的规范化、信息化和现代化水平,使学校成为中职教育改革创新的示范、提高质量的示范和办出特色的示范,充分发挥骨干、引领和辐射作用,为地方经济建设和中职教育的改革创新做出贡献。在课程改革上,鄞州职教中心以课型探索和教学模式提炼为切入口,努力构建工作过程课程体系,探索实践生产性梯度产品实训。以聚焦课程活动为载体,推进以"公共课程＋核心课程＋项目教学"为特征的课程和教学改革。

二、 改革措施

中职学校的公共基础课承担着为专业课程服务的角色。2019年,教育部印发《中等职业学校公共基础课程方案》,其中强调中职公共基础课程要彰显职业教育特色,注重与专业课程的融通与配合,形成协同育人合力。[①] 长期以来,中职教育一直秉承着"就业导向"的课程观,认为学校应该重点提高学生的专业技能和实践能力,专业课的改革成为各个中职学校提升办学质量的主要任务。久而久之,职业学校逐渐忽视了基础学科发展,基础学科的地位不断被弱化和边缘化,在课程设置、教学内容、教学方式、教学评价上仍然沿袭普通教育模式。公共基础课程的改革跟不上专业课改革的步伐,导致中职学校公共基础课教师教的累,学生学的苦。在此背景下,鄞州职

---

① 教育部办公厅. 关于印发《中等职业学校公共基础课程方案》的通知[EB/OL]. (2019 - 10 - 24)[2020 - 03 - 28]. http://www.moe.gov.cn/srcsite/A07/moe_953/201911/t20191129_410208.html.

教中心历经五年的课程教学改革与实践,以数控专业为首批改革试点专业,提出了构建"中职数学＋专业"的课程整合和教学改革模式,以更好的适应学校改革发展和学生学习需求。

(一) 分散与对立:现有中职数学与专业课程的困境

1. 中职数学教材与课程资源的"失位"

传统的职业学校课程主要为公共基础课、专业基础课和专业实践课三种类型,公共基础课与专业课之间有着紧密的联系,专业课的教学也需要有公共基础课的基础和铺垫。但实际教学中,专业课与公共基础课往往以学科门类划分,分属不同教学部门,课程与教材也无紧密联系。由于公共基础课内容与专业课内容联系不紧密,两类课程的教师之间缺少有效沟通,这就造成公共基础课教师在教学过程中缺乏针对性,内容零散,深度不够。

首先,中职数学教材类型单一,内容偏重理论,教材的适用性和实用性不高,偏离了中职的教育教学目标。数学作为中职学校非常重要的公共基础课程,起到了基础性和应用性作用。数学的教学一方面,可以培养学生的数学抽象能力、直观想象能力和逻辑思维能力,另一方面,数学作为一门工具性课程,可以助推专业课学习。现行的中职数学教材大部分采用的是由全国中等职业教育教材审定委员会审定的高教版《数学》的基础模块(上下册)及拓展模块,与普通高中的数学教材相比,除了教材难度降低,内容上略有删减外,也加入了一些实用性的案例,但这样的应用性例题较少,只是为了印证数学知识的正确性而已,对于帮助学生解决专业问题的作用微乎其微。据本课题组调查,87.4%的专业教师反映,进行教学时遇到的很大困难是学生数学知识不足,计算能力薄弱。在数控专业中,很多程序的编写需要运用数学知识来计算,如解析几何、三角函数等,学生的数学知识储备、计算能力和应用能力直接影响学生能否做出高质量的产品。学生的数学基础较差,对专业课教师而言,不仅教学内容大大增加,教学难度也非常大。中职专业课教师由于本身非数学专业,对于数学基础知识中的公式、结论等都只能粗略带过,无法进行深入教学。对于学生来说,数学作为具有高度抽象性和严密逻辑性的学科,容易产生枯燥、乏味的感觉。目前中职数学过度强调数学的系统性和完整性,缺少与专业相结合的实用性,导致学生对数学容易产生厌学情绪。

其次,课程教学资源库不健全。第一,教学资源库的交互性较差,公共基础课和专业课之间的资源库没有得到很好的融通,教师之间和师生之间尚未形成顺畅交流的平台。第二,资源库大多为教学内容的简单汇总,内容缺乏逻辑性的梳理,资源库缺少系统性的框架,也直接影响学生的自主学习效率。和现行的中职数学教材情况一样,数学课程资源也基本按照纯粹的数学教学内容建设完成,侧重点基本都是数学理论,缺乏对实践应用特别是专业应用的考量,与其他专业课程的联系微乎其微,缺乏中职教育的特色。第三,数学的课程资源内容单一,没有利用信息技术进一步扩充数学的课程教学资源库,并未形成较为丰富和完善的课程资源平台,导致教师和学生在教学过程中的素材单一,直接影响教学和学习效果。第四,现有大多教学资源库都处于静态管理,未能及时更新内容,易导致教学内容与社会发展需求和学生需求的脱节,教学资源库的使用率逐渐下降。

2. 中职数学与专业课程教学计划的"错位"

在我国职业教育的课程教学体系中,大多是以"公共基础课—专业基础课—专业课"的顺序安排教学。目前而言,虽然很多专业所需的数学知识也在日常数学教学体系之列,但数学知识的学习在时间上与专业学习形成"错位"。在学习专业课程时,未能有及时的数学知识作为基础,这也导致数学教学与相关专业的需求相去甚远。中职数学与相关专业课分属不同教学部门,教学安排的不同也会导致两类课程在课程内容上的交错,如高二的专业学习所需的数学知识可能安排在高一已经学习完毕,或者高三才会开始学习,结果学生在专业学习中遇到需要利用数学知识来解决的问题时,仍然无法解决,数学知识不能及时起到为专业课学习服务的作用,学生在学习过程中也会降低学习积极性。中职数学作为职业教育中的公共基础课,并非仅仅是学术课程,而要起到为相关专业服务的作用,否则难以凸显职业教育特色。

2019 年发布的《教育部关于职业院校专业人才培养方案制订与实施工作的指导意见》要求:要严格按照国家规定开齐开足公共基础课程。在三年制中职中,公共基础课学时一般占总学时的 1/3,不少于总学时的 1/4。① 在公共基础课学时本身就少的情况下,提高公共基础课的课堂质量和教学有效性对保证学校人才培养质量至关重要。

3. 现有数学师资队伍与评价体系的"缺位"

首先,中职数学师资队伍过于单一。目前中职的数学教师,大多是师范类或综合性大学的数学专业毕业生,接受的是传统学术教育体系内的数学教育,有着扎实的数学功底和丰富的数学研究能力,但对于中职专业知识和职业教育知识涉猎不多。现实情况中,中职数学教师教授着纯粹的数学专业知识,缺乏各专业的理论知识、案例作为教学的背景、情境和实例,数学课也往往会显得枯燥无味,更不能起到让数学知识服务于专业知识的作用,中职专业课教师教授着职业教育体系内的专业知识与技能,公共基础课与专业课程分属两条轨道并行。另外,学校对公共基础课教师队伍的管理存在许多不足,公共基础课的教师很少有深造培训的机会,学校、学生和家长等社会各界也不太重视。有的中职学校缺少充足的专业公共基础课教师,通过聘用兼职教师来教授基础课程,难以保证教学质量。以上这些问题如果得不到解决,对于公共基础课程教师队伍的管理和发展以及课题教学质量都有着重要影响。

其次,数学教师以及学生评价体系有待完善。目前中等职业学校课程评价体系还不成熟,还存在一些亟待解决的问题,诸如评价功能失调、评价重心偏失、评价内容片面、评价方法单调、评

---

① 教育部. 关于职业院校专业人才培养方案制定与实施工作的指导意见[EB/OL]. (2019 - 06 - 11)[2020 - 03 - 31]. http://www.moe.gov.cn/srcsite/A07/moe_953/201906/t20190618_386287.html.

价主体单一、评价标准机械等等。① 受到生源压力的影响,中职学校尤其重视专业课的教学质量。为了提高专业课和实践教学质量,专业课教师的激励机制更为健全,而对数学等公共基础课的教师激励较少,这种不平衡的教师激励机制必然会导致数学教师降低教学积极性,甚至产生职业倦怠。另外,"轻文化重专业"的思想导致公共基础课课时被大量压缩。大多数教师认为数学素养只是学生的基本素质,便以理论知识的文化考试为主。学校和教师这种"一卷定优劣"的应试教育评价方式还是难以逃脱普通高中教育思维,致使数学知识与专业技能应用间的差距越来越大,也在一定程度上扼杀了学生数学学习的积极性。

(二)融合与创生:构建"中职数学+专业"融合教学的课程整合模式

21世纪以来,课程整合逐渐成为中职学校课程教学改革的主要趋势。课程整合也叫做课程综合化或课程统整,课程整合既可以是将两种及以上的学科融合形成一门综合性课程,也可以是将两种及以上学科融合到一堂课中教学。课程整合可以说是一种课程组织形式,或一种学校教育理念,抑或是一种课程设计方法。职业教育课程作为紧密联系个体与社会的重要桥梁,具有跨界的特定属性,需要把握知识与技能、理论与实践、就业与发展的跨界整合。

随着中职的课程改革不断深入,教学模式和教学理念不断更新,教师已经逐渐认识到中职数学与专业课程的整合重要性和必要性。面对公共基础课与专业课长期缺乏紧密联系和沟通的处境,鄞州职教中心以数控专业为例,着重从课程整合到教学教材改革,立足于专业新形态下的数学教学,使之能够及时并有效地为专业课程学习服务。

1. 建立课程组,创新课程教学师资队伍和组织形式

(1)课程组的概念

课程整合的主要目的是打破原来分割的知识,学生能够在知识的有机联系中学习。为实现这一目标,必须对原来结构单一的教师队伍进行改革,这是课程教学整合的前提和保障。为此,鄞州职教中心成立了"中职数学+数控专业"的课程组。该课程组是若干名数学教师和数控专业教师围绕数学和专业课程的融合教学进行合作备课、交流和授课的,是一个以课程或课程群为基础建立起来的教学及教学研究团队。它是以互补互助性的课程小组为讲授主体、以双向交流为主要教学手段、激发学生的学习兴趣、为实现既定教学目标而采取的一种教学组织形式。

(2)课程组的组织形式

课程组的授课是由数学教师和数控专业教师组合实施。课程组一般设组长1名,副组长1名,组长、副组长统称为课程组负责人,一般由1名数学教师和1名专业教师担任,实行组长负责制。数学教师如何把握教材、组织教学,其专业服务意识非常关键,为了增强数学教师的专业服

---

① 周如俊.基于多元整合视角探讨中职课程设置问题与有效对策——以机电技术应用专业为例[J].职教论坛,2012(21):36—40.

务意识,提升相关专业知识,课程组负责人组织数学教师和数控专业教师的交流和学习,根据数学课程和数控专业课程的教学大纲,制定统一的教学计划和教学内容。在这样的课程组织形式下,在负责人的带领下,数学教师与专业课教师能够共同承担教学任务,能够有效促进不同学科教师间的沟通和交流,为课程整合、教材编写和教学实施奠定良好的基础。

(3) 课程组的人员安排

课程组成员的组合由学校数学教研组和数控专业教研组负责人共同商定,课程组成员主要以校内专任教师构成,形成课程组教学团队。成员的构成原则如下:

• 自愿与适合相结合。课程组教学团队,需要在教师自愿申请加入的基础上,综合考虑其知识背景、科研能力、专业能力、教学素养等多方面因素,权衡之后编入课程组成员。

• 专任教师与兼职人员相结合。在课程组运行模式相对稳定之后,还可以加入一些对于中职教育感兴趣、有一定教学能力的兼职教师,将课程组的教学内容适时扩容和提升,同时促进课程组教师队伍的多元化,更能帮助教师的成长和学习。

• 团队规模要适度,结构要合理。根据学校实际情况,每个教师教学工作量的大小、专业发展的具体情况适度即可,以便于学校的教师管理,同时能以保证顺利完成教学工作和任务为基准,不给予教师过度的教学任务,以免教师产生厌烦情绪影响教学质量。

• 动态组合,充分发挥潜能。课程组成员确定之后并非固定的,数学教师和专业课教师可以申请更换模块,这一方面可以促进数学教师接触并吸收更多的专业知识和专业技能,另一方面也可以避免教师产生职业倦怠,从而开发教师更大的潜能,为课程整合做好充足保障。

2. 研发新教材,实现中职数学与数控专业课程内容一体化

教材是公共基础课与专业课课程整合的重要实施载体。目前中职数学教材已有一些与专业相关的案例,但并未将这些内容进行有效整合与优化,学生也没有完全体验到数学服务于专业这一理念,实施效果不佳。数学与专业课程内容的融合必须坚持二者并重的原则,在统整教材时,既要了解数学教材的组织情况,还要了解学校相关专业的特色,不能随意拼凑内容,或者添加不相干课程内容。专业课程需要而数学课程却缺少的内容,在课程整合过程中要补充在相应的课程内容中。专业课程与数学课程均有的内容,若表达方式不同,则转变教学方式,将相似处进行教学化处理,以便于学生能够进行学习迁移,将数学知识运用于专业课程。数学课并非专业课程的附属物,完全按照专业课的需求来确定数学课的教学是有悖科学规律的,应统整数学与相关专业的课程内容,形成合理的知识链,使之更加系统和具有逻辑性与应用性。

为了使数学学科能与数控专业课更好地整合,课程组研发了配套校本教材《专业实训中的数学问题解决(数控车床类)》(如图4-3-1所示)。该教材遵循以提高学生动手操作能力为本位、以解决实际问题为目标的项目教学理念,教学内容以工作和实践为导向,让学生在工作情境中学习。在数控专业情境中提出问题,引出该专业内容所涉及的数学基础知识的学习,加强理论联系实际,注重数学的应用与实践,利用已学的数学知识辅助专业学习,以学生完成产品加工为主要

教学目标。每一个专业项目教学后,都配备了至少一组的相同类型产品加工练习,学生能够通过所学在类似问题中进行巩固强化。在日常教学中,依托此教材,数学知识和专业知识学习同步进行,学生在专业中遇到数学知识的问题时能够马上得到解决和强化。通过将数学知识与专业知识内容进行合理优化,确保数学知识与专业需求衔接紧密、融会贯通,进而提高学习实效,促进数学和专业学习有效融通。以专业知识为载体进行数学知识的传递,学生也能够认识到数学的可操作性,突出数学的实用性特征。

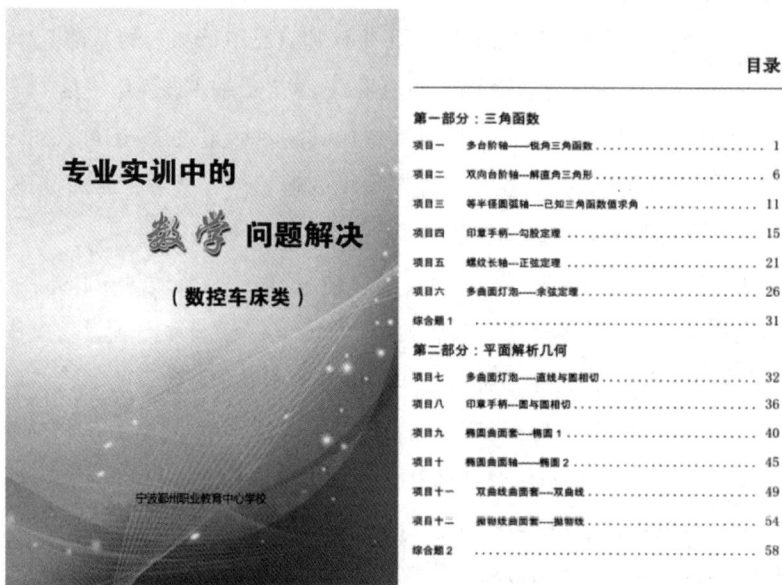

图4-3-1 《专业实训中的数学问题解决》(数控车床类)校本教材

3. 优化教学,保证课程组教学的系统性和配合度

在传统教学过程中,中职数学的教学模式以"教师教、学生听"的灌输式为主,内容大多是理论和公式,且与专业的相关实践操作少之又少,忽略了学生的感性经验和直觉思维。鄞州职教中心从前期准备、教学实施到教学反馈,通过课程整合优化和教学实施调整(如图4-3-2所示),学生在数学学习过程中通过实验或者产品加工等实践操作,在动态过程中观察、体验和探索数学知识的奥秘,从"听数学"向"做数学"转变,教师在沟通、合作与反思中不断进步。

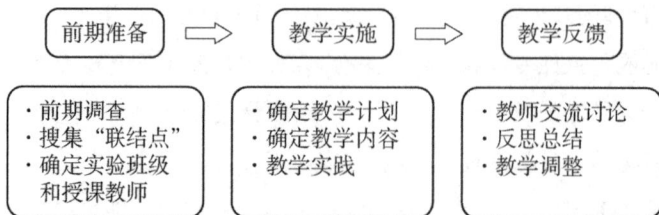

图4-3-2 课程组教学环节

(1) 制定计划,保持进度

除了统整课程组教师队伍和整合课程资源,教学实施过程也是课程整合和教学改革至关重要的环节。为了优化教学过程,确保数控专业课程与数学课程的教学有效性,课程组教师要先搜集"联结点",即将数控专业课中有关的数学问题有序地排列出来(见表4-3-1),这是后续制定教学计划和确定教学内容的关键所在。随后,便开始制定一学期的课程组教学计划,在备注里详细列出每一次专业教学中所涉及的数学知识点。专业教师和数学教师认真考虑各自教学所需的具体的课时数,相互配合协调,共同制定完成一学期的具体授课时间表。

表4-3-1 课程组教学模式授课内容

内容	数学知识	专业需求具体内容
三角函数	锐角三角函数	能根据图纸要求描画三角形求长
	解直角三角形	能利用直角三角形的六个元素之间关系求点坐标
	反三角函数	能根据图纸描三角形,求出图纸上的角度
	勾股定理	能根据图纸描画直角三角形,求出图纸上手柄 x 的值
	正弦定理	能根据图纸构造出的三角形确定解三角形的方法,用正弦定理求三角形边长或角
	余弦定理	能根据图纸构造出的三角形,用余弦定理求三角形边长或角,继而确定图纸上切点坐标
平面解析几何	直线与圆相切	能根据直线与圆位置关系的判定及切点坐标的计算
	圆与圆相切	能根据图纸描画出两圆相切数学模型,并求切点坐标
	椭圆(1)	能根据椭圆的标准方程,求椭圆上点的坐标
	椭圆(2)	能根据椭圆的一般方程,求椭圆上点的坐标
	双曲线	能根据双曲线的标准方程,求双曲线上点的坐标
	抛物线	能根据已知抛物线的标准方程,求抛物线上点的坐标

(2) 协作教学,分段授课

教学模式的选择是确保课程整合有效的关键,根据学生的认知规律,知识的系统性和关联度非常重要。为此,鄞州职教中心采用协作教学、分段授课的教学方式,课程组依托专业项目任务情境,一组数学教师和数控专业教师在教学的五个不同阶段呈交替式、共同式、先后式对同一组学生进行协作教学,数控专业教师主要负责专业知识的教学,数学教师主要负责解决专业学习过程中出现的数学问题及对相关数学知识的讲解,两位教师相互配合,共同完成同一专业项目的教学任务。这样学生能够在专业学习中学到公共基础课知识,并能将二者紧密联系和运用,打破原有的分散状态。

数学教师在充分了解专业和数学知识之间的"联结点"的前提下,构造必须且够用的中职数学知识新框架,对课程内容进行重新设计、整合,并确立相应的教学计划、教学内容,最后课程组教师共同合作完成教学实践。在此过程中,数学教师改变了原有单一枯燥的数学教学模式,也能提高数学教师的教学积极性。

课程组根据具体项目安排,将每一次课堂教学基本分为五个阶段,如图4-3-3所示。第一阶段授课:此阶段安排1个课时,由专业课教师负责教学。主要向每一位学生发放图纸、解释图纸,并讲解本次实训项目具体加工的产品所涉及的专业知识,要求学生根据图纸进行必要的计算。

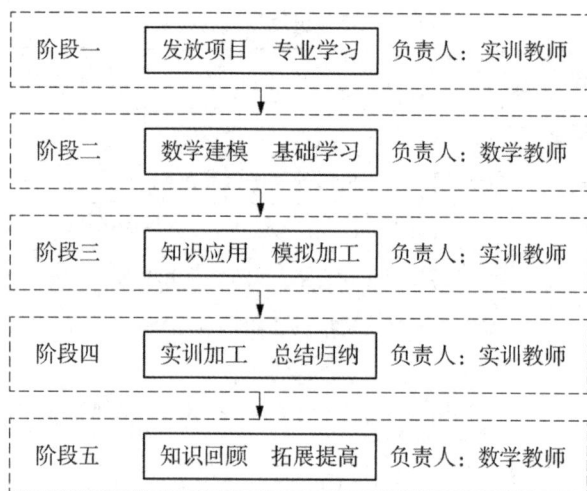

图4-3-3 课堂教学流程图

第二阶段授课:此阶段安排1个课时,由数学教师负责教学。在前一阶段,学生在根据图纸进行计算时较易出现问题,数学教师根据图纸信息帮助学生进行要点提示和数学建模,将专业问题转化为数学问题,并安排相应数学知识的教学,理清该数学知识的脉络,并通过数学例题设置多种与数控专业相关的变式类型,提高学生对于数学知识的灵活应用能力。

第三阶段授课:此阶段安排1个课时,由专业教师负责教学。数学教学结束后,请学生再将数学问题转回到专业情境,解决专业中的图纸计算问题。得到必要的数据后,学生利用CAXA软件在计算机上进行模拟加工,专业教师则在教学过程中辅助和指导。

第四阶段授课:此阶段安排4个课时,由专业教师负责教学。学生在计算机上进行模拟加工验证正确之后,进入实际操作阶段,专业教师指导完成产品的加工,及时点评并总结学生在加工产品的过程中出现的问题。

第五阶段授课:此阶段安排1个课时,由数学教师负责教学。在完成了具体的产品加工之后,学生沉浸在成功的喜悦中,数学教师总结该实训项目所涉及的数学知识,并教授知识拓展延伸的部分,拓展提高的内容可以是专业上的应用,也可以是生活中的应用。专业上的应用部分内容可由专业教师提供。

数学知识与专业课程教学的结合,尤其要体现在数学知识在生产实际中的运用,并得到充分展示。在教学中,运用数学概念解决实际问题是教学难点和重点,也是学生学习数学建模思想的途径。[①] 鄞州职教中心课程组将三角函数、平面解析几何等数学知识与数控专业产品加工等实际问题相结合,为数学知识的运用提供真实工作情境,把抽象的数学问题具体化。

(3) 课后评价,总结反馈

学生的自我评价结果是教师掌握学生学习情况的重要参考依据。学生的学习评价指标将由数学和专业课程内容两部分组成,在过程性评价、阶段性评价和结果性评价过程中都有体现。学生作为评价的主体,根据一定标准对自己的知识、技能和态度进行判断和评估。由于课程组是依托于专业任务为教学情境进行具体教学,实践操作技能将占据较大比重(见表4-3-2)。

表4-3-2 学生学习评价指标

评价内容	评价依据	权重
数学知识	1. 依据课程提问回答情况	30%
	2. 依据数学建模情况	
	3. 依据数学知识学习情况	
专业技能	1. 依据课堂提问回答情况	50%
	2. 依据编程和计算完成情况	
	3. 依据实训产品精度合格情况	
态度(规范、仔细、对质量的追求、创造性)	1. 是否按时到课,上课认真听讲	20%
	2. 是否积极参加课堂活动,敢于表达自己的意见	
	3. 是否准确计算、编程、完成产品加工	
	4. 是否敢于质疑和尝试,不断求真	
	5. 是否积极参与小组团队协作	

教学评价是对教学工作过程和教学效果的价值判断,教师评价包括教师的教学工作和学生的学习活动。教师一方面要掌握学生的学习情况,在教学过程中随时了解学生对于数学和专业课整合的学习感受和学习需求,适时调整教学方式。鼓励学生勇于表达自己的想法和见解,营造积极和谐的课堂氛围和师生关系。同时,教师与教师间的教学评价和总结反思也尤为重要。课程组的数学教师和专业教师之间要相互交流和讨论,对于教学实施过程中的难点和重点进行沟通和总结,这有助于教师教学能力的提升和后期教学的调整与优化。

---

① 奚青. 提高中职数学教学实效性的策略研究[J]. 职教论坛,2013(14):29—30.

4. 搭建资源库,实现信息技术与中职的课程融合

《国家中长期教育改革和发展规划纲要(2010—2020年)》指出,信息技术对教育发展具有革命性影响。要充分利用优质资源和先进技术,创新运行机制和管理模式,整合现有资源,构建先进、高效、实用的数字化教育基础设施。同时,也要提高教师对信息技术的应用能力,更新教学观念,改进教学方法,提高教学效果。[①] "互联网＋职业教育"是职业院校转型升级过程中的必然趋势,充分利用信息技术促进中职公共基础课与专业课的资源融合,实现优质教育资源共享,保障教学资源库的良好运转。

教材是重要的教学载体和教学资源,但由于中职课程整合涉及到不同学科和专业,学生的需求呈现多元化。因此,需要整合多个学科的教学资源,为学生提供更全面更丰富的内容。鄞州职教中心借助多媒体技术,将教学中遇到的教学重点、教学难点、教学"痛点"等,形成 Word、PPT、微课等形式的多媒体课程资源,搭建符合"中职数学＋数控专业"融合教学的课程组教学资源库,让学生能够借助多媒体技术,通过数学建模得到数学模型,从而有效的将专业问题转化为数学问题,学生也能够在课后借助教学资源库自主学习,从而查漏补缺。如此可以增强教学的直观性,学生容易接受,同时使枯燥的数学课变得生动有趣,大大提高了教学效率。另外,教师还可以整合网络现有资源,进一步扩大教学资源库的内容,使之更加系统化。随着课程教学整合的不断深入,资源库也及时扩充,目前为止资源库内容已经包括 33 个配套资源。

三、 改革成效

(一) 提升学生的学习信心与能力

1. 激发学生的数学兴趣与信心

中职生群体具有一定特殊性,他们的文化水平整体偏低,如果公共基础课教师还是按照传统普通教育的方式教学,必然会引起学生的厌倦和反感。兴趣是学生学习的"助推器",有了动力才能更好地投入学习。针对数控专业学生,通过以"课程组"为形式的课程整合,数学教师能够依托一定的专业情境及时针对性地教授数学知识。学生在学习后能够较好地运用数学知识解决专业问题,大大增加了数学的应用性,职业学校的学生对于数学的"无用论"也在逐渐改观。通过本课题组的前后问卷调查,对于"不喜欢"数学的学生,也从最初的 21.2％下降到 6％。后期数据显示,实验班 96％的学生认为"数学和专业的联系非常紧密",相比之前的 19.3％,实验效果有了极大的提高。96.4％的学生认为学好数学知识能够帮助提高专业学习,学生对于数学课程的认识有了明显改变。

---

① 中共中央、国务院. 国家中长期教育改革和发展规划纲要(2010—2020年)[EB/OL]. (2010 - 07 - 29) [2020 - 02 -04]. http://www.moe.gov.cn/srcsite/A01/s7048/201007/t20100729_171904.html.

2. 提高学生的数学应用能力

通过课程整合,形成了具有学校特色、适应学生需求的整合教材,专业问题通过数学化处理,学生提高了数学建模的技能,在日常学习中逐渐能够相对熟练的将实际生活或生产中的应用问题转化为数学问题,学生解决应用题的能力有了明显的提升。不仅实验班数学成绩有了明显的改善,而且选派选手参加宁波市和鄞州区的数学应用能力竞赛,每年均可获得较好的名次,同时未限制人数的区数学应用能力竞赛获奖人数逐年上升(见表4-3-3)。未来,社会经济和人们的生活方式会有较大变化,数学素养是现代公民素养的重要组成部分,学生的数学应用能力也是学生的可持续发展必备技能。

表4-3-3　实验班学生参加数学应用能力竞赛获奖情况

时间	奖次	宁波市数学应用能力比赛 (每校3个比赛名额)	鄞州区数学应用 能力比赛
2014	一等奖	1	1
	二等奖	1	3
	三等奖	1	4
2015	一等奖	1	4
	二等奖	1	3
	三等奖	1	5
2016	一等奖	1	2
	二等奖	2	2
	三等奖	0	5
2017	一等奖	0	3
	二等奖	2	4
	三等奖	1	3
2018	一等奖	2	
	二等奖	0	——
	三等奖	1	

3. 提升学生的专业学习能力

学生掌握了必要的数学知识之后,才能够更好地将数学理论应用于专业实践,而且理解了相应数学知识的本质,更能提高学生对于同类问题的处理能力。在专业教师的等级评定中,进行课程整合的实验班学生不仅在产品完成的时间上花费较少,质量也明显高于非实验班,越来越多的学生能够自己独立加工实训产品,如16级数控3班的同学在实验前后不同产品加工成功的人数有了很大变化(见图4-3-4)。这种课程整合的模式大大提高专业课的教学效率,同时也能解决单

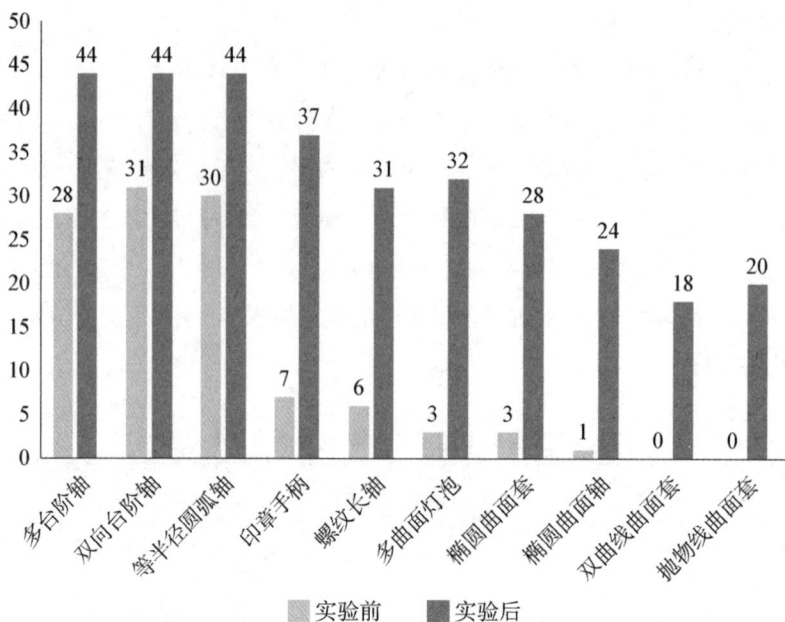

图4-3-4 实验班实验前后不同产品(难度系数不同)加工成功人数情况对比图

一数学课堂教学带来的枯燥、难度大以及学生学习兴趣不高等问题。可以说,通过课程整合带来的教学改革,不仅激发学生了学习热情,更有效提高了学生的数学成绩和实践操作中产品加工成功率。

(二)形成了有效的"中职数学+专业"融合教学的课程组教学模式

依托"中职数学+专业"融合教学的课程组教学模式,配合教材《专业实训中的数学问题解决(数控车床类)》和多媒体资源库,通过数学教师针对性的教学,学生解决专业中的计算问题的能力大大增强,数学计算类的处理时间大大缩短,数学和专业教学紧密配合、有效融通,数学知识及时有效的为专业学习服务,专业教师不用再担心学生由于数学知识的匮乏而阻碍专业学习的问题,也因此能将更多的时间和精力放在学生的专业技能提高上。这种融合教学的方式能为数学提供情境教学,教师根据相关专业知识选择适当的数学教学内容,与专业问题相结合,使原本理论性强的数学内容更加浅显易操作,促进学生数学应用能力的提升。

随着本成果的推广,学校的课程整合与教学改革已增加国际商贸和财务会计专业,基础类学科语文和英语也将根据具体情况逐步加入,今后将继续深入开展相关研究,并逐步使之常态化。通过将公共基础课与专业课的有效整合与融通,激发职业院校课程教学的蓬勃生命力。

(三)提升中职数学教师专业素养

经过课程整合和教学实践,数学教师在日常的教学中,能够根据教学内容,利用相应的实训任务情境进行教学,体现出了中职学校数学课堂的独特性,并提高了本身相应的数学教学水平,改变教师自身知识结构的局限性,最终实现中职数学服务专业的特性及学科与专业的融通。在课程整合的这几年时间里,课题组成员共完成了与课题相关研究内容的论文10余篇,教材3本,对于中职的数学教学,不仅更新自身教学理念、完善自身知识结构和教学技能,更实现数学与专业教学的有效融合,帮助学生认识到学习数学知识的意义,建立学习数学的自信心和热情,提高学生数学应用能力,最终实现中职数学的育人目标。

四、 改革经验

(一)教学组织形式的创新

与传统的教学模式不同,鄞州职教中心所成立的课程组是"数学＋数控"两个教研组形成一个教学研究团队,共同协作制定教学目标、教学计划,确立教学内容,以互补互助性的课程小组为讲授主体,以双向交流为主要教学手段,共同承担同一组学生的教学任务。在教学过程中,课程组依托同一个项目情境,基本上分为五个阶段,课程组中的数学和专业教师的教学内容合理衔接,分别在五个不同阶段不同场所呈交替式、共同式和先后式进行教学,突破了传统的一个教学内容由单一教师授课的方式。很多职业院校的课程整合和教学改革大多仅集中在教学内容的整合,仍然将数学和专业课分开授课,实际上数学与专业课的融合程度并不高。鄞州职教中心的课程组教师在分段教学时采用不同的教学模式,创新了教学组织形式,提高了教学内容的有效性,也从而推动了学校专业课程与公共基础课程的课程教学改革。

(二)"数学＋专业"课程模式的创新

针对学生数学知识的应用和专业知识的解决始终处于分离的状态、学生很难用所学的数学知识解决相关的专业问题、数学应用能力也不能得到有效提升等问题,课程组采用"数学＋专业"课程整合和融合教学的形式,尝试突破这一瓶颈。

在课程组教学模式中,专业教师进行工艺分析之后,数学教师帮助学生进行数学建模,在专业问题中提炼出数学问题,然后针对性教授学生相关的数学知识,分析提高巩固,再引导学生回到专业情景中解决相关专业计算问题。学生一旦搞懂了相应的数学知识,就相当于了解了问题的本质,以后就能够顺利解决同类型的专业实训图纸计算问题,数学学习直接服务学生的专业学习,两者相辅相成,互相促进,真正实现学科与专业的融通,实现了"1＋1＞2"的效果,数学学习真正合理、适时地服务于专业。通过数控专业与数学课程的整合,也反映了数学的工具性价值和应用性价值的理性回归。

(三)教育评价机制的创新

由于课程组是一个以课程或课程群为基础建立起来的教学及教学研究团队,涉及到至少两位教师的教学,以及两门学科的学习,因此对于采用课程整合形式教学的学生的成绩评估,势必两门学科都要考虑,因此评估方式应进行多元化处理。

教育评价在实践中呈现多元化,尽管形式各不相同,但最终目标都是指向学生的发展。教育评价的改革可以成为破解教育问题的"钥匙"之一,职业学校应该树立"以评价促进发展"的理念。[①] 职业院校的课程教学评价体系应由"技术本位"向"能力本位"转变,鄞州职教中心突破原有数学课程的单一评价体系,将学生的数学应用能力作为重要考核指标,从而能进一步强化学生的数学应用意识。还增加了学生在数学运用过程中对于产品的质量追求以及创造性等指标,这也突出学校重视中职学生工匠精神的培养,让学生在"学中干、干中练"中得到职业熏陶。

总体而言,鄞州职教中心"中职数学+专业"课程整合模式突出以学生为中心、以能力为本位的教学理念,把数学教学融入专业教学体系,数学知识与专业学习相匹配,并保证了及时性和有效性,使得专业知识的整体学习系统性更强,学生的思维空间得到有效扩展。学校办学理念的价值取向是课程整合的理论逻辑起点,课程整合作为一项技术性工作,需要学校课程建设的指导理念。[②] "中职数学+专业"融合教学的课程组教学模式,实现教学内容互补、教学资源共享,体现了任务引领教学、让学生在"做中学"等教学特点,全面满足学生的数学和专业学习需求,符合学校的人才培养定位和课程建设要求,易于普遍地实施和推广。

五、 反思与点评

学习的最终目的是学以致用,在中职课程教学改革潮流中,如何处理好公共基础课程与专业课程、理论教学与实践教学是学校人才培养和课程改革的重要议题。在面对公共基础课程与专业课程长期分离、教学资源匮乏、评价体系不完善的格局,鄞州职教中心为打破原来分割的知识教学模式,让学生能够在知识的有机联系中学习,以数学和数控专业为改革试点,进行了课程整合和教学改革。鄞州职教中心能够在几年之内将公共基础课程较好地融入专业课程并为专业课程服务,其实关键就在于从学校实际情况出发,立足根本问题并抓住问题找出解决办法。

(一) 以"实用"为旨归,满足师生教学和学习需求

基于现实教学问题进行整合,能满足学校自身实际发展的需求,又能结合学生的认知规律,打造出适合学生和学校的课程整合模式。首先,重视教师的主导作用和情感交流。鄞州职教中心通过建立课程组,创新课程教学师资队伍;结合数学与数控课程的"联结点",研发新教材,实现课程内容一体化;优化教学、分段授课,确保课程组教学的系统性和有效性;完善资源库,利用信

① 李鹏.评价改革是解决教育问题的"钥匙"吗?——从教育评价的"指挥棒"效应看如何反对"五唯"[J].教育科学,2019,35(03):7—13.
② 杨志成.论学校课程整合与课程体系建构的一般逻辑[J].课程·教材·教法,2016,36(08):55—59+82.

息技术实现课程教学资源库的扩容。其次,落脚点在学生发展。鄞州职教中心以学生实际的职业发展需求作为出发点,完善现有的学习评价标准,着重考察学生的数学应用能力,及时了解学生发展动态和学习需求,将数学知识与素养融入数控专业课学习之中,提高了学生专业应用能力。鄞州职教中心在教学组织形式、教学实施和教学评价等方面的经验可作为中职学校进行课程整合和教学改革的参考和借鉴。

(二) 找准整合点和切入点,厘清课程整合思路

学校课程整合模式主要有两种类型:一是基于学校整体的结构性课程整合,也是宏观整合;二是学科内或学科间的内容整合,即学校课程内部的微观整合。近年来,职业教育课程教学改革逐步深化,大力推行工学结合、知行合一的人才培养模式,课程整合成为了人才培养模式变革与公共基础课与专业课改革的一种趋势,那么课程整合"应该整什么、什么情况该整、怎么整"这些问题也成为了职业学校面临的重要问题。课程整合作为一种设计思想、建设策略和开发方式①,对于学校课程建设和人才培养有着重要作用。课程整合虽说能有效促进公共基础课程与专业课程的有效融合,但若把握不好力度,容易"整乱"、"整错",课程整合并非"拼盘",找准整合点和切入点至关重要。

(三) 吸引多元主体参与,凸显职业教育类型特征

随着课程改革的不断推进,职业学校课程整合正成为学校走向高质量发展的重要实践。职业教育课程最突出的特征是实践性、职业性、专业性以及多元主体参与,课程整合的改革也需要多元主体的共同助力。课程整合作为多方利益主体的融合与统整,如何处理好课程的破与立、继承与发展、借鉴与创新、局部与整体等关系尤为关键。更为重要的是,职业学校作为与社会经济最为密切的类型教育,如何吸引政府、行业企业等力量的广泛参与,建立通力合作、协调运转的联动机制,需要进一步的研究和探索。

---

① 叶延武.平面化:课程整合的构想与实践[J].课程·教材·教法,2016,36(01):20—27.

第五部分

国际经验报告

国际经验 1： 体面劳动与职业教育改革

　　"体面劳动"既是国家经济社会发展的重要指标，也是个人幸福生活的关键条件，与新时代我国特色社会主义建设一脉相承。党的十九大报告提出应保障和改善民生，"使人人都有通过辛勤劳动实现自身发展的机会"、"构建和谐劳动关系"。2019 年国务院政府工作报告则在"多管齐下稳定和扩大就业"任务中着重强调了"加快发展现代职业教育"。本文在阐释"体面劳动"概念与必要性的基础上，分析了职业教育对促进体面劳动的作用，总结了部分欧盟国家经验，以期为我国发展职业教育、促进体面劳动提供借鉴。

一、 何为体面： 体面劳动的概念与必要性

　　"体面劳动（Decent work，或称体面工作）"这一概念最早由国际劳工组织（International Labour Organization，ILO）于 1999 年提出，意指权利受到保护、具有足够收入、具有适当社会保障的生产性工作，强调所有人都能充分获得赚取收入的机会。[1] 随着时代变迁，国际社会对体面劳动这一问题的关注与重视不减反增。2015 年，联合国大会将体面劳动和体面劳动议程（Decent Work Agenda）的四大支柱——创造就业（Employment Creation）、社会保护（Social Protection）、工作权利（Rights at Work）、社会对话（Social Dialogue）——纳入了新的 2030 可持续发展议程，"体面劳动与经济增长"成为了联合国 17 个主要可持续发展目标之一。体面劳动概括了人们在其工作生活中的种种愿望，包括具有生产性而收入公平的工作机会、工作场所的安全、对家庭的社会保护、个人发展及社会融入的更好前景、表达自身诉求的自由、参与影响其生活和男女机会待遇平等的决定等等。[2]

　　当前各国学者、国际组织已对体面劳动的具体内涵或相关指标进行了一定探讨。如 Richard Anker 等认同将体面劳动界定为"女性与男性在自由、公平、安全和人之尊严的条件下获得体面和

---

① International Labour Organization. Report of the director-general: decent work [EB/OL]. (1999 - 06)[2019 - 09 - 28]. https://www.ilo.org/public/english/standards/relm/ilc/ilc87/rep-i.htm.

② International Labour Organization. Decent work [EB/OL]. [2019 - 09 - 28]. https://www.ilo.org/global/topics/decent-work/lang--en/index.htm.

生产性工作的机会"，并提出了测量体面劳动的 6 个维度及 30 个统计指标；①David Bescond 等提出以过低的小时工资、因经济或非自愿原因工作时间过长、国家失业率、不上学儿童、失业青年、男女劳动力参与差距、无养老金老人等 7 个指标来衡量体面劳动的"赤字"情况；②国际劳工组织于 2018 年发布了主要针对体面劳动这一可持续发展目标的劳动力市场指标指南，涉及劳动生产率、非正规就业、小时工资与薪资差距、失业率、青年 NEET 率等多项指标，并提出考虑性别、年龄、教育水平、职业、城乡、移民等多个变量以进行数据分类。③

虽然由于研究阶段、研究方法、各国国情等的不同，不同学者对体面劳动的理解与测量略有不同，各国体面劳动水平也有所差异，但总体而言，促进体面劳动仍是一个全球性问题。到 2018 年，全世界仍有 7.31 亿人生活在贫困线以下，有 20% 的青年为 NEET 族（Not Engaged in Education, Employment or Training），各国失业问题仍待解决，而超过 7 亿人所得收入无法支撑他们及其家庭脱离贫困。④ 对于我国而言，虽然近年来我国经济增长势头依旧强劲，劳动生产率位列世界前茅，但到 2018 年仍有 0.6% 的人有工作但处于国际贫困线以下，⑤依据国家有关规定参加工伤保险的职工、个体工商户雇员人数为 2.386 8 亿，城镇登记失业率为 3.8%，⑥劳动强度大、时间长、报酬低、缺乏保护、就业歧视等问题依旧存在，⑦实现全员体面劳动目标仍任重道远。

二、 大有可为： 职业教育在促进体面劳动中的作用

"体面劳动"实际上是一个非常复杂的问题领域，涉及教育、经济、社会、政治、文化等诸多方面。要使人人都能体面劳动，无疑需要社会各界的共同参与和努力。而在这之中，职业教育具有十分重要的作用。联合国组织明确提出，为实现青年从学校到体面劳动的过渡，应投资高质量的教育与培训，向青年提供符合劳动力市场要求的技能，并提供社会保障与基本服务，创造公平的竞争环境等。⑧ 欧盟委员会也指出，发展职业教育与培训体系有利于解决工人和求职者"技能不

① Anker R, Chernyshev I, Egger P, Mehran F, Ritter J A. Measuring decent work with statistical indicators [J]. International Labour Review, 2003(142): 147 - 178.

② Bescond D, Châtaignier A, Mehran F. Seven indicators to measure decent work: An international comparison [J]. International Labour Review, 2008,142(02): 179 - 212.

③ International Labour Organization. Decent work and the sustainable development goals: a guidebook on SDG labour market Indicators [M]. Geneva: The International Labour Office, 2018.

④ United Nations. Decent work and economic growth: why it matters [EB/OL]. [2018 - 09 - 29]. https://www.un.org/sustainabledevelopment/blog/category/economic-growth/.

⑤ 数据来源: International Labour Organization-SDG labour market indicators, https://ilostat.ilo.org/data/.

⑥ 数据来源: 中华人民共和国国家统计局-国家数据, http://data.stats.gov.cn/easyquery.htm?cn=C01.

⑦ 陈静媛. 我国体面劳动的现状及完善措施[J]. 青海社会科学, 2010(05): 182—186.

⑧ United Nations. Decent work and economic growth: why it matters [EB/OL]. [2018 - 09 - 29]. https://www.un.org/sustainabledevelopment/wp-content/uploads/2016/08/08.pdf.

匹配(Skill Mismatch)"的问题,帮助其获得劳动力市场所需的技能,从而获取高质量的就业机会。[1]

一个国家的技能体系发展水平往往与该国人民体面劳动的情况紧密相关。以欧盟部分国家2018年技能体系与体面劳动情况为例(详见表5-1-1)。其中,"欧洲技能指数(European Skills Index,ESI)"数据来自欧洲职业培训发展中心(European Centre for the Development of Vocational Training,Cedefop)发布的2018年欧洲技能指数报告。[2] 欧洲技能指数是衡量欧盟成员国技能系统(Skills System)有效性的综合指标,该指标总分越高代表技能系统越好;表5-1-1里9个国家中,捷克、芬兰、瑞典属于欧盟28国技能指数的高分组(前7名),德国、英国、法国属于中分组,意大利、希腊、西班牙属于低分组(后7名)。"近期培训(Recent Training)"、"VET学生(VET Students)"这两项指标则来自欧洲技能指数中"技能发展(Skills Development)"这一维度,近期培训表示25—64岁年龄组中在欧洲劳动力调查前四周内接受过培训的比例,该指标得分越高表示该国更新自身技能的人越多;VET学生表示处于高中阶段(ISCED level3)的人中接受职业教育与培训的比例。而指向体面劳动目标的数据则来自国际劳工组织发布的可持续发展目标劳动力市场指标数据。[3] 由于各项指标可获取数据的年份有所不同,因此本文仅选取劳动生产率(Labour Productivity)、失业率(Unemployment Rate)、青年NEET率(Youth NEET Rate)进行分析。如表5-1-1所示。

表5-1-1 欧盟部分国家2018年技能体系与体面劳动情况

	欧洲技能指数				体面劳动目标-劳动力市场指标		
	总分	排名	近期培训	VET学生	劳动生产率	失业率	青年NEET率
捷克	75.5	1	27	97	3.4	2.3	5.6
芬兰	72.2	2	88	94	1.8	7.5	8.5
瑞典	71.6	3	99	41	1.9	6.5	6.1
德国	62.1	9	26	56	1.8	3.5	5.9
英国	51.5	19	46	46	0.6	4.1	10.5
法国	48.2	20	61	48	1.4	9.2	11.1
意大利	24.6	26	25	70	0.8	/	19.2
希腊	22.9	27	10	33	−0.7	19.5	14.1
西班牙	22.8	28	29	38	1.2	15.4	12.4

---

[1] European Commission. Employment and Decent work [EB/OL]. [2019 - 10 - 01]. https://www.un.org/development/desa/socialperspectiveondevelopment/issues/employment-and-decent-work.html.

[2] Cedefop. 2018 European skills index [M]. Luxembourg:Publications Office of the European Union,2019

[3] 数据来源:International Labour Organization-SDG labour market indicators,https://ilostat.ilo.org/data/.

由表 5-1-1 综合来看,一个国家的技能体系越发达,该国人民体面劳动的可能性就越高;而一个国家的职业教育与培训水平更高,该国的技能体系往往更发达。即是说,职业教育与培训较好的国家具有较高劳动生产率、较低失业率、较低青年 NEET 率等的可能性越高,体面劳动情况通常也就越好。我国的实证研究也表明,劳动者素质影响体面劳动实现水平,其中专用人力资本比通用人力资本影响更甚,职业培训次数对体面劳动具有正向影响。[①] 由此可知,发展职业教育的确有利于促进体面劳动这一目标的实现。

职业教育对于帮助人们获得有适当收入的、有尊严的、有保障的、有发展前景的、有发声权利的体面工作,核心在于提高潜在劳动力的综合职业能力。"体面劳动,就内在而言,要求提高劳动者素质,着力于劳动者的能力建设",[②]综合职业能力是体面劳动的"本钱"。对于个体而言,职业教育通过帮助其获得劳动力市场所需要的职业能力,增加其进入劳动力市场并达成技能匹配的可能性,从而获得就业资格、进行劳动生产;综合职业能力更好的、可持续的发展意味着个体具有更多的资本来获取更好的工作,并更有可能应对经济社会发展对人才需求不断变化的时代挑战,获得更具前景的职业生涯。对于企业来说,要在日益复杂和充满竞争的全球化市场中存活、发展,必须具备一支训练有素的员工队伍,对新兴企业与中小企业更是如此;职业教育对合格员工的培养与再培训有利于促进员工适应新的生产要求,员工的综合职业能力对提高企业生产力与盈利能力至关重要。对于国家而言,职业教育根据劳动力市场的要求开发潜在的人力资源,有利于提高劳动生产率、促进就业、改善青年 NEET 率等,从而推动体面劳动目标的实现。要发展职业教育以促进体面劳动,关键在于如何在与劳动力市场的互动中发展个体的综合职业能力。

此外,除了作为经济手段促进就业外,职业教育在改善劳动者的工作权利、社会保护、社会对话等问题方面也具有重要作用。实际上,当前许多国家已经把接受职业教育与培训作为了一种基本权益,"教育与培训是所有人的权利"这一观点在一定程度上已成为国际共识。这意味着,职业教育本身就是体面劳动的组成部分——不提供职业教育与培训机会的工作是不体面的。[③] 同时,其他基本工作权利也越来越依赖职业教育与培训,如经过充分培训的工人更有可能享有适当的工作条件、公平的薪酬、不受歧视的权利等。职业教育也与社会保护、社会对话等关系密切,如职业教育发展有利于减少失业、降低男女工作差异,可为各界提供交流平台、促进集体谈判等。总而言之,没有职业教育,体面劳动目标将难以实现。

三、 他山之石: 发展职业教育促进体面劳动的国际经验

大力发展职业教育对实现体面劳动的积极作用是毋庸置疑的。那么,究竟应发展什么样的

① 罗燕,李溢航. 劳动者素质对体面劳动实现水平的影响——基于广州、深圳、中山三地企业的数据调查[J]. 华南师范大学学报(社会科学版),2014(03):118—125.
② 肖巍,钱箭星. "体面劳动"及其实现进路[J]. 复旦学报(社会科学版),2010(06):107—113.
③ International Labour Organization. Training for decent work [M]. Montevideo:Cinterfor, 2001.

职业教育、怎样发展职业教育才能有效促进体面劳动呢？以下主要对职业教育较发达、体面劳动水平较高的欧盟部分国家及国际组织的相关实践经验进行综述与分析，以期为我国改革职业教育、促进体面劳动提供一定启示。

（一）发展作为经济手段的职业教育，促进社会就业

职业教育在实现体面劳动过程中的核心作用在于其经济功能。作为发展个人综合职业能力、提高个人生产力与竞争力的重要手段，职业教育是创造高质量就业和提升经济效率的先决条件。欧盟各国在发展作为经济手段的职业教育方面采取了多种改革措施。

1. 以职业能力为本位，提高个体优质就业资本

以能力为本位发展职业教育，是促进个人体面劳动的重要手段。欧盟部分国家十分强调能力发展，如德国、芬兰等。以芬兰为例，其职业教育是能力本位职业教育，核心在于职业资格（详见表 5-1-2），几十年来几乎所有的职业教育改革都旨在加强基于学习成果的教育途径及工作本位学习。芬兰职业教育始于高中阶段，完成义务教育的学生可以选择继续接受普通教育或职业教育与培训。职业教育与培训绝大多数都是由政府管制的，学生可通过学校本位的职业教育、能力本位资格认证以及学徒制培训来获得不同类型的职业资格。[①] 不同的职业资格对学习单元与能力学分的要求各不相同，其中职业单元主要包括必修的基础与专业学习单元、部分选修的专业学习单元、由职业教育提供者决定的其他选修单元、工作本位学习；通识单元主要涉及沟通与互动能力、数学与科学能力、公民与工作生活能力；而 60 个能力学分大约为一年。对不同职业资格的具体要求即职业教育与培训的具体内容首先由国家层面决定。芬兰国家教育局（EDUFI）与雇主组织、工会、教育工会、学生会等进行广泛合作以制定国家资格要求，后由各教育机构针对每个职业教育项目制定能力评估计划，再根据个体差异为每个学生制定独特的能力发展计划。[②] 但无论哪一类别或层级的职业教育与培训，都向成人开放，能力本位资格认证与学徒制培训的参与者大多都是成人。同样，无论是哪一类别或层级的职业资格，都必须包含工作本位学习，但国家并不规定在工作场所学习的最大或最小份额，主要根据每个学生的个人能力发展计划而定。[③] 总体而言，芬兰职业教育以职业资格为中心，关注工作本位学习，强调针对学生具体情况提供个性化教育，与劳动力市场互动良好，有利于培养个体综合职业能力，实现体面劳动。这种以职业能力为本的职业教育发展经验具有一定启示作用。

① Koukku, A., Paronen, P. Vocational education and training in Europe — Finland. (Cedefop ReferNet VET in Europe reports 2016)[EB/OL]. [2019-10-08]. http://libserver. cedefop. europa. eu/vetelib/2016/2016_CR_FI. pdf.

② Finnish National Agency for Education. Key figures on vocational education and training in Finland [M]. Helsinki: PunaMusta Oy, 2019.

③ Ministry of Education and Culture, Finnish National Agency of Education. Finnish vet in a nutshell [EB/OL]. [2019-10-08]. https://www. oph. fi/sites/default/files/documents/finnish_vet_in_a_nutshell. pdf.

表 5-1-2　芬兰基于资格的能力本位职业教育

资格类型	提供该资格的 VET 类型	资格结构	资格要求制度
中等职业资格 (Upper secondary vocational qualification)	● 学校本位职业教育 (School-based VET) ● 能力本位资格认证 (Competence-based qualifications) ● 学徒制培训 (Apprenticeship training)	职业单元 (Vocational units) 通识单元(35 学分) (Common units) →180 能力学分 (Competence points)	◆ 国家层次： 国家资格要求 (National qualification requirements) ◆ 职业教育提供者层次： 能力评估计划 (Competence assessment plans) ◆ 学生层次： 个人能力发展计划 (A personal competence development plan) →能力考试 (Competence tests)
继续职业资格 (Further vocational qualification)	● 能力本位资格认证 ● 学徒制培训	职业单元 通识单元(选修) →120/150/180 能力学分	
专业职业资格 (Specialist vocational qualification)	● 能力本位资格认证 ● 学徒制培训	职业单元 通识单元(选修) →160/180/210 能力学分	

2. 以技能预测为前提,满足劳动市场发展变化

欧盟国家对技能预测普遍比较重视,强调在调查未来技能需求与潜在技能不匹配的基础上改革职业教育,使得职业教育内容、组织等能反应经济社会发展变化,提高个体就业能力,从而实现更对口、更均衡、更优质的就业。欧洲职业培训发展中心(Cedefop)为此作出了长期努力,开展了"技能预测与匹配"、"在线职位空缺大数据分析"、"欧洲技能与就业调查"等多个项目。欧盟部分国家也建立了比较完善的技能预测体系,以下仅以德国为例。

德国的技能预测起步较早。就业、培训和竞争力联盟(Bündnis für Arbeit, Ausbildung und Wettbewerbsfähigkeit)早在 1999 年就启动了对未来技能需求的系统记录和研究,并随后形成了由研究机构、教育机构、联邦职业教育和培训研究所(BIBB)、工业联合会(DGB)、职业培训的雇主组织(KWB)组成的研究团体 FreQueNz。随着时代发展,BIBB 采用了多种不同、互补的方法进行新的技能需求监控,主要包括:(1)资格和职业领域预测(QuBe),即 BIBB 和就业研究所(IAB)共同开发的 2025 年劳动力市场发展预测模型。这项研究通过追踪所学职业与实际职业(职业灵活性)之间的路径,开辟了新的方法。(2)企业调查,其定期在 BIBB 座谈小组中的代表公司中进行,包括超过 2 000 家规模、所处行业、法人形式、运营时间、主要职业等各不相同的公司,也被称为参考公司系统(Referenz-Betriebs-System,RBS)。该调查有助于全面了解技术、组织发展情况以及相关的技能要求。(3)招聘广告分析与广告客户调查,强调了解就业市场对技术技能人才的需求与企业理想中的资格概况,总结经过实践检验的技能需求信息,并调查市场所需的职位空缺是否已被填补及其原因。(4)对教育提供者及企业指导人员的调查,旨在收集有关课程改革实施、培训发展趋势的经验等相关数据,并了解应对变革和技能发展的公司战略。(5)对就业人员的调查,重在了解有代表性的就业人员对专业知识要求、工作概况、工作条件、继续教育和培训需求的看法。除此之外,还有很多利益相关者开展的技能需求与资格发展调查,包括 BMBF(如支持开发"劳动力市场晴雨表"以监测未来劳动力市场)、各州及地区(如提供区域技能需求调查)、行业协会(如工程师协会,德国信息技术、电信和新媒体协会)、就业研究所、基金会(如 Hans-Böckler 基金会)等等。① 德国的技能预测为其职业教育改革提供了重要依据与支持,有利于职业教育根据技能供需情况促进个体优质就业。其对技能预测的重视及预测方法值得我国学习。

(二) 发展作为基本权利的职业教育,完善社会保护

接受职业教育与培训、提升自身职业能力是当代社会劳动者本应具有的基本权利,因此职业教育在一定程度上本身就是体面劳动中工作权利的一部分。同时,职业教育的发展也对劳动者享受其他应有权利具有重要促进作用。作为实现基本工作权利的关键手段,职业教育应得到足够投入,并向各类人群提供充分的受教育机会。

1. 以充足投入为基础,充分提供教育培训机会

保证职业教育投入,完善职业教育体系,提供丰富多样的受教育与培训机会,是保障工作权利、完善社会保护的基本前提。欧盟各国中,体面劳动情况较好的国家往往在职业教育的国家投入、职业教育体系的完善程度等方面较为领先。例如,2014 年,芬兰、瑞典、捷克、德国的职业教育(ISCED 3 - 4)公共支出占 GDP 比例都高于欧盟平均水平,分别达到了 1.20%、0.78%、0.68%、0.55%。2015 年,芬兰、德国、捷克中职学生具备直接进入高等教育可能性的比例分别为 100%、91.2%、67.6%,②也都高于欧盟平均水平,一定程度上表明这些国家中等职业教育通往高等教育的通道较为畅通,职业教育体系较为发达。

以捷克为例。作为高度工业化的国家,捷克具有悠久的职业教育传统。与其他国家相比,捷克高中阶段接受普通高中教育的学生比例很低。虽然随着总体人口下降、高等教育入学更加容易变化,公众对职业教育的兴趣有所降低,但总体而言,职业教育的形象在捷克一直非常积极。而由于近些年的金融危机,部分职业资格证书开始被视为良好就业的保障,人们也逐渐认识到市

---

① Hippach-Schneider U, Huismann A. Vocational education and training in Europe: Germany. (Cedefop ReferNet VET in Europe reports 2018)[EB/OL]. [2019 - 10 - 07]. http://libserver. cedefop. europa. eu/vetelib/2019/ReferNet_Germany_VET_in_Europe_2018. pdf.

② 数据来源:CEDEFOP-Indicator Overviews,https://www. cedefop. europa. eu/en/publications-and-resources/statistics-and-indicators/statistics-and-graphs/indicator-overviews%EF%BC%8E.

场对手工业与技术领域的需求正在增长,①公众偏向普通教育的趋势有所减缓。2017—2018 年,捷克接受中等职业教育的学生比例高达 72.7%,且近十年间这一比例从未低于 70%,可见职业教育在该国教育中的重要地位。捷克的职业教育体系较为完善,包括初等职业教育、中等职业教育、高等职业教育以及学校体系外的成人培训等。具体而言,职业教育在初中阶段主要由实践学校提供,针对有学习困难的特殊人群。高中教育阶段的职业教育机构则主要为中等职业学校(střední odborná učiliště)与中等技术学校(střední odborné školy),前者通常提供 3 年的职业教育(ISCED 353),学生需完成一项最终考试,获取职业资格证书;后者通常提供 4 年的技术教育(ISCED 354),学生最终需完成 Maturita 考试以获取 Maturita 证书。此外,还有同时获取职业资格证书和 Maturita 的新近项目、获取 Maturita 的 2 年后续课程项目、Maturita 或职业资格证书后的短期课程项目等等。在中等职业学校中,公立学校占大多数(76%),且免收学费。中职学生只要通过 Maturita 考试便可具备进入高等教育的资格。在高等教育阶段,职业教育主要由高等专业学校(VOŠ-vyšší odborné školy)和高等教育机构(VŠ-vysoké školy)提供。而继续职业教育(职业培训)则更为多样灵活,包括职业学校提供的培训、企业内培训、市场上的各类培训等。其中,雇主为雇员提供培训受到国家《劳动法》的规定与保护。② 总体而言,捷克各类职业教育供给充足,且各类、各层教育的流通较为通畅、灵活性较高,保障了公民接受职业教育与培训的基本权利。

2. 以特殊支持为补充,保障各类群体基本权益

除了保障基本的受教育与培训权利外,各国也通过发展职业教育加强各类人群的社会保护。例如,芬兰对成人接受职业教育提供了经济支持。成人学生可以获得由芬兰劳动力市场的社会伙伴所提供的"教育基金"资助。该基金旨在通过向雇员提供成人教育津贴、"合格员工奖学金"等举措来支持其接受职业教育,获得能力本位的职业资格。2015 年,该基金共支出 1.57 亿欧元,为 23 372 名雇员提供了共计 950 万欧元的资助。此外,如果雇员具有至少 8 年(或到 2010 年 7 月 31 日至少 5 年)的工作经历,且为同一雇主工作至少一年,又希望进行至少两个月的学习,则可申请一笔教育津贴。津贴的期限一般与申请人的工作经历相关,多为 2 至 18 个月;津贴数额与失业津贴数额一致,如每月工资 2 000 欧元的申请人可获得 1 249.03 欧元津贴。③ 与之类似,瑞典也

① Šimová,Z. ,Úlovec, M. , Paterová,P. Cedefop opinion survey on vocational education and training in Europe: Czech Republic. (Cedefop ReferNet thematic perspectives series)[EB/OL]. [2019 - 10 - 08]. https://www. cedefop. europa. eu/en/events-and-projects/projects/changing-nature-and-role-vocational-education-and-training-vet-europe.

② Kaňáková, M. , Czesaná , V. , Šimová, Z. Vocational education and training in Europe — Czech Republic. (Cedefop ReferNet VET in Europe reports 2018)[EB/OL]. [2019 - 10 - 03] http://libserver. cedefop. europa. eu/vetelib/2019/Vocational_Education_Training_Europe_Czech_R epublic_2018_Cedefop_ReferNet. pdf.

③ Koukku A, Paronen P. Vocational education and training in Europe — Finland. (Cedefop ReferNet VET in Europe reports 2016)[EB/OL]. [2019 - 10 - 08]. http://libserver. cedefop. europa. eu/vetelib/2016/2016_CR_FI. pdf.

为 20 岁及以上接受职业教育的学生提供学生资助,包括补助金、贷款及一些补充性津贴。全日制学生每周最多获得 723 瑞典克朗(约 70.13 欧元),每周贷款最多为 2 720 瑞典克朗(约 263.85 欧元)。同时,为进一步解决部分处境不利人群由于经济原因无法接受教育的问题,瑞典政府还推出了一项新的学习津贴,即教育入学补助。这一津贴自 2017 年年中起由市政当局发放,旨在帮助 25—56 岁、以前仅受过短期教育、需要再接受基础或高中教育的失业人员,使其提高能力以在劳动力市场上立足。[①] 欧盟各国对各类群体提供的补充性资助有利于帮助更多人接受职业教育,为特殊群体提供更多社会保护。

(三) 发展作为中介平台的职业教育,推动社会对话

职业教育可持续、高质量的发展,要求与社会各界(尤其是劳动力市场)积极互动,这也使得职业教育成为推动社会对话、实现体面劳动的中介平台。欧盟各国在促进利益相关者积极参与职业教育方面进行了长期不懈的努力。

1. 以优惠政策为吸引,加强行业企业积极参与

为促进教育世界与工作世界的对话,加强企业对职业教育的参与,不少欧盟国家采取了优惠税收、资金资助等政策。例如,2014 年底,捷克开始对参与职业教育的雇主实行减税优惠:在经营或办公场所为学生提供实训或实习的费用(约每小时 7 欧/200 捷克克朗);部分用于职业培训的资产的购置费用(50%或 110%);企业为职校学生提供奖学金(中职学生最高减免 5 000 捷克克朗;大专学生 1 000 捷克克朗)。此外,2009 年的《学校法》也规定职业学校可以使用部分公共预算提供的人均人工费来支付领导实践训练的企业员工,以使企业更好地开展实训,成为学校的合作伙伴。同时,只要企业满足一定条件,就可申请公共补助金以支持其雇员的培训,如根据《投资奖励法》,高失业率地区的投资者可以享受员工培训支持等。[②] 对于瑞典而言,虽然国家资助主要交予教育提供者理事会,但部分国家资助会直接用于企业,例如资助利益相关者组织以提高工作场所学习质量的区域资金。而参加工作介绍协议、为处境不利的年轻学习者提供培训的雇主还可获得财政支助,公共就业服务部将支付雇主缴纳就业税的 31.42%,并补助工作场所学习的培训师每天 115 瑞典克朗(约 11 欧)。[③] 在芬兰,承担学徒培训的雇主将获得一定的资金补偿,以支付

① Skolverket,ReferNet Sweden. Vocational education and training in Europe — Sweden. (Cedefop ReferNet VET in Europe reports 2018)[EB/OL].[2019 - 10 - 03]. http://libserver. cedefop. europa. eu/vetelib/2019/Vocational_Education_Training_Europe_Swed en_2018_Cedefop_ReferNet. pdf.

② Kaňáková M, Czesaná V,Šimová Z. Vocational education and training in Europe — Czech Republic. (Cedefop ReferNet VET in Europe reports 2018)[EB/OL].[2019 - 10 - 03] http://libserver. cedefop. europa. eu/vetelib/2019/Vocational_Education_Training_Europe_Czech_R epublic_2018_Cedefop_ReferNet. pdf.

③ Skolverket,ReferNet Sweden. Vocational education and training in Europe — Sweden. (Cedefop ReferNet VET in Europe reports 2018)[EB/OL].[2019 - 10 - 03]. http://libserver. cedefop. europa. eu/vetelib/2019/Vocational_Education_Training_Europe_Swed en_2018_Cedefop_ReferNet. pdf.

在工作场所提供培训的费用。该补偿由当地学徒中心或提供学徒培训的机构支付,补偿金额作为每个学徒合同的一部分被单独商定。[①] 各类优惠政策,尤其是经费补偿,有利于促进企业积极参与职业教育,实现职业教育与行业企业的良好交互。

2. 以资格框架为中介,促进社会多方平等对话

职业资格是个体从学校走向工作世界的交互凭证,是职业教育与劳动力市场互动的中间桥梁。为促进职业教育的良好发展,构建国家资格框架乃至跨国的区域资格框架已成为一种世界趋势。2008 年,欧洲资格框架(The European Qualifications Framework for Lifelong Learning,EQF)正式建立,十年来已有 39 个国家参与 EQF,34 个国家将其国家资格框架与 EQF 相联系。EQF 基于学习成果共分为 8 个层级,定义每个层级的三项描述指标分别为知识(Knowledge)、技能(Skills)、责任与自主性(Responsibility and autonomy)。其中,知识主要以理论和事实表述;技能分为认知技能(涉及逻辑、直觉、创造性思维的使用)和实践技能(涉及动手灵巧度、使用方法/材料/工具/设备);责任和自主性主要指学习者自主运用知识和技能并承担责任的能力。[②] EQF 开发与实施旨在提高各国资格的透明度与可比性,要求来自教育与培训、就业、民间社会等各个领域的利益相关者充分参与,有利于各类学习及工作地有效连接。EQF 作为区域性的参考框架,同样坚持兼容性与多样性的统一,尊重各国资格体系的多样性与复杂性。[③] 欧洲各国根据自身国情建立与实施的国家资格框架各有特点,如德国[④]、瑞典[⑤]、芬兰[⑥]的国家资格框架在实施时间、层级、层级描述等方面既有相似又有所不同(详见表 5-1-3)。但总体而言,资格框架的建立都在一定程度上有利于教育世界与工作世界的联系,加强各界对话,促进体面劳动。

表 5-1-3 欧盟部分国家的国家资格框架概况

	德国	瑞典	芬兰
名称	面向终身学习的德国资格框架(DQR)	瑞典资格框架(SeQF)	芬兰国家资格框架(FiNQF)
实施时间	2013	2015	2017
层级	8	8	8

① Koukku A, Paronen P.. Vocational education and training in Europe — Finland. (Cedefop ReferNet VET in Europe reports 2016)[EB/OL]. [2019 - 10 - 08]. http://libserver. cedefop. europa. eu/vetelib/2016/2016_CR_FI. pdf.

② European Commission. The European Qualifications Framework: supporting learning, work and cross-border mobility[EB/OL]. [2019 - 10 - 02]. https://ec. europa. eu/social/BlobServlet.

③ 吴雪萍,张科丽. 促进资格互认的欧洲资格框架探究[J]. 高等教育研究,2009,30(12):102—106.

④⑤⑥ Cedefop. Germany — European inventory on NQF 2018[EB/OL]. [2019 - 09 - 29]. https://www. cedefop. europa. eu/en/publications-and-resources/country-reports/germany-european-inventory-nqf-2018.

	德国	瑞典	芬兰
层级描述	— 专业能力（Professional competence）：知识（深度、广度）、技能（工具和系统技能、判断力） — 个人能力（Personal competence）：社会能力（团队/领导技能、参与、沟通）、自主性（自主责任/责任、反思、学习能力） — 方法能力（Methodological competence）被理解为横向能力，在DQR中不作单独说明	— 知识（kunskap） — 技能（färdigheter） — 能力（kompetens）	知识、技能、能力的融合（删除了EQF中三者的明确区别，代之以一种综合的描述来概括每个级别的要求）
利益相关者参与	资格框架开发与实施工作小组：高等教育、学校教育、职业教育、社会合作伙伴、教育和劳动力市场的公共机构、研究人员、从业人员等	教育、劳动力市场领域代表（如形成顾问委员会（Rådet for den nationella referensramen för kvalifikationer））	社会各界（尤其是高等教育机构从一开始就支持、参与资格框架的开发）
主要管理机构	联邦教育和研究部（BMBF）、各州教育和文化事务部长常设会议（KMK）、联邦经济和能源部、各州经济部长会议	教育和研究部；国家高等职业教育局（MYH）	教育和文化部、芬兰国家教育局（EDUFI）

国际经验 2： 未来工作与职业教育改革

面向未来的工作世界是职业教育实现可持续发展的关键。国际劳工组织（The International Labor Organization，简称 ILO）从 1919 年成立至今，始终对工作世界予以高度关注，于 2013 年正式提出"未来工作的百年倡议"（The Future of Work Centenary Initiatives），[①]此后陆续召开国际劳工大会，并展开全球对话，发布了《全球未来工作委员会启动报告》（Inception Report for the Global Commission on the Future of Work）、《人工智能经济：对未来工作的启示》（The Economics of Artificial Intelligence：Implications for the Future of Work）、《世界就业与社会展望：2019 年趋势》（World Employment and Social Outlook：Trends 2019）、《未来劳动力技能政策与制度》（Skills Policies and Systems for A Future Workforce）等系列报告。这些报告主要强调未来工作和未来社会的关系，工作与生产组织、工作治理和未来工作世界可能会出现的新样态、新趋势与新模式，未来工作世界受到技术进步的牵引、全球化进程的推进、人口发展与老龄化进程的影响，以及可持续发展理念的影响。世界银行官方网站报道，《2019 年世界发展报告：工作性质的变革》中强调，在高速发展，日益受到技术影响的劳动力市场，工作性质在迅速变化，当务之急是加大对人的健康和教育的投资。

一、 未来工作变化的三个面向

目前，人工智能已经渗透在人类生活的各个领域，并对人类社会及社会结构等方面带来强烈冲击，其中劳动力市场受到的冲击更为明显。在人工智能时代，人类的工作将如何走向，如何适应人工智能带来的发展趋势已成为我们关注的焦点。美国的皮尤研究中心（Pew Research Center）发布了题为《工作与职业培训的未来》（The Future of Jobs and Jobs Training）的报告。报告主要描述了人工智能时代劳动力市场的发展趋势，并提出了职业教育与职业培训的应有之义。研究中心聚焦人与智能机器能否竞争、协作与共存、未来工作将会经历何种变化等，发布题为《工作和职业培训的未来》这一研究报告。研究报告包括五大主题，一是工作格式将发生巨大变化。

---

① ILO. Towards the ILO Centenary：Realities，Renewal and Tripartite Commitment [EB/OL]. (2013 - 05 - 22) [2019 - 09 - 16]. https://www. ilo. org/ilc/ILCSessions/previous-sessions/102/reports/reports-submitted/WCMS_213836/lang--en/index. htm.

在未来的十年或二十年中,会出现大量人工智能领域的技术创新,教育、卫生、交通以及农业等领域的工作会受到冲击,未来工作变化体现在工作被机器代替、工作岗位将供给不足、就业市场的供给难以匹配更多的劳动力需求,以及人类劳动开启自动化模式;二是教育和培训难以适应时代变化,"学会学习"和"持续学习"成为必须;三是教育和培训形式需要被不断发展和创新;四是关注学习者必须培养和拥有的技能、能力和属性;五是新型学习认证系统的出现,许多专家认为,未来的职业培训将创建新的认证项目,以认证员工参与的培训项目和所掌握的技能。[①]

人工智能当前对工作的冲击主要体现在三个方面。第一,工作正在被机器替代。这一趋势在 21 世纪体现得非常明显。世界经济论坛(The World Economic Forum)预计,在 2015 至 2020 年期间,全球制造和生产、办公室和行政部门领域的工作岗位,将会出现不同程度的下降趋势。根据美国劳工统计局(U. S. Bureau of Labor Statistics)描述的 702 种职业所需的工作技能,牛津大学的研究者以定量方式进行了技术匹配和详细分析,并得出相关结论:美国有 47% 的工作极有可能会被高度自动化系统所取代,这些职业包括了很多领域的蓝领职业和白领职业。[②]

第二,工作岗位供给不足。世界经济论坛根据当前的就业数据预计,在 2015 至 2020 年期间,劳动力市场将遭到破坏性变动,即 710 万个工作岗位将被减少,超过 510 万个为净工作岗位,其中 2/3 的职位集中在办公室和行政类;同时,几个较小的职业圈将增加 200 万个工作岗位。麦肯锡的研究表明,截止到 2015 年,全球范围内制造业相关活动的劳动时间共计 4 780 亿小时,其实生产工人 87% 的生产时间可以自动化,制造行业的其他工作(如工程、维护、材料运输、管理和行政)也有 45% 的工作时间可以自动化。假设技术被广泛采用,那么在 3.31 亿全职员工中,将有 2.38 亿人会被淘汰或重新安排工作。[③] 由此可见,工作岗位"供给不足"的现状将会导致越来越多的人面临失业。

第三,"云劳动"的出现。现阶段的劳动力市场,灵活的雇佣制度、临时性的劳动力就业以及弹性的工作时间,已经成为日常工作的常态。兼职或短期工作、季节性工作等工作形式也普遍存在。根据国际劳工组织的统计数据显示,劳动合同的性质正在发生变化,短期合同和不定期工作时间变得更加宽泛,全球大约 60% 的工人就业以兼职或临时性工作为主。[④] 在大数据的浪潮下,人工智能不仅给各行各业带来了新一轮的"技术性失业",而且还间接地引发了工作本质

---

① 潘天君,欧阳忠明. 人工智能时代的工作与职业培训:发展趋势与应对思考——基于《工作与职业培训的未来》及"云劳动"的解读[J]. 远程教育杂志,2018,36(01):18—26.

② 卡普兰. 人工智能时代[M]. 李盼译. 杭州:浙江人民出版社,2016:147.

③ McKinsey Global Institute. The Age of Analytics:Competing in a Data-Driven World [EB/OL]. (2016 - 12 - 01)[2017 - 10 - 20]. https://www. mckinsey. com/business-functions/mckinsey analytics/our insights/the-age-of-analytics-competing-in-a-data-driven-world.

④ International Labor Organization. World Employment and Social Out-look,Trends 2016[EB/OL]. (2016 - 01 - 20)[2017 - 10 - 20]. https://www. ilo. org/global/about-the-ilo/multimedia/video/video-interviews/WCMS_444470/lang--en/index. htm.

的变革,出现了一种颠覆传统的工作模式——"云劳动"(Cloud Labor),即一种"按需式"的工作系统。① "云劳动"就是在现有的工作形态下,按照劳动力的需求在网络端对工作资源进行快速弹性地供应。劳动力可以根据自身多具备的技能来选择相应的工作,成为"自营工作者"(Own-account Workers)②,这是一种新的工作形式,更是人类劳动自动化的结果。

二、 未来工作变化的内在逻辑

在人工智能的大背景下,劳动力密集型产业的劳动力结构发生改变,就业市场呈现不稳定的状态。回溯历史,技术的进步与产业革命相伴而行,劳动力的波动也一直是客观存在的。以经济学中"供给"与"需求"两种较有代表性的观点为抓手,分析人工智能视域下新一轮技术进步对劳动力市场的影响,进而探索职业教育服务现代化经济体系的内在逻辑。

针对"现代化技术与劳动力需求的关系"这一问题,经济学中存在两种观点。一种是以约翰·贝茨·克拉克(John Bates Clark)为代表的,认为技术的进步带来的冲击只是暂时的,且会随之迎来新机遇与新挑战的积极观点;另一种是以约翰·梅纳德·凯恩斯(John Maynard Keynes)为代表的,认为技术的进步给劳动力市场带来的冲击是永恒的消极观点。

克拉克认为,生产方法或新生产力的出现,将为劳动和资本的转移提供推力,促使生产要素向上层小团体移动,在移动的过程中,也满足相应团体的需求,③其引发的持续变化,本身没有扰乱或破坏作用。他认为,当新机器作用在物品生产的过程中,会带来产量的增加,然而,市场对产量增加部分的吸收是有限的,不能保障全部的劳动力在原团队中继续工作,于是劳动力产生了横向转移。从整个生产过程来看,技术进步促进了劳动力的转移。当然,不予置否,技术进步在某种程度上会导致部分劳动者失去工作机会,但是,他认为这个现象是暂时的、更是客观存在的。因为劳动市场本就不是一成不变的,且失去工作机会的劳动者会创造新的需求,从而发展新的劳动市场。

凯恩斯的观点则截然相反,他认为,自动化会带来永久性失业,尤其是当自动化程度越来越高,永久性失业便越来越明显。④ 从历史视角出发,可以清晰地做出判断,克拉克的观点更贴近劳动力市场的变化趋势。当技术进步淘汰某一类型的工作,甚至是终结了某一技能的需求,相关的劳动力将通过也不得不通过学习新的技能去寻找新的工作。因此,总体而言,由于自动化和其他

---

① 潘天君,欧阳忠明. 人工智能时代的工作与职业培训:发展趋势与应对思考——基于《工作与职业培训的未来》及"云劳动"的解读[J]. 远程教育杂志,2018,36(01):18—26.

② World Economic Forum. The Human Capital Report 2016[EB/OL]. (2016 - 06 - 28)[2017 - 10 - 20]. https://www. weforum. org/reports/the-human-capital-re-port-2016/.

③ (美)约翰·贝茨·克拉克. 财富的分配[M]. 海口:南海出版公司,2007:335—336.

④ A. Asimakopulos. Keynes's general theory and accumulation [M]. Cambridge University Press,2009:37—57.

形式的技术进步所创造的新的工作机会,将多于它们"摧毁"的工作,这也是目前经济领域的主流观点。

对两种较有代表性的观点进行分析,可以发现现代化经济体系的完善一定是依托技术进步的,人工智能便是最好的佐证,这种技术进步会对劳动力结构产生冲击,但这种冲击是暂时的、也是客观存在的,职业教育应把握好劳动力市场的结构波动,对人才供给与需求的情况有科学的预测,进而更好地为现代化经济体系服务。《2019年世界发展报告:工作性质的变革》中提到,全世界使用机器人的数量迅速增加,这引起了人们对工作岗位流失的恐慌。然而,技术为创造就业、提高劳动生产力和提供有效的服务开辟了新路径。这也表明,技术改变了生活方式,对技术的恐慌是没有根据的。

随着技术的进步、全球化进程的推进,未来工作世界会呈现几大特征:首先是工作性质的变化,推动劳动价值的凸显以及劳动者潜能的显现;第二,劳动力市场结构的重组和新兴职业人才需求的扩张;第三,灵活的就业形势,自由职业比例逐步提高;第四,工作组织形式逐渐平面化,雇主化和边界化的特征逐渐消失;最后,新的工作价值观将被塑造。

三、 未来工作世界的变化趋势

国家统计局数据统计显示,2017年第一产业增长值为6.5万亿元,占比7.92%;第二产业增长值为33.5万亿元,占比40.46%;而第三产业增长值为42.7万亿元,占比51.63%。在产业结构的演化过程中,第三产业的比重逐渐上升,整体产业结构呈现软化状态。2017年度人力资源和社会保障部统计公报显示,全国就业人员中,第一产业就业人员占27.0%,第二产业就业人员占28.1%,第三产业就业人员占44.9%。[①] 在就业形势总体稳定的局势下,依然存在三个较为突出的结构性矛盾,一是低技能劳动者因与市场需求不匹配,造成供求错位;二是技工、熟练工和新兴人才短缺的现象;三是高技能人才的亟需。[②]

(一)"低技能"劳动者供需错位

2018年第四季度,中国人力资源市场信息监测中心对89个城市的公共就业服务机构市场供求信息进行了统计。统计数据显示,用人单位通过公共就业服务机构招聘各类人员约438万人,进入市场的求职者约343.7万人,岗位空缺与求职人数的比率约为1.27,比去年同期上升了0.05。2016年第三季度至2017年第三季度,岗位空缺与求职人数的比率稳定在1.1左右,2017

---

① 中华人民共和国国家统计局.2017年国内生产总值[EB/OL].(2019-01-18)[2019-01-18].http://www.stats.gov.cn/tjsj/zxfb/201901/t20190118_1645555.html.

② 国家统计局.就业形势总体稳定问题 结构性矛盾需要关注[EB/OL].(2019-03-14)[2019-03-23].http://www.stats.gov.cn/tjsj/sjjd/201903/t20190314_1653894.html.

年第四季度以来始终保持在 1.2 以上的高位,且呈现持续上升趋势(图 5 - 2 - 1),这可以看出目前劳动力市场需求略大于供给,岗位空缺与求职人数比率有所增长。

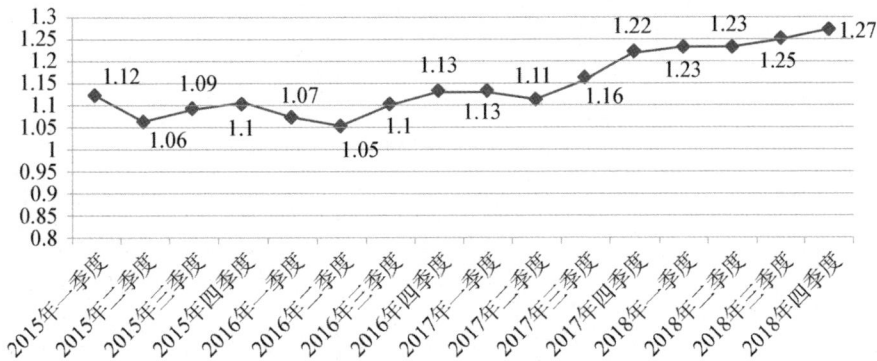

图 5 - 2 - 1　2015 年一季度—2018 年四季度岗位空缺与求职人数比率变化趋势
(资料来源:中华人民共和国人力资源和社会保障部 . 2018 年第四季度部分城市公共就业服务市场机构供求状况)

　　从行业需求情况看,2018 年 86.6% 的企业用人需求集中在制造业(33.2%)、批发和零售业(12.8%)、住宿和餐饮业(10.0%)、居民服务和其他服务业(9.4%)、租赁和商务服务业(8.9%)、信息传输计算机服务和软件业(5.0%),以及房地产业(3.8%)与建筑业(3.5%)等行业。与去年同期相比,制造业用人需求稳步上升,租赁和商务服务业、批发和零售业、房地产业、科学研究技术服务和地质勘查业、居民服务和其他服务等行业用人需求保持增长。除文化、体育和娱乐业和公共管理与社会组织等行业外,其他各行业的用人需求均有所下降。[①] 根据 2018 年度全国十大城市岗位需求和求职排行榜(表 5 - 2 - 1)数据显示,上海、重庆、石家庄、郑州、西安、福州、南宁和昆明等城市岗位空缺与求职人数比率大于 1,推销展销人员、部门经理、餐厅服务员、厨工、简单体力劳动人员等职业的用人需求较大。财会人员、秘书、打字员、营业人员、收银员等职业的用人需求相对较小。低技能劳动者因与市场需求不匹配,所以造成其供需错位的现象。

表 5 - 2 - 1　全国十大城市岗位需求和求职排行榜

城市	岗位空缺与求职人数的比率	第二产业需求	第三产业需求	岗位空缺大于求职人数缺口最大的前三个职业	岗位空缺与求职人数的比率	岗位空缺小于求职人数缺口最大的前三个职业	岗位空缺与求职人数的比率
上海	1.73	7.5%	92.4%	保险业务人员	3∶1	财会人员	1∶3
				其他购销人员	3∶1	治安保卫人员	1∶2

---

① 中华人民共和国人力资源和社会保障部 . 2018 年第四季度部分城市公共就业服务机构市场供求状况分析[EB/OL]. (2019 - 02 - 01)[2019 - 03 - 23]. http://www. mohrss. gov. cn/SYrlzyhshbzb/zwgk/szrs/sjfx/201902/t20190201_310090. html.

城市	岗位空缺与求职人数的比率	第二产业需求	第三产业需求	岗位空缺大于求职人数缺口最大的前三个职业	岗位空缺与求职人数的比率	岗位空缺小于求职人数缺口最大的前三个职业	岗位空缺与求职人数的比率
				车工	3：1	储运人员	1：2
重庆	1.68	42.4%	55.9%	部门经理	6：1	餐饮服务人员	1：3
				电子元器件与电子设备制造装调工	6：1	铣工	1：3
				加工中心操作工	6：1	镗工	1：3
沈阳	0.94	23.2%	73.8%	推销展销人员	2：1	财会人员	1：2
				机械冷加工人员	2：1	行政办公人员	1：3
				客服人员	3：1	建筑工程技术人员	1：3
长春	0.74	27.0%	65.2%	餐饮服务人员	2：1	机动车驾驶人员	1：2
				治安保卫人员	2：1	财会人员	1：2
				营销人员	2：1	保管人员	1：2
石家庄	1.18	22.1%	77.9%	推销展销人员	2：1	计算机工程技术人员	1：2
				行政业务人员	2：1	营业人员、收银员	1：2
				治安保卫人员	2：1	财会人员	1：2
郑州	2.33	23.1%	76.0%	简单体力劳动人员	3：1	其他仓储人员	1：2
				营业人员、收银员	2：1	财会人员	1：3
				推销展销人员	3：1	其他行政办公人员	1：3
西安	1.41	22.2%	75.2%	销售人员	7：1	道路运输服务人员	1：3
				餐饮服务人员	3：1	家用电子电器维修人员	1：3
				部门经理	8：1	美容美发和浴池服务人员	1：4
福州	1.23	55.7%	44.1%	简单体力劳动人员	2：1	营业人员、收银员	1：2
				电子器件制造工	2：1	治安保卫人员	1：2
				鞋帽制作工	2：1	秘书、打字员	1：3
南宁	2.77	22.6%	76.8%	推销展销人员	4：1	工美装饰服装广告设计人员	1：4
				营业人员、收银员	3：1	秘书、打字员	1：2
				餐厅服务员、厨工	5：1	行政业务人员	1：4

城市	岗位空缺与求职人数的比率	第二产业需求	第三产业需求	岗位空缺大于求职人数缺口最大的前三个职业	岗位空缺与求职人数的比率	岗位空缺小于求职人数缺口最大的前三个职业	岗位空缺与求职人数的比率
昆明	1.9	20.7%	77.4%	餐厅服务员、厨工	3:1	秘书、打字员	1:4
				推销展销人员	3:1	其他社会服务人员	1:2
				保洁人员	3:1	幼儿教师	1:3

（资料来源：中华人民共和国人力资源和社会保障部.2018 年第四季度部分城市公共就业服务市场机构供求状况）

（二）"高技能"、"新技能"劳动者需求激增

人力资源社会保障部数据显示,进入 2010 年以来,我国经济发展速度放缓,旨在反应劳动力供求关系的求人倍率始终大于1,说明劳动力市场中岗位数量大于求职者的数量。目前劳动力市场呈现出对具有技术等级和专业技术职称劳动者的用人需求均大于供给的特点。与去年同期相比,市场对具有技师、高级技能等技术等级和初级职称人才的用人需求有所增长。从需求侧来看,52.7%的市场用人需求对劳动者的技术等级、专业技术职称有明确要求,其中对技术等级有要求的占 33.9%,对专业技术职称有要求的占 18.8%。从供给侧看,52.5%的市场求职人员具有一定技术等级或专业技术职称,同比下降 2.6 个百分点,环比下降 2.5 个百分点。其中,具有一定技术等级的占 34.1%,具有一定专业技术职称的占 18.4%。结合供给侧与需求侧的情况分析,各技术等级、专业技术职称的岗位空缺与求职人数的比率均大于 1.7。其中,高级技能、高级工程师、高级技师岗位空缺与求职人数的比率较大,分别为 2.39、2.01、2.01。[①] 中国劳动科学研究所《2010—2020 年我国技能劳动者需求预测研究报告》中指出,目前全国技能劳动者总需求约 11 577.3 万人,短缺 927.4 万人;高技能人才需求为 3 067.1 万人,短缺 105.8 万人。[②]

根据人力资源和社会保障部的统计数据,近年来技能劳动者求人倍率一直在 1.5 以上,高级技工求人倍率甚至在 2.0 以上。企业所需的高技能技术人才短缺现象严重,无论是沿海还是中西部地区,部分企业都发生了技工、高级技工和新型人才短缺的现象。从需求侧看,2018 年度相较 2017 年同期,除高级技师、中级技师外,市场对具有其他各技术等级劳动者的需求人数均有所增长。从供给侧看,市场中具有技术等级的求职人数均有所减少,下降幅度较大的是高级技师,与去年同期下降 6.7%;初级技能求职人数较去年同期下降 6.6%,技师较去年同期下降 6.4%。市场中具有初级、中级、高级职称的求职人数分别下降了 11.9%、7.7%、14.9%。将供需结合可以

---

① 中华人民共和国人力资源和社会保障部.2018 年第四季度部分城市公共就业服务机构市场供求状况分析[EB/OL].(2019 - 02 - 01)[2019 - 03 - 23]. http://www. mohrss. gov. cn/SYrlzyhshbzb/zwgk/szrs/sjfx/201902/t20190201_310090. html.
② 王全旺,赵兵川.高职技能型人才培养劳动力市场适切性提升策略研究[J].职教论坛,2016(12):10—14.

看出,劳动力市场中对高技能、具备其他技术等级的劳动者,即"新技能"劳动者的需求大于供给,对这部分劳动者的需求量较大。

在人工智能的时代背景下,伴随工业化程度的提高,生产过程进一步细化,在就业市场中就会出现更为细致的就业划分,如短期工、长期工、技术工人和管理层等等,这要求相关劳动者除掌握必须的生产技能外,还需要掌握与生产过程相关的其他技能。对人才需求呈现"低技能"劳动者需求错位,"高技能"和"新技能"劳动者需求激增的情况,职业教育服务现代化经济体系的关键是对劳动力市场中的人才需求进行科学分析、合理预测,以更好地为劳动力市场输送高质量、高素质技术技能人才。

四、我国职业教育适配未来工作世界发展的路径选择

从劳动力市场的供给与需求入手,论证了技术进步带来产品需求增加,生产规模扩大,导致劳动力需求变化。针对劳动力需求的变化情况,分析劳动力市场人才需求的特点,强调职业教育对现代化经济体系的作用机制来自"低技能"、"高技能"和"新技能"三类劳动力的变化(图5-2-2)。在此基础上,从目标设置、行动抓手和质量保证三个维度提出职业教育服务现代化经济体系的路径选择。

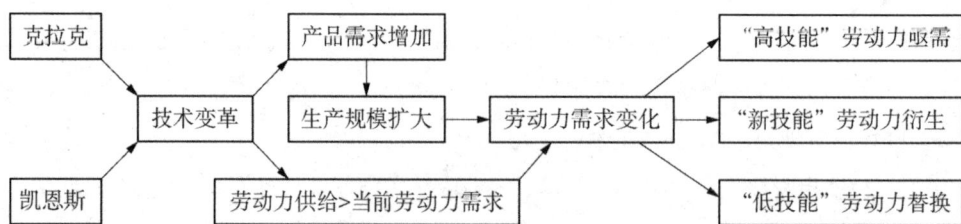

图5-2-2 职业教育服务现代化经济体系的内在逻辑与作用机制

(一)以"对接科技发展趋势和市场需求"为目标导向

劳动力市场作为现代化经济体系的重要组成部分,对于劳动力资源配置发挥着基础作用。对劳动力市场来说,职业教育更是优化劳动力市场资源配置的关键。对职业教育来说,劳动力市场需求是职业教育的起点,劳动力市场需求受国家宏观经济的影响,也就意味着劳动力市场将处于动态变化之中,因此,职业教育也就不会存在固定的人才培养模式来为劳动力市场输送与需求匹配的人才。基于此,职业教育应对接科技发展的趋势以及劳动力市场的需求,将其作为目标导向,不断调整人才培养模式,才能逐步提高职业教育与劳动力市场的适配性,进而保证劳动力市场的供给侧与需求侧逐步走向动态平衡。

首先,职业教育应根据劳动力市场信息采集与检测的结果,对区域内的行业、岗位信息进行

收集与整理,分析劳动力市场的动态变化,作为课程内容设置的依据之一。此外,积极促进产教融合校企"双元"育人,坚持知行合一、工学结合。职业院校加强与企业的交流和沟通,根据自身特点与人才培养需要,与相应的企业在人才培养、技术创新、就业创业、社会服务和文化传承方面开展合作,促进供给侧与需求侧的交流渠道畅通,推动职业院校与行业企业形成命运共同体。

(二) 以"做强中职和做优高职"为行动抓手

职业教育服务现代化经济体系重要的行动抓手是优化教育结构,即做强中等职业教育,做优高等职业教育。在新时代背景下,我国处于社会转型与产业结构升级的关键阶段,急需高水平的人力资源。但是,目前结构性失业、技能不足等问题的存在,导致职业教育难以满足优质人力资源的需求。[①]

高等职业教育作为培养高素质技术技能人才的基地,也作为培养大国工匠、能工巧匠的重要方式,推进高等职业教育高质量发展势在必行。《国家职业教育改革实施方案》明确强调,高等职业院校要培养服务区域发展的高素质技术技能人才,重点服务企业特别是中小微企业的技术研发和产品升级。[②] 因此,提高高等职业教育的质量不仅仅要培养技术技能人才,高等职业院校更要加强复合型人才的培养,在学前教育、护理、养老服务、健康服务和现代服务业等领域,以长学制为特点的贯通式培养为载体,培养高素质、高质量的技术技能人才。

做强中等职业教育也就是,要把发展中等职业教育作为普及高中阶段教育和建设中国特色职业教育体系的重要基础。建设中等职业学校,以符合当地经济社会发展和技术技能人才培养的需要。2019 年出台的《国家职业教育改革实施方案》也进一步强调,中等职业教育的培养对象不再局限于学生,要将培养对象扩展到学困生、贫困生、残疾人、农民工、下岗职工、退役军人和运动员。中等职业教育的发展区域由城市扩展到农村、民族地区和贫困地区等,承担扶贫攻坚、维护社会稳定、为高一级职业院校和应用型本科培养合格新生的责任,以推动中等职业教育的多元发展。

(三) 以"高质培训和成果转换"为质量保证

职业教育服务现代化经济体系的关键在于能够有效缓解结构性就业的矛盾。《国家职业教育改革实施方案》强调启动"1+X"证书制度试点工作,在发挥学历证书作用的前提下,夯实职业院校学生的可持续发展基础,鼓励职业院校学生在获得学历证书的同时,通过获取多类职业技能等级证书,拓展就业本领。[②]

从宏观层面看,要允许中职、高职实现长学制办学。对已经完成中职学历教育和高职学历教

---

① 匡瑛,石伟平. 论高职百万扩招的政策意图、内涵实质与实现路径[J]. 中国高教研究,2019(05):92—96.
② 国务院. 国务院关于印发国家职业教育改革实施方案的通知[EB/OL]. (2019-01-24)[2019-03-23]. http://www.gov.cn/zhengce/content/2019-02/13/content_5365341.htm.

第五部分　国际经验报告　281

育的人,若其希望继续学习,获得相应技能等级证书,应提供其继续在校学习的机会,并承认其所取得的学分。从中观层面看,职业院校应成立专门的管理机构,来发挥职业技能等级证书教学、认证与管理的作用,毕竟实施"1+X"证书制度,职业院校要提供大量的证书种类,保证制度的顺畅运作。从微观上来看,人才培养模式要有针对性,满足多元主体的差异性。2019年的政府工作任务中提出,高职院校将实现扩招100万,招生对象不仅是高中毕业生,退役军人、在岗职工和农民工等群体也包含在其中。由于群体的多样,其学习动机、学习需求与学习方法也不一样,因此,要为学习者提供多样的人才培养模式。

职业院校要承担学历教育与高质量培训并举的责任,育训结合,面向学生和全体社会成员开展职业培训。为进一步拓宽技术技能人才持续成长的通道,职业院校要对职业技能等级证书予以认可,保证学习成果被认定、被积累、被转换,从而全面打通技术技能人才的生涯发展路径。

职业教育的人才培养目标始终要适应时代的发展需要。首先,未来工作的中心依旧是人,而不是机器。越是在机器替代人类从事重复劳动的时代背景下,人类的能力、技能和素养就越发珍贵。职业教育不仅要满足劳动力市场对人才的需求,还要出于促进学习者个体全面发展的价值诉求,进一步完善自身的培养目标,这一点和ILO所倡导的"以人为中心"的价值观念契合。第二,职业教育要精准对接劳动力市场的需求,弥补新兴职业人才的不足、缓解技能错位的情况。例如,德国建立技能预测和评估系统,由联邦职教所和就业研究所发起,涉及利益的相关方可以深度参与其中。[1] 欧洲职业培训发展中心开发了线上职位空缺分析软件,建立技能需求的数据库,数据库和平台与职业教育、职业教育培训机构、就业咨询公司一一对接,实现跨系统、覆盖面广、影响力强的高度协作。[2] 最后,职业教育要变革教学组织方式、更新教学方法,培养复合型、应用型和创新型的技术技能人才。未来,职业教育的一个重要目标就是培养复合型技术技能人才。要实现这个目标,就要落实在日常的教育教学工作中,打造专兼结合、教学能力强、专业化水平高的师资队伍;要积极促进教学革新、探索创新教学方式,通过项目教学、情境教学等,培养高质量的、复合型的、应用型的技术技能人才。

① Skills Panorama. Germany [EB/OL]. (2018 - 04 - 07)[2019 - 09 - 16]. https://skillspanorama. cedefop. europa. eu/en/countries/germany.

② ILO. A Global Overview of TVET Teaching and Training: Current Issues, Trends and Recommendations [EB/OL]. (2019 - 01 - 23)[2019 - 07 - 06]. https://www. ilo. org/sector/%20Resources/publications/WCMS_675275/lang--en/index. htm%EF%BC%8E.

国际经验 3： 技能预测与职业教育改革

技能预测是国际劳工组织关于技能发展政策的目标之一。技能预测思维对于政策规划至关重要，它能够使决策者未雨绸缪，使技能供需双方做好应对未来挑战的准备。技能预测过程与结果输出应有效推动并科学指导决策过程。因此，本节意在远眺未来，展望欧盟技能发展趋势、预测欧盟技能供需情况，进而为政府、教育与培训机构以及社会各界应对技能变化做出积极能动的实践反应。预测欧盟就业与技能的发展趋势、及时提供技能供需双方的信息，是各项政策制定的重要依据，也是"欧盟技能议程"(EU Skills Agenda)顺利推进的动力器。技能预测能够在一定程度上反映今后一段时期内劳动力市场的技能供需情况，进而为技能政策的制定、教育与培训系统的完善，以及劳动力市场的长远规划提供前瞻性的研究支撑。

一、 欧盟技能预测的内容

本部分主要围绕技能需求预测与技能供给预测两方面，概括阐述职业技能与教育资历水平的相关结果。由于涉及众多研究变量，完整的欧盟技能预测结果纷繁复杂，因而本部分主要挑选最具代表性的预测结果进行分类呈现。

(一) 欧盟技能需求预测

1. 职业技能需求

影响职业技能需求的两个主要因素，一是行业内各部门组织的变化，二是科技发展对职业技能需求提出的新要求。基于此，衍生出技能需求的两种特性，即替代性与扩张性。替代性需求是指因劳动力退休或其他原因而退出就业市场，从而产生的职位空缺数量；扩张性需求是指因技术革新而对劳动力产生新的技能需求。[1] 表 5-3-1 显示了欧盟在 2016 年、2021 年、2026 年与 2030 年相关职业的需求人数。该结果强调，总体而言，替代性需求量远高于扩张性需求量；在 2016—2030 年间欧盟范围内的就业率将增加约 6%，增加 1 400 万个左右的就业岗位；不同职业

---

① CEDFOP. Skills forecast：trends and challenges to 2030［EB/OL］. (2018 - 12 - 18)［2018 - 12 - 20］. https://www. cedefop. europa. eu/en/publications-and-resources/publica tions/3077.

间技能需求人数将呈现两极分化的趋势,高技能职位(如专业人员、技术人员等)就业水平将显著提高,同时一些低技能职位(如销售、安全、清洁、餐饮和护理等)也会略微增加,然而许多劳动密集型职位(特别是农业)的员工将面临大规模失业。为了更好地反映不同类型职业的技能预测特点,图5-3-1按技能类型将职业分成四大类,即基础职业、手工类技能职业、非手工类技能职业以及高技能职业。结果表明,在2016—2030年间,高技能与非手工类技能职业的就业比例将增加,其余则面临下降趋势。

表5-3-1　2016—2030年欧盟相关职业的需求人数(千人)

职位	2016年	2021年	2026年	2030年	2016—2030年		总需求
					扩张性需求	替代性需求	
立法人员、高级官员和管理人员	14 992	15 712	16 502	17 038	2 046	11 097	13 143
技术人员与助理人员	38 757	40 766	42 980	44 520	5 763	22 844	28 607
服务人员、经营与销售人员	40 354	41 357	42 067	42 011	1 657	23 067	24 724
农业与渔业技术工人	8 855	8 552	8 326	8 090	−765	7 545	6 780
工艺人员	26 898	26 266	25 947	25 563	−1 335	13 711	12 376
工厂与机器操作员、装配工	16 584	16 732	16 945	17 007	423	9 566	9 989
合计	235 812	241 438	247 782	250 691	14 879	142 867	157 746

(资料来源:技能预测2018,CEDFOP)

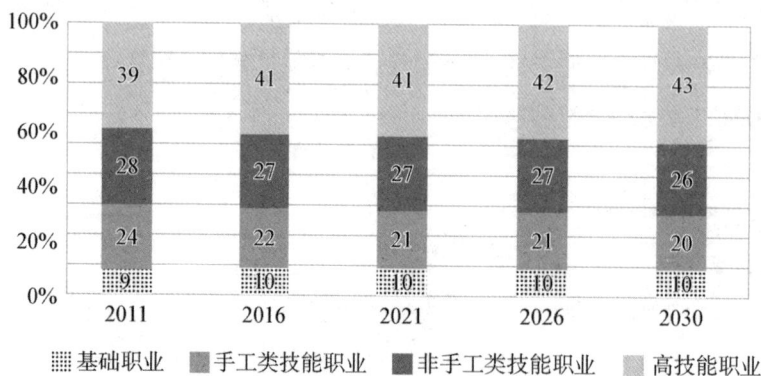

图5-3-1　2016—2030年欧盟不同职业类型的就业结构

(资料来源:技能预测2018,CEDFOP)

2. 教育资历水平需求

随着产业结构之变与技术革新之速日益加快,行业企业提高了对中级或高级教育资历水平劳动者的技能需求。如图5-3-2所示,2011—2030年间欧盟对低资历水平劳动力的需求逐渐减少,而对于高资历水平劳动力的需求逐渐增多,中等资历水平的需求则较为平稳,增速较缓。其中,2016 年低、中和高级资历水平的需求占比分别为 19%、48% 和 32%,而 2030 年预计需求占比分别为 14%、45% 和 41%。同时,2016—2030 年间,欧盟低级和中级教育资历水平的需求人数分别减少约 900 万人与 300 万人,而高级教育资历水平的需求人数月增加 2 800 万人(如图 5-3-3 所示)。

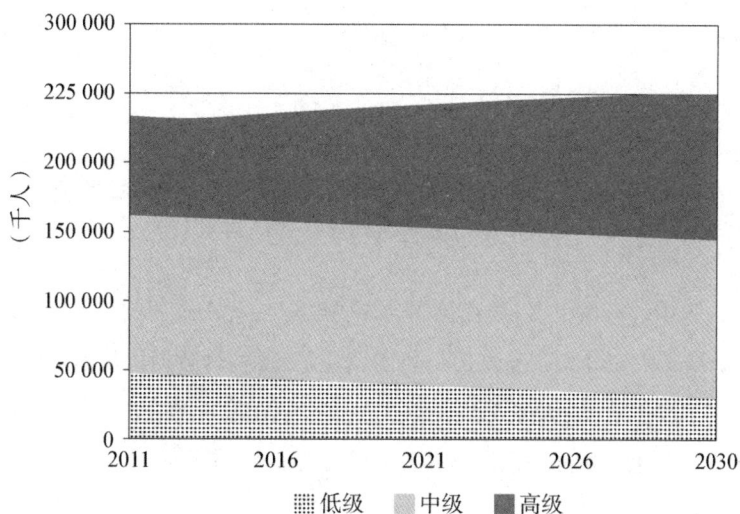

图 5-3-2　2011—2030 年欧盟各教育资历水平的需求及其变化趋势
(资料来源:技能预测 2018,CEDFOP)

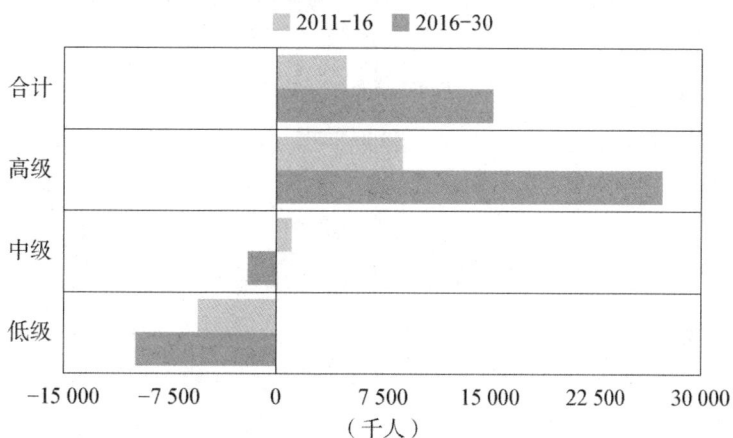

图 5-3-3　2011—2030 年欧盟各教育资历水平的需求变化人数
(资料来源:技能预测 2018,CEDFOP)

(二) 欧盟技能供给预测

1. 职业技能供给

图 5-3-4 显示,欧盟在 2020 年后,就业增长率将温和增长,增速约为 0.5%。其中,挪威和

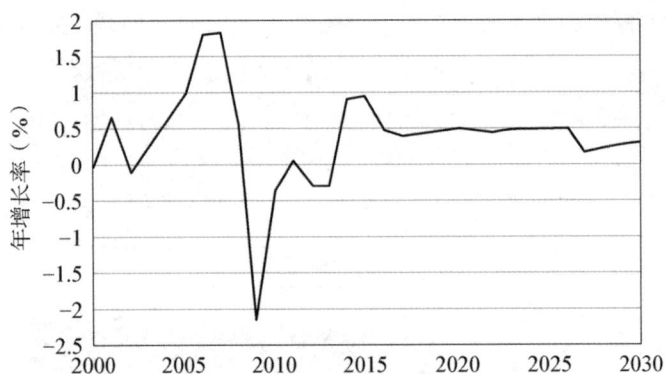

图 5 - 3 - 4　2000—2030 年欧盟就业增长率及其变化趋势

（资料来源：技能预测 2018，CEDFOP）

荷兰等国的就业人数预计有所上升，而在德国、立陶宛、保加利亚等国的就业人数预计有所下降。

表 5 - 3 - 2 总结了欧盟十大工业部门的年度就业增长情况，数据显示第一产业与基础制造业的就业人数将呈现下降趋势，而服务业预计将成为未来就业增长的主要行业部门，总体职业技能需求的发展趋势将从基础型技能向服务型技能转变。

表 5 - 3 - 2　欧盟十大行业部门的年度就业增长情况（%）

行业领域	2016—2020 年	2021—2025 年	2026—2030 年
农业	−1.1	−0.8	−0.9
采掘业	−1.5	−2.0	−1.4
基础制造业	−0.2	0.0	−0.1
工程及运输业	−0.4	−0.2	−0.1
公用事业	0.4	0.1	0.4
建筑业	−0.2	0.4	0.5
分配与销售业	1	0.7	0.4
通信业	0.1	0.4	0.4
商业	1.2	1.1	0.9
公共服务业	0.4	0.3	0.0

（资料来源：技能预测 2018，CEDFOP）

2. 教育资历水平供给

图 5 - 3 - 5 显示了 2011—2030 年间，欧盟各教育资历水平的人数及其变化趋势。其中，2016—2030 年欧盟拥有高水平学历的人数预计将增加约 4 300 万人，中等资历水平的人数也将持续增加，但增幅不大，增长约 1 100 万人。相反，低学历或无学历人数总量与比例将持续呈下降趋

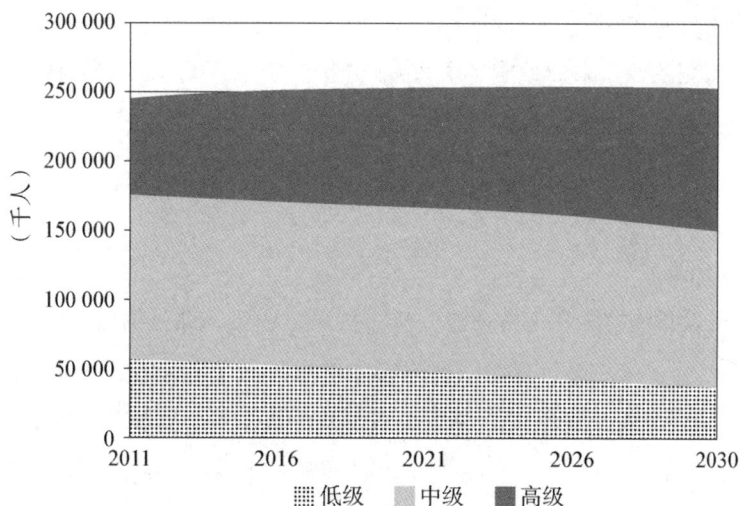

图 5 - 3 - 5　2011—2030 年欧盟各教育资历水平的人数及其变化趋势

（资料来源：技能预测 2018，CEDFOP）

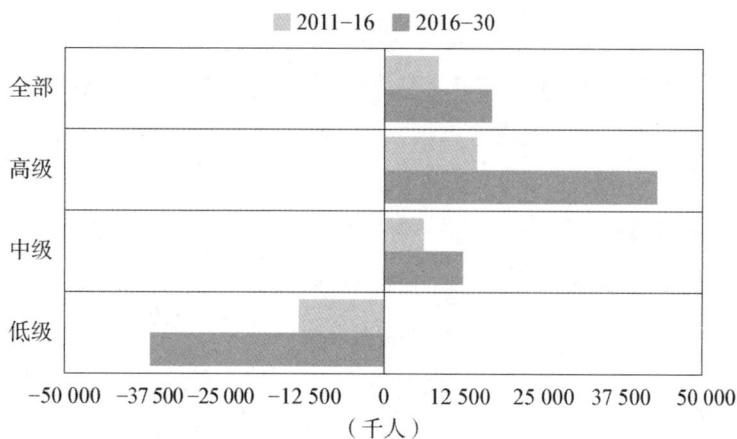

图 5 - 3 - 6　2011—2016 年与 2016—2030 年欧盟各教育资历水平人数及
其变化

（资料来源：技能预测 2018，CEDFOP）

势，减少约 3 700 万人（如图 5 - 3 - 6 所示）。

二、 欧盟技能预测的方法

近年来，欧盟非常重视技能预测方法的探索。《欧洲 2020 战略》、《新技能与岗位发展议程》（the Agenda for：New Skills and Jobs）以及 2012 年启动的《欧盟技能全景》等政策的出台，反映了欧盟旨在借助技能预测方法，深入了解劳动力市场的需求，进而培养未来岗位所需的技能熟练的劳动力。欧盟技能预测最常用的有以下三种方法：一是行业分析法（Sectoral Approach），二是企业技能调查法（Establishment Skills Survey，EES），三是跟踪调查法（Tracer Studies）。其中，前两种方法重点预测欧盟未来的技能需求，行业分析法宏观预测了行业的技能需求，企业技能调查法微观预测了雇主的技能需求；第三种方法通过跟踪调查的途径来预测欧盟未来的技能供给。

（一）行业分析法

从行业视角出发预测技能变化是技能分析中的关键内容。此处的"行业"，既是经济活动中的特定领域，也是经济系统中进行技能预测的实体单元。在行业层面了解劳动力市场与技术需求，能够将各种微观要素相互融合，以全面了解并解决经济发展中所涉及的问题。行业分析法是各种技能预测方法的核心，其涵盖了正式的定量模型构建法、了解雇主需求的定性前瞻预测法等。

1. 研究目标

由于行业层面涉及多个利益相关群体，因而，运用行业分析法预测技能需求变化必须确定多个研究目标。总体目标有：为制定教育与培训政策、人才培养方案与课程计划等提供信息支持、向不同群体提供有效的劳动力市场需求信息、确定职业教育与培训系统中员工改善技能的顺序及其他目标。具体目标有：未来可提供某类工作的数目、职位空缺的数目、员工所需技能类型等。

行业分析法的研究目标之一就是要了解当前行业所处的经济背景，包括内部环境与外部环境。具体而言，了解行业环境需要明确推动经济发展的关键动因，如收入水平、消费模式、全球化趋势、人口变化、技术革新等，以及与其他经济要素之间的关系。其次，明确行业地位与前景。在明确行业地位与前景时，必须考虑以下几个方面：分析行业发展趋势、行业变革的驱动因素，如科学技术、企业所有权与竞争力、供应链长度、工作场所等。再次，探索影响技能供需的因素。技能需求主要受到岗位数量、技能需求变化、行业内部的组织变革、资历水平与技能等方面的影响，技能供给则受到高等院校或其他教育机构毕业生人数及其在不同行业的分布、职业教育与培训体系的运行效能、学习成果认证完成情况等方面的影响。

2. 分析方法及步骤

（1）方法概述

在行业分析法下，预测未来技能供需有多种方法，例如，针对雇主或其他群体的意见调查、系统收集专家意见的德尔菲法、基于模型的定量预测、了解新知识与未来技能供需趋势的情境调查法（如表5-3-3所示）。①

---

① Wilson R A，Tarjani H，Rihova H. Guide to skills anticipation and matching — volume 3：Working at sector level [M]. Luxembourg：Publications Office，2015：101-110.

表5-3-3 技能供需预测中运用的分析方法

方法	行业分析法中的运用
综合分析与批判性评价	分析行业变化的驱动因素,如新的技术发展趋势、国际经济趋势与行业环境
基于定量模型的宏观预测	若有完整的行业分类目录及其他行业信息,就能从定量模型中获取信息
基于定量模型的微观预测,如某个行业或岗位	更好地获取行业技能供需变化具体驱动因素及其他细节信息
专家小组法、圆桌会议法、德尔菲法	挖掘技能供需变化的动因,探索新技术与新职业的产生,分析是否适用于定量数据建模或解释定量预测结果
情境开发分析法	设定行业中不同的工作情境,确定与情境相关的人员与机构
个案研究	特定行业、职业中的个案研究,可以是某一行业,也可以是跨行业

(2) 实施步骤

此前,国际劳工组织在"贸易和经济多样化技能"(Skills for Trade and Economic Diversification, STED)报告中指出,在一般经济发展目标下,组织行业技能分析应经过"行业研究六阶段",具体内容如表5-3-4所示。①

表5-3-4 行业研究六阶段

序号	阶段(步骤)	描 述
P阶段00	目标	明确政策与目的
P阶段01	行业定义	确定研究对象
P阶段02	数据核验	核验已获取的数据
P阶段03	专家咨询	明确并邀请专家
P阶段04	受众选择	确定主要受众群体
P阶段05	问题确定	明确要解决的关键问题
P阶段06	方法选择	选择解决问题的最佳方法
阶段1	行业现状及展望	行业描述;商业环境;未来展望
阶段2	行业业务能力	实现目标所需的业务能力的差距
阶段3	技能类型需求	所需技能类型的内容

---

① Gregg C. et al. Skills for trade and export diversification (STED): a practical guide [M]. Geneva: ILO, International Labour Organization, 2012: 73-74.

序号	阶段（步骤）	描　述
阶段 4	所需不同技能类型的雇员数量	构建就业和技能需求的模型
阶段 5	技能供给缺口	技能供给与技能需求之间的差距
阶段 6	信息反馈	对未来技能需求的建议

"行业研究六阶段"的阶段 1 与 2 旨在分析行业的总体发展前景,阶段 3 与 4 重点分析行业对技能的具体需求,阶段 5 意在研究未来技能的供需匹配情况,阶段 6 则为对预测方法的最终反馈。同时,每个阶段都对应一个更为详细的清单,其中列出了各阶段分别需遵循的主要步骤。此外,"行业研究六阶段"还包含了若干准备阶段的内容(P 阶段 00—06)。

国际劳工组织提出的"行业研究六步骤",从行业发展的大背景出发,涵盖了行业研究准备阶段与实施阶段的具体内容,其中对于技能需求预测更是颇为关注,在运用就业与技能需求模型得出结论后,还强调分析技能供给缺口,对未来的技能需求做出能动反映,从而充分体现行业研究的价值,并为将来培养对应技能类型的人才提供坚实的数据保障。有鉴于此,欧盟一些学者、研究机构积极借鉴"行业研究六步骤"中有关技能预测的要求,并在结合欧盟具体实际的基础上,针对性地提出了行业分析法,其主要步骤如表 5-3-5 所示。[①]

表 5-3-5　行业分析法的主要步骤

步骤 1	步骤 2	步骤 3
分析当前行业在创新、技能和岗位方面的发展趋势与发展驱动力	探索未来具有发展潜力的行业,尤其是那些重在运用情境发展技术的技能与岗位	探寻一系列主要战略选择,包括对教育与培训的影响
• 分析行业发展趋势与结构; • 确定经济、技术与组织发展变化的驱动因素; • 识别新兴行业或转型行业的职业概况、技能与能力需求	• 创设可能出现的工作情境,并确定其对就业趋势的影响; • 分析工作情境对技能需求与职业概况的影响	• 确定行业为满足其技能需求而采取的战略选择; • 确定对不同对象的影响

首先,在步骤 1 中,分析行业发展趋势与结构需要,对行业的活动进行描述性统计并合理分类,衡量主要经济趋势与行业的职业结构;活动的主要驱动因素包括经济、技术与组织三个方面,经济因素是指技能供需的发展趋势,技术因素是指过程革新与产品、服务革新的发展趋势,组织因素是指关于概念化岗位和操作化岗位的发展趋势。

---

① Wilson R A, Tarjani H, Rihova H. Guide to skills anticipation and matching — volume 3: Working at sector level [M]. Luxembourg: Publications Office, 2015: 136-141.

其次,在步骤2中,未来具有发展潜力的行业主要涵盖了以下16种:纺织、成衣及皮革制品;印刷出版;化学品、药品、橡胶与塑料制品;非金属材料(玻璃、水泥、陶瓷等);机电工程;电脑、电子及光学产品;船舶制造;家具及其他;电、气、水和废弃物处理;分包与贸易;旅游,包括酒店、餐饮及相关服务;运输;邮电;金融服务(银行、保险等);卫生与社会工作;其他服务、维护与清洁。同时,该步骤的核心是假设某一行业未来可能产生的工作情境,并基于该情境评估其对工作岗位、劳动力技能的影响。

最后,步骤3强调企业需要基于分析结果,选择应对未来技能发展的战略。该战略应至少包含三个方面的建议:一是针对行业本身,既包含行业整体,也涵盖个别企业;二是针对教育培训机构及服务机构;三是针对政策制定者,包括欧盟整体和各成员国。

(二) 企业技能调查法

企业技能调查法是一种反映未来技能需求、分析企业雇员技能供给与雇主需求间关系的调查方法,不仅能够帮助政策制定者出台适时的职业培训与市场政策,还可以帮助企业制定科学的人力资源管理战略。在运用企业技能调查法进行预测时,应基于当前所获取的关于雇员技能掌握情况、职业发展与招聘等信息,预测未来技能需求的发展趋势。欧盟企业技能调查法的主要阶段如表5-3-6所示。

表5-3-6 构建与实施企业技能调查法的主要阶段[①]

阶段	阶段成果	所需经济资源	所需技术能力
阶段1:调研设计	抽样框架、问卷与手册	相对充足,可基于理论与实践经验	高度复杂,依靠国家统计局和外部专家
阶段2:调研实施	实地调研和数据清洗与整理	十分充足,取决于外包的水平	适度复杂,存在潜在的内部资源
阶段3:数据收集与分析	基于所获信息所提出的结论与建议	充足	高度复杂,依靠内部专家与外部顾问间的合作

1. 阶段1:调研设计

(1)明确目标与问题

企业技能调查法首先建立了一个总体目标分类,并以此作为制定目标细则的起点:一是描述当前与未来雇员的技能水平与使用情况;二是了解影响技能需求的因素;三是监督与评价当前政策尤其是教育与培训政策的实施效果;四是预测未来对技能的需求。为了这四项目标能够发挥

---

① CEDFOP. Developing and running an establishment skills survey Developing and running an establishment skills survey [EB/OL]. (2017 - 03 - 23)[2019 - 12 - 27]. https://www.cedefop.europa.eu/files/2219_en.pdf.

有效的指导作用,应当详细说明各目标分类下的具体细则:

其一,描述当前与未来雇员的技能水平与使用情况。这一目标的关键是调查哪些技能领域中,雇员的技能水平与工作内容发生了较大的改变。具体而言,其细则主要有:了解新员工的入职准备情况,调查新员工是否具备企业所需的技能,并询问企业的现有职位空缺,以及是否缺乏具备所需技能的合适雇员;了解现有员工的技能特点,从现有员工执行任务的熟练程度来讨论是否存在技能短缺的现象;了解企业职业教育培训现状,企业当前举办的职业培训活动的内容、保障等;了解企业的职业结构,调查每个职业类别中雇员的主要特征,以获得企业不同职业群体的信息,并探究职业变化的趋势。

其二,了解影响技能需求的因素。深入理解企业的各项要素与工作技能内容之间的关系是影响调研结果的必经之路,因为这有助于认识与构建雇员充分运用自身技能条件。具体而言,其细则主要有:哪些工作实践与不同种类的技能相关?即将特定技能与不同工作实践联系起来;实施哪些产品策略会产生较高的技能需求?即确定不同的产品策略是否意味着不同的技能需求与职业培训活动;工序与产品创新对技能内容有何影响?即更好地理解技术创新对技能需求的影响。

其三,监督与评价当前政策尤其是教育与培训政策的实施效果。该目标关注与部分企业或雇员相关政策的有效性程度。具体而言,其细则主要有:某一政策的落实情况如何?包括潜在影响与直接影响;为何没有充分落实相关政策?旨在重新制定合理的政策;在现行政策中,有哪些内容较为欠缺?为体制环境的发展制定发展计划。

其四,预测未来的技能需求。企业技能调查法的核心是提高对未来技能需求预测的准确性,这需要通过分析职业结构和教育资历水平的变化而实现。[①] 具体而言,其细则主要有:按技能与职业绘制技能需求变化趋势图,在技术替换、增长等变化的情境中,了解雇主对未来招聘雇员的要求;建立未来技能需求与影响技能需求因素之间相关性的模型。

(2) 问卷设计

了解雇员技能水平,需要制定一个有效的雇员技能测评系统,进而测试其在工作中对不同技能的掌握程度。欧盟推荐采取技能本位调查法来了解雇员技能水平。这种方法以直接访谈雇主的形式,对雇员的技能水平进行作答,反映其雇员在特定技能方面的掌握情况。

在工作技能信息的确定上,欧盟聚焦企业的核心职业技能,通过专家小组法等定性方法,让雇主详细描述具体职位的通用技能与专业技能,从而形成成熟的技能清单。基于技能清单,企业技能调查的问卷结构内容应按照不同主题划分具体模块,如企业基本信息、招聘情况、当前雇员技能现状、职业发展、岗位需求、企业经营战略等(如图 5-3-7 所示)。

---

① ILO. International standard classification of occupations 2008(ISCO-08): structure, group definitions and correspondence tables. Volume 1 [R]. Geneva: International Labour Office, 2012: 194-199.

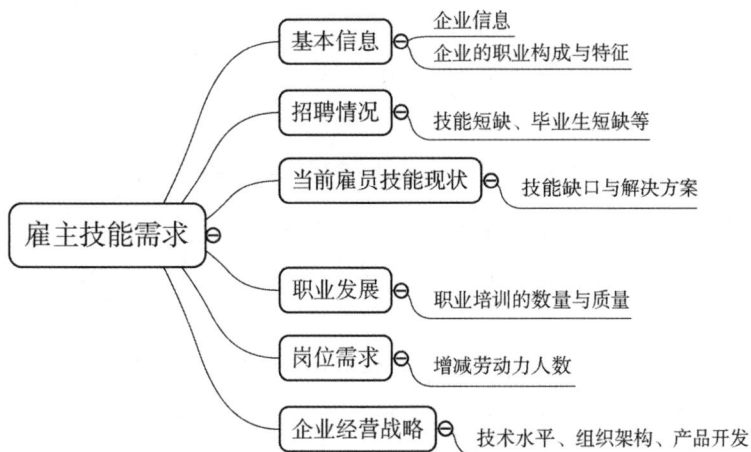

图 5-3-7　企业技能调查问卷的主要内容①

2. 阶段 2：调研实施

（1）抽样

企业技能调查法的抽样对象即为经营业务或提供服务的实体场所。在抽样实施过程中，相关部门既需要确定抽样的数量、方法，也需要基于已有的人口普查数据明确抽样的框架。样本量的大小取决于抽样方法、抽样技术准确性、结果维度分类、抽样预算以及试点抽样的无应答率。抽样的具体要求如下：

其一，聘请外部专业人员选择样本。该样本可以从国家统计局或其他实施劳动力调查的机构中获取。抽样过程必须由具备扎实专业知识的工作人员来完成，因为他们对于不同成员国特征和可能影响数据质量的抽样技术有广泛的了解。与此同时，应向外部专业人员提供所需资料，包括样本框架、预算、所需的类别与准确性要求、数据来源等。

其二，描述所选的抽样方案。抽样方案包括试点抽样与最终抽样两部分。通过试点抽样，计算问卷回收后的无应答率以调整最终的抽样数量，为后续问卷发放与实地调研做铺垫。此外，样本的确定必须尽可能符合当前的数据收集周期。

其三，运用概率抽样技术。非概率抽样无法为技能预测提供结构良好的数据，而概率抽样有利于确保样本的随机性和代表性。

（2）数据收集

数据收集需要从调查对象中获得真实、完整的问卷回答。某些情况下，雇主因为担心泄露企业的敏感数据，或是缺乏与调查机构合作的意愿，不愿提供真实的数据信息。为了应对这些问题，数据收集人员可以先与成员国或地区的行业协会接触，并通过各种宣传活动，让他们知晓调

---

① CEDFOP. Developing and running an establishment skills survey Developing and running an establishment skills survey [EB/OL]. (2017 - 03 - 23)[2019 - 12 - 27]. https://www.cedefop.europa.eu/files/2219_en.pdf.

查的目的,给予适当的优惠,并建立与雇主共享调查结果的合作机制;同时,提高调查人员的沟通技能,增强雇主的信任感与参与主动性;此外,还可以提高计划的灵活度,挑选适当时机回访企业,及时获取他们对流程的反馈信息。

数据收集完毕,还需及时对其进行处理。如果遇到信息模糊的问题,可以通过计算机辅助面谈的软件,如 CAPI(computer-assisted personal interviewing)来补充回答并进行数据核验。为了确保数据存储的安全性,必须考虑数据的集中性、数据的准确性,以及数据的匿名性。

3. 阶段 3:数据分析

准备数据是数据分析的第一步,包括清洗与整理调查问卷所获数据。此后,就应运用定性与定量方法对企业技能调查的问卷内容进行描述性统计,提出研究假设并验证,最终评估数据分析内容。表 5-3-7 显示了企业技能调查问卷中六大模块的相关描述性分析内容。

表 5-3-7　企业技能调查问卷各模块描述性分析内容[①]

基本信息	<ul><li>企业属性</li><li>主要市场分别</li><li>按职业类别划分的就业分布列联表</li><li>市场专业化与职业结构的关系</li><li>不同职业、部门的就业增长情况</li></ul>
招聘情况	<ul><li>不同机构的招聘情况</li><li>不同职业的招聘情况</li><li>不同机构类型与工作场所的职位空缺率</li><li>雇员类型导致的技能短缺</li></ul>
当前雇员技能现状	<ul><li>不同职业类别雇员的技能熟练程度</li><li>提升职业技能的困难程度</li><li>不同部门雇员解决技能短缺的措施</li><li>不同机构和工作场所的技能短缺发生率</li></ul>
职业发展	<ul><li>不同机构的培训概况</li><li>职业培训现状</li><li>员工资格培训现状</li></ul>
岗位需求	<ul><li>不同行业和机构的就业发展趋势</li><li>就业增长/减少的职业分布</li><li>就业增长/减少原因的机构与部门分布</li></ul>
企业经营战略	<ul><li>管理雇员的策略性方法</li><li>工作场所分布</li><li>改变经营战略的结果</li></ul>

在对问卷内容进行描述性统计后,就应运用已有数据信息对未来技能需求的发展趋势进行

[①] CEDFOP. Developing and running an establishment skills survey Developing and running an establishment skills survey [EB/OL]. (2017-03-23)[2019-12-27]. https://www.cedefop.europa.eu/files/2219_en.pdf.

预测。技能预测需遵循以下几个原则：一是避免依据简单问题进行简单推断，应将这些问题与其他内容进行综合，从而体现技能预测的意义；二是预测应尽可能基于已获得的供需信息来构建预测模型，这意味着可以从其他辅助数据中寻找近年来的相关信息；三是谨慎对待雇主关于技能需求预测的回答，这些回答可以作为分析发展趋势的辅助内容，最终的预测结果还是应立足于客观的数据现实。

（三）跟踪调查法

跟踪调查法是一种以书面或口头形式，对学校和教育机构毕业生进行的标准化调查，多在学生毕业或培训结束后一段时间内开展。跟踪研究通常采用调查问卷的形式，主要针对毕业生、校友就学习进展、工作入职情况、职业生涯发展、学习能力提升、教育与培训参与等内容采取后续调查。跟踪研究的特点是集中调查，依据国家教育部与劳动部的需要，研究机构（如私人顾问或公共研究机构）开展调查，相关院校（如职业教育与培训机构或高等教育机构）则提供学生毕业流向信息，这有利于及时准确把握技能供给的最新数据。在欧盟范围内，跟踪调查法在技能供给预测中运用较为普遍，如法国、德国、意大利、荷兰等国，采取跟踪调查法已经持续了约30年，而且每年或每三至四年，一些成员国就会指派专门机构进行跟踪研究。[①] 欧盟的跟踪调查法的主要步骤如表5-3-8所示。

表5-3-8　跟踪调查法的主要步骤

阶段	阶段内容描述
阶段1：研究设计	明确研究目标；确定研究对象
阶段2：调研工具开发	调查问卷各模块具体内容
阶段3：数据收集与分析	调研人员培训；发放与收集问卷；数据质量控制

1. 阶段1：研究设计

（1）明确研究目标

所有的跟踪研究法都应回答以下四个问题：毕业生离开教育或培训机构后会怎样？毕业生能否在可接受的时间内获得有薪工作？毕业生能否在教育或培训机构获取知识与技能？如果没有，原因是什么？劳动力市场需要什么类型或内容的技能？

上述研究问题体现了跟踪调查法的两大目标，一是衡量毕业生的就业能力，内容涵盖就业形势、找到第一份工作所用时间、求职期限、薪酬、职位、行业、主要工作任务、工作时间、工作满意

---

① CEDFOP. Carrying out tracer studies［EB/OL］. (2016 - 10 - 14)［2020 - 01 - 08］. https://www.cedefop. europa. eu/files/2218_en. pdf.

度、能力运用与能力需求、培训方案的有效性;二是获取毕业生的反馈,用以评估、改善研究计划,内容涵盖:继续教育与培训的提供与需求、评价研究方案、改善建议。通过这两项目标,深入分析就业与教育之间的联系,包括剖析毕业生就业成功的原因、各种教育类型特点,以便改进教育政策、教育实施方案,尤其是为职业教育与培训提供更有价值的信息。

(2) 确定研究对象

一般而言,欧盟成员国均会选择在同一时间完成学业的同一批毕业生或受训者群体作为研究对象,原因在于相同组别的毕业生或受训者群体的跟踪调查数据比混合群体更易获得,且更易解释。同时,调查对象一般为毕业后1—5年的毕业生或受训者,这便于准确把握关于该群体向工作过渡时的相关信息,进而有效分析教育供给与工作需求间的匹配程度。① 例如,在德国开展的一项跟踪调查项目(Tracer study cooperation project,TSCP)中,研究对象为从2007年至2012年,德国与奥地利两国的约20万名毕业生,他们是来自40—60所高等教育院校中毕业1.5—4.5年的学生。②

2. 阶段2:调研工具开发

书面标准化问卷是欧盟成员国最常用的数据收集方法,因为成本低、更易处理且方便灵活使用,可通过邮件或在线问卷形式分发。由于跟踪调查最终结论的得出需要综合考虑教育、职业以及其他个人与环境等因素,因此调查问卷长度应保证在12—16页。同时,问卷内容的设计应基于研究目标与研究问题,选择合适的模块。表5-3-9显示关于职业技术教育与培训(Technological Vocational Education and Training,TVET)机构跟踪调查的问卷(50个问题,168个变量)。表5-3-9也显示了简易版问卷的具体模块(共15个)。

表5-3-9 职业技术教育与培训机构跟踪调查的问卷③

序号	模块编号与内容	简易版问卷	
		问题数(个)	变量数(个)
1	A TVET机构的课程	2	3
2	B 在TVET机构学习期间的实习与工作经验	2	2
3	C 评估TVET机构的学习条件与规定	2	22
4	D 学习能力和满意度	3	3
5	E 从TVET机构毕业后情况	5	19

① Schonburg H. Guide to skills anticipation and matching — volume 6:Carrying out tracer studies [M]. Luxembourg:Publications Office,2015:46-63.

② Schomburg H. Bachelor graduates in Germany:internationally mobile, smooth transition and professional success [M]. Rotterdam:Sense Publishers,2011:89-110.

③ CEDFOP. Carrying out tracer studies [EB/OL]. (2016-10-14)[2020-01-08]. https://www. cedefop. europa. eu/files/2218_en. pdf.

序号	模块编号与内容	简易版问卷	
		问题数(个)	变量数(个)
6	F　就业与工作	12	28
7	G　工作需求	1	11
8	H　学习与就业的关系	6	19
9	I　工作方向与工作满意度	3	32
10	J　在 TVET 机构学习前接受的职业教育与培训	3	3
11	K　在 TVET 机构学习后继续学习情况	2	5
12	L　继续职业或专业培训	2	12
13	M　人口统计学信息	2	2
14	N　迁移和区域迁移	2	4
15	O　评价与建议	3	3
合计		50	168

(资料来源：采用跟踪调查 2016，CEDFOP)

3. 阶段 3：数据收集与分析

(1) 数据收集

跟踪研究法的数据收集离不开有效运行的管理工作组织。该组织需要有项目联络人、团队成员(项目管理人员、IT 分析人员、报告撰写人员与统计分析人员)，以及外部合作伙伴。数据收集方法可以有访谈法、邮件调查法、电话沟通法与网络收集法(如表 5-3-10 所示)。

表 5-3-10　跟踪研究法的数据收集方法

方法	评价
个人访谈法	不适合毕业生数量庞大的调研
邮件调查法	知晓毕业生邮件地址时使用
电话沟通法	有时使用
网络收集法	最有效的方法：成本低、数据处理速度快等

为了保证数据的质量,处理问卷时应遵循明确的原则：其一,确认目标群体,未由目标群体完成的问卷不应输入数据系统,并需检查数据库地址是否完备,每个毕业生都应该在数据库中有一个单独的访问代码(PIN),如个人身份证号码,以便通过数据库地址与调查内容相互联系,并控制向毕业生分发问卷的整个过程；其二,确认问卷完整性,有些问卷在没有给出充分信息的情况下可能无法正确填写,这些应当排除在调查之外；其三,确认问卷内容的合理性,剔除回答极为随意

的问卷,并纠正受访者的相关笔误,以便数据的录入。

(2) 数据分析

基于获取的数据,可以对毕业生的学习经验、就业情况、职业发展等若干方面进行跟踪研究,进而更深层次地改善 TVET 机构的教育与培训质量。跟踪研究法对技能预测的主要贡献在于为欧盟提供了较为完整的技能供给信息,通过运用 SPSS、STATA 或 R 等分析软件,综合多项分析指标,挖掘技能供给的发展趋势,以及教育与培训机构在人才培养上的改进方向。

三、 欧盟技能预测对我国的启示

欧盟技能预测在智能制造时代发挥着独特的优势,稳定着欧盟就业市场的总体形势,保障着欧盟一体化进程的顺利推进,同时也对各成员国的国内经济与组织秩序的构建产生了关键影响。如今,技能错配已成为国际关注的焦点问题,欧盟深陷技能过时与技能短缺的泥沼,由此产生的分歧与冲突正需要技能预测发挥应有的作用。学习欧盟技能预测的成功经验,深入思考我国技能研究存在的主要问题,不仅能够使职业教育与培训体系查漏补缺、获得长足发展,还能够充分利用我国现有的劳动力资源,将以往的"人口红利"转变为"人才红利"。

(一) 构建技能预测的组织体系

如今,我国各机构关于技能预测的权责尚未明晰。我国教育部门同人力资源和社会保障部门在学徒技能管理方面还存在纷争,双方各执一词;统计部门也尚未系统开展关于技能需求数据获取与技能预测的工作;在尚无统一规定的操作细则背景下,其他机构从事的技能研究并不能与其权责相挂钩,就算是零星的、区域性的自发项目分析,也难以得到政策规章的约束。同时,我国关于技能预测的多方合作平台尚未建立。我国对技能供需分析的重视程度依然不够高,已有的技能预测研究的力量有限,政府、社会组织、社会三者各行其是,合作的"碎片化"特征极为显著;就算开展了合作,各方的集聚也是偶然发生的,并不能形成持久的合作机制。

通过借鉴欧盟经验,首先,我国应从三个方面考虑构建技能预测的组织体系。一是行政组织体系,以教育部门、人力资源和社会保障部门为管理主体;二是社会组织体系,以各类行业协会、教育与培训机构等为辅助主体;三是监督体系,可设立技能预测项目的独立委员会。同时,应对各类型组织机构的权责进行合理分配,做到工作任务覆盖面广且不重叠、不交叉。其次,我国应基于健康运行的组织机构,制定技能分析政策规划。在政策参与机构的选择上,我国应充分统筹各级组织机构的力量,从操作层面到机构层面,最后到政策层面,自下而上反馈关于技能预测的政策规划制定意见;在制定规划的总体流程上,我国应结合技能供需匹配的实际情况,制定符合合理预期与现实可能性的规划方案。

（二）拓宽技能预测的内容维度

如今，我国技能预测的内涵较为模糊。从我国已有的研究成果中，很少有文献对相关概念、内涵进行权威、准确地剖析，认为技能预测只是单纯劳动力人数或是高技能人才供需的测量。基本认识不足、内涵剖析模糊，自然使得该领域的研究缺少基本支撑，也使得研究结论丢失"技能"这一综合概念的价值。

通过借鉴欧盟经验，我国应该拓宽技能预测的维度。国内外文献成果对"技能"这一概念做过深刻解读。有研究指出，技能具有综合性，一方面包括劳动者通过接受学校或培训机构教育所习得的专业知识，另一方面也包括劳动者在工作场所中以"做中学"的形式所掌握的职业技能。从欧盟技能预测的经验中可知，为了使技能具有可量化性，技能一方面可以反映为劳动者通过学校教育、在职教育培训或工作实践所获取的教育资历水平，另一方面可以反映为劳动者所掌握的具体职业技能，如基础技能、通用技能和专业技能。基于此，我国可以考虑将技能预测的内涵设置为两大维度，分别是教育资历水平的供需预测和职业技能的供需预测，这样既能够为劳动者更新自身技能提供明晰的发展路径，又能够为职业教育的改革提供正确的人才培养方向，还能够为行业企业应对智能制造挑战提供丰富的人力资源。

（三）设计不同类型的技能预测问卷

如今，我国技能预测的问卷设计不科学。在相关量化研究中，由于目前没有专门的调查量表与调查问卷，部分研究仅聚焦某一类人群与区域的供需信息调查，问卷设计的个性化特征较为显著，而普适性又较为薄弱。由于技能供需信息是内容更为丰富的概念，因而仅从某一类人群、区域调查技能供需情况显然会存在较大误差。同时，问卷内容能够反映出的信息有限。当前多数研究采用的是自编问卷，研究者凭借自身的资源优势可以捕获更有针对性的信息。然而缺陷在于问卷的科学性不足，因其既缺乏理论依据支撑，又没有依据测量学的基本原则展开论证，无法对问卷的信度与效度做出检验，进而导致问卷的结构与内容都有可能出现问题，难以保证问卷的准确性与科学性。

欧盟在不同层面上为技能预测设计了全面且有针对性的问卷。基于欧盟技能预测的问卷内容，首先，我国应在不同层面实施问卷调查，宏观、中观与微观的问卷内容均应有所差别。一是宏观问卷内容的设计，在行业层面评估劳动者所具备的不同类别技能在市场中的重要性程度，以反映不同行业企业对求职者的技能结构要求。二是中观问卷内容的设计，获取技能需求信息，则可以参考欧盟企业技能的调查问卷，基于当前所获取的关于雇员技能掌握情况、职业发展与招聘等信息，分析未来行业企业对技能的需求，以及企业雇员技能供给与雇主需求间的关系；获取技能供给信息，则可以参考欧盟跟踪调查问卷，针对毕业生、校友就学习进展、工作入职情况、职业生涯发展、学习能力提升、教育与培训参与等内容进行后续调查。三是微观问卷内容的设计，可以在我国现有研究基础上，将某个行业企业、高等院校或者是某类人群作为研究主体进行个案调查,以技能为突破口,确定需要询问的技能内容清单,问卷内容可有较强针对性与典型性。

(四) 结合定性与定量方法进行技能预测

如今,我国技能预测的思路不清晰。技能预测区别于传统的人才供需预测,其涵盖的范围较广,因而,采取的预测思路也有所不同。传统的人才供需预测将重点放在定量经济模型的运用上,而对于前期数据获取的关注度不够。预测的可信度与准确度受已有数据质量的影响很大,因此,在数据获取阶段就应当建立起明确的操作思路。欧盟的预测方法工具开发重视前期的调研设计、实施与数据获取等阶段,如企业技能调查法、跟踪调查法的应用,都是基于经整理后的数据内容实施预测工作的。

通过借鉴欧盟经验,我国在技能预测实践中应形成定性与定量相结合的思维,确保预测结果达到质量与效益的双重保障。定性思维与定量思维对于政策规划至关重要,它们能够使决策者未雨绸缪、使技能供需双方做好应对未来挑战的准备。技能预测并非采取"一刀切"的方法,我国各省份可依据自身面临的机遇与挑战来具体实施。其一,立足于当前环境,全面了解区域人口或劳动力人口总量、经济总量与经济发展速度、统计基础、人力资源等,在此基础上从事研究设计,明确工作的目标与范围、方法与流程等;其二,获取供需数据,通过学校、商业网络、文献资源、政策报告等其他途径,收集关于劳动力市场的技能供需数据,也可通过德尔菲法、调查法、头脑风暴会议等不同方法综合相关信息;其三,定量数据分析,整理并汇总可用信息,将其输入定量技能预测模型,合理处理并解读数据结果,从特定角度(如职业教育与培训)了解其未来的发展方向。

参考文献

Anker, R. , Chernyshev, I. , Egger, P. , Mehran, F. , Ritter, J. A. Measuring decent work with statistical indicators [J]. International Labour Review, 2003,(142): 147 - 178.

Asimakopulos. Keynes's general theory and accumulation [M]. Cambridge University Press, 2009: 37 - 57.

Bescond, D. , Châtaignier, A. , Mehran, F. Seven indicators to measure decent work: An international comparison [J]. International Labour Review, 2003,(142): 179 - 212.

Cedefop. 2018 European skills index [M]. Luxembourg: Publications Office of the European Union, 2019:19.

Cedefop. Finland — European inventory on NQF 2018[EB/OL]. (2019)[2019 - 09 - 29]. https://www.cedefop. europa. eu/en/publications-and-resources/country-reports/finland-european-inventory-nqf-2018.

Cedefop. Germany — European inventory on NQF 2018[EB/OL]. (2019) [2019 - 09 - 29]. https://www.cedefop. europa. eu/en/publications-and-resources/country-reports/germany-european-inventory-nqf-2018.

Cedefop. Sweden — European inventory on NQF 2018[EB/OL]. (2019) [2019 - 09 - 29]. https://www.cedefop. europa. eu/en/publications-and-resources/country-reports/sweden-european-inventory-nqf-2018.

CEDFOP. Carrying out tracer studies [EB/OL]. (2016 - 10 - 14) [2020 - 01 - 08]. https://www.cedefop. europa. eu/files/2218_en. pdf.

CEDFOP. Developing and running an establishment skills survey Developing and running an establishment skills survey [EB/OL]. (2017 - 03 - 23)[2019 - 12 - 27]. https://www. cedefop. europa. eu/files/2219_en. pdf.

CEDFOP. Skills forecast: trends and challenges to 2030[EB/OL]. (2018 - 12 - 20)[2018 - 12 - 18]. https://www. cedefop. europa. eu/en/publications-and-resources/publica tions/3077.

European Commission. Employment and Decent work [EB/OL]. [2019 - 10 - 01]. https://ec. europa. eu/europeaid/sectors/human-development/employment-and-decent-work_en.

European Commission. The European Qualifications Framework: supporting learning, work and cross-border mobility [EB/OL]. (2018)[2019 - 10 - 02]. https://ec. europa. eu〉social〉BlobServlet.

Finnish National Agency for Education. Key figures on vocational education and training in Finland [M]. Helsinki: PunaMusta Oy, 2019:56 - 59.

Gregg C. et al. Skills for trade and export diversification(STED): a practical guide [M]. Geneva: ILO, International Labour Organization, 2012: 73 - 74.

Hippach-Schneider, U. , Huismann, A. Vocational education and training in Europe: Germany. (Cedefop ReferNet VET in Europe reports 2018)[EB/OL]. (2019) [2020 - 12 - 06]. https://cumulus.cedefop. europa. eu/files/vetelib/2019/Vocational_Education_Training_Europe_Germany_2018_Cedefop_ReferNet. pdf.

ILO. A Global Overview of TVET Teaching and Training: Current Issues, Trends and Recommendations [EB/OL]. (2019 - 03 - 07) [2019 - 07 - 06]. https://www. ilo. org/sector/Resources/publications/ WCMS_675275/lang--en/index. htm.

ILO. International standard classification of occupations 2008(ISCO-08): structure, group definitions and correspondence tables. Volume 1 [R]. Geneva: International Labour Office, 2012: 194 - 199.

ILO. Towards the ILO Centenary: Realities, Renewal and Tripartite Commitment [EB/OL]. (2013 - 05 - 22) [2019 - 09 - 17]. https://www. ilo. org/ilc/ILCSessions/previous-sessions/102/reports/reports-submitted/WCMS_213836/lang--en/index. htm.

International Labor Organization. World Employment Social Out-look, Trends 2016[EB/OL]. (2016 - 01 - 19) [2020 - 12 - 03]. https://www. ilo. org/global/topics/labour-migration/publications/wcms_443480. pdf.

International Labour Organization. Decent work [EB/OL]. (2015 - 09 - 15) [2019 - 09 - 28] https://www. ilo. org/global/topics/decent-work/lang--en/index. html.

International Labour Organization. Report of the director-general: decent work [EB/OL]. (1999 - 06) [2019 - 09 - 28]. https://www. ilo. org/public/english/standards/relm/ilc/ilc87/rep-i. htm.

International Labour Organization. Decent work and the sustainable development goals: a guidebook on SDG labour market Indicators [M]. Geneva: The International Labour Office, 2018:64.

International Labour Organization. Training for decent work [M]. Montevideo: Cinterfor, 2001:37.

Kaňáková, M., Czesaná, V., Šimová, Z. Vocational education and training in Europe — Czech Republic. (Cedefop ReferNet VET in Europe reports 2018)[EB/OL]. (2019)[2019 - 10 - 03] http:// libserver. cedefop. europa. eu/vetelib/2019/Vocational_Education_Training_Europe_Czech_R epublic_2018_Cedefop_ReferNet. pdf.

Koukku, A., Paronen, P. Vocational education and training in Europe — Finland. (Cedefop ReferNet VET in Europe reports 2016) [EB/OL]. (2016) [2019 - 10 - 08]. http://libserver. cedefop. europa. eu/ vetelib/2016/2016_CR_FI. pdf.

Levin H M. Measuring Efficiency in Educational Production [J]. Public Finance Review, 1974,2(01): 3 - 24.

McKinsey Global Institute. The Age of Analytics: Competing in a Data-Driven World [EB/OL]. (2016 - 11 - 07)[2017 - 10 - 20]. https://www. mckinsey. com/business-functions/mckinsey-analytics/our-insights/ the-age-of-analytics-competing-in-a-data-driven-world.

McNab, R. M., Melese, F. Implementing the GPRA: Exam-ining the Prospects for Performance Budgeting in the Federal Govern-ment [J]. Public Budgeting & Finance, 2003,23(02): 73 - 95.

Ministry of Education and Culture, Finnish National Agency of Education. Finnish vet in a nutshell [EB/ OL](2019)[2019 - 10 - 08]. https://www. oph. fi/sites/default/files/documents/finnish_vet_in_a_ nutshell. pdf.

Riggiero, J. Comment on Estimating School Efficiency [J]. Economics of Education Review, 2003,22(06): 631 - 634.

Schomburg H. Bachelor graduates in Germany: internationally mobile, smooth transition and professional success [M]. Rotterdam: Sense Publishers, 2011: 89 - 110.

Schonburg H. Guide to skills anticipation and matching — volume 6: Carrying out tracer studies [M]. Luxembourg: Publications Office. 2015: 46 - 63.

Šimová, Z., Úlovec, M., Paterová, P. Cedefop opinion survey on vocational education and training in Europe: Czech Republic. (Cedefop ReferNet thematic perspectives series)[EB/OL]. (2018)[2019 - 10 - 08]. http://libserver. cedefop. europa. eu/vetelib/2018/opinion_survey_VET_Czech_Republic_Ced efop_

ReferNet. pdf.

Skills Panorama. Germany [EB/OL]. (2018) [2019 - 09 - 16]. https://skillspanorama.cedefop.europa.eu/en/dashboard/browse-country? country=DE&sector=&occupation=＃1.

Skolverket，ReferNet Sweden. Vocational education and training in Europe-Sweden. (Cedefop ReferNet VET in Europe reports 2018)[EB/OL]. (2019)[2020 - 12 - 06]. https://cumulus.cedefop.europa.eu/files/vetelib/2019/Vocational_Education_Training_Europe_Sweden_2018_Cedefop_ReferNet. pdf.

United Nations. Decent work and economic growth：why it matters [EB/OL]. (2020)[2020 - 12 - 06]. https://www.un.org/sustainabledevelopment/wp-content/uploads/2016/08/8_Why-It-Matters-2020. pdf.

Wilson R A，Tarjani H，Rihova H. Guide to skills anticipation and matching — volume 3：Working at sector level [M]. Luxembourg：Publications Office. 2015：101 - 110.

World Economic Forum. The Human Capital Report 2016 [EB/OL]. (2016 - 06 - 28)[2020 - 12 - 03]. https://www.weforum.org/reports/the-human-capital-report-2016.

白俊红，蒋伏心. 协同创新、空间关联与区域创新绩效[J]. 经济研究，2015，(07)：296 - 231.

薄乔萍. 绩效评估之资料包络分析法[M]. 台北：五南图书出版股份有限公司，2007：139.

宾恩林. 加强应用性研究："双高计划"背景下高职院校专业建设之路[J]. 华东师范大学学报(教育科学版)，2020，38(01)：33—42.

陈方力，叶赋桂. "双高计划"建设项目特征与遴选机制分析[J]. 中国高教研究，2020，(02)：103 - 108.

戴文静，周金城. 我国高水平高职院校建设成效的实证研究[J]. 职业技术教育，2019，40(18)：13 - 19.

邓睿，王健. 关于教育评价本质与目的的探讨[J]. 教育评价与测量，2008，(04)：4 - 7.

多米尼克·萨尔瓦多. 国际经济学(第十版)[M]. 杨冰，译. 北京：清华大学出版社，2008：14.

方怡妮，牟映雪. 社会支持对幼儿园教师专业自我的影响研究[J]. 教师教育研究，2017，29(03)：56 - 62.

伏梦瑶，李政，徐国庆. 我国职业教育教材研究的进展与展望[J]. 教育与职业，2019，(17)：97 - 102.

宫新栋，杨平，时留新，沈文星. "双一流"建设背景下大学评价的改进方向[J]. 研究生教育研究，2019，(06)：60 - 65.

龚冷西，陈恩伦，贾玲. 基于数据包络分析的高职院校教育经费投入绩效评价[J]. 教育学术月刊，2017，(07)：23 - 29.

郭福春，许嘉扬，王玉龙. 中国特色高水平高职学校和专业建设项目分析[J]. 中国高教研究，2020，(01)：98 - 103.

郭燕芬，柏维春. 中国学前教育经费投入效率的 DEA 分析——基于 175 所幼儿园的实证调查[J]. 教育与经济，2017，33(06)：45 - 50＋92.

国家统计局. 就业形势总体问题　结构性矛盾需要关注[EB/OL]. (2019 - 03 - 14)[2019 - 03 - 23]. http://www.stats.gov.cn/tjsj/sjjd/201903/t20190314_1653894. html.

国务院. 国务院关于印发国家职业教育改革实施方案的通知[EB/OL]. (2019 - 01 - 24)[2019 - 03 - 23]. http://www.moe.gov.cn/jyb_xxgk/moe_1777/moe_1778/201902/t20190213_369222. html.

国务院. 国务院关于印发国家职业教育改革实施方案的通知[EB/OL]. (2019 - 02 - 13)[2019 - 10 - 23]. http://www.gov.cn/zhengce/content/2019-02/13/content_5365341. html.

胡昌送，张俊平. 高职教育产教融合：本质、模式与路径——基于知识生产方式视角[J]. 中国高教研究，2019(04)：92 - 97.

黄斌. 以就业为导向构建高技能人才培养新体系[J]. 职业教育研究，2007，(10)：59 - 60.

黄维德，柯迪. 各国体面劳动水平测量研究[J]. 上海经济研究，2011，(11)：40 - 48.

黄光扬. 新课程与学生学习评价[M]. 福州：福建教育出版社，2005：44 - 45.

蒋卫平，刘黛蒂. 研发投入、冗余资源与企业绩效的关系研究[J]. 财经理论与实践，2016，37(05)：57 - 62.

教育部，财政部. 关于实施中国特色高水平高职学校和专业建设计划的意见[EB/OL]. (2020 - 03 - 21)[2019 - 04 - 04]. http://www.moe.gov.cn/srcsite/A07/moe_737/s3876_qt/201904/t20190402_376471. html.

卡普兰.人工智能时代[M].李盼,译.杭州:浙江人民出版社,2016:147.

匡瑛,石伟平.二战后世界高职教育本位观的嬗变及其发展趋势[J].中国职业技术教育,2006,(31):8-11.

匡瑛,石伟平.论高职百万扩招的政策意图、内涵实质与实现路径[J].中国高教研究,2019,(05):92-96.

李洪刚.职业学校学生评价研究[D].东北师范大学学位论文,2005:23.

李鹏,朱德全.职业教育学习评价元评估:四维尺度分析[J/OL].重庆高教研究,2020,8(03):101-114.

刘蓓,潘文,王潮临.高职高专院校办学绩效评估之实证研究[J].教育与职业,2011,(11):12-15.

刘建民,毛军.基于SBM模型的高等院校办学绩效评价研究——以教育部直属高校数据为例[J].高教探索,2015,(04):11-17.

路焕丽.基于多元智能理论的职业学校学生评价研究[D].河北师范大学年学位论文,2008:9.

罗燕,李溢航.劳动者素质对体面劳动实现水平的影响——基于广州、深圳、中山三地企业的数据调查[J].华南师范大学学报(社会科学版),2014,(03):118-125.

罗燕,杨婧婧.中国体面劳动水平的省际测量及差异——基于2006—2015年的面板数据[J].华南师范大学学报(社会科学版),2018,(01):139-145+191.

吕红,金喜在.实现"体面劳动"的意义及制度性障碍[J].东北师大学报(哲学社会科学版),2010,(03):33-37.

潘海生,周柯,王佳昕."双高计划"背景下高职院校战略定位与建设逻辑[J].高等工程教育研究,2020,(01):142-147.

潘天君,欧阳忠明.人工智能时代的工作与职业培训:发展趋势与应对思考——基于《工作与职业培训的未来》及"云劳动"的解读[J].远程教育杂志,2018,36(01):18-26.

潘小明.学业质量评价:内涵、现实与建议[J].内蒙古师范大学学报(教育科学版),2012,25(12):69-74.

裴娣娜.现代教学论基础[M].北京:人民教育出版社,2015:157.

钦梅.中等职业学校学生专业能力发展性评价研究[D].河北师范大学学位论文,2008:50.

卿涛,闫燕.国外体面劳动研究述评与展望[J].外国经济与管理,2008,(09):40-47.

荣耀华,李沐雨,乜晨蕾,袁东学.基于DEA视窗分析的教育部直属72所高校办学效率研究[J].数理统计与管理,2019,38(04):591-601.

苏荟,吴玉楠.基于PCA-DEA模型的高职院校办学绩效评价研究[J].现代教育管理,2018,(10):89-93.

孙长坪.高职院校治理能力建设的运行机制建设路径[J].教育理论与实践,2019,(15):24-26.

孙长坪.高职院校治理能力建设之维:治理体系+运行机制[J].现代教育管理,2019,(12):87-92.

泰勒著.课程与教学的基本原理[M].罗康,张阅,译.北京:中国轻工业出版社,2008:10.

覃川.1+X证书制度:促进类型教育内涵发展的重要保障[J].中国高教研究,2020,(01):104-108.

谭移民,钱景舫.综合职业能力的课程观[J].职业技术教育,2000,(28):7-9.

涂艳国.教育评价[M].北京:高等教育出版社,2007:89.

王琨,丁超.民族地区高职教育办学的绩效分析[J].民族教育研究,2019,30(03):116-127.

王敏勤.由能力本位向素质本位转变——职业教育的变革[J].教育研究,2002,(05):65-66+72.

王全旺.赵兵川.高职技能型人才培养劳动力市场适切性提升策略研究[J].职教论坛,2016,(04):10-14.

吴凯,梁子婧.高职院校办学绩效的评价指标体系及应用研究[J].教育理论与实践,2008,28(33):25-27.

吴仕军.中职学生的学业评价:现状与建议[D].苏州大学学位论文,2011:17.

吴雪萍,张科丽.促进资格互认的欧洲资格框架探究[J].高等教育研究,2009,30(12):102-106.

夏杰长.我国劳动就业结构与产业结构的偏差[J].中国工业经济,2000,(01):36-40.

肖巍,钱箭星."体面劳动"及其实现进路[J].复旦学报(社会科学版),2010,(06):107-113.

徐国庆."双高计划"高职院校建设应主要面向高职教育发展的重难点[J].职教发展研究,2020,(01):1-7.

许秀英.高职院校学生的学业考核与评价体系研究[J].教育与职业,2010,(12):177-178.

闫宁.高等职业教育学生学业评价研究[D].陕西师范大学,2012:32+168+179.

伊国锋.发展性评价理念下体育教育专业理论课程学业评价实践研究[D].华东师范大学,2019:32.

俞敏燕.基于能力本位的高职课程考核评价模式改革构想[J].中国校外教育,2011,(12):151－152＋160.

张花.第四代评价理论视角下我国高校学生学业评价研究[D].山东大学,2010:4.

张文利,范明明.新时代高职教育高质量发展的内涵、基本遵循与推进路径[J].教育与职业,2019,(21):25－32.

赵志群.促进全面发展的综合职业能力培养目标[J].职教论坛,2009,(06):1.

中华人民共和国国家统计局.中华人民共和国2017年国民经济和社会发展统计公报[EB/OL].[2020－12－03].http://www.stats.gov.cn/tjsj/zxfb/201802/t20180228_1585631.html.

中华人民共和国人力资源和社会保障部.2018年第四季度部分城市公共就业服务机构市场供求状况分析[EB/OL].(2019－02－01)[2019－03－23].http://www.mohrss.gov.cn/SYrlzyhshbzb/zwgk/szrs/sjfx/201902/t20190201_310090.html.

钟启泉,崔允漷,张华.基础教育课程改革纲要试行解读[M].上海:华东师范大学出版社,2001:231.

周瑛仪.应用研究驱动的高水平高职学校建设[J].高等工程教育研究,2020,(01):160－164.

附　件

附件 1

2018—2019 年中国职业教育改革发展的重大实践

1 月

1 月 9 日　黄炎培职业教育思想研究会学术年会在南京工业职业技术学院举办。全国人大常委会副委员长、中华职业教育社理事长、黄炎培职业教育思想研究会会长陈昌智出席会议并讲话。

1 月 15 日　全国中等职业教育校企合作联盟研讨会在北京大学举行,来自全国近 40 所中等职业教育改革发展示范学校的校长,以及中国职业技术教育学会、光明日报《教育家》杂志社等单位代表参加了研讨会。会上发起成立了全国中等职业教育校企合作联盟。

1 月 23 日　2018 年全国教育工作会议在北京召开。

1 月 26 日　中国职业技术教育学会分支机构工作会议在广西南宁召开。中国职业技术教育学会常务副会长兼秘书长刘占山、副会长沈剑光、邬宪伟和李祖平等领导以及各分支机构代表共50 余人出席会议。

1 月 31 日　中共中央、国务院近日印发关于全面深化新时代教师队伍建设改革的意见,对新时代教师队伍建设作出顶层设计。

2 月

2 月 1 日　全国职业院校特色专业建设与服务区域产业发展论坛暨城市职业教育专业委员会 2017 年年会在湖南省株洲市顺利召开。

2 月 3 日　"贯彻十九大精神,推动职业教育精准改革"会议在江苏信息职业技术学院召开。

2 月 6 日　"计划单列市高职院校联盟"2018 年年会在青岛职业技术学院召开。会议总结了联盟工作并研讨了下一步的工作计划,交流了优质校的建设思路。讨论并签订了《计划单列市高职院校联盟学生交换与学分互认协议书》。

2 月 12 日　教育部会同国家发展改革委、工业和信息化部、财政部、人力资源社会保障部、国家税务总局制定并印发《职业学校校企合作促进办法》。

2 月 22 日　教育部职业教育与成人教育司负责人就《职业学校校企合作促进办法》答记者问。

3 月

3 月 5 日　第十三届全国人民代表大会第一次会议开幕。国务院总理李克强向大会作政府工作报告，在谈到对 2018 年政府工作的建议时指出，支持社会力量举办职业教育。

3 月 16 日　十三届全国人大一次会议新闻中心举行记者会，教育部党组书记、部长陈宝生就"努力让每个孩子都能享有公平而有质量的教育"相关问题回答中外记者提问。

3 月 16 日　2018 年度全国职业教育与继续教育工作视频会议在北京召开。教育部党组成员、副部长孙尧出席会议并讲话。

3 月 19 日　全国首届"澜湄职教周"在天津中德应用技术大学启动。

3 月 22 日　"澜湄职业教育论坛"在天津中德应用技术大学召开。

3 月 27 日　2018 年行（教）指委工作研讨会在北京召开。教育部职业教育与成人教育司副司长谢俐出席会议并讲话，教育部行指委工作办公室主任刘臣主持了会议。

3 月 27 日　教育部办公厅关于做好 2018 年深化创新创业教育改革示范高校建设工作的通知。

3 月 28 日　以"新丝路"为主题的职业教育校长论坛在北京市丰台区职业教育中心学校举行。

4 月

4 月 3 日　全国农产品质量安全科普示范基地命名仪式在杨凌职业技术学院举行。这是农业农村部产品质量安全中心在陕西设立的首家全国农产品质量安全科普示范基地。

4 月 17 日　2018 年全国职业院校技能大赛筹备工作会议在天津召开。

4 月 18 日　国务院总理李克强主持召开国务院常务会议，确定推行终身职业技能培训制度的政策措施，提高劳动者素质、促进高质量发展；决定对职务科技成果转化获得的现金奖励实行个人所得税优惠，使创新成果更好服务发展和民生。

4 月 19 日　教育部办公厅公布第五批国家级农村职业教育和成人教育示范县创建入围名单。

4 月 24 日　2018 年全国教育信息化工作会议在重庆璧山召开。教育部副部长杜占元出席会议并讲话。

4 月 25 日　首届中加职业教育高峰论坛在北京举行。

4 月 26 日　中国高等教育学会职业技术教育分会理事长工作会议暨高水平高质量高职院校建设研讨会，在河北工业职业技术学院举行。

4 月 27 日　教育部召开新闻发布会，解读《职业学校校企合作促进办法》，介绍教育部推进产教融合、校企合作等有关情况。

5 月

5 月 6 日　2018 年职业教育活动周全国启动仪式暨第十一届全国职业院校技能大赛开幕式在天津海河教育园区体育馆举行。本年度职业教育活动周的主题为"职教改革四十年　产教融合育工匠"。

5 月 7 日　2018 年职业教育国际研讨会在天津职业大学召开。

5 月 9 日　"中加职业教育论坛"在天津举行。

5 月 9 日　中德职业教育创新学习联盟年会在北京市昌平职业学校举行。

5 月 9 日　第七届中国国际养老服务业博览会暨 2018 年中国职业教育养老服务成果展在北京国家会议中心举行。

5 月 11 日　以"互学互鉴·合作共赢"为主题的"一带一路"职业教育国际研讨会在深圳职业技术学院召开。

5 月 12 日　首届中国校企双创高峰论坛新闻发布会在广州举行。

5 月 17 日　第五届产教融合发展战略国际论坛在河南省驻马店市开幕。第十二届全国人大常委会副委员长、中华职业教育社理事长陈昌智出席开幕式。

5 月 18 日　华南"一带一路"轨道交通产教融合联盟在广州成立。中央新疆工作协调小组办公室副主任、教育部原副部长鲁昕出席并讲话。

5 月 19 日　首个面向东盟的职教集团——中国-东盟轨道交通职教集团在柳州铁道职业技术学院成立。

5 月 25 日　全国现代学徒制工作专家指导委员会全体会议在江苏徐州工业职业技术学院召开。

5 月 29 日　全国职业能力建设工作座谈会在合肥召开。

6 月

6 月 2 日　中国职业技术教育学会学生与安全教育工作委员会成立大会暨第一届理事会第一次会议在江苏南京举行。

6 月 6 日　全国轻工大家居职业教育集团成立。

6 月 8 日　首届中国校企双创高峰论坛暨全国职教集团双创成果展示对接大会在广州隆重举行。

6 月 8 日　全国商贸职教集团常务理事会议暨新时代商贸职业院校高水平发展研讨会在兰州召开。

6 月 9 日　"产教融合背景下工匠精神培育研讨会"在长春召开。

6 月 9 日　第五届全国职业教育新思维博士论坛在江苏南通召开。

6 月 10 日　以"弘扬中华礼仪文化　展现时代职业风采"为主题的 2018 年全国职业院校师

生礼仪大赛中职组比赛在唐山市拉开帷幕。

6月10日　全国现代学徒制试点工作培训班(第六期)在乐山职业技术学院开班。教育部职成司副司长谢俐、高职发展处处长林宇等出席开班仪式。

6月21日　国务院国有资产监督管理委员会、人力资源和社会保障部、中华全国总工会在京联合召开中央企业贯彻落实《关于提高技术工人待遇的意见》专题会议。

6月23日　中国职业技术教育学会高等职业技术教育分会成立大会在杭州召开。教育部职业教育与成人教育司副司长谢俐出席会议。

6月27日　教育部职业教育与成人教育司在北京召开了"高等职业教育创新发展行动计划工作会"。

7月

7月3日　2018职业教育与城市发展高层对话会在陕西杨凌农业高新技术产业示范区举行,对话主题为"乡村振兴与人才培养"。

7月8日　李克强总理率团赴德主持第五轮中德政府磋商,教育部部长陈宝生陪同出席。在李克强总理和德国总理默克尔见证下,陈宝生与德国联邦教育和研究部长卡利切克签署了《关于深化高等教育和职业教育领域合作的联合意向性声明》。

7月14日　2018中国-东盟职业教育与教师发展学术论坛在广西桂林市开幕。

7月17日　长江经济带产教融合发展联盟成立大会暨人工智能＋职业教育高峰论坛在渝召开。

7月18日　教育部、发改委、财政部、中国残联联合印发了《关于加快发展残疾人职业教育的若干意见》。

8月

8月14日　2018年"挑战杯——彩虹人生"全国职业学校创新创效创业大赛决赛在南京江宁体育中心开幕。

9月

9月4日　教育部职业教育与成人教育司公布全国职业院校实习管理50强案例遴选结果。

9月10日　全国教育大会在北京召开。中共中央总书记、国家主席、中央军委主席习近平出席会议并发表重要讲话。

9月27日　教育部公示"国家中等职业教育改革发展示范学校建设计划"第三批项目学校验收结果。

10 月

10 月 18 日　"中国—加拿大职业教育合作研讨会"在第十九届中国国际教育年会期间召开。

10 月 19 日　"第三届全国涉农高职教学改革联盟会议及第五届全国涉农中等职业学校联盟会议"在安徽省滁州市召开。

10 月 27 日　全国中医药职业教育集团在山东中医药高等专科学校正式成立。

11 月

11 月 3 日　以"脱贫攻坚,同步小康"为主题的中国·云贵川渝 2018 职业教育发展论坛在贵州隆重举行。

11 月 10 日　中国职业技术教育学会中等职业技术教育分会、全国中等职业学校校长联席会议 2018 年度年会在北京召开。教育部职业教育与成人教育司司长王继平等出席了会议。

11 月 22 日　第四届全国职业院校新时代人文素质教育交流研讨会暨中华优秀传统文化传承与发展研究中心成立大会在济南召开。

11 月 25 日　全国百名职教校长论坛在唐山举行。全国政协委员、教育部原副部长鲁昕出席并讲话。

12 月

12 月 4 日　2018 教育与职业学术年会在南京举行。

12 月 8 日　全国高职高专校长联席会议 2018 年年会在福州召开。

12 月 27 日　中国职业技术教育学会第五次会员代表大会在北京召开。鲁昕当选为中国职业技术教育学会第五届理事会会长。

附件 2
2018—2019 年中国职业教育改革发展的政策回顾

1 月 10 日　教育部发布了《教育部关于发布〈中等职业学校茶叶生产与加工专业仪器设备装备规范〉等十项教育行业标准的通知》，发布了包括中等职业学校农业机械使用与维护专业、高等职业学校农业装备应用技术专业、中等职业学校现代林业技术专业、高等职业学校林业技术专业、中等职业学校农业与农村用水专业、高等职业学校水利工程专业、中等职业学校粮油储运与检验技术专业、高等职业学校粮油储藏与检测技术专业、中等职业学校茶叶生产与加工专业、高等职业学校茶树栽培与茶叶加工专业在内的十项教育行业标准。（教职成函〔2018〕2 号）

1 月 10 日　教育部办公厅发布了《教育部办公厅关于印发〈高等教育自学考试专业设置实施细则〉和〈高等教育自学考试开考专业清单〉的通知》，提出《实施细则》的适用范围，明确了相关主体的职责，规定了专业开考、调整、停考、监督等各环节的要求和程序。规定《专业清单》是高等教育自学考试专业设置的总目录，要求严格按照《专业清单》所列专业名称和专业层次开展相关工作。（教职成厅〔2018〕1 号）

1 月 11 日　教育部发布了《教育部关于公布 2018 年高等职业教育专业设置备案和审批结果的通知》，要求各省级教育行政部门严格按照本通知公布的备案和审批结果合理安排高职招生计划。（教职成函〔2018〕3 号）

1 月 17 日　教育部发布了《教育部关于公布第二批〈职业学校专业顶岗实习标准〉的通知》，强调了顶岗实习标准是职业教育国家教学标准体系的重要组成部分，主要对有关专业顶岗实习目标、时间安排、实习条件、内容与要求、考核评价、实习管理等提出基本要求，是职业学校组织开展顶岗实习的主要依据。（教职成函〔2018〕1 号）

2 月 12 日　教育部、国家发展改革委、工业和信息化部、财政部、人力资源社会保障部、国家税务总局发布了《教育部等六部门关于印发〈职业学校校企合作促进办法〉的通知》，强调产教融合、校企合作是职业教育的基本办学模式，是办好职业教育的关键所在。详细规定了合作形式、促进措施、监督检查等方面。（教职成〔2018〕1 号）

2 月 12 日　教育部办公厅发布了《教育部办公厅关于公布 2017 年全国职业院校信息化教学大赛获奖名单的通知》，要求各地教育行政部门进一步巩固全国职业院校信息化教学大赛成果，加大宣传力度，充分发挥大赛引领作用，推动教师提高信息化教学水平，促进信息技术与教育教学深度融合，不断提高技术技能人才培养质量。（教职成厅函〔2018〕6 号）

3月13日　教育部办公厅发布了《教育部办公厅关于做好2018年度现代学徒制试点工作的通知》，公布了新增第三批试点的数量和申报流程、第二批试点的年检程序和第一批试点的验收要求等相关工作。（教职成厅函〔2018〕10号）

3月22日　教育部办公厅发布了《教育部办公厅关于做好职业教育专业教学资源库2018年度相关工作的通知》，将2018年度国家级备选资源库、升级改进支持项目遴选和年度验收工作有关事项进行了通知。（教职成厅函〔2018〕14号）

3月22日　教育部等37部门发布了《教育部等37部门关于印发〈全国职业院校技能大赛章程〉的通知》，明确规定了组织机构、赛项设置、参赛规则与奖项设置、宣传与资源转化、规范廉洁办赛等方面。（教职成函〔2018〕4号）

3月23日　教育部办公厅发布了《教育部办公厅关于开展高等学校继续教育发展年度报告工作的通知》，将重要意义、整体部署、报告内容、工作安排等事项进行了通知。（教职成厅函〔2018〕15号）

4月12日　教育部办公厅发布了《教育部办公厅关于做好2018年中等职业学校招生工作的通知》，规定严格落实职普招生大体相当要求、精准实施东西协作中职招生兜底行动、优化招生专业和结构、严肃查处违规招生行为、强化招生宣传和服务。（教职成厅〔2018〕2号）

4月16日　教育部等九部门发布了《教育部等九部门关于做好2018年职业教育活动周相关工作的通知》，公布了2018年"职业教育活动周"的时间和主题、主要活动、宣传重点以及工作要求。（教职成函〔2018〕5号）

4月23日　教育部发布了《教育部关于印发〈中等职业学校职业指导工作规定〉的通知》，要求充分认识做好职业指导工作的重要意义，切实贯彻落实《规定》各项要求，注意研究新情况总结新经验。（教职成〔2018〕4号）

4月28日　教育部发布了《教育部关于举办2018年全国职业院校技能大赛的通知》，印发了大赛组织委员会成员名单及大赛实施方案，并定于5月6日职业教育活动周期间在天津举行大赛开幕式。（教职成函〔2018〕6号）

5月21日　教育部办公厅发布了《教育部办公厅关于公布第五批国家级农村职业教育和成人教育示范县创建入围名单的通知》，共有59个县（市、区）入围第五批示范县创建名单。（教职成厅函〔2018〕23号）

7月4日　教育部等四部门发布了《教育部等四部门关于加快发展残疾人职业教育的若干意见》，提出要充分认识加快发展残疾人职业教育的重要意义，以中等职业教育为重点不断扩大残疾人接受职业教育的机会，改进残疾人职业教育的办学条件，提高残疾人职业教育的质量，加强残疾人的就业指导和援助，强化残疾人职业教育的组织领导。（教职成〔2018〕5号）

7月9日　教育部等五部门发布了《教育部等五部门关于公布第三批国家级农村职业教育和成人教育示范县名单的通知》，公布了北京市通州区等49个单位为第三批国家级农村职业教育和

成人教育示范县创建合格单位。(教职成函〔2018〕7号)

7月24日　教育部发布了《教育部关于公布2018年高等学历继续教育拟招生专业备案结果的通知》,要求各地各高校要以教育部公布的专业备案结果为依据,组织开展高等学历继续教育招生和宣传工作,省级教育行政部门要切实履行好对属地高校高等学历继续教育专业设置工作的统筹指导和监管服务职责。(教职成函〔2018〕9号)

8月2日　教育部办公厅发布了《教育部办公厅关于公布第三批现代学徒制试点单位的通知》,公布了遴选结果与工作要求。(教职成厅函〔2018〕41号)

8月6日　教育部发布了《教育部关于印发〈中等职业学校焊接技术应用专业实训教学条件建设标准〉等11项职业教育教学标准的通知》,公布了11项职业教育教学标准,要求各地各职业院校依据标准,加强有关专业实训条件建设,保障人才培养质量。(教职成函〔2018〕8号)

8月16日　教育部发布了《教育部关于印发〈全国职业院校技能大赛经费管理办法〉的通知》,详细规定了经费管理主体及职责、捐赠资产管理、预算管理、经费使用与管理、监督检查与绩效评价。(教职成函〔2018〕10号)

8月29日　教育部办公厅发布了《教育部办公厅关于举办2018年全国职业院校技能大赛职业院校教学能力比赛的通知》,从2018年起将原全国职业院校信息化教学大赛调整为职业院校教学能力比赛,纳入全国职业院校技能大赛赛事体系,并定于2018年11月24日至26日在山东济南举办2018年全国职业院校技能大赛职业院校教学能力比赛。(教职成厅函〔2018〕45号)

9月5日　教育部发布了《教育部关于公布2018年全国职业院校技能大赛(常规赛项)获奖名单的通知》,并要求各地结合实际,加大对大赛获奖选手的宣传表彰力度,充分利用比赛资源,发挥大赛对职业教育专业教学改革与建设的引领作用,促进人才培养与产业发展紧密结合,营造"崇尚一技之长,不唯学历凭能力"的良好氛围,推动职业教育事业不断取得新的发展。(教职成函〔2018〕11号)

9月19日　教育部办公厅发布了《教育部办公厅关于报送贯彻落实〈教育部等九部门关于进一步推进社区教育发展的意见〉进展情况的通知》,规定各省(区、市)按照要求提供相关材料,从而进一步了解各地贯彻落实文件的情况,推动各地做好社区教育工作。(教职成厅函〔2018〕47号)

10月24日　教育部办公厅发布了《教育部办公厅关于调整开展中等职业学校"文明风采"活动的通知》,提出要坚持育人导向、调整组织方式、广泛开展活动、加强组织实施。(教职成厅函〔2018〕54号)

10月25日　教育部办公厅发布了《教育部办公厅关于开展职业教育校企深度合作项目建设工作的通知》,详细规定了目的意义、工作流程、合作企业及项目设置基本条件、项目内容要求、工作要求。(教职成厅函〔2018〕55号)

12月24日　教育部办公厅、人力资源社会保障部办公厅、财政部办公厅发布了《教育部办公

厅　人力资源社会保障部办公厅财政部办公厅关于公布"国家中等职业教育改革发展示范学校建设计划"第三批项目学校验收结果的通知》,提出要加强项目总结、持续深化改革、注重示范辐射、认真组织整改。(教职成厅函〔2018〕52 号)

12 月 26 日　教育部办公厅发布了《教育部办公厅关于征求对新版〈中等职业学校专业目录〉意见的函》,要求各地、有关部门(单位)高度重视专业目录修订工作,认真组织中等职业学校、相关企事业单位研究,结合本地区办学实际、本行业产业发展新形势和对技术技能人才的新要求,提出修改意见建议。(教职成厅函〔2018〕69 号

后记

经过一年多的筹划、调研与写作,《中国职业教育发展报告(2018—2019)》定稿付梓。这又是华东师范大学职业教育研究所大家庭所有成员团队攻关、集体创作和协同创新的成果,也是职业教人献给改革开放 40 周年的一个学术性礼物。

《中国职业教育发展报告(2018—2019)》的编写团队以华东师范大学职业教育研究所教师、研究生、毕业的校友为主体,同时包括了来自江苏、山东、浙江、上海等省市的研究者、管理者和一线的教师,从发展报告的内容设计、数据搜集、调研走访直至最终书稿付梓都离不开每位参与编写人员的辛勤与汗水。石伟平教授负责整个报告的设计、统稿与修订,李鹏负责各个章节撰写人的联络、统筹,也参与了全书的统稿与修订。郝天聪对全书做了审阅,并提出了宝贵的修改意见,井文、徐梅焕参与书稿的多次审阅、修订与校对。具体各章节的撰写:宏观发展报告,石伟平、李鹏;区域发展报告,胡微、兰金林;职业教育产教融合调研报告,李鹏、石伟平;职业教育精准扶贫报告,瞿连贵、石伟平;高职院校办学绩效报告,马欣悦、汤霓;职业院校学生学习质量评价,汤杰、李鹏;扩招生学业评价报告,李小文、石伟平;职业教育与双创报告,聂梓欣、石伟平;职业教育与双师报告,崔宇馨、石伟平;职业教育课程与教材改革案例报告,田静、石伟平;体面劳动与欧盟国家职业教育改革报告,林玥茹、石伟平;未来工作与职业教育改革,梁珺淇、石伟平;欧盟技能预测研究报告,过筱、石伟平。附件等相关材料,徐榕霞、范乔尼、聂梓欣、崔宇馨。

《中国职业教育发展报告(2018—2019)》的调研得到了全国众多职业院校、研究所的支持。特别是济南工程职业技术学院齐守泉书记、教育部职业技术教育中心研究所涂三广博士、河南省职业技术教育教学研究室王会莉研究员、中原工学院陆俊杰副教授、湖南师范大学唐智彬教授、南通市教科院钱维存博士、杭州职业技术学院贾文胜校长、宁波外事学校何新哲校长、南京信息职业技术学院徐坚副教授、金华职业技术学院王亚南博士等职成所校友在数据收集中做了巨大贡献。义乌工商职业技术学院、北京电子科技职业学院、鄞州职业教育中心、无锡科技职业学院等调研单位接受了我们的访谈并提供了相关资料,在此一并表示感谢。

《中国职业教育发展报告(2018—2019)》不仅得到了教育部哲学社会科学发展报告建设(培育)项目的资助,而且纳入了教育部发展规划司、华东师大国家教育宏观政策研究院的年度报告研究项目,成为了华东师范大学智库建设的重要成果之一。在此,特别感谢两个基金的资助!同时,也感谢华东师范大学出版社编辑的辛勤劳动。

《中国职业教育发展报告》是一个系列出版物，真诚希望通过我们不懈的努力，最终形成一个成熟的、具有中国特色的发展报告系列，为中国职业教育事业的发展、为中国职业教育的研究贡献有限的力量。

课题组

2020 年 5 月 3 日